U0038572

馬克思及其簽名

恩格斯及其簽名

馬克思夫人燕妮女士 *(1814~1881)*

詩人海涅 *(1797~1856)* 是馬克思的表親及摯友

世界哲學家叢書

馬克思

洪鎌德──著

傅偉勳、韋政通──主編

東大

《世界哲學家叢書》總序

　　本叢書的出版計畫原先出於三民書局董事長劉振強先生多年來的構想，曾先向政通提出，並希望我們兩人共同負責主編工作。一九八四年二月底，偉勳應邀訪問香港中文大學哲學系，三月中旬順道來臺，即與政通拜訪劉先生，在三民書局二樓辦公室商談有關叢書出版的初步計畫。我們十分贊同劉先生的構想，認為此套叢書（預計百冊以上）如能順利完成，當是學術文化出版事業的一大創舉與突破，也就當場答應劉先生的誠懇邀請，共同擔任叢書主編。兩人私下也為叢書的計畫討論多次，擬定了「撰稿細則」，以求各書可循的統一規格，尤其在內容上特別要求各書必須包括(1)原哲學思想家的生平；(2)時代背景與社會環境；(3)思想傳承與改造；(4)思想特徵及其獨創性；(5)歷史地位；(6)對後世的影響（包括歷代對他的評價），以及(7)思想的現代意義。

　　作為叢書主編，我們都了解到，以目前極有限的財源、人力與時間，要去完成多達三、四百冊的大規模而齊全的叢書，根本是不可能的事。光就人力一點來說，少數教授學者由於個人的某些困難（如筆債太多之類），不克參加；因此我們曾對較有餘力的簽約作者，暗示過繼續邀請他們多撰一兩本書的可能性。遺憾的是，此刻在政治上整個中國仍然處於「一分為二」的艱苦狀態，加上馬列教

條的種種限制，我們不可能邀請大陸學者參與撰寫工作。不過到目前為止，我們已經獲得八十位以上海內外的學者精英全力支持，包括臺灣、香港、新加坡、澳洲、美國、西德與加拿大七個地區；難得的是，更包括了日本與大韓民國好多位名流學者加入叢書作者的陣容，增加不少叢書的國際光彩。韓國的國際退溪學會也在定期月刊《退溪學界消息》鄭重推薦叢書兩次，我們藉此機會表示謝意。

原則上，本叢書應該包括古今中外所有著名的哲學思想家，但是除了財源問題之外也有人才不足的實際困難。就西方哲學來說，一大半作者的專長與興趣都集中在現代哲學部門，反映著我們在近代哲學的專門人才不太充足。再就東方哲學而言，印度哲學部門很難找到適當的專家與作者；至於貫穿整個亞洲思想文化的佛教部門，在中、韓兩國的佛教思想家方面雖有十位左右的作者參加，日本佛教與印度佛教方面卻仍近乎空白。人才與作者最多的是在儒家思想家這個部門，包括中、韓、日三國的儒學發展在內，最能令人滿意。總之，我們尋找叢書作者所遭遇到的這些困難，對於我們有一學術研究的重要啟示（或不如說是警號）：我們在印度思想、日本佛教以及西方哲學方面至今仍無高度的研究成果，我們必須早日設法彌補這些方面的人才缺失，以便提高我們的學術水平。相比之下，鄰邦日本一百多年來已造就了東西方哲學幾乎每一部門的專家學者，足資借鏡，有待我們迎頭趕上。

以儒、道、佛三家為主的中國哲學，可以說是傳統中國思想與文化的本有根基，有待我們經過一番批判的繼承與創造的發展，重新提高它在世界哲學應有的地位。為了解決此一時代課題，我們實有必要重新比較中國哲學與（包括西方與日、韓、印等東方國家在內的）外國哲學的優劣長短，從中設法開闢一條合乎未來中國所需

求的哲學理路。我們衷心盼望，本叢書將有助於讀者對此時代課題的深切關注與反思，且有助於中外哲學之間更進一步的交流與會通。

最後，我們應該強調，中國目前雖仍處於「一分為二」的政治局面，但是海峽兩岸的每一知識分子都應具有「文化中國」的共識共認，為了祖國傳統思想與文化的繼往開來承擔一份責任，這也是我們主編《世界哲學家叢書》的一大旨趣。

傅偉勳　韋政通

一九八六年五月四日

三版序

　　本書初版為 1997 年十月，由於全書二十四章中，多達十五章詳述馬克思身世、生涯和志業，敘述客觀平實，為華文世界中馬克思傳記裡的異類，其原因為有別於早期蘇共、德共、中共等官方的出版品，把馬克思頌揚為超人。反之，本書深加考究發現他就如同常人一般擁有愛慾情仇，也有對其髮妻不忠實的缺德行徑。不過就正能量的描述，依稀可以感受到他遭逢到刻骨銘心的貧病之痛，以及堅苦卓絕迎擊橫逆的奮鬥生涯。他是把其理論付諸實踐的革命家，儘管礙於現實無法達成他共產社會落實的美夢，但他多少看到他已達到自我實現的心志。隨後九章討論馬克思人性觀、社會觀和歷史觀點。此外，也詳述他的經濟學說和國家看法。全書最後三章則敘述馬克思的思想怎樣演變成為馬克思主義、馬克思主義後來的擴張、遠播和演展，以及其對當前的影響和未來的展望。

　　本書曾列入作者在臺大國發所碩博士班、體大體育研究所博士班、輔大哲學系和交大通識教育中心馬克思學說分析和批判課程的教科書，獲得學生群體的好評。北大著名馬克思主義教授黃楠森和曹玉文（兩位已逝世），廈門大學張豔濤、南開大學石鎮平，深圳大學張守奎教授等的引薦，這本書在中國也曾贏得一些讀者的讚賞。

　　本書在 2015 年二月得到再版，曾補充作者自 1997 年以來有關馬克思主義或與馬克思學 (Marxologie) 有關著作，如《新馬克思主義

與當代社會科學》(1995)、《馬克思社會學說之析評》(1997)、《從韋
伯看馬克思——現代兩大思想家的對壘》(1998)、《人的解放——21
世紀馬克思學說新探》(2000)、《法律社會學》(2001)、《當代主義》
(2004)（各列專章討論馬克思對相關問題的看法）、《西方馬克思主
義》(2004) 等書。近年新著有《從唯心到唯物——黑格爾哲學對馬
克思主義的衝擊》(2007)、《黑格爾哲學之當代詮釋》(2007)、《馬克
思的思想之生成與演變——略談對運動哲學的啟示》(2010)、《西方
馬克思主義之興衰》(2010)、《全球化下的國際關係新論》(2011)、
《當代政治社會學》(2013)（各列專章討論馬克思的學說）、《個人
與社會——馬克思人性論與社會觀之析評》(2014)、《馬克思與時代
批判》(2018)。

　　《馬克思誕生兩百年後世局之演變》(2018)，係臺灣學術界對
馬克思兩百年前誕生舉辦紀念活動之文集，此一著作由曾志隆主編，
其首篇導論〈馬克思兩百年誕辰的當代意義〉則由本書作者執筆。

　　由上述可知作者對馬克思主義和馬克思學始終懷著深切的關懷
與認真的探究。作者所理解的馬克思學說是人本主義、人文思想和
人道精神的馬克思思想，也是如何發掘人性的潛能，把它轉化為人
性的顯能之人文主張。撇開階級鬥爭、世界革命、政權保持之外，
馬克思理念要求人的自我實現和人類的解放。

　　希望這本再版的舊書為讀者帶來嶄新的觀點，並體會馬克思所
以令人敬仰的不只是人格特質的卓越，更是他對世人的關心和厚望。

交大終身講座教授　洪鎌德

誌於新竹市十八尖山西麓寒舍

2020 年 11 月 11 日

再版序

　　本書初版出書至今已經歷十七年。作者也於 2010 年在多次延退之後，離開臺大國發所，改任教於國立清華大學通識教育中心，並被聘為全校性的講座教授，主要講解「馬克思主義的分析與批判」、「新馬克思主義與當代思潮」、「馬克思學說之析評」、「歐洲文化導論」、「社會科學概論」、「國際關係理論」、「新加坡政治經濟學」、「社會學說的演進」等科。同時在國立體育大學（林口）教授「運動與哲學」、「運動與馬克思主義」、「運動與國際關係」、「運動與政治學」，參與學習者為體大博士班同學。同時也兼任私立天主教輔仁大學哲學系的馬克思主義與新馬克思主義的課程。這十七年來除了教學之外，先後推出與馬克思思想學說、理論有關的專書不下十本，由是可見作者對馬克思學教研之執著。

　　承蒙東大圖書公司編輯部的美意，邀請作者把《馬克思》一書校對一遍，不但補正錯漏字，更把作者十七年來有關馬克思的著作也一併置入書尾中文參考書目中，供讀者進一步查閱之用。對東大編輯部的盛意，謹致敬忱與謝意。

交大講座教授　洪鎌德

於交大綜合一館 640 室

序 言

　　這本書是作者研究馬克思的學說三十餘年，講授馬克思主義（包括古典、西方、新、後馬克思主義）二十餘年教研的一點心得。也是本人歷經臺灣白色恐怖期間，有機會親炙早期馬克思思想批判者如葉青、林一新、嚴靈峰、鄭學稼、胡秋原等人，而後來又有機會到當年稱為西德的馬克思故國留學，跟德奧政治、法律、經濟與社會有關之思想史教授　（如 Alfred Verdross, Stephan Verosta, Nikolas Lobkowicz, Hans Maier, Dieter Oberndörfer 等）學習，並遵循馬克思的旅程跑過萊茵流域、慕尼黑、維也納、柏林、漢諾威、漢堡、巴黎、布魯塞爾、倫敦、洛桑諸大城。最後並兩次到其故鄉特利爾，也去過恩格斯出生的烏佩塔爾之巴門鎮訪遊，從而對馬克思的生平與志業有了進一步的認識。

　　1983 年春適為馬克思逝世一百週年紀念，由聯合國文教科學組織與德國社民黨舉辦的擴大紀念活動中，作者以東南亞代表身分受邀赴德訪問，並參與環球各國學者專家之研討。會上結識中共中央馬列斯毛編譯所所長，承其邀請美意，遂藉北京大學之聘，於 1987、1989、1991 年三度赴中國十餘所大學講授西方馬克思主義和新馬克思主義，並擔任北大、復旦、浙大、中國人大、廈大、中山大學、上海等諸大學之客座與顧問教授。

1992 年作者辭卻新加坡國立大學政治學系教職後，返回母校臺大講學，並在東海、輔仁、淡江與東吳大學開授古典馬克思主義、新馬克思主義、當代思潮諸課，指導博碩士學生多名。此外，前後出版有關馬克思思想介紹之專書計七種、文章四十多篇。

四年前當本人在臺大三研所（後改名國發所）擔任客座教授時，曾承蒙《世界哲學家叢書》主編傅偉勳教授與韋政通教授之好意，要作者接受三民書局之約聘為馬克思作傳，並為其學說與貢獻作一公正之評析。在經過慎重考慮後，決定接受此一挑戰。由於此時正是環球進入後冷戰的世紀杪，也正是舊蘇聯垮臺，東歐各國揚棄共產主義體制，而中、韓、越、古巴等信奉馬列主義者又面對改革開放的轉型期。因之，此一介紹馬克思學說與生平的工作，便面對嚴峻的挑戰，必須配合時代潮流的趨勢，作適時合理的述評，才不致陷於反共者之汙衊與親共者之狡辯。為此，本書腹稿的醞釀，便花費不少的時間。不幸主編者之一的竹中與臺大之前輩傅偉勳教授竟於盛年逝世，不克親自看見本書之出梓，令人深覺痛惜，也是作者無可彌補之遺憾。

本書儘量取材馬克思及其戰友恩格斯的著作之德文原版，與英、法、日、中諸譯版，作為陳述馬克思生平、志業與思想之本源，另酌以英、美、德、法、日、中等國學者之評論與分析，來詳盡介紹其理念與學說。為此，本書分為三部分。第一個部分詳述馬克思的身世、家庭、少年與青年時由中學至大學的求學過程，以及學成後擔任短命的《萊茵報》編輯與當道過節的情況。依次介紹其婚姻，以及 1843 年秋以後流浪法、比、英，而最後定居倫敦的情形。此一傳記有異於正統馬克思主義者以英雄、以鬥士來美化，甚至神化馬克思，反而對作為常人的馬克思之坎坷生涯、病痛人生、夭折子女、

恩愛伉儷，乃至其貧窮、喜憎、憤怒、狂妄、自私都有翔實的報導，這是一部華文馬克思傳記中的異數，值得讀者深思回味。

在第二部分，本書介紹馬克思最重大的幾項學說，包括他的人性觀、個人論、階級鬥爭說、社會觀、歷史唯物論，以及經濟、國家、政治、革命等觀點。配合作者近年研究馬克思的自由觀、正義觀、民主觀、倫理觀、社群觀、解放觀，當可以把馬克思學說的神髓，以淺白易懂的文字傳達給讀者，而絕非正統或官方共產主義者僵硬失效的教條之炒作。

第三部分則將馬克思一個世紀來對人類的影響與貢獻作出勾繪，一面批判正統馬克思主義過分崇奉馬克思主義作為科學的社會主義之機械宿命，他方面展示以批判和啟發人類解放意識而重人類主體動能與創造精神之西方與新馬克思主義之意義。更重要的，本書完全師法法國哲學家呂貝爾 (Maximilien Rubel, 1905～1996) 所倡導的馬克思學 (*marxologie*)，力求以客觀、公正的態度，對馬克思的志業與學說作出評析。

此書寫作過程中，承蒙海峽兩岸五地（臺灣、中國、港、星、澳門）不少專家學者的指教，特別是臺大、淡大、輔仁、東吳、東海諸大學師生的研討，這是作者深為感謝之處。三研所碩士生邱思慎、李世泉、郭俊麟、王啟彰、胡志強協助打字、校對，功勞尤大，此外，政研所梁文傑、胡正光、社研所應靜海諸同學也熱心協助，都令我十二萬分的感激。本書係在本人多次返回新加坡與家人歡聚的假期，抽空趕稿。任教新加坡大學歐洲研究學程之內子蘇淑玉女士，幫忙借書、閱稿、整理文件，尤其令人感動。擔任律師職的長女寧馨和現任建築師的次女琮如之關懷和鼓勵，也是使此書終於問世的驅力，這都令作者深為感激的。

　　但願此書為華文世界的讀者帶來認識馬克思為人與學思歷程的契機，也是對他的志業與貢獻有所瞭解的導讀，這將是本人最大的願望。

臺大國發所教授　洪鎌德

1997 年 9 月 15 日

馬克思

目次

第十八章　馬克思論歷史——歷史唯物論的析評

第十九章　馬克思的經濟學說

第一部
身世、生涯、志業

　　本書第一部分為馬克思出身的家庭背景，包括其父母兄弟姊妹，以及其妻子燕妮家族的介紹。然後詳述他平凡的少年時代，反叛的青年時代，勞苦貧窮的成年時代，而終於他淒涼的晚境。全部分為十五章，按年代與重要事件之先後，作一生動感人的敘述。

　　有異於俄共、中共教條式的馬克思傳記，把他人生的每一歷程均作英雄式的禮讚，本部所描繪的傳記主角，卻是一個平實的、有血有肉、成名急切、黨同伐異的悲劇性人物。他忠貞不渝的愛情，固然令人激賞，但他也有七情六慾，因而偶然有點婚外的偷腥；他舉債度日，不時向恩格斯伸手討錢；他常為病魔所困，在晚年為尋求療治而遊走於英倫、歐陸、北非等渡假勝地，不辭舟車的辛勞。這些紀錄在在把一個凡夫俗子的馬克思勾繪得淋漓盡致。當然對他致力於政治經濟學的鑽研、《資本論》的撰述、獻身第一國際參加權鬥，以及在 1848～1849 年和 1871 年歐洲革命的積極參與，本傳記也有詳盡的描寫與剖析。

　　只有在他艱苦、貧困、病痛與坎坷的人生途上，我們才能看出馬克思追求理想、應付現實堅毅不屈的精神，也瞭解他何以能夠成就不朽事功的因由。

　　這部足以令讀者掩卷嘆息，甚至一灑同情之淚的傳記，主要是取材自帕多維 (Saul K. Padover) 所著馬克思不為人知、親密細緻的故事。也參考麥列連 (David McLellan) 幾本有關馬克思的青年與一生思想暨著作之介紹。此外，拉達次 (Fritz J. Raddatz)、尼可萊夫斯基 (Boris Nicolaievsky)、曼興·赫爾分 (Otto Maenchen-Helfen) 等有關馬克思政治傳記，甚至語帶嘲諷

的孟紐爾 (Frank E. Manuel) 為馬克思所譜的輓歌，以及標榜科
學中立、不帶任何價值判斷的呂貝爾 (Maximilien Rubel) 幾本涉
及馬克思思想與作品之剖析，也一一納入本傳記內容之中，俾
為勾勒馬克思的真面目提供翔實的基礎。

　　有關馬克思的傳記，在國民黨統治臺灣半個世紀中，儘是
汙衊、撻伐、批判之聲。在篇幅上也屬簡單數頁的形式交代。
像本書這樣詳細的描繪剖析，應當是解嚴以來的第一部，雖非
絕後，但為空前，這是本書作者自信與自炫之處，尚祈讀者明
察。

第一章　家世與少年時代

第一節　馬克思的出身與家庭

　　卡爾‧馬克思 (Karl Heinrich Marx) 是在 1818 年 5 月 5 日清晨兩點鐘，誕生於普魯士管轄的萊茵省特利爾 (Trier) 城。其出生所在為橋巷 (Brückengasse) 664 號，現改為橋街 (Brückenstrasse) 10 號，一間租賃房子的二樓。該屋因具紀念性，現隸屬德國社民黨機構艾伯特基金會 (Friedrich Ebert Stiftung) 的產業名下，而受其管理。

　　在出生證件上，卡爾的德文拼法為 Carl，而非 Karl。證件登記日期為 5 月 7 日，上面記載他父母雙親的姓名，父名為漢利希‧馬克思 (Heinrich Marx)；母名為亨莉黛‧朴累思波克 (Henriette Presborck)。有關馬克思母親姓氏的拼法計有 Presborck、Presborg 和 Presburg 多種，其原因為母親的娘家出身於十六世紀史洛伐克普累斯堡 (Pressburg)，為猶太人的後裔。為了避免遭受宗教迫害，舉家遷徙荷蘭。因此，卡爾的母親是一位荷蘭籍的猶太人。

　　不但母親的娘家，包括卡爾的曾外祖、外公都擔任過猶太教士 (rabbi) 職位，就是他父親的先人大多也做過教士。教士家族對宗教的虔誠，對道德的堅持，以及對修辭的認真，都構成馬克思傲岸卓越人格的泉源，也即他家學淵源的深厚，塑造卡爾與眾不同的性格，以及超絕的稟賦，儘管他不以這種教士的傳承為榮。剛好相反，不論在私下場合，還是公開的言談中，他都難以遮掩對猶太教的賤視輕蔑，這由他在 24 歲時所撰寫的〈論猶太人問題〉一文，可以窺知端倪。

　　按照猶太教士的傳統，凡為長子者必然成為家族的教士。在特利爾城猶太集會所的教士名錄上，馬克思的祖先擔任教士職，至少可以追溯到 1657 年，名叫約瑟夫·以色列 (Joseph Israel) 的人。卡爾的伯父撒慕爾 (Samuel)，不但繼承卡爾的祖父做到猶太教教士，尚且是拿破崙大帝征服歐陸之後，猶太教管理委員會的理事。不過卡爾對這位名氣頗大的伯父似乎無所接觸，其原因為他隨著改信基督教的父親漢利希，也受洗為路德教徒，而與猶太教的關係疏遠。

　　卡爾的先人除了曾任猶太教士職務，也出了好多位聲望頗高的學者，像波蘭的哈沃亨 (Gerson Hacohen)，義大利的卡徹尼連波根 (Meyer ben Yitzchak Katzenellenbogen) 等人 (Padover 3)。

　　馬克思的父親漢利希 (1777～1838) 對這個長子（最早的第一胎兒子 David-Moritz 在童年夭折，所以卡爾以次子身分成為長子）真是寵愛有加，呵護備至。據卡爾么女愛麗諾 (Eleanor) 的回憶，她祖父對其父親「從不厭倦地談到他」。同樣地，卡爾深情地回報其父親的愛護，對他也表達很大的孝敬。

　　漢利希的猶太名字為 Heschel 或 Hirschel。本來出生在薩爾河左岸的小鎮 Sarrelouis，因為作為教士的父親（亦即是卡爾的祖父），法文身分證登記為 Rabbin Marc Levy，Marc 的法文轉變為德文的 Marx，均由猶太人名 Mark 轉變而來的。因之，搬遷到特利爾城擔任教士的祖父之姓名為 Marx-Levy，或簡稱 Marx，這便是卡爾與其父親漢利希的姓氏來源。

　　由於出身與教育的關係，漢利希幼時無異為一名受到法國文化薰陶的十八與十九世紀有識之士，他對伏爾泰和盧梭的作品幾乎可以倒背如流。卡爾因為受著父親熱愛法國文化的影響，終其一生對法國的語文、民風、政情、思想、制度，無一不喜歡，無一不精通。

他三個女兒中，有兩個嫁給法國人。

卡爾的父親生長在貧困的猶太教士家中。當時散落在德、法的猶太人，連耕田為農也備受限制歧視，更不要說奉公為吏了。不過法國大革命帶來猶太族部分的解放，漢利希藉教育的提昇，試圖擺脫貧窮並爭取出人頭地的機會。他因為接受經典教育和法律訓練，而成為一名執業律師。他以堅強的意志，克服出身的不佳與環境的阻擾，其毅力和堅決都傳承其子卡爾。在論及似鐵般的意志時，父子都是一樣，只是父親多一層靈活巧變，必要時會耍點以退為進的外交手腕；但作為兒子的卡爾則自信滿滿，有時顯示威猛有餘，轉圜不足。

在熟讀早期與同代著名思想家如洛克、康德、萊布尼茲、牛頓等人的著作之外，漢利希還浸潤在啟蒙運動的思潮裡，而重視容忍、進步、尊嚴等合理的人性要求。他痛恨暴政，不喜歡「拿破崙式的隨便」(Napoleonic arbitrariness)。蓋後者毫無章法，而以一人的恣睢獨斷造成受統治百姓的無所適從與困頓。漢利希便在這種困苦的年代裡執行律師業達十五年之久。這也是他何以在拿破崙兵敗後 (1815)，歡迎普魯士政府重新統治其鄉土的原因。

由於待人有禮，處世婉轉，漢利希不但成為天主教控制下特利爾城第一位猶太人執業律師，而且成為該市上訴法庭著名的律師。可是他的故鄉受到普魯士統治之後，擔任律師是一種無上的榮譽，有如公職，只能保留給信仰基督教的專業人士，漢利希遂被迫放棄家族歷代信守的猶太教，而受洗禮為新教教徒，這大概是在 1817 年八月卡爾誕生之前兩年時發生的 (McLellan 1970: 29～30)。

漢利希曾加入萊茵地區自由分子的運動，期待普王腓特烈‧威廉三世能夠龍心大悅，接納更多民選議員進入國會。因之，他是一

位改良派的自由主義者，而非一位偏激的革命者。這點與其兒子完全不同。

　　一開始，漢利希便發現其子資質聰慧，毅力驚人，有如妖魔附身，因之，對卡爾的前途不無憂心。相反地，其母親卻一直認為她八個子女中，這位從老二升格為老大的長子是一位「幸運兒」(Glückskinder)。然則終卡爾‧馬克思一生，他那幾近魔鬼的天縱英才，以及由於這種才氣所遭受的橫逆困挫，正顯示他父親有先見之明，也證明他不符合其母親的希望，做一位事事順心、才華出眾的幸運兒。

　　卡爾的母親亨莉黛‧朴累思波克 (1788～1863) 出生於荷蘭尼梅根 (Nijmegen) 一個富裕的猶太商人家庭。關於她的少女生活幾乎毫無記載流傳下來，當她 26 歲時嫁給比她年長十一歲的漢利希‧馬克思 （時為 1814 年 11 月 22 日），其嫁妝多達 8100 荷盾 (Dutch Gulden)，相當於德幣 4536 塔勒 （German Taler，當年德國貨幣單位，猶如今日馬克。以當時普魯士官吏年薪在 900 至 1400 塔勒之間來計算，這份嫁妝是一大筆資產）(Padover 10)。由於善於理財，在卡爾 15 歲那年，其母親名義下的資產已高達 11136 塔勒，幾乎是她嫁妝的兩倍半。因此，卡爾的父母親後半生完全過著富裕的中產階級舒適的生活，這點剛好與他們長子陷於貧困，而必須依靠友人接濟維生，成為一個明顯的對比。

　　卡爾在幼小時尚暱稱其母為 Mütterchen （小媽） 或 Engelsmutter （天使般的母親），可是年紀大了之後，提及其母親的稱呼越來越少，有時只提「老太婆」(die Alte)，也就是當他陷入貧窮無助，而企圖向「老太婆」搾取一些錢急用之時。因此，卡爾與其母親的關係不算親密，倒是與其阿姨莎菲 (Sophie) 和銀行家的姨

丈費立普 (Lion Benjamin Philips, 1794～1866) 來往較為頻繁。藉著阿諛討好，卡爾受到阿姨和姨丈的歡心與友善接待，他對表妹安東妮黛 (Antoinette Philips, 1837～1885) 也大獻慇懃，在給她的英文信中稱呼後者為「我親愛甜蜜的表妹」(My darling sweet cousin)。

亨莉黛幼時只懂荷蘭語與猶太語，而未曾學過德語，因此，初嫁漢利希時，兩人只以荷蘭語交談❶。住在特利爾的最初幾年，她有如身居異域，頗不自在。後來勉強學會德語，但她給其兒子的幾封德文信，不是文法走樣，便是拼音錯誤，或者是沒有標點符號。她德語發音之不準，從對其長子 Karl 發音為 Karell 一事可知。

以馬克思對歐洲各種語文的熟諳而言，他小時必然由其母親處學會荷蘭語文才對。但由於不喜歡他的母親，所以卡爾一直對荷蘭文不感興趣。1880 年《資本論》譯為荷蘭文，在出版前譯者曾要求作者親自校對一遍，看是否有誤譯之處，馬克思居然回信婉拒，謙稱不懂荷文。對荷文不感興趣，可能不僅源自於對母親──一位既無學問、又無文化、又無知識、只懂理財的女人──的反感，也可能受到詩人海涅 (Heinrich Heine, 1797～1856) 把荷文當作是「喉病」(*Halskrankheit*) 發作的語言看待有關 (Padover 13)。

從她給前往波恩大學求學的 17 歲兒子的信上，再三叮嚀保持清潔與打掃房間的瑣事上看出，卡爾的母親既無知識灼見，也無豐富感情。她只是一位強調職責道德，遵守本分，單純而又勤勞的婦道人家。也許由於遠嫁到特利爾夫家，未能克盡她對荷蘭娘家的眷顧和訪問，使她一直備受乖離異化之苦，這也是卡爾妹妹常常提及「可

---

❶ 看樣子卡爾母親的荷蘭語也不很靈光，因為她連標點符號都不懂，顯示其語文知識之低。奇怪的是她居然在與其妹妹 Sophie 及妹夫 Lion 通信時不用荷蘭文而用德文（見 Künzli 52）。

憐痛苦的母親」(*die arme Schmerzensmutter*) 的原因。更有甚者,漢
利希後來為了職務上的方便,放棄了其妻夫家與娘家世代堅信的猶
太教,也使卡爾的母親陷入信仰改變的危機中,這也說明為何她的
一生充滿恐懼、擔憂、不樂的原因。總之,馬克思平生很少提及他
的母親,這不僅表示母子情義的淡薄,也表現了馬克思對感情內斂
(除了對父親及其妻女與摯友恩格斯動過深情之外,對任何人都未
曾宣泄他的真情),多少受到他母親為人的影響,也多少反映了他對
母親的感情,這些都極富深層心理剖析的意義 (Künzli 50～51)。

第二節　幼年與少年時代

在卡爾兩歲的時候,他們全家搬往特利爾城席米翁巷
(Simeongasse) 1070 號(後改名為 Simeonstrasse Nu. 8),一幢兩層樓
房,這是他父親購置的第一座屋產,離該城著名的「黑門」(Porta
Nigara) 頗近。幼小的卡爾看過這座古老的城門,想必會興起懷古的
意念,至少對古羅馬歷史文物充滿憧憬。原來特利爾 (Trier) 城是古
羅馬皇帝奧古斯都所創建的北方大城。歷代皇帝、大主教、主教都
曾在此駐節,該城在 1794 年落入法國手裡,法國在此統治了二十一
年之久,才又拱手把此城奉還給普魯士。因此,此城不僅歷史長達
兩千年,文物古蹟很多,而且深受古羅馬帝國的遺風,中世紀天主
教思想,原始日耳曼文化與新進法國大革命思潮四種文化民風的
衝擊。

特利爾位於莫塞爾河畔,附近葡萄園丘陵起伏,也有不少森林
覆蓋在城郊,成為孩童時代的卡爾玩耍漫遊的好去處。該城除了黑
門之外,尚有羅馬浴室、圓形劇場、皇宮等殘留的古蹟。全市教堂

林立，包括紀元 4 世紀建築的大教堂、寺院、神學院等，連歌德都驚嘆一個像特利爾這樣的小城，竟然容納了那麼多與天主教會有關的機構與建築。該城尤其以產售好酒而著名。卡爾之父名下擁有葡萄園兼釀酒廠，這是當時略具社會地位的市民（資產）階級之風尚。終馬克思一生，葡萄酒是他最愛之一。

在卡爾 10 歲左右，全特利爾只有一萬兩千人口，但飯館、酒店林立，足見該市是一個以飲食服務業為主的小城。當時工商不發達，市內的住民以官吏、僧侶、小商人、工人為主，與城郊的葡萄農關係不洽。後者因稅重罰嚴而怨聲載道，曾上書普魯士國王要求減稅，卻得不到回應。

特利爾城在十九世紀初，已隨鄰近的市鎮走上資本主義萌芽的階段，其特徵為赤貧的中下階級和賤民特多，全市失業的勞工超過四分之一。幼小的卡爾經常碰見一身襤褸、衣衫不整的乞丐與妓女。而盜竊時聞，單單 1828 年便有七百二十八件竊案發生，卡爾之父的律師業常捲入替犯罪者辯護。這種社會的貧富懸殊，對充滿正義感的卡爾衝擊之大，是他日後控訴資本主義非人性、不人道的主因。

正如前述，卡爾的長兄大衛莫利茲 (David-Moritz) 在出生後不久即夭折。接著大姊莎菲 (Sophie) 於 1816 年出世，兩年後卡爾誕生，其後每年增添弟妹一人：大弟赫曼 (Hermann, 1819)；大妹亨莉黛 (Henriette, 1820)；二妹露易絲 (Luise, 1821)；三妹愛彌麗 (Emilie, 1822)；四妹卡洛琳 (Karoline, 1824) 和么弟艾都亞 (Eduard, 1826)，一家共八個小孩，連同兩名婢女，已是一個包含十二張大口的家庭了。換言之，卡爾有五名姊妹和兩名弟弟。他們都因智力或體力不足，無法與卡爾相提並論，而飽受後者的欺凌。據馬克思女兒的說法，卡爾的弟妹們都視小時候的他為「恐怖的暴君」

(McLellan 1973: 8～9)。

父親的溺愛造成卡爾的橫暴,以及日後的驕傲。卡爾的兩個弟弟和兩個妹妹先後害了肺結核,而於青少年時代去世,其中大妹已病入膏肓時,其母猶命其出嫁,引起了馬克思之妻燕妮‧馮韋斯法冷 (Jenny von Westphalen, 1814～1881) 的抱怨。卡爾本身也有肺結核的病徵,遂免除普魯士的兵役。

由於普魯士政府規定不信基督教(天主教或誓反教)的人,不准進入公校就讀,所以卡爾在剛滿 6 歲的 1824 年 8 月 26 日,與其姊妹、弟弟同日受洗為路德教(新教)教徒。十年後,亦即 1834 年,再度接受確認(堅振)的禮節,這時家中只剩下老母亨莉黛沒有接受基督教的改信儀式,其所持的理由為她的父親與母親(卡爾的外公與外婆)尚健在,還信仰猶太教的緣故。

卡爾對宗教知識和禮儀的認識來自於新教所創辦的國民小學,其校長即為主持他受洗的牧師。在進入中學之後,卡爾每週被迫上宗教課兩節,其導師仍是前述的牧師兼任。雖然畢業證書上的報告提及他對「基督信仰與道德的認知清楚與堅實」,他也懂一點教會的歷史,但看樣子宗教並非他喜愛的科目。

有關少年馬克思的紀錄,始於他進入中學之後,這包括他各科的成績、畢業論文和老師的評語。在他 12 歲的那年,亦即 1830 年十月,卡爾進入了腓特烈‧威廉中學 (Friedrich Wilhelm Gymnasium)。在那裡就讀五、六年,直到 1835 年畢業。威廉中學係 16 世紀中葉由耶穌會神父創設,享有極佳的學術名譽。1815 年普魯士統治了萊茵省之後,該中學便歸柏林的教育部直轄,蓋政府深懼中等學校成為反普魯士的搖籃之緣故。

卡爾的好多位老師都是愛好法國文化,輕視普魯士軍國主義的

有識之士。其中有一位名叫 Thomas Simon 的老師，尤其在講課中透露他對特利爾城貧苦大眾的同情。強調一個人擁有財富並不算是成就了人的條件，凡人必須擁有「性格、原則、理性，以及對同類禍福與共的關懷」(Padover 35)。在這位老師諄諄善誘之下，少年馬克思閱讀了特利爾城第一位社會主義者嘉爾 (Ludwig Gall) 的作品。

該中學的精神支柱毫無疑問地為校長韋田巴哈 (Johann Hugo Wyttenbach)，他禮讚法國大革命，對文化頗有研究，也相信人類必定邁向進步之途，是一位人文主義者。他交遊的對象都是當代德國著名的作家，像歌德、格林兄弟、法勒士列本 (Hoffman von Fallersleben) 以及布連塔諾 (Clemens Brentano) 等人。他與卡爾的父親相同，都很崇拜盧梭與其他法國哲人。

作為歷史學家，韋田巴哈曾撰述特利爾歷史五卷。但他的重要性則為教導卡爾有關歷史的知識與觀點，是把後者眼界抬高與放大的一位啟蒙師，也是導致卡爾對人類歷史長河有一通識，對人類推陳出新的進步有所信仰的重大啟迪。

在卡爾就讀中學的那五、六年間，威廉中學的學生人數才有三百至五百名之間。大部分為農工子弟，也是天主教徒為主、誓反教徒為副的中學。卡爾的那一班共有三十二名學生，其中七人（包括他在內）為誓反教徒，為專業人士的子弟。另外二十五名天主教徒中九人家中從事手工藝業，六人耕田務農，其餘絕大多數為家庭經商。

由於校長為一開明進步分子，因此，學校的管教不嚴，全校充滿自由的講學與學習的氣氛，對普魯士政府也大膽批評（曾有一學生寫了反政府的詩，被捕入獄一個月）。可以說，卡爾一生的「反骨」，便是在中學時代塑造而成。由於從小便立志要做桂冠詩人，因此，卡爾在中學時代倒不是祕密警察特別留意的目標，這也有可能

是漢利希警覺性特高，不允許他所期待、所寵愛的兒子太早成為祕警獵物的緣故。

卡爾與其同窗似乎並沒有維持終生的友誼，其中有幾位後來都表現不俗。唯一的例外是埃德加・馮韋斯法冷 (Edgar von Westphalen)。後者為故鄉美女燕妮之弟。為了追求其姊，卡爾對這位未來的小舅子特別友善。不過其中學同窗對卡爾的印象不佳，認為他透露知識上不容忍的性格，也有幾分傲慢諷世的味道。他的同學喜歡他才華橫溢，但討厭他諷刺刻薄。儘管他天資超絕，但成績並非全班之冠。這或許與幾門他不喜歡，但又必修科目（像宗教與物理）的成績不佳有關。但有幾科雖是他喜歡的，卻未曾選修（像希伯萊文、繪畫、歌唱等）。他畢業成績平平。如以 1 代表卓越，2 代表優等，3 代表尚可，4 代表及格的話，那麼卡爾的成績單如下 (Padover 40)：

科　目	最後成績
宗　教	3
希臘文（翻譯）	4
德　文（作文）	1
拉丁文（口試）	3
拉丁文（作文）	1
法　文（翻譯）	3
史　地	3

他的總平均才 2.4，比今天美國的學制所打下的分數之 B 還差

一點。至於他的操行成績，在涉及對師長與同學的態度方面，被評定為「好」，學習法文的認真程度則為「低」，數學的學習認真態度為「滿意」，德文和歷史則「很滿意」。在畢業證書上看不出他的指導老師對他有何特別的印象，這點與他父親對其兒子懷抱的重大期望相反。畢業證書的評語只是使用慣用的老套話：「期待他能夠依其才華達成希望」。

倒是他在畢業口試前所寫下，而幸得保存的幾篇文章，使得我們能夠略窺一位 17 歲，即將進入大學之少年的心靈世界。這三篇畢業論文分別討論羅馬史、基督教和個人生涯的展望。〈羅馬史〉一文中，卡爾盛讚奧古斯都統治下的昇平繁華。〈論基督教〉一文則強調「各國的歷史教訓我們與基督聯合的必要」，他在此文中多少透露言不由衷，對基督教並沒有深刻的認識與信仰。難怪在他 23 歲拿到博士學位之後，就變成一位無神論者。

只有第三篇文章〈青年人選擇職業的省思〉中，我們依稀看到馬克思後期發展抱負的端倪。這篇文章受著校長的影響較大，全文充滿了熱情與理想。文章指出人之異於禽獸，在於上蒼賦與個人熱心與判斷，讓人能夠做任何的選擇。自幼開始，人便知道有所抉擇，如何尋找一項符合每人天賦資質的生涯，任何錯誤的選擇都會使人迷失喪志。如能循個人心身稟賦以選擇適當的職業必可服務人群。為人類的完善與福利來工作，是人盡職，也是人性的達成。歷史上的偉人乃是為謀求人群幸福，而不惜犧牲本身利益之人。卡爾在結論上指出，只要能夠替人類謀福而選妥職業，則任何負擔阻礙都不足憂懼；「屆時我們將感受非少量的、狹隘的、自私的喜樂，而是與百萬人同享快樂，我們的行為將靜默地流傳下去，有時卻是活躍地流傳下去，我們的骨灰將永受高尚的仕女之眼淚所潤濕」（全文英譯

見 *EW* 35～39）。

　　校長對卡爾這篇論文十分滿意，儘管該文反映了作者受到校長本人理想主義的激發。他認為卡爾的老毛病在於誇張地使用冷僻的、圖畫式的表達詞謂，其結果造成全文不少段落辭不達意，用字欠缺精當。不過通觀全文，倒不難看出 17 歲的卡爾的確胸懷大志，有意拯救千萬人出水火，雖然未必使他們感到喜樂。

第二章　戀愛與升學

第一節　燕妮及其父親

在卡爾步出中學不到一年之間，便悄悄地與其同學的姊姊，也就是長他四歲的特利爾城美女燕妮私訂終身，這是 1836 年的秋天。由少年轉入青年的馬克思一點也不漂亮、不帥挺。這個皮膚黝黑、開始蓄留短髭與鬍鬚的年輕人，身材短小而粗壯，帶有波浪狀的長髮覆蓋頭部；短而不高的鼻子顯示意念的堅決，乃至頑強；雙眼巨大深沉，透露嚴厲與不屑的眼神；額頭寬廣，頗似《舊約》中的先知之狀貌。

正因為馬克思多毛而又黝黑，在白人群中成為一個異類，因此，他的家人（妻女）都暱稱他為「墨兒」（北非黑人，*der Mohr*; Moor），貝倍爾 (August Bebel, 1840～1913) 一度指出：「對外人而言是件令人側目之事，那即是馬克思被其妻女老是稱呼做黑人，就像除此之外再也沒有別的名字可叫似的」❶。

一個像 18 歲馬克思這樣外觀不很標緻的慘綠青少年，竟能贏得特利爾城貴族出身的美女之芳心，一方面說明男方仍具有某種的魅力，他方面表示這位少女慧眼識英雄，情有獨鍾。從她少女時代的照片看出燕妮鵝卵形的臉蛋，配上渾短的鼻子與柔軟的小嘴、漂亮的雙眼，留著一對茂密的辮子，的確是惹人喜愛的姑娘。她曾經是該城「舞會的皇后」、「令人著迷的公主」。

以她的時代來衡量，燕妮是一位受過良好教育、有見識、有學

---

❶　見 *Mohr und General* 扉頁說明，以及 Padover 47～48。

問、有個性、風趣的大家閨秀。在 1840 年代，當馬克思夫婦流落巴黎過著流亡生活的那幾個月當中，她的魅力與風趣也使大詩人海涅為之神魂顛倒。在倫敦貧困潦倒的生活中，她不改其樂天達觀的個性，常以豪邁的笑聲化除貧困的煎熬。

不過，卡爾與燕妮的訂婚到後來的結婚卻成為他與父母爭執的焦點，父子的衝突甚至延續到漢利希去世 (1838)。而其母親不肯撥款資助貧困的子媳，也反映了她對這門婚事的堅決不滿。漢利希對其子卡爾在尚未完全成年之時，便熱戀特利爾頗有聲望的馮韋斯法冷 (Von Westphalen) 一家的千金，頗不以為然，儘管男女雙方的家長是鄰居，相互認識，彼此尊重。至於卡爾與燕妮的私訂終身，尤其令父親有高攀不起的感受，深覺猶太家庭出身的孩子配不上德國貴族的女兒。在一封訓誨其兒子的長信上，做父親的力勸兒子不要耽溺於詩情畫意所誇大與禮讚的愛情幻想中，以致毀壞了生活的寧靜。他質疑其子的心靈是否與其大腦、其性情配襯。他指出燕妮引人注意的是她不自在的恐懼，這種對前途的不安感，是父親一眼便瞧出來的。總之，父親對卡爾這門親事一開始便加以反對。儘管在知識和感情方面，卡爾對其父親是敬愛有加，但這椿與燕妮私訂終身，並決定要結婚、要成家、要養子女的男女歡愛，是絕對不容父母的異議勸解的 (Blumenberg 27～29)。

值得注意的是燕妮雖然是一位知書識禮的婦道人家，但對馬克思的醋意忌妒卻是表現激烈，這點令向來隨便的他不得不小心翼翼，唯恐觸犯她的不快。

燕妮的父親馮韋斯法冷伯爵 (Johann Ludwig von Westphalen, 1770～1842)，出身布倫士威克 (Brunswick) 官宦之家，曾經在哥廷根大學學習法律，在德國幾個城市擔任過庭長等職之後，於 1816 年

派任特利爾城高級官員（官銜為 *Regierungsrat*，政府參議），為一世襲伯爵 。 燕妮為其髮妻逝世後續弦所生的女兒 （1814 年 1 月 12 日）。這位馬克思後來的泰山大人，並無私產財富，但年俸豐厚，所以擁有寬敞的官舍兼一大花園 ， 成為幼小時代卡爾 、 其姊莎菲 (Sophie)、燕妮及後者的弟弟埃德加 (Edgar) 追逐遊戲的好所在。

不像典型貴族的傲慢，馮韋斯法冷伯爵身上流著一半蘇格蘭的血液，原來他的母親為蘇格蘭人，父親為布倫士威克公爵的侍從兼祕書。他與馬克思的父親同屬啟蒙運動的產物，是熱愛法國文化的自由派知識分子。卡爾對他的敬愛有如對自己的父親。他熟諳七國語文，尤精德文和英文。幼小的卡爾就是在伯爵的諄諄善誘下，閱讀了歌德、聖西蒙、賽凡第斯等人的著作。他常帶著卡爾漫步於莫塞爾河畔的葡萄園路徑，談詩論玄，灌溉給小心靈哲學與文藝的神髓。

基於對這位亦師亦友的泰山大人的敬愛，馬克思在 1841 年博士論文的扉頁上寫明該文是獻給伯爵大人的。另外在致獻的頌文中，馬克思把伯爵讚美為理想主義活生生的化身 (*argumentum ad oculos*)。

雖然伯爵對這位少懷大志的青年寵愛有加，但作為義子他極為樂意，當成女婿則不免突兀。因之，反對卡爾與燕妮私下訂婚的不僅是男方的父母，連伯爵夫婦都有點震驚。訂婚宣布之時，不僅卡爾一家鬧成一團，其母親公然反對，也給伯爵家帶來不快。原因是當時的卡爾剛念完波恩大學兩學期，準備到柏林大學繼續深造，是一個充滿幻想，一心要做詩人，卻勉強念法律的毛頭小伙子。當時男方年齡才 17 歲半，而燕妮已是 21 歲的成熟姑娘。嫁給一個沒有謀生本事的詩人註定終生落魄，嫁給一位念法律，將來擔任一官半

職的丈夫，還可謀溫飽，但法律教育訓練需時甚長，等到卡爾學成任職，燕妮的婚事豈不延後到他 30 歲之後？

因此，不難想像在卡爾即將離開特利爾前往柏林求學時的燕妮，既要忍受戀人分別的愁苦，又要掩蓋私下訂婚的祕密，又要擔心前程的渺茫，其所受愛情、希望、畏懼、壓力的煎熬，是何以卡爾父親要提及她引人注目的驚恐性格之原因。不過她堅強的意志與卡爾的固執真是天造地設的一對。就在期盼與驚恐中，她耐心等候了八年，終於在 1843 年 6 月 19 日，與她心愛的「黑野人」（*Schwarzwildchen*，她對馬克思的暱稱），結成夫婦。

第二節　波恩大學的年代

馮韋斯法冷伯爵開導青年馬克思去熱愛詩詞文藝，無異讓人格正在形塑過程的這位年輕人，接受了浪漫主義的洗禮。過去正統的馬列主義者，特別是列寧，強調馬克思主義的活頭泉水為(1)日耳曼的唯心主義；(2)法國的空想社會主義；以及(3)英國的古典政治經濟學。殊不知除了上述三項源泉之外，更應數法、德啟蒙時代的浪漫主義（洪鎌德 1983: 1～7）。而這方面的影響則是直接由伯爵口誦心惟，面授機宜。馬克思在波恩大學求學的短暫一年間，就徹底表現了他對浪漫主義的嚮往與擁抱。

馬克思從中學畢業三週之後，於 1835 年 10 月 17 日晨四點鐘，搭快艇循莫塞爾河東下前往波恩，進入當地唯一，也是最大的大學（學生人數七百名）。這是他父親多年來替他苦心擘劃，也是全家期待他能夠光耀門楣之登龍術的第一步。在科布連茲馬克思改乘渡輪，經過風景秀麗的萊茵河北上波恩，準備按照其父的指示「攻讀法律」。

但是法學或法律哲學並非馬克思個人的喜好。他所以同意這樣做，主要的是其父親的督促，也是伯爵的勸告。他根本就無意做一名律師或政府官吏，這完全違背了他父親對他的指望。

抵達波恩之後，馬克思在大學的對面約塞夫 (Joseph) 街租了一間昂貴寬敞的公寓，並與來自特利爾城的其他六個學生，在法學院辦理入學註冊。當時法學院為波恩大學五個學院之一，只擁有七名正教授講解羅馬法、日耳曼法、刑法、普魯士法、法哲學、法學方法學等。教學的方式為教授在課堂上講課，學生是否出席聽講悉聽尊便不加限制，只需每學期結束時，在學生名簿上由教授簽名即可。

對卡爾而言，波恩這個名城擁有四萬人口，約為特利爾三倍半，全城的中心為大學，在 1839 年時已擁有五十七名教授與七百名學生。他們在課餘之暇在附近酒吧飲食作樂，享受學生王子放蕩不羈的縱樂生活。

卡爾以一個剛滿 17 歲的青少年，拋開了父母的嘮叨與監督，投入了這個多彩多姿、喧囂放縱的青年樂園中，簡直如魚得水、樂不思蜀。在抵波恩最初的三週間，沒有片言隻字寫信向父母請安或報告近況。當了六週的大學新生之後，他突然收到父親埋怨的信件，責備他連個確實的通訊處都未向家人提供。在他註冊為學生的前三個月，只向家裡寄了兩封信，是潦草的幾個字，且是索取金錢使用的告急信。他不久便開始舉債度日了。

卡爾的父母知道他們的愛子做事、用錢、用功常常超越限度，他的體質又並非健全，因此非常擔心他搞壞身體。父親的首封信便懇勤叮嚀要保護身體，注意營養，培元固本。他寫著：「一個生病的學生，是世上最不幸的可憐蟲。」他母親的信件更是勸他要保持房間清潔（每週至少洗擦一次），保持一身乾爽，用錢要節省，不可貪

飲咖啡等等繁瑣細節。這封母親的信雖然透露她對兒子的關懷，也顯示她德文用字措詞的差勁，正如前面所提及的。

一開始卡爾選取了九門課準備認真聽講與學習。他父親認為這是貪多務得不切實際，也不是卡爾身心所能負荷，因之寫信勸他退選幾科。卡爾遂放棄了三門課，但仍舊選修六門之多。這六門課中，法學與文學（詩與藝術）各佔三科。法學方面，包括法學緒論、法制史與羅馬法；文藝方面則包括希臘羅馬神話、近代藝術史和荷馬史詩。

卡爾似乎相當認真上課，因為他的學生名簿上，都取得各科教授的簽名與評語。六位教授都認為卡爾「認真與專注」。當時德國大學並無學分或成績評定，而以教授的簽名與評語來代替。

由於用功過度，脆弱的身體不堪負荷，使 1836 年初的卡爾，在致其父母的家信上，提及他一度病倒。緊張的父親懷疑其兒子喝酒與抽煙太多，也擔心他無節制的閱讀，引起身心的疲憊毛病。因之，在回信上父親重申健康的重要性，而痛斥青春時代的放縱逸樂可能導致的惡果。母親的信上也提及少吃辣椒等刺激性的食物，不抽淡巴菇（煙斗），早睡早起，避免受到風寒等等保健方法。但卡爾並不聽從父母的勸告，也不肯去信報告近況，令其父母十分憂急。

他唯一讓步的是在第二學期（春季學期）中，聽從父親的指令，把原來選修的五科減少到四科，亦即三科為法學，一科為文學。至此卡爾對大學課程的熱衷已減到最低程度，他發現法律課程的聽講十分枯燥乏味，在知識上一點啟發性也沒有。他開始選擇自己性之所好的科目自學自習起來，並且投身學生放蕩的課外活動，成為學生群中的頭頭。

卡爾參加兩個學生課外組織，一個是文學的團體，另一個是純

社交的群體。仍然幻想與期待作為一名詩人，他加入「詩人同盟」(Poetenbund) 為盟員。這是由一群充滿革命熱情的青年作家組成的大學生團體，與哥廷根同性質的組織展開激烈的競爭。在此一組織中出現了一位叫做葛林 (Karl Grün, 1817～1887) 的同學，後來變成「真正」社會主義的信徒，而成為其後馬克思嘲笑揶揄的對象。另外在哥廷根大學就讀的詩人同志貝爾乃 (Karl Ludwig Bernays)，後來在巴黎編了一本鼓吹革命的刊物《前進！》(Vorwarts!)，馬克思曾投稿該刊。這個富有革命思想的學生組織，一向遭受普魯士警察的密切注意與監視，認為是反政府的機構。一度進入校園進行搜查查辦，而發現證據不足。卡爾的名字幸未出現於警方的報告之上。

對於精通世故，望子成龍的父親，實在不願意見到兒子荒廢法律的學習，去搞虛幻不實的吟詩作詞，尤其驚懼警察的搜查，而斷送他寶貝兒子的大好前程，於是寫信坦白地告訴其兒子，認為後者所寫的詩令他無從理解，「難道你只能從抽象的理想化（類似於忘我）中去找到快樂嗎？」在接著的一封信上，漢利希不客氣地指出：「一位詩人、一位作家在今天必須有精彩的事物貢獻給讀者，才可望其作品獲得發表的機會。」

父親的勸告有如馬耳東風，卡爾置之不理，在其後半年間，他仍然擁抱繆思不放。甚至在其後轉學柏林大學時，仍舊在他的筆記本上塗滿詩歌、抒情詩、敘事詩、歌謠等長短篇。

除了詩人同盟之外，卡爾在波恩大學也加入另外一個學生團體，一個類似同鄉會的兄弟群 (Landsmannschaft)。這種學生團體幾乎是每個大學生不能不參加的，從參與中來達到心理的滿足，也成為社交上、知識上與其他同學聯繫的橋樑。這個兄弟會正是取代泛日耳曼民族主義和激進思想的青年會 (Burschenschaften) 組織，後者因鼓

吹全德國的民族主義，而遭各省政府的鎮壓解散。

卡爾很快便成為同鄉會的重要幹部。在第二學期時，就讀波恩大學的特利爾子弟多達三十名，也是特利爾同鄉會的會員。卡爾被選為該同鄉會的會長。由於學生家庭背景有異，於是由貴族子弟組成的團體，與由市民（資產）階級子弟組成的團體之間，不免產生摩擦。於是大學生之間的「階級鬥爭」於焉產生。學生在課餘飲酒、誦詩、唱歌中，或爭論、或對罵、或扭打、或決鬥，幾乎鬧得日夜顛倒，雞犬不寧。

一向口舌便給、講話刻薄、不肯認輸、好勇鬥狠的卡爾，身懷匕首、口出穢言去挑戰貴族子弟。他卻因身懷決鬥的武器，而遭警方在科倫城附近逮捕，時為 1836 年 9 月 5 日。警方曾為此提出調查報告，不過波恩大學似乎並未給卡爾任何的制裁。但大學當局卻曾囚禁卡爾二十四小時於校中禁閉室，其指控的罪名為喧囂胡鬧，一項不算太嚴重的紀律違反，這是當時一般學生常犯的毛病，有的甚至被囚禁八日之久。

卡爾花錢從不撙節。1836 年年初，父親曾寄上額外的一紙支票，票額為 50 塔勒，但不敷卡爾的花用。不久他已債臺高築，又無法向父親解釋錢花到哪裡去。偏偏那一年父親的健康日差一日，儘管其家財估計有 21594 塔勒，但家中的現金卻不超過 500 塔勒。這時全家省吃儉用，連區區郵票費用也捨不得亂花。就在 1836 年三月，卡爾的債務已高達 160 塔勒，令其父憂心如焚，不得不寫信勸他節儉，不可再濫用有限的匯款。

他父親聽到卡爾酗酒、行為不端、身懷短劍要與人決鬥、遭學校監禁等等壞消息，幾乎無法承受這一連串的打擊，於是又去信勸誡其兒子，不要再玩這套幼稚的、非理性的遊戲。他認為凡是有理

智的人，都能謹守規矩而出人頭地，決鬥與哲學是無法並存的。

　　父親的話並沒有阻止卡爾在 1836 年初夏，與人進行平生第一次的決鬥。決鬥的敵手顯然是貴族子弟。決鬥的結果不待猜測是卡爾落敗。還好學生的決鬥不致賠命，但卡爾的右眼卻受傷 (Padover 68)。但另外有人報導受輕傷的是左眼上方 (McLellan 1970: 41)。

　　這對漢利希是太過分了，他至此充分理解波恩大學不是他兒子繼續學習的好地方，遂發出一函給波大法學院註冊處人員，聲明其子卡爾從下學期開始，改往柏林大學就讀。1836 年 8 月 22 日，卡爾離開波恩返回特利爾渡假，並與燕妮悄悄地訂婚，但暫時不讓雙方父母知道他倆訂婚之事。

第三章　大學生涯和博士學位

第一節　柏林大學的時代

　　1836 年十月中旬，馬克思經過五天的驛旅，抵達普魯士首都柏林就讀。當年的柏林為日耳曼政治、軍事、文化的重心，對來自特利爾等萊茵省的「鄉下人」來說，有如一個繁華昌盛的異國首府，也像殖民帝國發號施令的樞紐。普魯士人的勤快，把柏林大學化成日耳曼思想與學術的重鎮，比起德國其他大學的鬆懈放蕩，柏大師生治學的嚴謹，都令來自巴伐利亞的哲人費爾巴哈 (Ludwig Feurbach, 1804～1872) 驚嘆，他說：「這裡才是工作場所，別的大學則是大眾酒吧」。大概漢利希・馬克思也有同感，才會指令他天才橫溢卻又不受管教的兒子，轉學柏林 (Padover 69)。

　　在充滿離情別意，對自己的前程毫無方向感之下，經過五日疲倦的陸路車程，馬克思終於進入這個擁有三十萬人口的大都會。他在舊萊比錫街 (Alte Leipziger Strasse, Nr. 1A)，租賃一個小公寓（後來遷往 Jacob Strasse, Nr. 50），然後在 10 月 22 日在該大學法學院辦理入學手續。除了隨身行李，卡爾也帶來幾封父親的介紹信，都是給他早先服務法界的舊同僚，要他們多多照顧「小犬」。為此馬克思最先也得在父執輩之間拜訪走動，但後來話不投機，談不出所以然來，遂又把父親的叮嚀拋在腦後。

　　當時柏林大學有來自日耳曼四面八方的學子多達兩千名，幾為波恩大學的三倍。教授群則是全德知名之士，有幾位還是一代宗師，自然對鄉下來的青年學子極具吸引力。儘管比起歐洲其他大學來，

柏大創校不久 (1810)，但知識上卻有驚人的成就，而大學的生機勃
勃，充滿更新、挑戰的精神，不是獨裁的普魯士政權所能完全控制
操縱的。它所享有的學術自由也是獨一無二。蓋其第一任創校校長，
乃為語言學家洪保德 (Wilhelm von Humboldt, 1767～1835)，他曾告
訴過被拿破崙大帝擊敗的普王腓特烈‧威廉三世：「國家在形體上的
損失必須由知識力量上去補救」。於是在國王特准的撥款上，延聘各
大學名師前往講學，不過二十五、六年的努力，便把柏林大學轉化
成全日耳曼最好的大學。

　　在眾多著名的學者當中，要算 1818 年被禮聘到柏大講授唯心主
義的哲學大師黑格爾 (Friedrich Georg Wilhelm Hegel, 1770～1831)，
影響學風最為重大。他的哲學幾乎使柏林大學脫胎換骨，但他在
1831 年即逝世於校長任內。當馬克思抵達後，大學正處在轉型期，
其重點已由哲學移往法學與歷史科學。由於蘭克 (Leopold von
Ranke, 1795～1886) 的受聘，柏大以往講究歷史思辨的研究方法，
已由列舉歷史事實與證據的考據學說所取代。

　　馬克思曾經幾次進入課堂旁聽蘭克的史學，發現後者把重大歷
史事件，化解為瑣屑無聊的逸史野聞，而喪失了史觀。這與他性喜
思辨、憚煩細節有關。他早在波恩大學的那一年得到教訓：選修與
聽講教授的授課得益不多，倒不如認真自修，少選幾科來得實在些。
為此他在柏大只選修三科：邏輯、羅馬法、刑事兼普魯士法。羅馬
法由名師薩維尼 (Friedrich Karl von Savigny, 1779～1861) 講授，普
魯士法由甘斯 (Eduard Gans, 1798～1839) 指導，這兩門為馬克思比
較喜歡的課程。兩位老師在馬克思的學生名簿上誌明他上課的情形
為「超絕地勤勞」(*ausgezeichnet fleissig*)。

　　但馬克思對上課的熱心不久便告消散，有三個學期他什麼課都

不曾選修。自 1836 年秋季學期開始，到 1841 年春季學期屆止，馬克思在柏林大學一共停留了整整九個學期，他一共才選了十二個科目，其中少數涉及法律。其餘則為人類學、地理、藝術史、哲學、神學。後者為鮑爾 (Bruno Bauer, 1809～1882) 所開講，乃涉及希伯萊先知以撒阿 (Isaiah) 的課程。馬克思與鮑爾及後者的弟弟建立深厚的友誼，後來相互詰難而分手。要之，柏林大學時代的馬克思，幾乎已放棄正式的受教與學習方式，而完全耽溺於自學自修，以及與友朋的論學談玄之非正式教育中。

在馬克思入學柏大時，學術界的巨匠大師大多凋謝離去，只剩下兩位黑格爾的得意門生——薩維尼與甘斯——還留在校園講學不輟。在入學的第一學期中，卡爾初嘗黑格爾《精神現象學》一書的滋味，但淺嘗輒止未能深入箇中真味，亦即他尚不能被目為黑格爾哲學的信徒。

儘管薩維尼不是一位能言善道、引人入勝的講師，卻是能夠啟導訓誨後進的學者。他的講學與著作中強調制度的統合與歷史的承續，對馬克思有重大的啟發，例如他視法律為一國人民生活不可分的一部分，以及每一代都承繼前代，沒有任何一個時代可以從前代徹底地「自由與獨立」。這些我們在後來的馬克思之唯物史觀中，依稀可以辨識。

甘斯也是既諳法律，又諳哲學，在年僅 23 歲時，便由黑格爾親自從海德堡大學帶往柏林大學，目的在對抗黑格爾另一名弟子，也就是創立歷史學派的薩維尼。甘斯的進步思想剛好可以制衡薩維尼保守的勢力。兩人在黑格爾逝世 (1831) 後，由於對大師學說解釋的針鋒相對，而使大學的思想趨向活潑，學術活動更形熱絡。

兩人不但思想背景迥異，連人格結構與生活方式也不同。薩維

尼出身羅林省貴族家庭，年長甘斯十八歲，為人保守而維護現實政權；甘斯出身柏林猶太家庭，為了做教授而改信基督教，他批評時政，也不滿普魯士的軍國主義。兩人雖是各走極端，卻充分反映他們的業師保守與進步並存的精神。

黑格爾一度禮讚普魯士為「絕對精神的落實」（洪鎌德 1995b：63～72），這點表現在薩維尼以制度論歷史，而支持現狀的學說上。但黑格爾卻也強調演變前瞻的辯證史觀，這是甘斯（以及其後的馬克思）奉為圭臬的。更何況甘斯是一位自由主義派學者，一度也受聖西蒙學說影響，而可稱為社會主義者。他在講述現代歐洲史時，不忘把階級的鬥爭和辯證的概念應用到歷史過程的解析。不畏普魯士官方的敵意，他公然宣稱法國大革命對歐洲各國有利的影響。他的《過去五十年的演變》之講稿，遭普魯士官方當作禁書看待，不准出版。

馬克思在 1837 年 11 月 10 日致其父親的信上，提及他「已閱讀黑格爾哲學的片段，發現它怪異的、粗獷的音調」對他毫無吸引力，但不久情不自禁地墜入大師的魅力裡而不克自拔。他念了黑格爾《法哲學大綱》和《歷史哲學講義》，這兩書是甘斯引導的。另外又讀到大師《精神現象學》、《邏輯科學》和《哲學百科全書綱要》等著作。

1837 年為卡爾在柏林大學求學的第二年，他參加了當地青年黑格爾門徒 (The Young Hegelians) 的集會，加入「博士俱樂部」(Doktorclub)，而正式成為黑格爾哲學的傳人。他這個作法與其父對他的期望完全相反。在辦完大學入學手續，以及拜訪父執輩之後，卡爾杜絕一切社交，潛心苦讀。常常夜以繼日地狂讀自己偏好的書籍，大量摘錄其中的章節，以致飲食失常，抽煙過量。他後來自稱「浸淫在學問與藝術當中」。總之，此時的他完全悠遊於哲學、詩

詞、美學之間，有時也撰寫劇本與小說，儼然是集思想家、學者、作家於一身。

　　對於一個年僅十八歲的大學初等生，能夠自訂閱讀計畫，在短期間看了那麼多法學、哲學的重要作品，不能不驚嘆他精力的旺盛，毅力的堅決。他甚至把羅馬法典的頭二卷譯成德文，把龐雜的羅馬法中涉及公法與私法的部門分類成三種。後來才體會這三分法是相當粗劣，毫無意義的。

　　這時他完全受到「探討哲學的衝動」所激勵，企圖把哲學連繫到藝術或美學研究，俾瞭解人存在的整個意義。他所撰寫的戲劇在於闡明上天「哲學與辯證的發展，俾落實為宗教、歷史、自然」。在一本筆記本上，他塗滿了三百頁有關「形而上學的觀點」，可惜絕對精神仍未降臨到他的左右。失望與憤怒驅使他把筆記與力作付諸一炬。但他尋求建立體系與萬有的普遍世界之努力迄未休止。這一切正是他一生奮鬥的縮影。

　　經過這樣不眠不休，飲食失常，操勞過度的結果，一學期甫告結束，卡爾便瀕臨心神崩潰的危機。加上燕妮在故鄉的生病，又不肯透露消息給他，造成他心身的煎熬。他這樣地寫著：「好多夜清醒無眠、好多戰役拚打過去、好多內內外外的刺激必須應付」。無眠與狂抽煙斗、香煙對染有結核的肺損傷更大。於是 1837 年 11 月 1 日致其父親的信上，卡爾告訴後者他健康日壞，醫師建議要他搬到鄉下靜養，遂走過大半個城市，而遷居於柏林市郊的史特拉羅夫（Stralow，德文 *Strelau*）小村。

　　足足花了兩天的工夫才使這個憤怒的年輕人安靜下來。慢慢地，卡爾開始享受鄉居的清新與平靜。他居然與屋主出去打獵，不久病痛便不藥而癒，他的體力很快恢復，以高昂的精神重返柏林寓所。

但好景不常，他不久老毛病復發，又是工作過度，飲食無常。此番攻讀的重點為法律與法哲學，希望在科學家與法學家的著作中，尋找宇宙的意義。此時，培根等人的科學作品，費希特與謝林的哲學，也成為他精讀的對象。旁涉日耳曼的法律等等，其目的不在增加法律知識，俾為將來擔任律師、法官之用，而是在尋找這些法律體系、制度背後的形上學意義。

第二節　狂飆的年代

受著浪漫主義觀念的影響，德國的古典文學常謳歌一個人或一個時代的「狂飆」（*Sturm und Drang*，暴風雨和激情）。這是人在青春期中追求生與慾的強烈意志，遭受環境的阻礙時，所迸發的反抗或反彈，也是人叛逆性格的徹底表露。當年 18 歲的卡爾也開始經歷了少年維特的愁苦、折磨、傷感、困厄，亦即他碰上了多愁善感，心神不安的危機。這除了生理上慾求不得滿足的苦楚之外，主要的是讀書方向的迷失，前途發展的渺茫，與燕妮分離兩地的相思，以及對浩瀚知識之海探索的困難等等。加上父親健康的惡化，收入的短缺，對卡爾期望的殷切所造成的壓力，在在使青年馬克思感受雙肩的沉重。

由於卡爾與燕妮訂婚是祕密的，事先未經雙方家長的同意，後來男方家長雖較早得悉，但礙於女方家庭地位較高，又基於當時民俗的保守，使得這對熱戀中的男女，連透過情書互道款曲的機會也沒有。這是何以卡爾在外地留學增添一份兒女情長與相思之苦的原因。卡爾有時不免擔憂燕妮的父母會不會早日強迫其女兒嫁給門當戶對的富貴人家？年長四歲的特利爾「舞會的皇后」能夠浪費花樣

年華於痴等裡頭？

　　這些感慨和感觸正可抒發和書寫為詩詞、為小說、為戲劇。於是在捕捉那些玄妙而不可測的形而上學之絕對精神以外，卡爾又再度擁抱繆思，寫下大量的詩、詞、戲劇、小說、散文、隨感錄。這些作品，特別是三本寫滿詩歌的筆記本都曾經寄給他父親審閱。這些詩詞有不少是歌頌對燕妮愛情的抒情詩，在 1929 年出版時，共誌明為五十六首的詩，全書有兩百六十二頁之厚。父親對這位一心一意要成為大詩人的兒子，不客氣地潑以冷水，認為是無病呻吟、言之無物，無法感動眾生。

　　不過在 1836 年十二月聖誕節，透過其姊姊送給燕妮的一本詩集，卡爾的詩才不僅感動了未婚妻燕妮，連姊姊莎菲 (Sophie) 也一掬同情之淚。姊姊在信上透露燕妮經常來訪，對卡爾仍舊情意深摯，唯一擔心自己較卡爾年長，而難以說服女方雙親對這門婚事的同意。不過姊姊又說，燕妮有信心去說服她的父母，也期待卡爾早晚會寫信向兩老說明。

　　燕妮將卡爾這些早年的抒情詩視為珍寶，從不肯輕易地展示給他人，連她最親密的家人都沒有閱讀的機會。馬克思本人後來則看輕自己狂飆時代的作品，把它們視為青春年代的愚昧無知來看待。平情而言，他的諷刺世俗人情之打油詩，有時也有驚人之語，令人激賞。

　　父親為了讓卡爾嘗一嘗閉門羹的滋味，乾脆鼓勵他把詩集交給出版社，看是否有付梓發行的可能，結果頭一家拒絕，第二家與第三家也退回。當他父親在 1837 年四月慶祝 60 歲生辰時，卡爾選了幾篇力作編成一本手抄本郵寄到特利爾作為祝賀的壽禮。卡爾的詩要遲到四年之後，亦即 1841 年一月才有機會在一份柏林的文藝週刊

Athenaum 刊出，計為 〈琴手〉 (Der Spielmann) 與 〈夜之愛〉 (Nachtliebe) 兩首。這是他這半生一心一意想當詩人，有幸得以出版的最初兩首，也是最後兩首詩。

鑑於卡爾對自己未來的職業既無定見，又不積極追求，父親不得不打燕妮牌來逼他就範，於是在 1837 年 3 月 2 日的信上，責問他是否能像常人一樣有了固定職業之後，享受家庭的樂趣？能否給其親人，包括未來妻子的燕妮帶來幸福？他眼見燕妮為了馬克思忍辛茹苦，因之，勸他要寫幾封充滿甜情蜜意的信給她。為此馬克思在回信中表示有意進軍劇場，就像德國大劇作家列辛一樣，做一名劇作家與劇評人。父親也鼓勵他往戲劇的寫作方向上發展，最好選擇一夕成名的體裁與劇作，像描繪普軍擊敗拿破崙的滑鐵盧一役，既可彰顯普魯士愛國精神，又能顯示「王朝的睿智」，是條成名的終南捷徑。

父親對拿破崙和法國大革命的厭惡，以及對普魯士的禮讚，剛好與馬克思的喜惡相反。即便成名心切的兒子，也絕對不會接受老子這番建議。於是進軍劇場以求發展的這番念頭又告打消，至少不想做劇作家，還可以做一名劇評人。對於卡爾這般舉棋不定，父親不得不以尊重兒子的選擇作為他最後的底線。換言之，必須早作決定，至於選什麼職業由其兒子按其志趣能力自行決定，他（父親）不再置喙。

在說出重話之前，父親仍分析各種職業的優劣供他參考，譬如，不想擔任法官、律師，也可以做法學教授。他不認為卡爾適任劇評人的角色，它需要長期的養成階段與高深的知識。即便像列辛變成著名的劇評家，也只擁有虛名，而得不到財富。

就在父子利用通訊討論未來職業的選擇之時，燕妮害了一場沉

重的病，她又不肯親自寫信告訴卡爾她的病情，使得做父親的倍感兒子罪孽深重，在信上告誡卡爾，燕妮的「自我犧牲」與不變的愛情是不容卡爾絲毫的懷疑與疏忽的。父親也提醒兒子家況不佳，其11歲的么弟艾都亞 (Eduard) 正在患肺病，母親為持家勞瘁，盼望全家「唯一無我」不自私的卡爾常寫家書回來鼓勵大小。然而「無我」的卡爾，仍舊不曾給患病的弟弟幾行安慰的信紙，三個月後么弟便死掉了。而母親的信也要他為另一個生病的弟弟赫曼 (Herman) 寫幾句安慰的話。赫曼在 1842 年十月以 23 歲的青年逝世。

對於家庭的種種變故，卡爾再也無法裝聾作啞，只好在 1837 年 11 月 10 日的來信上作一個總清算。這是迄今所保留的馬克思青年時代一封重要的個人家信。此信因黏貼在母親的文書本上，在母親死後由阿姨發現保管而幸得保存下來，否則早被馬克思毀掉也說不定。

這封信長達四千字，花了卡爾一夜的書寫，在燭火燒盡後方才停止，是一篇青年人自我反省、內心剖白的重要文獻。這封信也透露青年馬克思的心路歷程與靈魂世界。它顯示馬克思概括事物的傾向、他尖銳的批判、他對理念與體系不眠不休的追求。

信上首先說明個人與人群總有面臨過渡時期反思冥想的時刻。世上沒有比雙親的愛護、耳提面命、責備更能促成個人的奮鬥。然後提及這幾年他在柏林求學的情形，在塑造一個人生觀，藉科學、藝術、私人努力等各種活動中來把反省予以表達。這包括他作詩吟詞的經驗、尋找哲學的定義與概念、對法律理論的歸類、對閱讀書籍文章的摘錄。他也提及文學探索的失敗，與病倒、復原等生活瑣事。然後述及他加入博士俱樂部，與青年黑格爾門徒討論黑格爾哲學。在信上他也談到燕妮的沉默——沒有給他寫信，加重他的痛苦，

也影響了他在柏林的交遊研討。

　　為了安慰父親，卡爾在信上終於談到他未來的抱負。由於碰到一位實習法官，卡爾有意將來學成後投入司法行列，因為比起行政來，司法比較可取。關於職業的選擇，他希望能回家一趟，好與父親當面深談，同時也好探望身體不適的父親、生病的弟弟、勞瘁的母親。更重要的是朝夕思念的燕妮，不過最後這句話他可沒有勇氣寫下來。

　　信尾寫了一大堆孝敬雙親、懷念弟妹、眷戀家庭的激情話，與全信說理的其餘部分頗不搭調。其中要求父親寬恕他過去的錯誤不孝。信尾兩個附言，其一要求父親原諒他字跡潦草，文筆不佳；其二帶訊息給燕妮，他已接到她的信，並且念了十二遍，每遍都有新意，「這是一個女人所能撰寫最美的信」。

　　父親誌明為 11 月 17 日的回信，卻痛斥卡爾在長信上所表達的負面與悲觀的見解，尤其不滿他對燕妮沉默的抱怨，認為他能夠贏得千萬男人都會忌妒的少女芳心，還敢怨天尤人，大嘆天賦的刻薄與命運的捉弄？而最令父親生氣的是卡爾仍在大言炎炎談玄論詩，而不敢面對現實去找一份可以養家活口的頭路。縱然在前一封信上，卡爾也談到要追求司法官的生涯，甚至也提及別人以平庸資質做到波恩大學法學教授，以他的天賦擔任教授職應可勝任云云。但他顯然是無意仕途，不肯朝尋求職業的方向去思考。

　　難怪在 12 月 9 日父親的另一封信上，要羅列他對兒子的種種抱怨，好讓兒子「當作苦藥吞下去」。他首先指責兒子人際關係惡劣、不負責任，一個不受管教的野蠻人、反社會者、不孝子、對弟妹無情無義的人、自私的情人、沒有責任感的大學生、無節制的揮霍者。父親的信這樣寫著：

老天憐憫我們吧！亂七八糟，毫無秩序，在各學科中愚昧地亂鑽亂蓋，在昏黃的油燈下胡思亂想，隱藏在學者衣袍下的狂野與滿頭亂髮……令人驚懼的不合群，伴隨著對各種禮貌的欠缺，甚至對父親的不關心……與世界交流的藝術只侷限於骯髒的斗室，且是極度的凌亂無章。燕妮的情書和父親善意而帶淚的告誡有可能不經意地落入第三者之手。在你那間毫無意義和毫無重點的求學之工作坊，你能期待果實的成熟，來使你及愛你的人感受清新？你能期待有所收穫而實踐你神聖的職責？(Padover 106～107)

　　父親自責對卡爾的溺愛，也怪自己不該鼓勵（其實是放縱）卡爾去追求燕妮。他坦承對卡爾與燕妮的訂婚最終所以同意，無非是希望此事可能對卡爾性格的發展有所助益。但他與母親這樣百般呵護，得到的報償是什麼呢？「是雙親的不快和一點點的，甚至完全沒有的快樂」。卡爾自私自利的性格表現在附帶給父親的信上那些濫用文字，自認前進的文學作品。令父親憤怒的無過於卡爾對家中大小的生病不適，沒有片言隻字的安慰，卻在近來信中附上拙劣的文學著作，這是「一個瘋狂的杜撰，證明你浪費才華，耗竭你的生命工作至深夜，來產生這些魔鬼」。

　　漢利希尤其痛心地指責其兒子揮霍無度浪費成性。只有一年的時間卡爾便用掉足以使一個小康之家過完整年的金錢。他不但耗盡父親預備的每年款項（700 塔勒），甚至又是債臺高築（欠 160 塔勒），一如在波恩大學時代那樣的揮霍。父親在信上指明已代他付清債款，不過這是最後一次，下不為例。

　　可是信尾仍舊透露父親舐犢情深，後悔對其兒子這般嚴厲的指責，不過對其兒子要求回家一趟省親，他認為時機不適當，尤其是

正在學期中突然自柏林返回特利爾，必然引起鄰居的疑惑。要回來就利用復活節的假日，也可在家停留兩週。

這次卡爾覆信尊重父親的決定，打算延遲到復活節才回家。可是 1838 年元月，父親因咳嗽和肝痛而病倒，他已無法為其寶貝兒子寫長信，但在病床上卻反覆細讀卡爾的來信。他給兒子的最後通訊，是在母親於 1838 年 2 月 10 日去信的附帶幾句。在該信上母親報告了父親的病情，她寫道：「父親的咳嗽已好些，但卻失掉食慾，由於久病而脾氣暴躁」。她請求卡爾儘量「溫婉地」來信安慰父親。父親的最後幾句話，仍透露對其子看不起「骯髒的錢」，而加以濫用的失望。他不諱言對卡爾太縱容，責備他短短幾個月花掉 280 塔勒——這是他整整一個冬季賺不到的數目。

1838 年 5 月 10 日，漢利希‧馬克思在特利爾逝世，享年才 60 歲，他顯然是肺結核和肝硬化併發症而引致死亡。卡爾在體質上遺傳有父親的宿疾，常感受肺與肝的病痛。

父親的逝世，給卡爾帶來的打擊與悲痛究竟有多大，我們不得而知。唯一可以確定的是他再也無拘無束，可以海闊天空自由翱翔。他一向對母親沒有真愛，對其姊與弟妹也沒有情義，父親的早逝影響到他的財源，母親成為索取金錢的唯一對象。

1838 年十月，母親匯給他 160 塔勒「畢業」之用，事實上他離畢業還有一段時間哩。從此他再也不必佯裝勤讀法律，準備離校之後去做一名律師。反之，在其後滯留柏林的三年間，他長期與青年黑格爾門徒廝混，並著手撰寫哲學博士論文。他繼續向母親伸手要錢，而引起母親的不快，在 1840 年五月給其兒子的信上，母親埋怨一大堆，包括燕妮家庭對她冷淡和兒子對家庭的不關心。她責備兒子從不為家中做任何「道義上的犧牲」，結果一切可親可貴的事物他

都棄絕了。

直到 1841 年馬克思戴上博士方帽為止，其母親先後匯給他
1111 塔勒，這是他父親遺產先行預支的部分。當年漢利希‧馬克思
遺留下來財產總額為 22110 塔勒，其中一半是其妻亨莉黛名下的財
產，計 11000 塔勒。剩下扣除債務的 9000 塔勒準備分給卡爾與其六
名弟妹。扣除他業已動用的部分金額，只能分到 800 塔勒，這對卡
爾哪裡夠用？

母親雖擁有 11000 塔勒的產業，經其姊夫代為經營，每年至多
只有 900 至 1000 塔勒的孳息可供挹注。此時她還有五個女兒尚未
出嫁，嫁妝尚未準備妥當，因此談不上是一位富裕的寡婦人家。但
在卡爾心目中仍認為母親是富有的，可以供他搾取的。燕妮的家庭
屬於上層社會，因此，在父親過世後，表面上兩家通好有所往來，
事實上則瞧不起中下階層的亨莉黛，這是何以母親要抱怨的原因。
事實上多年來卡爾對母親就未曾盡到人子的孝道，這時除了金錢的
需索之外，心目中早無母親的存在。

第三節　畢業與學位

青年馬克思在柏林交遊中，要算左派（青年）黑格爾門徒與他
往來較為密切。所謂「博士俱樂部」（*Doktorclub*），乃是由一群熱愛
黑格爾哲學的年輕教員與學生組成的學術討論集會。他們經常在咖
啡廳、啤酒屋集會暢談，討論的事物不限於哲學，也兼及神學、文
藝與時評。不過討論的重心仍以黑格爾學說為主軸。

馬克思經常出席俱樂部的討論會，而且與人爭論激烈。這些早
晚要脫穎而出的準哲學家與未來的政治人物，依馬克思後來的憶述，

都狂妄地認為柏林是全世界第一大城，擁有真正的「精神」(*Geist*)。這群只具有柏林獨有幽默 (*Berliner Witz*) 的夸夸談士，大玩語文遊戲，而不是剖析理念，他們既非人類高貴的族類，也不是令人發噱的滑稽人物，而是展示柏林人典型的性格而已❶。

俱樂部的活躍分子平均年齡都比他大十歲，但卡爾辯才無礙且知識廣博，都堪與他們匹敵。其中，鮑爾、盧田貝格 (Adolf Rutenberg, 1808～1869) 和柯翮 (Karl Friedrich Köppen, 1808～1863) 暫時成為他的死黨。鮑爾大馬克思九歲，當時已在柏大神學院擔任講師職，是一位飽學、大膽、多疑，而又好辯之士，成為青年黑格爾門徒的領袖，後來遷往波恩。馬克思曾期望在學位取得之後，跟隨鮑爾到波恩大學做講師，但隨著後者被當地大學解聘後，馬克思教授之夢終於粉碎。柏林交遊五、六年後，兩人意見與立場相左，馬克思遂在《神聖家族》一書中痛批鮑爾。

盧田貝格屬於德國激進學生團體 *Burschenschaften* 兄弟會之一員，曾任軍校史地教員，由於主張自由主義而多次被普魯士政府監禁。他比馬克思年長十歲，常投稿地方新聞報，而成為柏林的名記者。1848 年盧氏擔任《萊茵報》(*Rheinishe Zeitung*) 主編，在被報社解聘後，由馬克思充任繼承人。但馬克思卻認為盧氏「差勁」。

馬克思的第三位友人為柯翮，曾任歷史教員職，因為深佩馬克思博學多才，遂在他有關腓特烈大帝的史書之扉頁上印明：獻給「來自特利爾的吾友卡爾‧馬克思」。1841 年馬克思離開柏林之後，柯翮寫信給他聲稱：「你乃是思想的倉庫，工作的廠房，或是柏林人所稱呼的理念的源泉（原文用『牛頭魚』，其實是活泉之意）」(Padover 115～116)。馬克思終生與他維持友善的關係，不像與其他

---

❶ *New York Daily Tribune*, 1858.11.24，馬克思的文章。

人那樣鬧翻或絕交。在後者臨終前兩年 (1861)，馬克思還到柏林探訪他，相攜飲酒作樂。

恩格斯 (Friedrich Engels, 1820～1895) 其後也加入柏林青年黑格爾門徒的博士俱樂部，但已是馬克思離開之後，因此，兩人在柏林並未相遇，不過恩格斯倒是常聽到俱樂部會員談及馬克思。

在 1839 年歲末，馬克思開始著手撰寫博士論文，他選擇了時人較少論及的古希臘哲學家的原子理論，大作文章。其題目為〈德謨克里圖與伊壁鳩魯自然哲學的分別〉❷。

馬克思所以選擇這一題目來做論文，主要是希望透過這兩位古希臘哲學家自然學說之比較，來建構和擴大斯多亞派 (Stoicism)、懷疑派、伊壁鳩魯派等「自我意識」的哲學思想，最終且考察整個西洋哲學的泉源。

以其慣常的專注、深入、博學、徹底之研究精神，這位不過 21 至 22 歲的青年人，居然把博士論文的綱要、主文、屬篇、註釋、準備文件 (Vorarbeiten)，搞得樣樣齊全，條理分明。他使用希臘與拉丁語文的原始資料，討論的哲人、詩人、史家一籮筐。論文分成兩大部分：總論與分論。每一部分又分成五章。在馬克思的心目中，認為兩位古希臘哲人的自然哲學裡，伊壁鳩魯的觀點較為精緻與高明，雖然德謨克里圖擁有更廣博的學識。前者可謂古典激進的啟蒙大師，對古代宗教加以撻伐，而有利於古羅馬無神論的湧現。

伊壁鳩魯的哲學被目為古典時代唯物主義體系的完成。有關德謨克里圖的學說只遺留斷簡殘篇供後人揣摩。馬克思的博士論文就是企圖在現有的資料上，重建這兩位古代思想家的學說，並加以比

---

❷ *Differenz der Demokritischen und Epikureischen Naturphilosophie*，原文收入 *FS* I: 18～76；華文提要，參考洪鎌德 1986: 4, 12～13, 44～47, 69～73。

較評價。由於青年馬克思尚擁抱黑格爾的唯心主義不放，所以當時對最能代表唯物主義的德謨克里圖原子說持不太高的評價。反之，他贊成伊壁鳩魯原子曲折運行的說法，認為這反映了個體追求自由的意志與自我的意識。

整本論文的主要論點為德謨克里圖只關心原子的物質存在，伊壁鳩魯視原子為個人的代表，也是自我意識的象徵。古希臘哲人對天體的崇拜，無異為對自我意識的心靈之禮讚，伊壁鳩魯的個體主義與非決定論，使人類從眾神的束縛下解放出來，這就是他何以是古代最偉大哲學家的原因。

博士論文的附錄分成兩部分，主要在以哲學的思維討論宗教，包括探究神的存在，也就是人與神的關係，以及個人的不朽。這些都為馬克思後來激烈批評基督教與猶太教埋下伏筆，也成為他反宗教與無神論的理論源頭。

1841 年三月，馬克思曾希望他的博士論文能夠付印成書，因而撰寫了一篇〈前言〉，其中透露此一論文將擴及古希臘思辨哲學的研究。他認為黑格爾在其大作《哲學史》中，未曾瞭解希臘思辨體系的重要性。他也說明哲學擺脫神學糾纏，謀求獨立自主的意義。然而，他的論文由於在學術和宗教方面牴觸當時主流的見解，無法獲得出版的機會。

事實上，在 1841 年完成的博士論文，並未悉數保留下來，第一部分的第四與第五章已告遺失，而附錄的大部分也告散佚，只留下殘篇與註釋。基於政治上的考慮，馬克思並沒有把博士論文交柏林大學審查，原因是當年的新教育部長艾希霍恩 (Johann Albrecht Friedrich Eichhorn) 與校長謝林 (Friedrich Wilhelm von Schelling, 1775~1854) 企圖扼殺青年黑格爾門徒的思想勢力。尤其圍剿鮑爾

等激進反宗教的青年新秀。馬克思深懼其論文遭柏大當局拒絕，於是在鮑爾勸告下改向耶拿大學提出。耶拿大學隸屬薩克森‧威瑪公爵管轄，不受普魯士政府的干涉。該大學創立於十八世紀，擁有高度的教學自由之傳統，名師如費希特、席勒、黑格爾都曾執教於此。

1841 年 3 月 30 日馬克思自柏林大學取得離校證明，結束了柏大九個學期的學習階段。當年 4 月 6 日，他把其論文寄給耶拿大學哲學教授巴哈曼 (Karl Friedrich Bachmann, 1785～1855)，在論文之外附上其他證件，以及一封要求儘快授與博士學位的請求信，另外寫信給摯友海涅的友人，文學教授歐爾夫 (Oskar Ludwig Bernhard Wolff)，請其從中協助關說，促使耶大早點頒發博士證書給他。

耶拿大學倒也幫了一大忙，儘速處理馬克思的論文，只消一週的時間便於 1841 年 4 月 15 日，以缺席方式授與 Carolo Henrico Marx （以拉丁文書寫馬克思的名字） 哲學博士的榮譽 (*Doctoris Philosophiae Honores*)。至此青年馬克思終於在 23 歲的英年贏取了博士這頂方帽，也真正向悲歡哀樂、五味俱全，而又令人欣羨神仙似的大學生活告別。

第四章　撰稿與辦報

第一節　衣錦還鄉

1841 年四月中旬，剛戴上博士方帽，年僅 23 歲的青年馬克思摒擋行裝，準備離開他住過將近五年的柏林。對一位出身萊茵流域的人而言，柏林是歐洲最不健康的大都會，馬克思從心坎裡就厭惡這個普魯士人的首都；他曾指出：普魯士人就像俄羅斯人一樣蠻橫無理。

歸途路經生氣蓬勃、充滿健康氣息的科倫城。在該城他碰見了一群青年黑格爾門徒，包括年長他六歲的赫斯 (Moses Hess, 1812～1875)，而深受後者的博學見聞所折服。赫斯也認為馬克思儘管年紀還輕，卻是日耳曼當代活著的哲學家當中最偉大的一位。在他們見面幾個月後，赫斯在致其友人信中提及馬克思是他崇拜的偶像，馬克思無疑地把盧梭、伏爾泰、歐爾巴赫 (Paul Henri Holbach)、列辛、海涅和黑格爾融化於一身。

回到特利爾沒有幾天，馬克思便申請免除兵役，其免役的理由為肺部有染病的跡象。他也在繼承書上簽了名，與其母親分配亡父的部分遺產。母親並沒有把他應得的金額悉數付清給他。這大概是因為怕他一下子又把錢花光的緣故。

七月初，馬克思走訪任職於波恩大學神學系當講師的鮑爾，想靠後者的幫忙在波大覓一席哲學教職。不料當時的鮑爾因言論觸怒當道，而深陷困境，其兩卷有關《新約》傳道史的專著更引起神學界的圍攻。馬克思曾經為文替鮑爾辯解，但無法阻擋反對聲浪。連

普王腓特烈·威廉四世也下令禁止鮑爾在波大，或任何他管轄之下的普魯士地區大學繼續執教。1842 年三月上旬，鮑爾去信告訴馬克思，他因「無神論」的觀點，遭大學解聘。至此，馬克思滿腔期待的教書生涯也跟著化為雲煙，從此學院之門對他關閉。

1842 年春天，馬克思移居波恩，向一個工匠租屋住下來。他本來打算在科倫居住，但卻擔心朋友多、交際廣、應酬繁，而影響他的寫作計畫。他的寫作計畫琳琅滿目，包括宗教、藝術、法律的歷史學派和實證的哲學等等。

在鮑爾未被解聘之前，馬克思早已心中有數，像他這樣一個深具叛逆性格、憤怒的年輕人，想要在大學殿堂做一名嚴謹規矩的學究，這種夢想實現的可能性不高。為了能夠早日與他心愛的燕妮結為連理，並負起養家活口的男人職責，他非找一份工作、一項職業來做是不行的。

在十九世紀的德國，任何有才能、有天分的年輕人，想要找一份與其才性相配合的職業是相當不易的。如果他們還膽敢質問社會精神支柱的基督教，挑戰其合理性或正當性，則無異自砸前途、自毀頭路。觀之於鮑爾、費爾巴哈和馬克思的行徑，便印證這一懷才不遇的悲劇在日耳曼舞臺上屢演不輟。同時也可以理解在 1840 年代與 50 年代有那麼多德國才智之士移居新大陸的因由。青年馬克思一度也閃過移居美國的念頭。除了移民一條出路之外，對青年人而言，只有馴服或反叛兩途。或是乖順聽命做政權的工具、附屬品，或是以言行參與反抗、革命的行列。

就像失根 (déraciné) 的知識分子一樣，馬克思第一個求職的嘗試，就是投入報業。可是在政權專橫壓迫，社會擾攘不安，時代精神激越的年代裡，新聞事業要保持徹底的專業與中立，而不介入各

種對抗的勢力談何容易。作為報人與記者如果護衛既得利益、贊成現狀，則不愁名利雙收；如果膽敢批評時弊、進行扒糞、攻擊當道，則必官司纏身、打壓迫害接踵而至。其後果不是身繫囹圄，便是驅逐出境，或自我放逐異鄉。

作為一個標新立異、不同凡俗、反叛性格凸顯的青年人，馬克思就算選擇新聞事業為其投身社會工作的第一步，必然也會走向那條荊棘滿布，坎坷曲折的道路。這一厄運悲劇幾乎是一開始就決定下來，視為他命運註定的劫數也無不可。其間燕妮曾有預感，勸他別涉足政治，自找麻煩；但即使是心愛的未婚妻之叮嚀，也改變不了馬克思的一意孤行。因為除了揭發、爭論、攻訐、批判，他的新聞筆鋒還能發揮什麼作用？終馬克思一生，辦雜誌、編報紙，撰寫通訊、新聞稿、評論稿、反駁信；總結一句，搞新聞業是他養家糊口唯一的職業，亦即他唯一謀生的手段。新聞業也是他「解釋世界」，進一步要「改造世界」的「批判兼革命的實踐」。

自有人類的新聞業開始，便有扼殺新聞業生存發展的殺手出現，這便是政府的新聞查禁──封殺報社、禁止發行、罰款抓人等等干涉言論出版自由的措施。當時的德國新聞與出版的自由不但未得政府的保護，反而招來官方的干涉、威脅。1841 年聖誕節，普魯士政府的文化、外交與內政三部長聯手發布出版品審查令，認為凡批評「宗教基本原則」和「公序良俗」的作品及作者的「心意企圖」一概要加以禁絕。

就在三部長的審查令發布兩、三週之後，馬克思大膽地為文加以批評，這是他有生以來的第一篇涉及政論的文章。文章雖嫌冗長，但立論精闢、邏輯分明、語見機鋒，以致其友人路格 (Arnold Ruge, 1802～1880) 稱讚：「這是至今為止有關〔伸張〕新聞自由最好的一

篇文章」。

　　馬克思在反駁其他人對新聞自由的誤解和疑慮之後，指出：「自由的新聞報導和評論是人民知識上的明鏡，可以用來反觀自己，而自我觀察是智慧的要件。它〔新聞〕是國家的心靈……是普遍的，無所不在的，無所不知的。它是從現實世界不斷湧現的理想世界，由理想又回歸現實，而使世界再度變成更為豐富而精神奕奕」。

　　對於報紙、刊物的審查，無異讓不曾受過哲學、文學、科學訓練的官員一下子變成了作家——才智之士——的判官。更何況單憑作家的心意、企圖便要入人以罪，豈不是要顛倒真理、毀棄標準？這與虛無主義有何分別？換言之，此時馬克思批評報紙審查令的態度是自由派知識分子的態度，也是反對虛無主義者的立場，而尚未形成馬克思主義者的觀點。在文章的結尾，馬克思說：「對審查制真正的、徹底的補救就是廢除審查。因為這是一個壞的制度」。

　　這篇長文原來擬投稿路格所主編的 《德國年鑑》 (Deutsche Jahrbücher)，因為編者曾為德國的自由與統一之活動而遭監禁流徙，最後被迫在瑞士出一文集，題為《最近德國的哲學與公共溝通學〔新聞科學〕 文選》 (Anekdota zur neuesten deutschen Philosophie und Publicistik)。 在該文選裡，另外還收錄馬克思所撰有關路德角色的文章。

　　在致路格的信上，馬克思痛罵普魯士的「豬仔」官員，認為他們把作賤人的念頭轉化為從政信念與政治原則。這點與他們信奉的宗教毫無扞格矛盾之處，原因是他們所信奉的是動物的宗教，「看樣子有必要把宗教人類學改為宗教動物學了」。

　　在生活於德國的歲月裡，這段時期後來事實的演變證明馬克思無法不受報紙與出版審查制度的威脅與迫害。

　　十九世紀上半葉，在青年黑格爾門徒推波助瀾之下，知識界泛濫一股批判基督教教義與教會的潮流。不管在故鄉特利爾，還是在波恩，馬克思都受到時代思潮的衝擊。他認真地閱讀任何有關反基督教、反教會的著作，當然更浸淫於宗教哲學的書籍中。當年反對的表面上是宗教，特別是基督教，實質上矛頭對準利用基督教起家的歐洲幾個反動的國家及其政府。伏爾泰的作品之影響，在於說明批判教會、揶揄教會是攻擊世俗國家（特別是假藉神明以壓制百姓的基督教國家）的第一步。

　　在當時批評基督教的多種作品中，影響馬克思最深刻的要數費爾巴哈於 1841 年在萊比錫出版的《基督教的本質》(*Das Wesen des Christentums*) 一書。原因是這本書啟發了馬克思從唯心主義轉變為唯物主義。

　　在費氏這本近著裡頭，作者試圖把神學人化，俾探索「宗教的真實的，或稱人類學的本質」。費爾巴哈否認當作「絕對理念」的神的存在，而主張只有人與自然是存在的。宗教只存在人的心靈當中，它是人對「無限的意識」的嚮往。神並不創造人，而是人創造神。神成為人內在本性的外面表述。既然神無法外在於人單獨存在，那麼既存宗教的各種面向不過是呼應人的各方面之需求而已。宗教的信仰並非神聖，也非高尚，有些祭禮反而誤導人們迷信，引進不道德的領域。

　　顯然費爾巴哈就像鮑爾一樣，不僅批評基督教，也批評猶太教，蓋後者自私自利，著眼於個人的得失，這點正是符合馬克思的看法。費爾巴哈這本書對馬克思和恩格斯而言，正是醍醐灌頂，有如當頭棒喝，讓他們大徹大悟。恩格斯在其後的著作《路得維希·費爾巴哈和古典德國哲學的終結》(*Ludwig Feuerbach und der Ausgang der klassischen deutschen Philosophie*，1888 年出版）曾描述馬克思、他本人以及其他青年黑格爾門徒閱讀該書的感受：「就在這一記棒喝之下，它〔該書〕……將唯物主義推回王座之上……魔咒已破……一個人一定要親身經歷這樣的經驗，才會體會到它的真實概念。這番狂熱到處都可以發現。有時候我們都變成費爾巴哈的信徒。馬克思以熱誠擁抱這個嶄新的觀念，那麼他所受影響的深重，撇開部分批判性的疑慮不談，只要閱讀〔我們兩個合著的〕《神聖家族》一書便可以知曉」(*SW* 3: 344)。事實上，馬克思曾譽稱費爾巴哈為「當代的煉獄」，透過「火溪」（費氏之姓的本意）的洗煉，神學家與哲學家才有找到真理與自由的機會 (*FS* I: 109; *EW* 95)。

第二節　《萊茵報》的編輯與撰文

1842 年五月，住在波恩的馬克思經常為《萊茵報》撰稿。該報於當年元月創設於科倫，為萊茵地區新興的工商業一個意見發表的論壇。比之於普魯士高壓統治下其他地區的報紙來，該報應當能夠反映追求開放進步的科倫工商業者的心聲才對。就柏林官方而言，《萊茵報》的設立與發行，正可以對抗敵視普魯士誓反教的天主教報紙《科倫報》(*Kölnische Zeitung*)。可是柏林當局的如意算盤不久便證明失策，《萊茵報》固然與《科倫報》進行激烈的競爭，但卻堅決反抗普魯士的保守思想與壓迫行為。

果然，馬克思的介入，不僅導致兩報彼此的爭論，也促成《萊茵報》與柏林政府之間的嫌隙、敵意和決裂。這首先要提到《科倫報》政治版編輯何米斯 (Karl Heinrich Hermes, 1800～1856)，於 1842 年夏天在該報連續撰文批評馬克思對於政府審查令的抨擊，以

及對《萊茵報》主張給予猶太人平等權利的呼籲之不滿。當時住在特利爾燕妮娘家的馬克思隨即為文反駁。儘管此時的馬克思對於猶太教一如基督教一概嫌惡，但仍披掛上陣痛斥教會與國家不分的僧侶主義，而主張兩者必須分開的世俗主義。

他在反駁文上揶揄徒擁古希臘神祇姓名的何米斯，自從被逐出奧林匹克之後專搞「奉承拍馬的勾當」，不過原來古代的何米斯乃是優美與理智之神，現在的何米斯所作所為，讀者當心知肚明。經過這番調侃之後，馬克思迫不及待地搬出古往今來十七、八位大思想家出來助陣，一方面炫耀飽學，另一方面攻擊對手。其中他討論了報紙的功能、哲學的意義、宗教的本質、基督教在政治中所扮演的角色。總之，這是一篇受到傳統自由主義薰陶的知識分子的時論。

在論及「基督教的國度」裡，報紙該不該以哲學的眼光來論述政治時，馬克思這樣地寫著：

假使宗教變成了政治的特質，也變成了政治的對象時，那麼報紙是否應該、是否必須討論政治這是不庸置疑的。顯然，作為現世智慧的哲學比之於來世智慧的宗教，更有權利關懷現世。

《萊茵報》編輯部的一位先生，在讀到馬克思這篇精彩的反駁文章後十分心折，遂於 1842 年 7 月 4 日去信加以讚美。其間馬克思已推薦他柏林大學時代「最好的朋友」（致家人信上提起的）盧田貝格去擔任《萊茵報》的主編。但不久馬克思就後悔所推薦的人是屬於青年黑格爾門徒當中，大言炎炎、自我標榜、效率全無的「自由派人士」(die Freien) ❶。這位被馬克思形容為不適任、「差勁」的編

❶ 所謂的「自由派人士」是柏林博士俱樂部會員的延續，一群無拘無束的作

輯也是普魯士官員監視的對象。在政府壓力下，盧氏於 1842 年 10 月 15 日辭掉該報編輯職務，編輯的工作遂落到馬克思手裡。也為創刊至今方向全無、搖擺不定的《萊茵報》拍板定調。

馬克思主編下的《萊茵報》為一向左傾斜，但並非走共產路線的報紙。當時不要說他不是共產黨徒，連一名社會主義的偏激分子都談不上。那時的他頂多稱得上是一名人文主義者：對公正與啟蒙深感興趣，對法國大革命津津樂道。這時他一點經濟的知識也不懂，對共產主義所知非常有限。在當編輯的第一篇文章當中，便是反駁《奧格斯堡通報》(*Augsburger Allgemeine Zeitung*) 指控《萊茵報》在宣傳共產主義。

馬克思指出《萊茵報》在目前的狀況下，在理論上不承認共產的理念，在實踐上也不願，且不認為共產主義有實現的可能。因之，該報將會把涉及共產主義的理念交付審查批判云云 (McLellan 1970: 93)。

1842 年秋天，馬克思開始研讀法國空想社會主義者的著作，包括傅利葉和普魯東等人的作品。這些著作並沒有引導他走上共產主義之途。他決心皈依共產主義是一、兩年之後發生的事。

在馬克思主導下，《萊茵報》雖然沒有變成一份鼓吹革命的報紙，卻變成了批評政府施政不當的戰鬥性機關誌。有異於他報權充當局的傳聲筒或應聲蟲，馬克思不要《萊茵報》「成為乾燥乏味的報導或阿諛拍馬的工具」。除了抨擊政府政策的錯誤，該報的矛頭也對準官僚的失職，或其他報紙未善盡言責，因之，指責的對象既多且

家之不定型聚會。他們痛恨柏林人對普魯士政權的卑躬屈膝，因此過著放浪形骸的生活，一旦身無分文則在街上向人乞求。他們敵視宗教與權威的態度，引起公眾側目。見 McLellan 1970: 91.

廣。十年後他在給友人的信上曾提及報紙引起爭議是有必要的，這是報紙奮鬥求存之道。

馬克思在該報上不僅攻擊《科倫報》，也指責萊茵省議會通過盜林法案，把窮苦人民拾取殘枝敗葉當作盜林罪處罰的立法之不當(洪鎌德 1972: 170)。他也為被查封的《萊比錫通報》(*Leipziger Allgemeine Zeitung*) 大鳴不平，認為報業有其自由與生存的權利，不容當道任意剝奪。對普魯士離婚法他也有意見，蓋普魯士官方不把男女的婚姻當作倫理制度，卻當作宗教與教會的制度來處理之故。

馬克思辦報的策略奏效。《萊茵報》由原來的四百名訂戶，一下子激增至三千四百戶，恩格斯認為在馬克思主編下的《萊茵報》成為德國第一份現代報紙。這一活潑辛辣的新聞報，很快遭人忌妒、厭惡、懼怕，這也是註定它暴起暴落，難逃查封的厄運了。

負責審查該報的一名官僚，其審查的標準為「不容向神聖的事物開玩笑」。他對自己所不能理解的事物都在疑神疑鬼，一概置入查禁之列。當時的審查制度相當嚴苛，報紙在編妥之後，規定在臨晚之前送給審查官過目才能付梓。因之，編輯與撰稿人必須滯留在報社待命，準備隨時改寫與改編。為了報復審查官的苛刻，馬克思曾經趁著總督舉辦舞會的那晚，遲遲不肯把版面送審，害得審查官無法出席舞會，等到深夜十一點時忍無可忍親自跑到馬克思的寓所敲門咆哮。馬克思慢條斯理打開窗門答稱：「明天沒報，今夜何必送審。」氣得審查官跺腳詛咒，害他失掉一個巴結權貴、炫耀妻女的良宵。

1842 年 11 月 12 日，柏林當局命令萊茵省總督通知該報的發行人，叮囑該報不得再隨便批評政府，其編輯人選要總督同意才能聘用。馬克思遂代替該報發行人覆函政府。他辯稱該報一向宣揚國策，

贊成德國統一與建立關稅同盟。根據 1819 年的審查法，報社編輯的任用不受總督節制。政府對該報這個答覆並不滿意，繼續嚴苛甚至不近人情地進行鉅細靡遺的檢查。其結果造成馬克思精神的耗竭，在致路格的信上大吐苦水。

儘管壓力加重，馬克思仍堅持該報為「自由人無畏的言論」之論壇，並且在同情《萊比錫通報》查封的文章之餘，刊載其他文章，力陳自由的新聞是百姓的需求與埋怨抒發的場域：「行政人員與被管理者之間需要一個第三者，這個第三者不是官僚的，卻是政治的……這個由政治的頭與文官的心所組成的互補成分就是自由的報業。自由的報業不但是輿論的產品，本身也生產輿論……最終，自由的新聞把民間的疾苦帶到國王陛下跟前，不是經由官僚所同意的方式，而是透過它自設的媒體之管道」（*RZ* 1843.1.19; *CW* 1: 349）。

馬克思這種辯解對狂妄自大的普魯士官僚一點說服力也沒有。他們仍雞蛋裡挑骨頭大肆尋隙找碴。不巧《萊茵報》於 1843 年 1 月 4 日刊載一文，抨擊俄國沙皇窮兵黷武實施專制。此文激怒沙皇尼古拉一世，召見德國大使痛罵一番，並給普王寄去一封抗議信。當時俄國剛好是普國重要的盟邦，普王接到抗議信幾乎嚇呆。同年 1 月 21 日普王召開御前會議決定關閉《萊茵報》，其最後刊行的日子定為 3 月 31 日。

對該報下達「死刑」命令（馬克思語），而尚餘留九週的緩刊期，目的在讓該報的持股人做最後拯救的掙扎。其間審查人所下放的審查尺度更形嚴苛，毫不寬貸。原來的審查官也撤職易人，另外加派一名特別審查官前往襄助。不過此君與青年黑格爾門徒為友，倒能欣賞馬克思的才華，以與後者的哲學辯論為樂。

1843 年 2 月 12 日，《萊茵報》舉行非常股東大會，商討自救之

道。馬克思已體會到大部分的股東已屈服於壓力，準備放棄對政府的反抗，以求取報紙的繼續發行。馬克思也準備一份辯護文件，作為股東大會致政府備忘錄的附件。馬克思辯稱該報一向扮演政府的諍友，而非敵人。所有政府對該報之指責都不確實，且指控模糊。

至此馬克思已身心俱疲，頗有倦勤之意。1843 年 3 月 18 日的《萊茵報》刊載一封早一天簽署的辭職信：「簽名人宣布，由於當前審查條件，他已從《萊茵報》辭去編輯職務。馬克思博士」。

於是特別審查官馬上去信柏林，除報告該報 「精神頭目」(*Spiritus Rector*) 已離職，新人接辦之外，又建議讓該報繼續刊行。但柏林王室震懾於沙皇的不快，儘管有千人上書請願，仍拒絕做延刊的決議。3 月 31 日，該報在刊出一首向讀者群告別的詩中，表明追求自由的仗雖敗猶榮，被暴風雨摧毀的船，並沒有使水手喪志，他們將重建新船，航向新大陸，一如哥倫布之所為。詩篇一刊出，報紙也告停刊。

解除編輯苦差事的馬克思，如釋重負地暢遊荷蘭——一個充滿自由的國度。他在其母親的故國所見所聞，使他嘆息「大德國不若小荷蘭」，讓其百姓無法抬頭挺胸，做個氣昂昂的公民。在致路格的信 (1843.3.13) 上，他認為德國人尚不知恥。假使全國人民知恥，力圖奮發，必像一頭獅子蓄勢奔騰。總有一天普魯士人要覺醒，要認清他們的國王是一個可笑的人物，是「專制鬧劇」中的一名小丑。不過他也指出：把國家變成愚昧的鬧劇，是一件太嚴重的事體。

馬克思是不是因此埋下推翻普魯士王朝的革命種子，在此時尚難斷言。但脫離「愚昧的政權」，遠離生長的祖國，這種離鄉去國的念頭倒是浮現出來。

第五章 結婚、勤讀與評論

第一節 燕爾新婚

在漫長的訂婚七年期間，燕妮備嘗精神與肉體的苦痛。一方面與愛人路途分隔，久未能晤面歡談，另一方面備受家庭對這樁婚事反對的壓力。此外，她還要一再擔心卡爾是否能學成就業、負起養妻育子的男人天職。兩人年齡相差四歲，對年長的女方，對青春消逝頗為敏感的大姑娘，尤其憂心如焚。

儘管內心的疑慮與外來的困擾，使得燕妮度日如年，但她對卡爾的愛心不移，情意彌堅。她的這份「青梅竹馬的繾綣戀情」(*Schwärmerische Jugendliebe*) 是生長於童駭的兩小無猜與青春期奔放的激情。不過因為出身是誓反教的貴族家庭，使燕妮也得謹守家庭清規，不敢輕佻放縱。於是在漫長的七年訂婚期間仍嚴守男女之防堅保貞操。不過宗教與情慾的矛盾，也導致她性格的緊張。

這段訂婚期間殘留下來的少數信函中，我們依稀看到這位熱情洋溢、青春正富的大姑娘，對戀人刻骨銘心的愛意；她寫著：「親愛的黑野人：我多麼高興得悉我的信函使你歡狂，使你思念我。我也高興你在用壁紙裝潢的房內生活、在科倫喝香檳、出入黑格爾俱樂部，以及做夢〔也想念我〕，總之，你——我可愛的黑野人是屬於我的」。信上繼續寫著她的心靈已為愛情所充塞，為思念卡爾常輾轉床側終宵無眠，如果她能入睡，則常夢見他們幸福的過去與未來。她思念他到隨時都把行李箱準備妥善的地步，裡頭把她的衣服、頭巾、首飾整齊放置。然後她在信上這樣自我期許：「飛吧！飛到妳的卡爾

身邊，把妳的唇壓到他的唇上，然後不再是愛情的無言信差，低聲向他婉述細緻的甜言、小巧的愛意……告訴他所有的一切——不！至少要留一點給他的小姐」。信尾燕妮這樣寫著：「再見吧！可愛的鐵軌邊的小人啊！再見吧！你這位可愛的小人啊！我到底會不會和你結婚呢？再見！再見！我親愛的心肝！」

另一封告訴卡爾有關她到特利爾城北部萊茵河畔紐斯鎮訪問朋友的信，在信中她提及有一晚沿著大河的岸邊漫步，她整個心靈都充滿思念卡爾之情，舉頭看著滿空的星光，似乎在祝福他倆的愛情，於是燕妮不禁寫著：「卡爾！卡爾！我多麼地愛你……我心中擁有的、所想的、所念的、我的感覺，所有過去、目前與現在的一切，只是一種表白、一個記號、一個聲音，這一切無非指向一項事實：我愛你，無法表達地、無限制地、無時間性地、無法測量地愛你！」

每次卡爾返回特利爾，都會因為燕妮而導致同他的母親發生爭執。這是因為自從丈夫過世之後，寡婦亨莉黛對兒子事先未徵求她的同意，擅自與燕妮訂婚一事耿耿於懷，她更責怪兒子長期不務正業。一位家無恆產與固定收入的寡婦不能不對家中未出嫁的五個女兒與一個病魔纏身的么兒操心。事實上，這是一個為病痛所折磨的家庭。1842 年，卡爾與母親爭吵最為激烈，因為在那一年小他一歲的大弟赫曼 (Hermann) 死於肺病。母親就無法理解身為長子，一向被她稱做「幸運兒」的卡爾，不但不幫忙家庭紓解困難，反而製造麻煩。此時的卡爾不但沒有一職半業，甚至對其骨肉姊弟妹們也絕情無義，不時仍向母親伸手要錢。

從來不肯替人設想的卡爾，當然無法理解他母親的想法。加之天性狐疑，一直以為有人在煽動其母親排斥他。在致摯友路格的信上，馬克思甚至提及某些人、某些敵視他的敵人已滲透到他的家中，

組織一個「惡毒的陰謀」，要整掉他。這種懷疑別人的「陰謀」，要加害他、整肅他的怪念頭，在其後半生似乎始終盤桓在他的腦際，揮之不去。

　　母親除了責怪兒子不務正業外，也埋怨未來的媳婦未能加以規勸導引「正途」。只是燕妮並不比卡爾世故務實，對職業、金錢、家管毫無經驗，也毫無意念。對她而言，未來的家姑是一位善理錢財、講求功利、缺乏文化教養的俗人，因之只以禮相待，而談不上有什麼情感。是故寡母也以冷漠回報，一反德國人對親戚朋友稱呼為「你」(du)，她竟稱呼這位從小便認識的未來長媳為「您」(Sie)，也就暴露她們婆媳關係之疏遠了。

　　在馮韋斯法冷伯爵在世之日，卡爾與燕妮至少還有一名靠山，可供他們諮詢請益。但伯爵在長期患病之後，竟於1842年3月3日逝世，享年72歲。從此，燕妮在家中也得不到任何強而有力的支持者之奧援，其處境的艱難日甚一日。

　　這些困難包括財政的拮据。伯爵除了擁有貴族的空頭銜之外，並無產業。在他服務公職幾十年後，其退休金每年只有區區的1125塔勒。這一微薄的退休年金又被當年的疾病之療治而耗用完畢。這就意味著燕妮出嫁時既無遺產，也無嫁妝。她的母親出身平民階層，本身也無財產或收入可言。寡婦的退休金尤其微薄，直到逝世之日，燕妮的母親生活在貧窮裡，這被燕妮引為終生的憾事。

　　因之，對一位年紀已為28歲的貴族姑娘而言，如果能夠嫁一名擁有正當職業的男士，則不僅可以過著舒適光彩的日子，還可以讓寡母安享晚年。可是與卡爾訂婚後，這名特利爾城之花，早已放棄門庭若市的追求者，一心一意在等候充滿人生幻想的「黑野人」來迎娶。偏偏情郎不成器，於是在漫長的等候中，不免與家人常起勃

鬩爭執激烈。反對她與卡爾成婚的人正是她的叔父和哥哥（父親第
一個太太所生的孩子） 腓迪南 (Ferdinand Otto Wilhelm von
Westphalen)。腓迪南後來居然做到普魯士反動政府的內政部長。他
的理念與立場和其父親剛好相反，是一位「宗教的狂熱者……最壞
的偏執狂者」（馬克思么女愛麗諾致李普克內西信上提及）。

　　與其親戚的爭吵長留在燕妮的記憶中，而留下了不可磨滅的創
傷。顯然娘家親人的反對，是基於不贊成誓反教的家人嫁給猶太教
轉變為新教的新郎。馬克思曾經激烈撇清，不認為馮韋斯法冷家族
對他有宗教或種族的偏見。但從他的女婿一篇祭文上，可以看出馬
克思對馮韋斯法冷一族的懷恨。這個懷恨可從他讀到女婿，也就是
法國極端社會主義者龍居 (Charles Longuet, 1839～1903) 有關燕妮
逝世的弔文時狂暴的反應而得知。1881 年 12 月 7 日，在燕妮逝世
五天後，擔任法國日報《正義》(La Justice) 編輯的龍居寫下哀悼其
岳母的文章，其中他委婉地表達下列事實：「人們猜測著她嫁給特利
爾律師之子的卡爾‧馬克思並非事事順利。有很多的偏見亟待克服，
其中最強烈者厥為種族的偏見。如眾所知這位著名的社會主義者出
身猶太族」。

　　當馬克思念到這段文字時，他勃然大怒，指責其女婿為撒謊者，
為一名「有待發明的天才」。他馬上寫信給其女兒（也取名燕妮，仿
其母）指責她的丈夫「純粹捏造故事」，指出「沒有任何的偏見需要
克服」。然後在結尾上嚴厲的要求：「龍居今後不得在其著作中提起
我的名字！」

　　馬克思這種過度的反應，表示有關他與燕妮的婚事因為受到宗
教與種族偏見之阻擾，這種說法正觸及他內心的傷處，否則不致這
般大發雷霆。事實上，消息的來源如不是他的妻子提供，便是岳母

在生之日透露的，而不可能由諾曼第出身的法國報人所捏造的。

在他們結婚前來往的信上，燕妮要求她的「心肝寶貝」(*Herzchen*) 不要替她亂買衣物，倒不如讓兩人利用到巴黎度蜜月時一起選購。信上也透露她提防未來丈夫拈花惹草的妒意。的確，燕妮對卡爾的熱愛，使她下半生變成醋勁十足的婦人。

馬克思在脫離《萊茵報》之後，仍繼續居留在科倫。這期間他一方面研讀黑格爾的法律哲學，考慮其批判的問題；他方面也思考「政治國家」與「民間社會」之關係。同時他也同路格等籌劃出版《德法年鑑》的事宜。他甚至想藉《德法年鑑》的出版，賺點錢使他可以與燕妮早點結婚。在 1843 年 3 月 13 日致路格的信上，馬克思指出一旦出版有著落，可以簽約，他將前往其妻居住的克羅茲納赫鎮成婚。在 5 月 20 日，他前往德累斯頓，在那裡居留四、五天，為的是與路格碰面聚晤，並尋求《德法年鑑》出版的機會。

在該年五月底，馬克思充滿對前途的憧憬，由科倫移居燕妮母親的住家，這是離特利爾市之東方七十多公里的克羅茲納赫鎮。該鎮位於納葉 (Nahe) 河畔，是風光宜人的濱江小城，有鹹水溫泉可治皮膚病。6 月 13 日教會宣告兩人即將成婚的消息。六天以後，卡爾與燕妮便在克鎮誓反教堂舉行結婚儀式。觀禮者不多，女方只有母親與弟弟出席，馮韋斯法冷家族的其餘成員都存心迴避。男方家裡，不管是卡爾的母親，還是姊姊或弟妹，無人參與婚禮。

完成婚禮的新郎與新娘，並沒有去巴黎度蜜月，而改往萊茵河的源頭，位於瑞士境內的萊茵法茲 (Rheinpfalz) 觀賞萊茵瀑布。當時搭的是蜜月馬車，由女方家長負擔蜜月的開銷。錢分成兩半，由新婚男女各置於一個隨身攜帶的堅固箱子裡。兩人在旅館中卻習慣性地把箱子打開而不上鎖。歸途繞道巴登·巴登市，不久把所有錢

全部花光，而這對充滿激情喜樂的新婚夫婦，一點也不擔心旅途上阮囊羞澀的困窘。換言之，他們從來不為金錢的短缺、遺失、花光而擔心過。在他們的後半生中，即便是陷身貧窮，他們對金錢的感受依舊缺缺，就像他倆當年度蜜月時那樣對金錢財貨不在乎的樣子。

無疑地，對兩人而言，這段美好的新婚生活是一生的「黃金歲月」。兩人沉浸在歡樂與深摯的情愛中。這種男歡女愛使他倆忘了個人的悲劇，也忘卻與克服流浪年代貧困的煎熬。馬克思最喜歡吟誦的詩之一節，是席勒 (Friedrich von Schiller) 〈鐘之頌〉(Das Lied von Glocke) 的一段：

啊！細膩的熱望、甜美的冀求，
　　那是初戀的金光時刻！
眼睛看到的是晴空萬里，
　　心中泛起了千丈歡喜的波浪。
但願青春的火焰長燃不息，
　　年輕的愛戀地久天長。

第二節　黑格爾法律哲學批判與猶太人問題的討論

從蜜月的狂喜中，退居克羅茲納赫鎮的馬克思，開始利用 1843 年的夏天和秋天，撰寫批評黑格爾法律哲學的政治性著作，同時也進行有關猶太人，乃至整個日耳曼人如何從基督教主控的國家獲得解放的文章之撰述。這中間馬克思不僅閱讀柏林大學時代他的老師甘斯所編的黑格爾法律哲學綱要，也念完馬奇也維里的《君主論》、

孟德斯鳩的《法意》，和盧梭的《社會契約》等有關政治、社會、法律的主要名作。他也閱讀有關法國大革命的報導和分析，甚至連他所瞧不起的蘭克所著述的日耳曼歷史，也在涉獵漫讀之列。

受著費爾巴哈的影響，馬克思開始以政治的觀點來討論宗教的問題。他並不是以學究的態度來研討神學，而是關心宗教與教會對一般人與社會制度的形塑與影響。他念了近期他的好友布魯諾·鮑爾的兩項著作：《猶太人問題》與〈當今猶太人與基督徒解放的能力〉。也就是在閱讀了鮑爾的一書與一文之後，馬克思不客氣地大加批評。

對黑格爾的政治理念與對鮑爾的宗教想法之剖析，成為這段時期中，馬克思批判的重點。顯然，黑格爾的哲學或稱黑格爾主義，以及猶太教，是馬克思學術心路歷程上兩個重大的路標，一個在促使他獲得智性的解放，另一個在幫助他獲得心靈的解放。他在對黑格爾的學說進行解剖、批判時，便標誌他對一個偉大的哲學模式的批駁、摒棄的開始。至於他反猶太教的文章，也顯示他對其祖先所信奉的宗教的背叛、遺棄。

馬克思知性活動中，對工作的執著與才思的敏銳，可由他平生第一部有計畫的專著——《黑格爾法律哲學批判》——裡，看出端倪。這部著作的第一部分是在他歡度蜜月，享受新婚甜蜜之際寫好的。該書在馬克思在世之日並未獲得出版機會，其出版成書還是上世紀之事（洪鎌德 1986: 13～16）。此書析評黑格爾《法律哲學》一書第二六一節到三一三節，涉及國家法 (Staatsrecht) 部分，包括國家、國家與市民社會的關連，也論及政府、官僚體系和民主政制。

由於黑格爾體系龐大嚴密，其思想學說深邃，因此，馬克思的解剖、分析、批評，便極為吃力。與馬克思以往作品之辛辣尖酸有

異，此次對黑格爾政治理念的析評，在文筆方面倒很平實莊重，在評論方面也力求客觀服人，完全以學術的討論來引人入勝。

馬克思對黑格爾國家觀、法律觀、政治觀主要批評有下列幾點：

(1)黑格爾把現實加以「神祕化」，把構成國家的社會制度，像家庭、社團，當成「理念」的化身，而這些理念的化身又成了「非實在的客觀因素」。換言之，黑格爾誤把理念當作現實來處理。國家的基礎在社會，而社會的基礎並非國家。

(2)馬克思暴露黑格爾政治思想體系的內在矛盾。亦即後者所認為「真實的」國家並非「合理的」，而民間社會的「合理性」，在黑格爾心目中反而不夠真實。

(3)黑格爾的政治國家是保守勢力維護其利益的工具，它不可能調和市民社會的分裂，也不能化除社團、階級、族群之間的衝突。在追求國家的自由之時，黑格爾忽略了構成國家主要成員之個人。因之，個人的自由並沒有隨國家的自由而增進。馬克思批評黑格爾的政治國家與個人之間存在有嚴重的差距。

(4)黑格爾認為官僚階級是不偏不倚的，宜權充普遍與廣泛的階級 (Universal Class)；馬克思卻認為受害最深、翻身最有希望的普勞階級（*Das Proletariat*，無產階級、勞動階級）❶才有資格稱得上普遍階級，也是擔任歷史創造人的角色。

馬克思對黑格爾政治理念的批判，可由恩格斯下面的話得到一個清楚的概括 (Engels, "Karl Marx," in *Die Zukunft*, 1869.8.11，引自

---

❶ *Das Proletariat* 以往譯為工人階級、無產階級、普羅階級，現由本書作者改譯為普勞階級，取其普遍勞動之意，且普勞的臺灣語音，也符合 Pro 字首之音。至於「普羅」二字，就留給普羅牙醫、普羅汽車、普羅飲水機去使用，代表專業的 (professional) 意思。

Padover 164）：

馬克思獲得真知灼見，認為理解人類歷史發展過程的鑰匙並不存在於國家裡頭──國家被黑格爾描繪成「高聳建築的皇冠」，而是存在民間社會裡。國家曾經以晚娘的面孔來對待民間社會。

　　對於黑格爾法律哲學批判的第二部分，是以〈導論〉的方式寫成，是在馬克思於 1843 年年底移居巴黎不久後撰寫的。該〈導論〉一度發表於短命的《德法年鑑》之上。此文值得注意之處共有兩點，其一為馬克思首次將宗教當成鴉片來比喻；其二他提及了「普勞階級」的歷史使命。

　　馬克思此時的第二篇重要著作為〈論猶太人問題〉。這篇文章不但有與其傳統家庭信奉的猶太教撇清之意，也是在意識裡頭要求一個自我檢討、一個自清 (Self-Clarification)，以免對猶太教的態度曖昧不明。他之所以討論這個問題，一方面是由於費爾巴哈和鮑爾都討論了基督教的問題，好像不把基督教對理智的束縛解開，就無法獲得精神上的自由一般。另一方面也是基於科倫城四十六個猶太家庭聯名請願，要求萊茵邦議會立法保障猶太教徒與基督教徒同享民事與政治權利。此事發生在馬克思擔任《萊茵報》編輯的後期。當時馬克思雖出面協助猶太人爭取平等權利，但私下倒希望這份請願遭省議會拒絕，引起民怨，俾把基督教國家的普魯士之暴虐公開給世人撻伐。不料大出馬克思的預想，萊茵邦議會接受了請願，並且是日耳曼第一個國會賦予猶太人完全平等的地位。

　　馬克思此文完全受到德國反猶太情結的思想家之作品的影響，把猶太教視為崇拜物質主義和自大的墮落性宗教，把猶太人視為崇

拜金錢的賤民。這種對猶太教及其信徒的偏見在馬克思青年時代是到處可見。大哲如費希特視猶太教徒為「充滿憤恨的民族」，大詩人歌德也反對給予猶太人「解放」。猶太人想要作為公民，則非放棄其宗教，改信基督教不可。鮑爾雖同情猶太人的處境，卻責備猶太教徒迫使其信徒與他教人士分開，自絕於人群之外。

鮑爾認為宗教的存在就是阻礙人群解放的絆腳石。不論是猶太教徒，還是基督教徒，只要緊抱其信奉的宗教之大腿不放，便不可能成為自由的人。馬克思針對鮑爾空泛抽象的《猶太人問題》(1843) 做了書評，刊載於《德法年鑑》，題目為〈論猶太人問題〉(Zur Judenfrage)。此文乃於是年九月至十月撰寫的，文中馬克思不同意鮑爾所言，為了獲取宗教的自由，猶太教徒與基督教徒應放棄其宗教信仰。事實上，應放棄其宗教主張者，不是個人，而是國家。馬克思說：「猶太人、基督徒和其他教徒在政治上的解放，乃是指國家從猶太教、基督教，亦即一般宗教解放出來而言的」(*CW* 3: 151)。

此文中馬克思用了不少尖酸刻薄的字眼來描述猶太人對金錢的崇拜：自私自利；厭惡理論、藝術、歷史；瞧不起人類，甚至也瞧不起自己。這些過分的抨擊猶太教及其信徒，不但與事實相違，也與猶太教神學背離，這表現了馬克思對其祖先信奉之宗教的徹底無知。原因是當時在歐洲的猶太徒營商致富而成為資本家者百不得一，絕大多數是靠勞苦終日求取苟活的工人群眾。

寫完了批評猶太人的文章之後，馬克思不再談這類問題，連宗教問題他也懶得再理會，因為他在 1851 年告訴恩格斯，這是一個「令人厭煩的題目」。對猶太人的抹黑，對他們的痛恨和敵意，幾乎佔據了馬克思後半生的心靈。這種對本族幾近病態的痛恨，只有在猶太人的自恨 (Selbsthass) 情結中去尋找解答 (Padover 171)。

第六章　巴黎之旅

第一節　《德法年鑑》的編輯、發行和失敗

1843 年九月，路格在與馬克思商量了幾個月之後，決定把兩個人合編的《德法年鑑》，以巴黎為發行地。選擇以巴黎作為新雜誌的發行所在，正符合馬克思的心意。其一是馬克思經過《萊茵報》被打壓之後，對普魯士政權的任何改革，已不存絲毫希望，有意早日去國，另尋樂園。其二是巴黎一向為各國遭受流放的才智之士的流亡天堂，是「哲學的古老大學，也是新世界的新首都」。

《德法年鑑》的原來構想，並非一年才出一期，而是一年出十二期，以雙語的方式作為德、法兩國學界的聯繫工具。馬克思曾於該年 10 月 3 日致費爾巴哈的信上，邀請後者加盟，並撰寫有關謝林的哲學，但卻遭費氏以另有寫作計畫加以婉拒。

路格及其助理出版者傅洛貝 (Julius Froebel) 曾出面邀請法國社會主義者，像卡貝 (Étienne Cabet)、布隆克 (Jean Joseph Louis Blanc)、康思德龍 (Victor Considerànt)、拉美乃 (Fécilité Robert de Lamenais)〔La Mennais〕、列戶 (Pierre Leroux) 和普魯東 (Joseph Proudhon) 等撰文共襄盛舉，但響應並不熱烈。其結果迫使路格告訴馬克思：「看樣子我們在沒有法國人參與之下，必須動工了……」。

早在 1843 年九月致路格的信上，馬克思便為此一新雜誌拍板定調，認為它是一份廣泛性的、哲學性的刊物，其觀點是普遍的，不可以傾向某一方，而有偏頗之嫌。同時《德法年鑑》必須秉持人道主義、人本思想，做不妥協的批判。為此該刊既不能袒護當時任何

教條（例如共產主義），也不能為任何一偏之見效勞鼓吹。當時馬克思認為共產主義是一種 「教條式的抽象」，是戴查米 (Théodore Dézamy)、魏特鈴等人所鼓吹的思想，「這種的共產主義是自絕於人本主義的原則」。

馬克思對共產主義的這種負面看法，不久便加以改變。其實就在他批判這類共產主義之際，他已開始探索它，甚至擁抱它，不管它是否為教條或其他種類的思想體系。

一開始《德法年鑑》便缺乏財政、金錢上的支持。曾經在金融投機上略有斬獲的路格，募集了 6000 塔勒，加上傅洛貝所糾集的 3000 法郎，算是開創的資金。路格答應讓馬克思每月支領到 500 至 600 塔勒的薪資，但勸告後者要小心翼翼推行工作，不要搞垮整個計畫。說實話這一點點錢要在物價與消費程度頗高的巴黎大都會開銷，不無捉襟見肘之嫌，更何況此時燕妮已懷孕在身，小家庭嗷嗷待哺的人口勢將增加。但馬克思與其妻急於離國出走，已如箭上弦，顧不了前途艱困，直奔法國首都。當時連馬克思之父的友人替馬克思尋覓到的一份政府差事，也在燕妮同意下予以拒絕，足見他們去國心意的堅決。

1843 年十月，馬克思和燕妮抵達巴黎，與早他們動身的路格會合於花都。他們住在聖日耳曼區瓦諾 (Vanneau) 路 38 號，出版社就在同一條街 22 號處。他們遷入的房子為流亡巴黎德國人聚居之所。1844 年二月，《德法年鑑》第一期和第二期的合訂本發刊，是這份短命雜誌唯一面世的兩期，一共印了一千本。這是一本像書那樣厚的雜誌，內容充滿年輕人革命的激情。這兩期中包括馬克思批評黑格爾主義、猶太教問題、他與路格的通訊、海涅對巴伐利亞國王路易一世的諷刺詩 、 詩人賀維恪 (Georg Friedrich Herwegh, 1817～

1875) 的作品，和恩格斯寄自曼徹斯特的兩篇著作，另外唯一不是德國人而有文章在這兩期刊出的是巴枯寧 (Michael Bakunin, 1814～1876)，一位俄國的革命者。恩格斯的兩篇文章之標題分別為〈國民經濟學批判大綱〉與〈英國的情狀〉。前者刺激了馬克思對政治經濟學研究的興趣；後者係對卡萊爾 (Thomas Carlyle, 1795～1881) 所著《過去與現在》一書的書評。無論如何，恩格斯的寄稿及其刊載，成為馬、恩終生夥伴關係的起始。

《德法年鑑》在巴黎刊行後，法國人加以重視者幾乎絕無僅有，德國人雖然注意到這份新雜誌，但是對馬克思與路格而言，卻不是他們所期待的德國學界、輿論界、思想界，而是專門打壓「異端邪說」的德國情治憲警人員。當第一批印好的雜誌運載進入德國境內時，便遭警方攔截沒收。另外一百本新刊在萊茵輪船上遭沒收。兩百三十本則在進入巴伐利亞邦時，受著海關人員攔截，海關人員爭讀海涅對「瘋狂國王」的諷刺篇章。奧地利的警方也視這本雜誌為「大膽無恥」超過任何革命性刊物，警告書商不得販賣該刊物，以免遭致「重罰」。

年鑑發行的結果導致馬克思與路格反目。兩人爭吵的重點除了公事之外，也涉及性格的迥異。作為一個性情平和，而帶有烏托邦一廂情願的路格，有意效法傅立葉 (Charles Fourier, 1772～1837) 搞一個小型的「異姓家庭」(Phalanstery)，也就是由路格夫婦、馬克思夫婦、賀維恪夫婦合成的實驗性家庭。換言之，這個家庭將由三個太太輪流燒飯、清潔、採購、洗衣等主持家務。偏偏三位夫人性情、志趣、才能完全不同，無人願意接受這種化小灶為大灶的公社觀念，路格要搞第一個共產大家庭的計畫便告吹了。

加之，他對馬克思在年鑑上的編輯和文字上的處理也頗有怨言。

作為一個自由派的民主人士，他不同意馬克思把普勞階級當作現存社會秩序的終結者、解放者。年鑑發行頭一、兩期，便有那幾百本遭沒收，對於出資而又出力的路格而言，簡直是寒天飲冰水，點滴在心頭，也就把一股腦兒的不滿發洩到馬克思身上。

1844 年三月初，路格決定放棄年鑑的繼續刊行。加上賀維恪奢侈的生活方式，與巴黎著名沙龍女主持人曖昧關係之傳言，成為路格與馬克思兩人爭吵乃至決裂的導火線。路格斥責賀維恪私德不修，生活浪漫，馬克思則處處維護賀維恪。該年三月底，兩人在交換了最後一次信件之後，便分道揚鑣。路格後來說：「從此我們不再謀面了」。

在兩人絕交之前，馬克思面對懷孕七個月、大腹便便的太太，以及昂貴的巴黎生活開銷，已覺兩袖空空，便向路格開口索取支薪。偏偏路格不肯給予現金，只答應給予現成的雜誌若干冊，讓馬克思自行去推銷，折抵薪金。幸好這時科倫的友人雍恪 (Georg Jung)，在友人間募集了 1000 塔勒，及時匯來巴黎。這一對貧賤的夫妻才不致有凍餒之苦。當年七月底，又寄來 700 法郎，是私運年鑑入境的補償金。就靠友人這兩次的匯款，使馬克思紓解燃眉之急，得以在巴黎潛心閱讀，並從事寫作。

馬克思對路格的為德不卒，久久無法釋懷。在其後半生中從不錯過譴責、侮辱路格的機會，其用詞之粗鄙惡毒，使人懷疑他們一度是如膠似漆的好友與流亡異域的患難之交。在 1852 年與恩格斯合寫的譴責當年流落法國街頭的德國難民的一本著作《流亡的偉人》中，路格首當其衝，成為抨擊調侃的第一人。馬克思這樣寫道：「路格對於德國革命的關係，有如某一街角站立的牌子一樣，上面書寫著『在此准予小便』」。路格一度也反擊馬克思，把後者看成一位「狂

妄自大的猶太人」。兩人的反目，無法做到君子絕交不出惡言的東方
明訓之地步。

第二節　巴黎的居留

　　儘管《德法年鑑》的失敗，馬克思自 1843 年十月至 1845 年二
月，幾達一年半的巴黎逗留，是他一生中最快樂，也最有成就的一
段歲月。這也是他一生中一個轉捩點，他變成了不折不扣的共產主
義信仰者。

　　五光十色，令人眩惑的花都，對於才華洋溢、意氣風發的青年
馬克思而言，是激發其心智豪情的好地方。這是一個兼容並蓄、藏
龍臥虎之處，成為藝術家、思想家躲避政治風浪的避風港，也是讓
他們高談闊論，毫無禁忌，傾吐塊壘的集會場所。當時的名士包括
文學家巴爾札克，劇作家雨果，小說家喬治桑，音樂家蕭邦，作曲
家麥爾貝 (Giacomo Meyerbeer)，評論家聖貝威 (Charles Augustin
Sainte-Beuve)，畫家昂格列 (Jean Auguste Dominique Ingres)，和詩人
海涅等人。

　　海涅是馬克思生母的表弟，都是出之於荷蘭猶太人祖先普累斯
堡 (Simon Pressburg) 之後。馬克思在 1843 年十二月，透過赫斯（或
路格）之介紹初識海涅於巴黎。兩位詩人（一位是真正的詩人，另
一位是學詩不成的文人）的異域結識不但成為莫逆之交，也是忘年
之交（海涅長馬克思二十一歲）。兩人出身背景大致相似，都是猶太
人，都是不見容於德國政府的壓迫，而流落異域，最後也以異鄉人
結束流亡的一生。兩人都曾經在柏林大學就讀，深受黑格爾哲學的
影響。兩人都是才華過人，語帶機鋒，而善於批判。

　　海涅常常造訪馬克思一家，大概是著迷於燕妮的美麗與機智，也讚賞馬克思的才華。當他神情憂鬱之際，燕妮的笑聲美貌都會令他歡然展顏。海涅常把詩詞帶來馬克思家朗誦品評。1844 年 5 月 1 日長女小燕妮誕生後不久，海涅路過馬克思家訪問，發現女嬰抽搐顫抖，便勸驚慌失措的馬克思夫婦用熱浴加以急治，總算救了小孩一命。

　　海涅與馬克思一家的親密關係，由前者自漢堡寄來的詩篇，讓馬克思重加抄錄，而發表於巴黎流亡德人的刊物《前進！》(Vorwarts!) 之上可以看出。因為當時海涅罹患眼疾，對於自己寫作詩篇文字的潦草，已無法辨識。不過在他的晚年，海涅對日耳曼偏激的年輕人之狂妄自大逐漸有所認識與感慨。這包括他對馬克思及其同輩德國才智之士驕狂肆意的失望。他以古代巴比倫國王失去上天的眷顧被迫像動物一樣去吃草為例，要路格和馬克思，與那些「無神者」，以及「自奉為神明」的朋友，好好反省思考。有異於馬克思對其他友人最終的攻擊、絕交，他對海涅的敬重始終如一，這大概與他一生想當大詩人的壯志有關。

　　在巴黎的流浪歲月裡，馬克思還認識了巴枯寧與普魯東。比馬克思年長四歲的巴枯寧，是一位俄國的貴族，身材高大，勇氣十足，常為貧苦與遭受壓迫的人仗義直言。他與馬克思的結交一開始便不算順利，原因是兩人彼此禮讚，也相互疑忌。巴枯寧震懾於馬克思的好學博聞，常由談話中透露機智，而令人啟誨。他也對後者的虛矯、狂妄、自大深懷戒心。巴枯寧在 1873 年出版的《國家與無政府》中指出作為猶太人的馬克思，有其族人的優點與缺陷。「他神經質到畏怯懦弱的地步，極端地野心與虛榮，喜歡吵鬧，缺乏容忍，就像其祖先崇拜的神祇耶和華一樣幾近瘋狂的報復心理。凡是會引

起他忌妒的人，他不惜以製造謊言和譭謗來加以反擊，忌妒也就無異是他痛恨的化身了」(Padover 180)。

　　馬克思對巴枯寧又有怎樣的看法呢？基本上他瞧不起落後無知的俄國人民，對巴枯寧的知識上的訓練存疑，在 1872 年第一國際瀕臨解體的爭執中，馬克思斥責巴枯寧為粗野的「哥薩克人」。

　　對普魯東的著作《什麼是財產？》(1840)，馬克思最先的評價相當高，認為是劃時代的著作。但對普氏後來的作品，馬克思則予以無情的批評。兩人是在 1844 年七月相遇，最初似乎頗為投契，馬克思稱，他們經常討論社會與哲學問題通宵達旦。「我引發了他的傷痛，亦即他不懂德文，無法適當地研讀黑格爾學說」。作為一個自學的作家，普魯東豈能認識黑格爾學說的深奧，他也無法理解經濟學的精義。

　　對馬克思心身的發展，言行的影響，似乎並非由於和這些大名鼎鼎的人物交往而得來。反之，卻來自於和工人們的交談。巴黎不僅是歐陸文化的中心，更是革命分子、極端人士的溫床。法國大革命活生生的傳統到處留存。此時中產階級已掌權，不免排擠下層工人與知識階級，而形成一個階級森嚴的社會。馬克思不待去發現任何的階級劃分與對峙，只消環顧他周圍的世界，便瞭然於階級社會的存在。

　　花都提供馬克思認識普勞階級的機會。他由幾個朋友的帶領，很快打入以赫斯為首的流亡工人的團體。赫斯是馬克思當年在科倫結識的友人，也曾經是他崇拜的人物。在巴黎赫斯正在致力營造「共產主義的哲學計畫」，他的共產主義是民主的，也是哲學的，有異於馬克思其後倡導的體系。兩人為此爭辯，而終告分裂。

　　當時流落巴黎的德國工人、藝匠，人數多達一萬名，大部分經

營鞋業維生，具有強烈的共產主義傾向。他們大都聚居巴黎市郊福堡附近的聖安東區。彼此常為營生謀利而大打出手，也與在地的法國無產階級爭地盤、壓低工資，而搞到水火不容。總之，這成為典型的人與人之間的惡鬥和競爭。

德國流亡工人的一名醫生艾衛貝克 (August Hermann Ewerbeck, 1816～1860)，是引進馬克思與德國難民相識的介紹人。他是「共產黨人聯盟」(Bund der Kommunisten) 的盟員，也是祕密團體「正義者聯盟」(Bund der Gerechten) 的盟員。作為其後共產黨人聯盟的典型之正義者聯盟，其活動、組織等等，對馬克思造成深刻的印象，也促成他後來變成一名共產黨人。正義者聯盟創立於 1836 年，深受魏特鈴理想的激發。但馬克思對魏特鈴倡說「基督之愛」，來作為正義者聯盟的宗旨，頗為反感。不過該聯盟的組織方式，包括由地方的小團體，匯聚為大團體，再由大團體的代表聚會選舉中央，這些組織的原則都被他用來搞第一國際，由此見出正義者聯盟對馬克思影響之重大了。

馬克思不但參加了德國人的共產黨人聯盟，也參加了法國工人類似的激進組織之討論會。他雖未加盟這些革命團體，但其行動卻給遍布各地的祕密人員所偵悉，這也是他後來被迫離開巴黎的原因。法國工人的智慧、熱情和充滿理想，使馬克思印象深刻。對法國事物的永懷興趣，以及對法國工人專誠的嚮往，在馬克思後半生的歲月中仍不時浮現。他主要的著作，除經濟問題的討論之外，便是分析法國的政治，包括了《法蘭西階級鬥爭》(1850)、《路易・波拿帕霧月十八日》(1852)、《法蘭西內戰》(1871) 等等，可為明證。

第三節　馬克思與恩格斯終生友誼的締造

　　馬克思終於皈依共產主義，卻是出於當年 24 歲恩格斯的開導。後者提供前者研讀經濟學的契機，也激勵他對共產主義目標的追求。對馬克思而言，經濟研究成為他後半生狂熱的興趣，也成為他追求共產理想的理論基礎。

　　恩格斯投稿《德法年鑑》的兩篇文章，特別是〈國民經濟學批判大綱〉，深深地打動馬克思的心智。在這篇文章中，恩格斯敘述作為歐洲各國發展先鋒的英國，怎樣由重商主義發展到當時的工廠制度，而成為資本主義發展的急先鋒。該文涉及商業、競爭、價值、地租、成本和勞動一大堆經濟學概念，是恩格斯所熟知，卻為馬克思所無知的詞彙。嚴格而言，恩格斯此文並非客觀的經濟演展學說，倒像是一篇道德的教諭。這種道德教訓最能打動替天行道者的心。馬克思受感動的情形，從他十數年後的著作《政治經濟學批判》(1859) 獻言上的讚美詞可以窺知。

　　馬克思決定信奉共產主義，是在恩格斯由曼徹斯特返回故鄉巴門，路過巴黎停留的那十天（1844 年 8 月 28 日至 9 月 6 日）。在那十日裡，兩位熱心的德國青年，在塞納河畔討論這些年來的經歷、感想，這是從科倫短期碰頭以來，比較長的聚會。談論的主題除了家常之外，便是涉及德國的政治、社會和哲學問題，也討論了德國與歐洲激進運動的近況。兩個青年人內心的激烈火燄，因為惺惺相惜，而越燒越烈，成為終生不熄的友誼之火。

　　兩人不但發現「在所有理論的場域，意見一致」（恩格斯言），而且決定大力合作，對現存社會做不留情的批判。

　　兩人合作的第一項成果，便是對傳統唯心主義的決裂與宣戰，也就是合寫一本題為《批判精神的批判之批判》，後來在出書之時，上面再加上標題為《神聖家族》(*Heilige Familie*, 1845)。此書前四章由恩格斯在巴黎逗留期間所撰寫，馬克思則執筆完成其後另外四章，以及後言。該書以諷刺的筆調，抨擊以鮑爾為中心，出版《一般文學通報》(*Allgemeine Literatur-Zeitung*) 的青年黑格爾門徒。由於這批新批判家企圖提昇理論的批判，來改變人們的經驗，達到淑世救人的目標，遂遭致馬、恩的揶揄、嘲笑和攻訐。這不是一本嚴肅的評論著作，反倒是年輕人罵街的文集。

　　為了希望此書在親身目睹下印刷成書，馬克思跑遍巴黎大小出版商，卻找不到願意印刷發行的人。最後寄往法蘭克福，而於次年二月出梓，他獲得 1000 法郎的稿酬，為平生第一次賺取書款。馬克思與恩格斯從此合作無間，他們心智上的共同努力，由於彼此的忠誠更形加強。

　　兩人的出身背景大體相同，都是德國中產階級富裕家庭的子嗣，俱有上進的決心，知道如何勤勞工作、遵守紀律。馬克思之父為保守的律師，恩格斯之父為反動的實業家。兩家傳統上都不曾出現過偏激分子及其主張。但兩人對家傳的反應卻頗為不同。馬克思崇拜與愛敬其父，疏遠與鄙視其母。恩格斯則私底下辱罵其宗教狂熱的父親為「豬狗」(*Schweinhund*)，尊敬與愛戴其母親。

　　恩格斯於 1820 年 11 月 28 日出生於烏佩河畔的巴門，他是六個子女中的長子。在巴門上完小學之後，在艾爾伯費爾特 (Elberfeld) 鎮的中學念了三年。其後他未再接受任何的正規教育，不像馬克思擁有博士學位。在父親暴戾的壓迫下，未念完中學的恩格斯被迫在故鄉與布萊梅當學徒，那是他所過「狗似的生活」。20

歲時，他放棄了商務，並進行激烈的家庭革命，反叛其父的指令。他把其家庭當作「晦暗的齊昂」(Zion of obscurantism) 來指責，把錙銖必較的商業世界當作爭逐銅臭「殺價喊價的販賣所」(*Schacher*) 來批評。

恩格斯對家庭的不滿，可由他與馬克思合寫的草稿《德意志意識形態》(*Die deutsche Ideologie*, 1845) 中窺知。在此一卷帙浩大的稿件中，有一處作者指責資產階級（布爾喬亞）家庭，只靠金錢與無聊來支撐。表面冠冕堂皇，其實卻是一種骯髒的存在。

把小資產階級的家庭視為資本主義的附屬，不可能出於愛護家庭的馬克思手筆，而顯然是終生不婚的單身貴族之恩格斯，不滿其家庭的抱怨。他對其父所擁有的一切東西都加以否定、棄絕，這也是造成年僅 23 歲的青年人，走上共產主義之途的原因。

由於想要以記者的寫作維生完全不可能，在 1850 年十一月，恩格斯被迫返回他所賤視的商業世界。與馬克思不懂實務有異，恩格斯長袖善舞，他組織的能力、管理的手段、務實的作法，在返回他父親經營的曼徹斯特紡紗工廠後，便大加發揮，不久之後成為一名成功的生意人。在他年屆 50 歲之時，已積累足夠的資本可以宣布退休，足以使他個人與馬克思一家過著舒適的生活。透過英國資本主義幫忙了馬、恩兩人大搞反資本主義的理論與學說之擴散，也讓兩人的共產主義理念獲得茁壯與成長。

外觀為條頓人的典型、身材修長、頭髮金黃色的恩格斯，是一位精明、靈敏、判斷精確的人，雖然和馬克思相比心思不夠嚴密深邃，但卻飽學博聞。在他成年時，對當時自然科學的每一領域，像動物學、化學、植物學、物理學都有相當的瞭解。他閱讀的書刊範圍之廣泛，不亞於馬克思。儘管軍事只是他廣博知識的一小部分，

但他有關戰略、戰術的著作,也令人肅然起敬。在他中年時,靠著自修居然可以閱讀歐洲二十多種語文的刊物,包括俄文、波蘭文等。他甚至自學波斯文、阿拉伯文、古北歐文等。他的英文也是無懈可擊。

當他事業已穩健發展之後, 恩格斯在曼徹斯特過著資本家兼紳士的舒適生活。 他在該地擁有兩個家, 一個是當地股票市場會員表面的家,另外一個是與他愛爾蘭情婦瑪麗‧柏恩絲 (Mary Burns, 1823～1863)❶ 建立的家 。 瑪麗死後由其妹琉迪亞 (Lyodia Burns, 1827～1878) 繼續服侍恩格斯,直到前者去世前一天,要求恩格斯註冊為合法夫妻。這也是恩格斯後來向人透露的「吾妻」,暱稱李絲 (Lizzy)。

恩格斯也是一位美食家,懂得品嘗各種葡萄酒,對德國歌謠特別鍾愛,常以歌唱自娛。年輕時也是一名漫畫能手,所繪馬克思學生時代飲酒作樂的隨筆,幸而保留下來,我們才能窺知馬克思學生王子的樣貌。

馬克思和恩格斯不僅擁有共同的哲學癖好,兩人行為也有類似之處。都喜歡表現、鋒頭十足、不認輸、侃侃而談、缺乏容忍讓步的雅量。兩人常以粗鄙不文的話來辱罵論敵。兩人又性好爭辯,頗具挖苦別人的本事。他們與人爭辯,最後變成惡意中傷也在所不惜。對於論敵 、 政敵和資本家 , 最喜歡辱罵的話為 「粗鄙不文的人」(philistines)。

在巴黎馬克思浸淫在書海裡,他除了狂熱閱讀當時著名小說家蘇伊 (Eugéne Sue) 的小說之外,也認真閱讀與批注經濟學著作。在此之前,他已經有記錄所讀經濟書籍的習慣,現在不僅邊讀邊注,

---

❶ 瑪麗‧柏恩絲出身愛爾蘭工人家庭,其父為染織工,本身未受教育不識字,但心地善良。曾引導恩格斯認識愛爾蘭民族主義革命分子。與恩格斯同居但未辦結婚手續。

還大量摘要抄寫書中要點或整個段落。其中包括詹姆士・穆勒的《政治經濟學要點》(1821)、麥考樂 (John Ramsay MacCulloch) 的《政治經濟學原理》(1830)、李嘉圖《政治經濟學與租稅原理》(1817)、亞當・斯密《國富論》(1776)。當時這些著作都有法文譯本的刊行，馬克思這時念的都非英文原著，而為法文譯本。

　　除了英國古典經濟學著作外，他也念了當時法國經濟學家謝瓦利 (Michel Chevalier) 的 《法國的物質利益》 (1838)、 薩伊 (Jean Baptiste Say) 的 《政治經濟學論集》 (1817)、 波蘭人史卡貝克 (Frédéric Skarbek) 的《社會財富的理論》(1829) 等等。

　　急於成一家之言而且成名心切的馬克思，腦袋裡裝的是黑格爾與費爾巴哈的一些概念，現在又加上英、法政治經濟學的一大堆名詞，便運用他向來綜合與概括的本領，企圖把這些學問理出一個頭緒來，俾建立自己理論的體系。正像當年大學時代，在熟讀古羅馬法典之餘，企圖重新建構羅馬法體系，但最終發現這一整理重建的事物不妥善，被迫放棄一樣，現在馬克思要把古典經濟學與黑格爾辯證法融為一體，也發現工程浩大，久而無功。

　　1844 年春天在他熟諳經濟學每一要素之前 ， 他已寫下一篇長文：〈工資、利潤、地租與勞動異化〉。此文他迄未完成，也從未發表。就在同年四月到八月之間，他把有關經濟課題的想法筆記下來，這還包括經濟要素與「國家、法律、倫理、文明生活等等」之互動關係。這一努力也未曾刊布，不少的草稿散佚遺失，至今仍找不回來。剩下的稿件由莫斯科的馬列主義研究所以《一八四四年經濟學哲學手稿》的名義在 1932 年刊布，算是馬克思在巴黎研究經濟學的部分成績。

　　不過這些手稿如要加以定性和定位的話，還不算是具體的經濟

問題之思考，而勿寧看作哲學的或哲學心理學的省思，當然其大方向仍舊是邁向政治經濟學。原因是這些手稿中的用詞遣字，仍脫不掉黑格爾和費爾巴哈慣用語彙的 「揚棄」 (aufheben)、「外化」(entäussern)、「種類本質」(Gattungswesen) 等詞。

其中，馬克思卻以新的解釋方法來使用「異化」(Entfremdung) 這一詞謂。不論是黑格爾還是費爾巴哈，異化都是指涉哲學的抽象。馬克思卻把此字用在人與物質世界的關連之上，特別是涉及人們的感受和行動的世界之事物。

馬克思對異化的這種用法，所牽涉的不僅是經濟的領域，也接觸到哲學上人存在的意義、人的心智、人的行為等方面，從而引發當代社會科學界對異化問題的重視與爭辯。由是可見 1844 年在巴黎撰述的這份手稿——又名《巴黎手稿》——對後世的重大影響（洪鎌德 1986: 196～200; 2014: 53～56, 119, 268, 385）。

事實上，在恩格斯離開巴黎的一個月後，由其故鄉巴門給馬克思寫的信上，可以看出當年在科倫等地的共產黨人對馬克思著作的強烈期待。恩格斯指出：這些共產黨人急需理論的指引俾瞭解整個歷史的過程，而作出明智的舉動。魏德邁 (Joseph Weydemeyer, 1816～1866) 甚至願意提供馬克思財政的支援，俾能早日完成他的理論大作。他這樣寫著：「人們將會高興地念到共產主義適當的作品，因為他們不會滿足於泛泛之詞」。

1845 年 2 月 1 日，馬克思終於找到願意出版他新著的人，那是達姆斯塔城的列士克 (Karl Wilhelm Leske, 1821～1866)。當日雙方簽訂了 《政治與國民經濟學批判》 (Kritik der Politik und Nationalökonomie) 一書共兩卷的出版契約，列士克給馬克思前金 1500 法郎。但馬克思一直到逝世之日都未曾完成此一書稿。

第七章　布魯塞爾的流亡

第一節　由法京而赴比京

在簽完出版契約的兩天之後，馬克思收到法國當局驅離巴黎的命令，被迫遷移到布魯塞爾。可是比利時首都的研究與寫作環境，與巴黎不能相提並論。一年半之後，在警方調查的陰影下，列士克曾經憂心忡忡地詢問馬克思，究竟後者擬撰述的書稿，是否為「科學的」、「學術的」作品。馬克思在 1846 年的回答中，悍然表示：「此書為科學的，但不是普魯士政府心目中的科學〔之作品〕」。他表示一旦找到新的出版商時，他會退回前金（預先支付的稿費），但他既未找到第二位願意出版該書的人，故就要賴不還錢了。

在找不到有勇氣出版激進分子著作的出版商之前，馬克思一度想要自設出版社，專門刊行此類激進的作品。出版社將發行股票來集資，每股德幣 25 塔勒。可惜願意認購股份共襄盛舉的人，竟寥寥無幾。於是馬克思要成立出版社的計畫又胎死腹中。他在給賀維恪的信 (1847.8.9) 上，哀嘆生不逢地，如生為法國人，用法文寫作，尚可出書；「生為條頓人，則要怨悔終生」。

馬克思一生共養育七個子女，其中四個不幸夭折，剩下來三個存活的女兒中，長女燕妮（仿其母名，後暱稱小燕妮，Jennychen），在 1844 年 2 月 1 日誕生於巴黎瓦諾街 (la rue Vanneau) 寓所。後來變成一位美麗聰明的婦人，成為馬克思最寵愛的掌上明珠。她早馬克思兩個月過世，享年才 39 歲。她的早逝，是馬克思喪妻之外，最重大的打擊，也可能是使他只活了 65 歲便辭世的主因。

　　小燕妮一直是馬克思夫婦快樂與憂慮的源泉。原因是她一出生便體弱多病，好像活不過嬰孩期間。在出生四個月之後，罹患大病，幾乎有六週一直徘徊在生死幽門的小燕妮，成為父母廢寢忘食的對象。為了讓女嬰躲過這一劫數，初為人母的燕妮，在馬克思同意下，決定攜帶病女返回特利爾（已遷離克羅茲納赫鎮）娘家。幸得家庭醫師的治療和一位農婦的哺乳，小燕妮終於康復。

　　在特利爾燕妮過了一個愉快的夏天，一方面有女嬰逗鬧，一方面有母親的照顧，因此在給馬克思的信上流露了少婦的激情與喜悅。為了讓小鎮的三姑六婆不致背後流言，中傷她的婚姻，燕妮穿戴巴黎的新裝，展示本身是一名成功的文人之妻子。她衣著的光鮮與儀態的高雅，使鄰人都相信她婚姻的美滿和丈夫的傑出。

　　為了報復婆婆與小叔、小姑未出席她與卡爾的婚禮，燕妮還特別選擇他們結婚的週年紀念日，造訪大家。她內心緊張，舉步維艱地走上馬克思母親與姊妹的住處。這次婆媳之會晤算是圓滿收場了。馬克思之母首次以「你」來稱呼燕妮，而不再尊稱「您」了。這表示婆媳之間的距離縮短了。次日，馬克思之母來到燕妮娘家「回拜」，也首次看到孫女，跟著是馬克思患了肺病的姊妹們一一登臨。這些往還的酬酢，雖帶給燕妮一點欣慰，但她對夫家老少的慇懃多禮，仍存一點疑慮。顯然是燕妮的穿著儀表所給予的印象——她的丈夫在巴黎的得意成功——使馬克思的母親及姊妹們信以為真，而改變過去冷漠的態度 (Padover 194～195)，儘管燕妮並沒有存心欺騙她的婆家。但這種禮貌性的互訪，不久便告停止，其原因是馬克思之母的庸俗、粗魯、寡情刺傷了燕妮的心。

　　尤其令燕妮不滿的是，卡爾的母親竟不顧卡爾之大妹亨莉黛 (Henriette) 病入膏肓，正在大肆安排後者的婚嫁。果然此妹嫁出後

不過十二年，便英年早逝。

在故鄉度過一個長夏的燕妮，雖是享受親情的快樂，但也對前途的渺茫心懷畏懼。尤其擔心返回卡爾身邊不久，又要懷孕。這種夢魘如影隨形，而且由夢境化為現實，果然燕妮在重回巴黎不久，便又宣告有喜了。如此年復一年，直到她停經之日，孩子一個一個地降世。馬克思只關心資本主義所帶來的經濟與社會結果，而忘記了兩性關係所產生的經濟與社會結果。

燕妮開始為著金錢的短缺而擔憂。聽到雍恪 (Georg Jung) 自科倫匯來 800 法郎，她剛高興身邊又有一筆款項可供挹注，但旋又憂慮這筆錢能夠維持多久。她告誡其丈夫：「在錢袋已滿時，不忘很快錢會用光，要重新充滿錢袋是何等的不易！」這種告誡對不善理財與用錢的馬克思有如馬耳東風，聽畢便忘了。

就在燕妮尚停留於故鄉渡假的 1844 年七月，馬克思與巴黎出版專供德國流亡人士閱讀的雜誌《前進！》有所接觸。該激進雜誌的創辦人為奧地利人薄恩斯坦 (Heinrich Bönstein, 1805～1892)，主編為律師貝爾乃 (Karl Ludwig Bernays, 1815～1879)，而由柏林出生的作家麥爾貝 (Giacomo Meyerbeer) 財政支援。馬克思不久加入編輯部，使得該雜誌更富挑撥性與戰鬥性，最終也導致該雜誌被查禁。

在該雜誌 8 月 7 日與 10 日兩期刊上，馬克思發表了〈「普魯士國王與社會改革」一文的邊註〉，大力抨擊另一文章的作者路格，儘管路格用「普魯士人」當筆名。文中一方面抨擊由朋友轉化成敵人的路格，另一方面馬克思鼓吹在普魯士搞革命的必要。原來該年六月西列西亞的紡織工起義，遭受普王派兵鎮壓。巴黎左派報紙認為普王因為畏懼而派兵，路格卻以所派軍隊數量有限，而顯現普王「基督教的心懷」。此舉激怒馬克思，他認為路格把政治革命與社會革命

加以分開，顯示對革命本質的無知。任何的革命都包含兩者，原因
是推翻舊秩序，就是社會革命；推翻舊權勢，就是政治革命。他的
結論是在普魯士不搞革命就無法實行社會主義，當普魯士政權亟待
被推翻，其社會秩序亟待被摧毀之際，而政治的行動——革命——
乃屬必要。「但當它〔革命〕的組織活動展開之始，它的目標與靈魂
浮現之際，那麼社會主義將拋卻它政治的外殼」。

　　派往巴黎偵查馬克思行蹤言談的密探，終於逮到馬克思反政府、
鼓動革命的文字證據。於是普王運用關係向法王路易‧菲力施壓。
在普國大使親自向歷史學者出身的法國外相桂佐 (François Guizot,
1787～1874) 提出抗議之後， 普王又把著名學者洪保德送往巴黎攜
函晉見法王，要求關閉《前進！》刊物。

　　巴黎政府首先逮捕該刊主編貝爾乃，並判刑入獄兩個月，罰鍰
300 法郎，刑滿後驅逐出境。其次，巴黎內政部於 1845 年元月 11
日下達驅逐令，將馬克思、薄恩斯坦、路格在內的十多位德國人驅
離法國。不過法國警察對驅逐命令的執行，似有延緩的意思。尤其
路格不是普魯士人，而是薩克森人，所以逃過驅逐一劫。薄恩斯坦
以放棄《前進！》一刊物為條件，准予續留巴黎。只有馬克思成為
唯一遭驅逐的人。就在當年元月 25 日星期六的早晨，法國警察持驅
逐令到馬克思在巴黎的寓所要他簽收，官方限他於二十四小時之內
遷離巴黎。事實上，仍給予一週的寬限。燕妮則可逗留稍久一點，
俾出售舊傢俱與衣物。她從售賣中只獲得極少的金錢，並移居賀維
恪家暫住數日。

　　比起當年由德國出走巴黎，完全是自主自由的行動來，此番被
迫離開法京前往比利時首都的布魯塞爾，是被強迫的放逐行為，而
且幾乎是馬克思下半生流亡生涯的開端，其困苦、鬱悴、無奈是不

難想知的。一個幾近刻薄的說法，是指阮囊羞澀的馬克思，就靠著歐洲各國政府的驅逐令，雲遊歐陸各國首都，這是免費旅遊的好方法 (Manuel 213)。

　　馬克思是在 1845 年 2 月 1 日，在接到驅逐令剛滿一週的星期六那天動身離開巴黎前往法比邊界，結伴而行的有出版商列士克與共產黨人彪格士 (Heinrich Bürgers, 1820～1878)。三人乘馬車抵比法邊界，沿途以談話與唱歌來提神，在比國利支 (Liege) 城過了一夜，2 月 3 日抵達比京，並下榻於沙克士旅店 (Hôtel de Saxe)。

　　燕妮仍暫時逗留在巴黎籌備旅費，在信上叮嚀她的「一家之主」怎樣找適當的公寓，來安頓她們母女。馬克思後來從旅館遷移到一間酒店兼公寓，屋主蘇瓦吉 (Bois Sauvage) 對德國流亡人士極為友善優待。二月中旬，燕妮帶著八個月大的女嬰在冰冷的旅程後，與馬克思歡聚於公寓。此際她又告懷孕，而又生病，兩人手邊十分拮据。

　　就在這個貧病交加的艱難時刻，與其父親瀕臨父子絕情的恩格斯及時從巴門寄來 50 塔勒，聲言是他向其「老子」乞借的。他也同時向萊茵地區的共產黨人進行募款，而於四月初匯來 750 法郎，可用以應急──償付房租與購買日用食品等。

　　在馬克思一家流亡布魯塞爾的三年當中，他們換了幾個住所，有時寄住在友人處，有時從一個貧民窟換到另一個貧民窟。有段時期他們住在魯汶港的「窮人巷」裡。就在這個被燕妮描繪為「窮人的殖民地」 (a pauper colony) 的破落地區，馬克思的次女勞拉 (Laura, 1845～1911) 誕生了。她出生於 1845 年 9 月 26 日。馬克思一家曾在蘇瓦吉所經營的酒店兼公寓搬進過三次，也遷出過三次。因此，此君對馬克思家可謂恩重如山。

　　布魯塞爾雖是「省邦之都」，而談不上世界級的大都會，但生活

費貴得離譜。恩格斯在 1846 年 7 月 27 日給馬克思的信上，就指出一對夫婦在比京一個月最起碼的食宿費用高達 418 至 508 法郎之間。

　　為了支應龐大的生活費，毫無收入的馬克思只好向親友告貸。他這種舉債度日的方式，成為他後半生的習慣。如果借貸無門時，其友人們就訴諸募款救濟。1846 年年初，馬克思急欲償還 1200 法郎的債務，乃廣為發函向所有熟悉的親友告貸，也包括向他的生母（由燕妮在返回特利爾探視生病的母親時，親自向家婆求援）和作生意的友人開口商借。這時親友大都知道馬克思經濟狀況與開口要錢，遂來個相應不理。科倫一名律師彪革士 (Ignaz Bürgers) 寄來一紙匯票，金額為 370 法郎 3 角 7 分，在附信上聲言這是他救濟的極限，下不為例。在 1846 年 5 月 14 日致魏德邁的信上，馬克思坦言需錢孔急，不惜典當金飾、銀飾、衣物，且被迫寄居蘇瓦吉的公寓。

　　魏德邁得信後，馬上找同黨友人擬募進 200 至 300 法郎匯寄給馬克思。不料後者見信後，勃然大怒，引筆譴責魏德邁把他當成乞丐看待。好心的魏氏在感受狼狽與委屈之餘於 6 月 28 日給馬克思一函，他寫著：

只要我能力之所及，我採取減緩您艱困的一些措施。但我並未發動捐款行動，只是向我們黨內的友人要求借貸，而非捐助……為此我在未獲得您同意之前，而採取了行動。不過對您身陷困境，我能袖手旁觀嗎？事實上，您不必把它〔友人的借貸〕當作救濟金看待，特別是吾黨友人自願地把您這位頭號人物由艱困的環境中救援出來，您之陷於此一困境並非您個人的錯誤。(Padover 203)

魏德邁的信還附帶 180 法郎的匯票 （並非前述 200 至 300 法郎）。馬克思接信後，不但一點感激之心也沒有，居然大發雷霆，將錢送回捐款者，從而刺痛了好心的魏德邁。後者在 7 月 29 日的去信上指出，要退錢給共產黨友人，不僅對這些同志太失禮，也傷害了整個黨所追求的目標，因為幫忙馬克思的人並不是基於個人的利害關係，而是出於黨的利益。「你認為金錢上的支持是求乞的行為，但這次的作法與上次你被迫離開巴黎時，友人所給你的支援是完全相同的」。

在 8 月 19 日另一封信上， 魏德邁重複他對馬克思行為的前後矛盾之不解，同樣是共產黨人的捐款，何以前次是支援，這次是求乞。魏氏甚至警告馬克思，若由於退款事件而導致黨的分裂時，魏氏會站在黨的那邊，而斥責馬克思的不義。最終，馬克思不再堅持自己清高的立場，而與魏德邁捐棄成見，重修舊好。在魏氏 1851 年移民美國之後，雙方仍舊聯絡不斷。次年甚至在紐約出版了馬克思《路易‧波拿帕霧月十八日》這一巨作。

由於長期和經常的舉債，馬克思一家陷入貧病交加的惡性循環中，不僅卡爾病倒，燕妮也時常輾轉床褥之間日夜呻吟。 1846 年夏，馬克思因為氣喘疾發，一度陷入沉疴中，害得燕妮及朋友們極度憂懼。這是他們流亡生涯中一連串病痛與宿疾的開始。

在貧病煎迫下，馬克思一度透過其大姊夫向其母親求援，至少要求他父親遺產的一部分能提供他濟燃眉之急。為此他在 1847 年十月獲得 150 法郎。直到 1848 年年初，他才拿到父親遺產分配給他的全額 6000 法郎。照理這筆鉅款對馬克思一家是久旱中的甘霖，可以償債而又可以過一些適的好日子。不料充滿革命熱情的馬克思，居然動用 6000 法郎的大部分， 也就是 5000 法郎， 去購買軍火武

器，協助布魯塞爾激進工人搞二月革命，他自認整個歐洲企盼良久的革命時機業已降臨，沒有想到他的資援工人叛變，反而造成他被比利時當局驅逐出境的厄運。

第二節　馬克思與其女傭的畸戀

近年間臺灣的某些所謂「匪情專家」，偶然從幾本非共黨官方的傳記中，獲悉馬克思與其女傭的婚外情故事，便如獲至寶似地宣之於言、筆之於書，好像終於抓到一個聖人的隱私和毛病，又增加反共宣傳的大好資料。殊不知馬克思也是人，而非神。他擁有人間的七情六慾，對於飲食男女也不會故作矜持、矯裝清高。是故他與其女傭「小蓮」(Lenchen) 短暫的羅曼史，是否在瞞過他太太燕妮與子女的眼光之下偷偷地展開，至今還是一樁未定的懸案。是故不容道學先生以異色的眼光加以睥睨嫉視的。

原來在 1845 年五月，燕妮抵達布魯塞爾不久，她的母親擔心女兒不善理家，特別派遣隨身的女傭「小蓮」前往協助處理家務。小蓮的正式姓名為海蓮·德穆特 (Helene Demuth)，為薩爾地區麵包師之女，年僅 11、12 歲便為馮韋斯法冷貴族一家充當女傭，因為能夠說法語，所以才在 22 歲時被其女主人派往比京協助馬克思一家大小。這是一位極不平凡的女傭，也是一位了不起的女性。小蓮的堅強、勤勞、機智、樂觀，使陷入貧病交加的馬克思一家獲得解救。在其主人無力償付工資，而有意解聘她遣返故鄉時，小蓮堅持無償地與馬克思家度過貧窮辛酸的日子。她不但像普通女傭要煮、洗、燙、掃，整理家計，和看顧小孩，還得不時使用絕招，替馬克思家主人上當鋪，典質家中稍可換錢的東西，以濟燃眉之急。

　　不要小看她是一名女傭，小蓮理家自有她一套本領，使得馬克思夫婦與小孩完全聽從這位家中「善意的獨裁者」。由於她生性活潑樂觀，又有幾分幽默感，因此她的獨裁就使馬克思家老少完全翕服。馬克思在家中偶然大發脾氣，連其妻子燕妮也走避三舍，只有小蓮有辦法使這隻獅子變成綿羊。大概馬克思心理上與生理上的弱點都被她窺盡看破，於是在小蓮心目中馬克思的偉大與卑微對她都是一樣。反之，馬克思卻用幾個有趣的字眼來調侃小蓮，他稱她「謙卑」（海蓮的姓 Demuth 為謙卑之意）、「悒悴」 (*Wehmuth*)、「傲慢」 (*Hochmuth*)，幾乎把這位未受過教育的鄉村婦女之本性表露無遺。

　　在走棋對弈時，她有本事打敗馬克思。她其後也能夠給馬克思和恩格斯有關組黨的建議，可見其智慧識見的超凡。馬克思幼女愛麗諾（暱稱「塔絲」Tussy）對小蓮讚賞備至，認為她有管理與組織的本事，如受到良好的教育，可以把世界管理完善。在燕妮與卡爾相繼逝世之後，小蓮改服侍恩格斯，擔任其女管家。她於 1890 年11 月 4 日因腸癌去世，享年 76 歲，與馬克思夫婦合葬於倫敦城郊海格特 (Highgate) 公墓。她墓地的選擇完全出之於馬克思子女的意思，把她看成家中不可或缺的一員，而不是像當今「匪情專家」所描述的馬克思「偷腥」、「婚外情」所造成的家中不和、父女反目。

　　事實上，小蓮不平凡的一生早在 1925 年便被人撰寫成一部小說加以宣揚 （參考 Stefan Grossmann, *Lenchen Demuth und andere Novellen*, Berlin, 1925），而有關她與馬克思的曖昧關係不待臺北反共學者遲到 1980 年代末才如獲至寶地加以「揭發」、「發現」。

第三節　馬、恩合寫《德意志意識形態》

　　1845 年 2 月 7 日馬克思向比利時國王雷歐普 (Leopold) 一世寫了一封申請居住在比利時的懇求函。在官廳准許下可以暫居比京，其條件為不得評論時政。馬克思雖然在宣誓書上答應官署不涉及時論的撰寫，卻高興可以同恩格斯大搞共產主義運動，展開地方組織工作，也與流亡海外激進分子串聯，俾為歐洲的革命進行催生的工作。但他顛覆性的活動逃不過普魯士海外間諜網的耳目，透過比利時官署要驅逐馬克思離開比利時。為此馬克思不得不向其故鄉特利爾的市政府要求一紙遷出證明，俾能移民美國。由於市府遲遲不作答，馬克思再度去函表示放棄普魯士國籍。這一作法最初好像無效，也使馬氏後來相當懊惱與悔恨。遲到 1845 年 11 月 23 日萊茵省總督才答應馬氏放棄國籍的要求，從此馬克思變成一個無國籍的人。

　　在比京流亡年間，馬克思與巴枯寧、比國共產黨人紀果 (Philippe Gigot) 和波蘭著名史學家列勒維 (Joachim Lelewell) 以及俄國自由派人士安念可夫 (Pavel V. Annenkov) 過從甚密。其間恩格斯也前來布魯塞爾，給馬克思一家帶來無比的興奮與溫馨。由於反叛其父親一心一意要他繼承其紡織事業，恩格斯不但置父親的命令不顧，反而在其故鄉巴門亂追女人，而又宣揚共產主義，因此以孽子身分奔走於歐陸與英國之間。1845 年四月恩格斯在與其父親決裂之後離家出走，跑到布魯塞爾和馬克思一家比鄰而居。

　　兩個志同道合的友人異域的重逢觸發了他們合作寫書的興趣。1845 年九月在他們合作的《神聖家族》出版半年之後，兩人開始計畫第二本著作《德意志意識形態》（簡稱《意識形態》）的撰述。

1846 年夏全書接近完成階段，恩格斯因為宣傳共產主義前往巴黎。這兩本書都是在攻擊黑格爾青年門徒的謬論。《意識形態》攻擊的重要對象為施悌納 (Max Stirner, 1806～1856)、葛林 (Karl Grün, 1817～1887) 和所謂的 「真實的社會主義者」。 其中尤其是筆名為施悌納（原名叫做施密特，Johann Caspar Schmidt）的民主主義者，曾主張作為獨一無二、特殊的個人及其言行應視為個人財產。這種論調在這部厚達 596 頁的《意識形態》中成為總共 499 頁文字（換言之六分之五的原書篇幅）嘲笑、諷刺、抨擊的標的與內容。

至於葛林所主張的「真實社會主義」，因為對人類的歷史發展與階級的對立毫無著墨，也被馬克思批評得體無完膚。馬克思攻擊對手時的潑辣狠毒，尤其是對一度為摯友或同志之不假辭色，實由於他妒恨交加的結果。因為這些被他咒詛攻擊的早期同志好友，在才華上不見得太差，甚至有與馬克思匹敵的嫌疑。對葛林這樣無情的攻訐， 曾引來普魯東與艾衛貝克 (Hermamn Ewerbeck, 1816～1860) 的勸阻，他們不贊成馬氏把一位曾經是志同道合的友人批評得這樣惡毒。可是這種勸告卻對馬氏不起作用。

捨開這些諷刺謾罵，《意識形態》也有它可貴之處，那是指該書第一部分對費爾巴哈的評論而言。這是對觀念論比較完整的批評，也是對所謂唯物史觀首次有系統的陳述， 因此被阿圖舍 (Louis Althusser, 1918～1990) 當成為馬克思認知論上斷裂的開始：亦即放棄哲學的思辨而邁向科學考察的開始。

在這裡馬克思與恩格斯也粗略地提起他們對共產主義所牽涉的人類生產與交易之看法，以及論述普勞階級只有取消其現在的生存方式，只有反對甚至推翻國家才能保障其個人的認同及其人格。這些觀點後來都在《共產黨宣言》中一一有所發揮。

　　兩人在撰寫《意識形態》時，全力以赴，有時廢寢忘食撰述至凌晨三、四點鐘，寫到得意處時，居然放聲大笑，一點都沒有顧慮會不會吵醒燕妮、小蓮和兩個嬰孩。這事在馬克思逝世的 1883 年春，恩格斯曾坦告馬克思二女勞拉 (Laura) 與小蓮，說他與馬克思當年工作至凌晨豪笑的原因。主要的是比起海涅的嘲諷詩來，兩人罵人之惡毒無異為兩個「狂妄的魔鬼」。此一長稿於兩人在世之日，無法找到任何出版商願意出書，只好束諸高閣，讓蛀蟲與老鼠把它啃蝕。恩格斯曾罵閱讀過原稿，而又不肯加以出版的印刷商，稱他們做「老鼠」。這部書總算是使馬、恩兩人對當時知識界的混沌獲得一個「自我理解」，但也因為交給「老鼠」的啃嚼，而在兩人活著的年代無從付梓面世，直到 1932 年才在莫斯科馬列研究所刊出。但全書前面數頁業已遺失或損害，英譯本則遲到第二次世界大戰結束後才告出版。

第八章　組織共產黨聯盟

第一節　初訪英國

1845 年夏天，馬克思在恩格斯陪同下第一次旅遊資本主義大本營的倫敦，並在曼徹斯特逗留數週，在該市著名的切漢 (Chetham) 圖書館飽讀當年英國著名經濟學者的著作，並製作大量的筆記，這成為其後馬氏《資本論》和《政治經濟學批判》及其草稿《政治經濟學批判綱要》（簡稱《綱要》，*Grundrisse*）的主要參考資料。

當年倫敦成為歐洲各國激進派革命人士和流亡者的樂園，有不少德國共產黨人也在此討生活。他們組織「德國工人教育社」和「德國工人教育協會」，其靈魂人物為空想共產主義者魏特鈴 (Wilhelm Weitling, 1808～1871)。

倫敦的警察對本國與外國的激進分子不加聞問，蓋不認為這一小撮人對英國的安全構成任何的威脅。這也是由於英國的革命者不搞陰謀鬼怪，不主張採取暴力或激進手段來顛覆其政府的緣故，他們只致力於宣傳與教育而已。

來自歐陸各國而流亡在倫敦的革命分子，倒能破除國界、種族和語言的隔閡，而宣揚四海之內皆兄弟姊妹的大同思想。因之革命團體之間瀰漫了團結協和以及國際主義的濃情蜜意。當時協會大約兩百五十名的會員中德國人多達一百三十名，北歐人四十名，匈牙利人、波蘭人、俄、法、瑞士人等合起來約二十名，整個協會充滿條頓（日耳曼）族善於組織的精神。大家在飲酒喝咖啡之餘，評論時政、宣傳共產主義的理念。

　　1845 年 8 月 24 日馬、恩在英國停留六週之後，聯袂返回比京。行前恩格斯提議設立共產黨通訊委員會，俾聯繫各地共黨的活動，也進行消息的互通。返回布魯塞爾之後，他們已經組織了通訊委員會比利時的分會。但發覺巴黎作為國際共黨宣傳活動的中心，其重要性大於比京。是故恩格斯乃於該年八月底僕僕風塵前往巴黎活動。該地本來便有激進分子組成的正義聯盟之組織，只是正義聯盟的會員，大部分為德國流亡分子，卻受到普魯東、魏特鈴和葛林等空想共產主義者之影響。恩格斯抵法京之目的就在消除這批空想共產主義者對流亡巴黎的德國工人之影響。

　　1847 年八月恩格斯在巴黎度過了缺少知性刺激，而又無錢縱樂、生活蕭索無味的一年之後又折返比京。這時共產黨通訊委員會也在達成階段性任務之後解散，另行成立「共產黨聯盟」(*Bund der Kommunisten*)，這就是恩格斯所稱共產黨的「祕密社團」。馬克思加入聯盟，並於 1847 年八月成為比利時分會主席。另外也組織了「德國工人協會」，每週三舉行演講以教育工人群眾，大部分由馬克思主講。其中一個講題涉及「工資、勞動與資本」，講稿在馬克思死後由恩格斯出版。

　　當時自稱共產黨人或社會黨人，而經常與馬克思有密切來往或書信聯繫者為數不多，大概只有十八名左右，其中不少人的往來是短暫的，有一部分倒能維持較長的關係，少數人則後來與馬克思反目。

　　在與馬克思來往的大部分德國友人中，出身普勞階級的為數不多，絕大部分都是專業人士，像醫師、記者、作家等。這些當時平均 28 歲的青年人曾經是馬、恩所期待國際無產階級政黨的核心。

　　除了恩格斯之外，對馬克思始終忠誠不渝的死黨要算歐耳夫 (Wilhelm Wolff, 1809～1864)。他是一位自學成功的記者，由於家貧

斷腿而成為毅力與勇氣驚人的革命家，在由普魯士監獄釋放之後，於 1846 年春抵達比京，後來與馬克思移居倫敦，並在那裡居住下來。1864 年五月歐氏逝世於曼徹斯特，將其一生擔任私塾老師之積蓄贈給馬克思一家，當時贈與之數目達到 824 英鎊，雖非大筆數目，但對窮困的馬克思卻是一筆橫財，可惜馬克思一下子便把它花光了。

在比京交遊中，另一個出色的人物為魏特鈴，一位父親為法國籍、母親為德國女工的私生子。曾以裁縫為職業，撰寫過《人類之過去與未來》和《和諧與自由之保證》等書，算是德國第一位共產主義的理論家兼革命家。馬克思在流落巴黎期間對他讚美有加，但兩人的關係在魏氏由監獄釋放逃抵倫敦之後，逐漸疏遠冷漠，這固然是因為魏氏狂妄自大，自比耶穌，認為耶穌是共產主義的預言家，他方面是由於其人格之缺陷、學問之短淺，而為馬克思所輕視。

馬克思與魏特鈴在比京的一次集會為 1846 年 3 月 16 日晚。當時出席共有六人，五位是共產黨人，唯一非共產黨人而被邀請的客人為俄國人安念可夫，安氏對會上馬克思的形象有生動的描述，值得我們引錄。他寫道：

馬克思乃是精力充沛，意志力和信念堅強突出的那種人，就像其外觀一樣的堅決卓著。他是一個黑髮厚密，手臂多毛，但鈕扣扣歪、裝束不整的人。不過他卻是一位能夠引人注目與尊敬之士，儘管其外觀與行為甚為奇特。其舉止有點笨重，但大膽而富自信。他的言行與世俗有異，但卻是充滿驕傲，也有點自大，但尖銳如鋼鐵般的聲音頗能符合他對人與對事的發號施令。他說話盡是命令的口吻，其言語不容反駁，直搗問題核心，其聒噪令我刺耳。他講話的音色

表述他對其使命之堅決，而支配人心，也為人心構成法律。……在我眼前站立的是一位民主的獨裁者，就像在每個人的心目中，一瞬即逝的幻想。(Annenkov P., "Eine russische Stimme über Karl Marx," *Die Neue Zeit*, 1883, S. 236～241)

　　就在這五、六人聚會討論共產黨人如何在德國進行宣傳，以喚起工人受迫害的覺醒之夜晚，馬克思痛斥魏特鈴虛妄無知、譁眾取寵，有誤導德國工人迷失革命目標之虞。魏氏也反唇相譏認為馬克思向來就不是普勞大眾的一分子，對工人所受折磨壓榨完全無知，只靠象牙塔的空洞理論如何能夠鼓舞群眾的反抗意識？兩人的爭辯搞到馬克思拍桌大吼，而客人也只好紛紛做鳥獸散，來結束這場不歡的集會 (Padover 230～233)。

　　魏特鈴後來移居美國，曾於 1848～1849 年的歐洲革命狂飆年代返歐陸一趟，最後還是在美國定居。在紐約辦《工人共和國報》，也在愛荷華搞一個烏托邦式的「共產樂園」(*communia*)，結果這兩個事業都歸失敗，1871 年魏氏逝世美國，其為德國第一位共產黨理論家兼革命家的美譽也漸為世人所遺忘。

　　不僅對待魏特鈴，馬克思露出嚴酷無情的嘴臉，就是對付另一個記者出身的同志，名叫克里格 (Hermann Kriege, 1820～1850)，馬氏那種專橫、霸道的作風也暴露無遺。奉正義同盟之命，克氏前往美國辦報，為紐約地區德國移民工人發行了《人民論壇》(*Das Volks-Tribune*)，只因配合新大陸流行的國家改革協會之作法，要求把公共土地分配給私人當財產，而觸怒馬克思。於是馬、恩等人開會作成決議，不只譴責克里格的「真實社會主義」及其容許私產之嚴重錯誤，而且要把決議文刊載於《人民論壇》，並分別以通告方式

告知德、法、英各分會，形同把克氏處以破門律的嚴懲。這種演變為後來蘇共或中共黨團對付派系敵人的嚴屬作法，不但令同志喪膽，也叫一向對馬克思佩服的人痛心。最明顯的為德國另一位著名的社會主義者赫斯 (Moses Hess, 1812～1875)。這位在馬克思學成由柏林返鄉前經科倫頭一次見過面的青年黑格爾門徒，也是哲學家的赫斯，曾經認為馬克思是天才橫溢之當代第一大哲，如今卻為馬克思對魏特鈴和克里格的無情嚴酷而痛心疾首。他在 1846 年五月底給馬氏的信上指摘後者對不同意見者鬥垮鬥臭之「消溶的性格」（破壞分裂的個性）。這位大馬克思六歲的理論家不客氣地說，今後將不再聞問馬氏所搞的黨派。馬、恩在比利時這種興風作浪、小題大作的鬥爭作風，被巴枯寧形容為「在理論上虛榮、惡毒、耍賴、傲慢，在行動上卻膽怯、懦弱……要之，謊言和愚蠢，愚蠢加謊言，〔使人們〕無法在這種社團中自由呼吸」(Padover 237)。

　　馬克思次一步要整肅、要對付的人無他，就是普魯東。這位曾經在巴黎受到馬克思教導黑格爾辯證邏輯的俄國流亡人士，被馬氏批評為文章缺乏邏輯結構，以及追求社會主義目標的不明確。的確，這位在歐陸曾享大名的哲學家對經濟學真的一竅不通，而其世界觀也為馬氏所詬病的「小布爾喬亞」。

　　1846 年 5 月 5 日馬氏去函邀請普魯東加入共產黨通訊委員會，俾各國激進人士交換情報訊息，形成社會主義的國際小家庭。但對民族主義意識強烈並且狹隘地方思想作祟的普魯東而言，他對搞國際主義毫無興趣，在回函中普氏不但拒絕應邀，反而勸馬克思不要效法馬丁・路德搞宗派，並私設「破門律」黨同伐異，他信中這樣寫：「我們不要把自己變成不容忍的領袖」。這種告誡豈是嫉惡如仇、專斷自恣的馬克思所能消受？猶有進者普氏反對搞暴力革命，而主

張以溫和的宣傳來教導工人爭取自由和平等，以順利完成社會的改革。

　　就在 1846 年年底馬克思逮住普魯東的小辮子，利用後者出版兩卷作品《經濟矛盾的體系──貧困的哲學》(*Système des Contradictions Economiques, ou Philosophie de la Misère*) 後加以報復。在該書尚未出版之前普魯東在給馬克思的一封長信中這樣寫：「我正等候你批判的鞭策」("*J'attends votre férule critique*")。馬克思在 1846 年十二月接到普氏的新書。同時馬克思也接到恩格斯自巴黎寄來對普魯東新書的評論。在信上恩氏附筆提及花掉 15 法郎寄上批評普氏新作的評論未免嫌太浪費。只花兩天馬克思便讀畢普氏這兩卷作品，於是早已懷恨在心的馬克思便著手要寫一本足以打擊，甚至摧毀普魯東聲譽的筆戰專書，取名剛好是普氏原作的顛倒：《哲學的貧困》。該書由 1846 年十二月底至次年四月初，大約只花三個月餘的時間便告完成。這是馬克思在沒有恩格斯的合作之下，獨立完成的爭論性與批判性的作品。

　　這本書的精華從他致安念可夫的信可以窺知。《哲學的貧困》表現了馬克思批判力的銳利，也展現他對社會經濟情狀、學說概括化與綜合的本事。攻擊的矛頭指向普氏對黑格爾學說淺嘗輒止，對政治經濟學的一竅不通，尤其不知人在歷史發展上扮演的角色。普氏最大的毛病為把「事物與理念混作一談」，也不知道社會與經濟的發展不是一成不變，而是隨時空而不斷在變遷。馬克思指摘普魯東連起碼的經濟範疇，諸如分工、機器、市場、壟斷、競爭都一概無知。把人類的經濟活動看成是上帝心靈的湧現，正說明世間無進步無發展之可言，也正反映普氏是一位保守分子，絕非求新求變的革命家。要之，馬克思在《哲學的貧困》之〈前言〉中斥責普魯東既非哲學

家（不懂黑格爾學說），也不是經濟學者（不理解當時法國的政治經濟學），他犯了嚴重的錯誤（不是哲學家又大談經濟，不是經濟學家又大談哲學）。這本著作的出版也就標誌馬克思和普魯東友誼的決裂。

第二節　《共產黨宣言》的起草

在恩格斯的鼓勵下，馬克思決定參加倫敦召開的共產黨聯盟第二屆大會。行前恩氏催促馬克思要為此次大會拍板定調，擬妥一套宣言，作為共產黨人的「信仰告白」(*Glaubensbekenntinis*)，有如天主教會對信徒的要求。事先恩格斯已擬就有關共產主義的原則，分別為二十五個問答，後來也溶入馬克思所寫成的宣傳手冊中。這就是 1848 年震撼後世的《共產黨宣言》。

在這一宣告的文章中有時會表現出兩個革命同志明顯的不同觀點，譬如受到啟蒙運動感召，而又對英國工人階級實狀較具瞭解的恩格斯，其看法便對革命前景充滿樂觀與命定的說詞。反之，馬克思與法國工人有所接觸，便大大地強調政治活動、政治組織、政治鬥爭之重要。其後，宣言出梓，雖稱是馬克思與恩格斯合撰的文件，但事實上主要出於馬克思之手筆 (McLellan 1973: 180)。

1847 年 11 月 27 日馬克思搭火車到沃斯恩 (Ostend) 與恩格斯會合，然後渡過英倫海峽，抵達倫敦開會。當時馬克思一家貧病交加，懷胎九個月的燕妮與小孩都臥病不起，家中有限的金錢早已用光，而債主卻不斷登門索債。馬克思不得不向在巴黎的友人安念可夫求助，要求後者匯 100 或 200 法郎到比京給燕妮濟急。

儘管身心交困，馬克思在倫敦卻生龍活虎般地致力革命事業。

不只參加各種會議，還發表多次演說。甚至被英國主張民權憲章的工會團體 (chartists) 邀請參與波蘭 1830 年工人暴動紀念性的大會，發表了動人的演講。尤其是德國同鄉的集會上，由於演說內容生動、用語有力而備受頌揚。其中一名年僅 22 歲的工人，也是共產黨流亡倫敦的青年人在多年後回憶馬克思當年的氣概與風貌，有如下的描述：

他給我們所有的聽眾強力的印象。〔他是〕一個中等身材、肩膀寬闊、身形活潑、精力充沛的人。前額寬廣、頭髮綿密黑亮，其眼光直透人心。嘴角掛著諷刺不屑的樣子，令論敵喪膽。馬克思是天生的領袖人物。在講話時用詞簡短、精要而有迫人就範的條理。他不說廢話，每句話、每一理念都成為他議論不可少的環節。對馬克思〔人們〕絲毫馬虎不得，他身上透露的嚴肅認真，一點夢幻也沒有。(Padover 245)

在共產黨聯盟十天的大會上，擔任主席的為身材高大的夏佩爾 (Karl Schapper, 1812～1870)，恩格斯任祕書職。馬克思與恩格斯早有備而來，儘管兩人的外觀與作風有異，但他們胸有成竹、辯詞無礙，又能聯手策劃，遂成為大會的靈魂人物，大會也按照他們的心願通過組織章程。章程第一條指出該聯盟旨在推翻布爾喬亞實行普勞階級統治。在消滅資產階級舊社會之後，建立無階級和無私產的新社會。過去該聯盟「四海之內皆兄弟姊妹」的口號現已改為「各國無產階級聯合起來」。

在全會通過黨章的那天（1847 年 12 月 7 日），聯盟授權馬克思撰寫一份「詳細的理論兼實務的黨綱」，俾成為共產黨的宣言。該年

12 月 17 日燕妮產下一子，取名埃德加 (Edgar)，亦即效法燕妮之弟的名字。其模樣酷似馬克思，極獲其疼愛。

馬克思旋從事《共產黨宣言》的起草工作，但進行緩慢，原因是他必須不斷與居留在巴黎的恩格斯書信往返、反覆商討的緣故。當時聯盟並沒有交代恩格斯參與此一撰寫工作。但馬克思基於過去和恩格斯的情誼，也借重後者的才華，就不顧聯盟的指令，以兩人的名義完成起草宣言的工作。如就文章的體裁與用字遣詞來判斷，宣言大部分的內容出於馬克思的手筆，但理念則有部分來自於恩格斯。至少恩格斯所提共產黨十二點大綱被馬克思照單全收，只是被濃縮為十點。不過有關階級鬥爭和普勞角色則為馬克思的本意。

整部宣言表達了作者對於資產階級對待被剝削、被壓榨者不公不義的極度憤恨。在文尾畫龍點睛的一句話為：「工人們除了丟棄其身上的鎖鍊，再也沒有什麼可以丟失的。他們會贏得世界，所有國家的工人們，團結起來！」(*CW* 6: 519)

這部宣言為革命運動注入新而可怕的訊息，也就是埋下社會衝突與仇恨的新種子。原因是在此宣言公布之前社會主義者多為人道主義者或烏托邦理想主義者，強調的是海內存知己，以博愛團結志士，而不是宣揚階級的敵對與鬥爭。但馬克思卻引進了新的概念：階級、暴力、鬥爭。他不再視人群為兄弟姊妹，而是為了追求權力、財富、利益相互廝殺的敵人。對於歐陸原已有所聯合的社會主義也被他所抨擊，甚至不惜決裂、宣戰。要之，他的階級鬥爭就是要分裂原有的社會主義陣營，使主張暴力者、革命者變成共產黨人，其餘的則被貼上烏托邦或空想的社會主義者之標籤，予以排擠。在《共產黨宣言》中，馬克思為共產黨人武裝，也鼓勵他們造反有理，其所對抗的無他，乃是業已文明化的資本主義世界。

　　由於馬克思撰述此一宣言一拖數月，引起倫敦中央委員會的不滿。它期待宣言在 1848 年一月便可收達公告。負責中央委員會工作的三名委員在 1 月 24 日去函馬克思，限期在 2 月 1 日交出宣言草稿，否則將對馬克思採取懲罰的行動。在這種情況下，馬氏終於在一月底完成宣言草稿而急送倫敦。原著為德文，由工人教育社團出版為二十一頁的小冊子，最初刊印五百本。小冊上並沒有作者的姓名。一直要過了兩年才由哈爾尼 (George Julian Harney, 1817～1897) 印行英文本 （譯者為 Helen MacFarlane），並刊載於其所編之雜誌《紅色共和黨人》(*The Red Republican*)，分載於 21 至 24 期之上，當時始把馬克思和恩格斯的名字擺在作者欄中。

　　儘管《共產黨宣言》係出版於歐洲大革命爆發的 1848 年，但對革命並無影響。當時已出版丹麥、法國、義大利、波蘭和瑞典等國以及比利時佛萊明地區的譯文。但其衝擊似乎並沒有想像之大。《宣言》只有在數十年後才開始發生作用。俄文與新的法文譯本於 1869 年出現。之後，這一宣言才產生寰球的影響。1888 年在馬克思逝世五週年之後，恩格斯指出：「毫無疑問，在社會主義的文獻中，《宣言》是流傳最廣、最具國際性的作品，這是從西伯利亞至加里福尼亞百萬人中所承認的共同綱領」。

第九章　1848 年歐陸的大革命

第一節　巴黎的起義

　　1848 年 2 月 22 日巴黎學生與工人在街頭設置路障,以暴力對抗法國路易‧菲力的資產階級政權。暴動不過延續兩日,路易‧菲力被迫下臺,當夜臨時政府成立,法國第二共和遂告誕生。臨時政府中既有右派詩人拉馬坦 (Alphonse de Lamartin, 1790~1869),又有左派社會主義者布隆克 (Louis Blanc, 1811~1882) 在爭權。因之,這個第二共和也無法維持久遠的生命,在六月便被軍隊所鎮壓。不久路易‧拿破崙 (拿破崙大帝的姪兒) 上臺,至 1852 年在一次苦迭打 (*coup détat*,政變) 之後,路易復辟,恢復帝制,自稱拿破崙三世。

　　對此馬克思評論為「二月革命為美麗的革命,……六月革命則為醜陋的革命,令人作噁的革命」。二月革命也引發歐陸各大城的工人暴動。布魯塞爾的激進人士聽到巴黎騷動的消息,個個精神抖擻、興奮不已。馬克思在遍讀各地新聞之餘,更是激動地掩不住內心的喜悅,相信布爾喬亞的喪鐘已經敲響,普勞階級的解放迫在眉睫。他與剛剛被巴黎當局驅逐出境的恩格斯發動比國民主協會向布魯塞爾市議會陳情,讓工人可以武裝。他們高喊:「把武器交給市民!」馬克思把父親遺產分給他的 6000 法郎中,捐出 5000 法郎為德國流亡工人購備槍械、短劍。然而此時比利時當局先發制人,宣布戒嚴,召集軍隊圍捕工人,馬克思摯友歐耳夫遭逮捕,甚而被毒打,連右眼都被打瞎。三天後,也就是 1848 年 3 月 1 日,歐耳夫及其他三名外籍流亡者被驅逐出境。

　　3 月 3 日下午共黨聯盟委員會在馬克思家召開緊急會議，決議派馬克思前往巴黎設立革命總部，但當晚比京警署下令馬克思須於二十四小時內出境，不久警探出現馬克思家大事搜查，以馬氏無身分證件加以逮捕。連要求探視其丈夫的燕妮也被粗暴對待，甚至把她與妓女、女犯人同囚一室。陪同她去警局的比利時友人紀果也遭到池魚之殃，被禁錮在同一牢獄。次晨，燕妮被帶往檢察署訊問兩個小時，馬克思事後憤怒指出，作為普魯士貴族之女的燕妮所犯的「罪」，只是與其丈夫的他同享「民主的理念」而已。在被囚禁十八小時之後，燕妮終於被釋放，而回到她「可憐的幾個小孩」的身邊。馬克思也遭飭回整理行裝，俾在二十四小時期限內離開比利時。

　　由於法國已改朝換代，馬克思夫婦重返巴黎的許可已不成問題，於是在 3 月 4 日夫婦帶著三個稚兒搭著擁擠的火車離開比利時，而沿途車行不順，但終於在 3 月 5 日重返巴黎。巴黎在經過暴動、革命之後，滿街仍留下傾倒或折斷的樹幹殘枝和虛廢而未清除的路障。連廢棄的公車也堵塞幹道，真是滿目瘡痍。皇宮窗戶破損、崗亭燒毀，一片劫後的殘景敗象。

　　法國人搞革命的作法對流亡巴黎的外籍人士極具鼓舞作用，不少流亡客都有意效法法國人的作法回祖國去進行爭自由、爭解放的革命事業。尤其是流落花都的德國工人更是群情沸騰、摩拳擦掌，恩格斯也高興地告訴馬克思他們「祖國」人心思變，革命一觸即發的情狀。的確，從巴黎到東普魯士暴動、起義時有所聞。不但大城市工人要求加薪，連鄉下農民也要求土地重新分配和減低租稅。

　　馬、恩最關心的則為來自柏林的反抗消息。一旦這個普魯士的首都爆發革命之火，則封建貴族的跋扈囂張將會煙消雲散。1848 年三月整個月當中柏林在示威、罷工、圍攻、抗爭的狂風暴雨籠罩下，

這是對向來嚴苛統治的普魯士史無前例的挑釁。一時之間飢餓的工人與自由派的資產階級似有聯手對抗霍霍恩措連（普王家族）政權之態勢。國王威廉四世在革命氣氛高漲下已作了部分讓步：首先把軍隊從柏林撤走，改以公民自衛隊進駐維持治安，放寬新聞自由等，這使馬克思聯想到是法國 1789 年路易十六垮臺前的翻版。

普王甚至摒除傳統上權勢極大的少壯軍官團，改任命銀行家和工業家為首相與財相以平民怨。但因為工人無實權而中產階級的政治人物缺少政治經驗，加上德國百姓政治能力不夠成熟，因之新政府、新人物、新政治維持不久，終歸失敗。普王在恢復自信之後，又走回專制獨裁老路，開始鎮壓革命勢力與革命活動，甚至以槍桿子把代表民意的國會驅散。這些都令馬克思忿恨已極。

在巴黎流亡的德國人也仿效其他外國流亡客，組織祖國軍團準備返鄉拼鬥，並在巴黎大街小巷張貼告示，要求法國人慷慨捐輸，贈送槍械、子彈、軍用配備、衣物、金錢給準備返國一戰的德國軍團，亦即給予精神與物質的支援。

這個德國軍團屬下的志願部隊也在法國三色旗飛揚下進行操練演習，高唱「群眾返回德國」的軍歌以壯膽。但軍團成員所追求的是反暴政反獨裁，而非人民的解放。他們可謂民族主義者或自由主義者，很少人是要把德國變成共產主義的樂土，這點與馬克思和恩格斯的理想相去太遠。難怪重返花都的馬克思又要與這批流亡人士進行爭吵、辯論，甚至奪權、搏鬥。

在這種情況下，馬克思不惜與巴黎的「德國民主俱樂部」決裂，另組共產聯盟，自任主席。祕書長則由自倫敦抵達、一度擔任共產聯盟主席的夏佩爾出掌。對於巴黎流亡者組織林立、團體冗雜而互不合作的情況，擔任馬克思祕書職務的燕妮還得刻意寫信給馬克思

家摯友的魏德邁，要他在德國大城小鎮的報紙發布這個消息，好讓
大家周知，由此可見境外流亡者奪權鬥爭慘烈之一斑。

在流落花都的德國工人盲目地把錢財與人員捐輸給德國軍團之
際，馬克思卻呼籲其同胞不要理會軍團組織者的賀維恪，無異是為
沸騰的人心潑了一桶冷水。他這種反其道而行的說詞與作法在德國
人中頗不得好評，但卻證明其有先見之明，原因是倉促成軍的烏合
之眾在越過法德邊界之後，便被忠於普王的皇軍徹底擊潰與殲滅。

當時馬克思認為歐洲各國爆發大革命的時機尚未成熟，只有在
巴黎點燃星星之火，才會燒盡歐陸反動政權。因而勸告流亡法京的
德國工人應該稍安勿躁，先在巴黎參與法國工人暴動與奪權之爭，
然後才把革命的熊熊大火帶回本國，去推翻反動政權的高壓統治，
一併把工人階級解放出來。可惜他這一諍言對民族主義火燄高燒的
德國流亡者是聽不進去的。在一次高亢的激辯中，馬克思甚至被指
責為叛徒與懦夫。就知識上與道義上而言，馬克思是一位勇敢的人，
但有異於恩格斯的敢言敢行，連丟一顆炸彈或實彈射擊的經驗也告
闕如。反之，恩格斯居然跑回巴登參加軍事戰鬥，蓋他本身對戰略
和軍事學驗俱佳的緣故。

事實上，馬克思的處境十分尷尬。正當革命騷動之火燒遍德國
大城小鎮之際，他卻躲在爭鬥業已底定的巴黎與人爭議不休。3 月
25 日身處槍聲起落、風聲鶴唳的科倫城之友人韋爾特 (Georg
Weerth, 1822～1856) 去函馬克思勸他速返萊茵河畔參與起義大業，
並為多數人所誤解的共產主義挺身一戰，蓋共產主義成為「可怕的
字眼」之緣故。韋爾特不但曉以大義，還告訴馬氏，在科倫的一群
共黨分子有意籌錢興辦一份報紙，這是普魯士當局在新聞自由的精
神高漲下無法阻止的。

　　儘管馬氏相信歐洲各國的革命之成敗繫於巴黎起義的成果，他終究決意返回睽違已久的祖國。當時德國最富裕的城市顯然是科倫，要辦一份報紙只有向這個工業城新興的資本家籌款才行。在法國警署發給「哲學博士」馬克思一份有效期只有一年的護照之後，4 月 6 日馬克思在恩格斯等人陪同下離開巴黎踏上返國之旅。在曼因茲稍作停留，目擊市內主張共和與反王室的標語、旗幟滿街飛揚之後，令馬克思欣慰不已。他把妻兒送回故鄉特利爾。4 月 11 日一行人抵達科倫，市容也充滿反普魯士王室的旗幟和標語。過了兩天馬克思向警局申請科倫居民權利並恢復國籍。結果居留權是獲取了，但國籍恢復的問題則未解決。就在該年夏天，由於馬氏反普魯士政府的態度愈趨堅決，萊茵省政府遂以外國人的身分來處理他。馬克思抗議無效。滿心期待返回故土從事革命大業的馬克思此時變成一個無國籍者，在進行反居留地政府的勾當，隨時有被驅逐出境之虞，這也就是他當年宣布放棄普魯士國籍時，所未曾意料到的事，也可以說是命運在捉弄人。

　　1848 年四、五月間共產黨聯盟中央委員會曾派人前往德國各城進行宣傳與吸收黨員的工作，大家雖然到處奔波遊說，各地共黨小組仍舊黨員缺缺，主要原因是工人與農民對共產主義理念的誤解，以及對共產黨人激進言行的畏懼。於是馬、恩兩人決心辦報來影響布爾喬亞的觀念，使他們也加入無產階級的革命。他們採取新的策略，鼓勵共產黨人加入民主社團，而在民主社團中播下激進革命的種子。

第二節　《新萊茵報》的創辦、經營和關閉

為籌辦一份新的報紙──《新萊茵報》，馬、恩估計必須籌措30000 塔勒（德元）。他們計畫每股 50 塔勒，但認股的人很少。派往各地進行募款工作者的回函，都指出購買股票的人或心存疑問，或對激進的報紙不抱希望。連各方關係良好的恩格斯也只能售出 14股，募集了 700 塔勒而已。

時到五月底已募集 13000 塔勒，這個數目的半數來自尚未起疑心的資產階級。馬克思也把他獲得的遺產捐出部分。馬、恩決定比預定的 7 月 1 日提早一個月便發刊《新萊茵報》，但一開始便因為資金短缺，而幾度陷於無法發刊的困境。標明是 1848 年 6 月 1 日的第一期該報，事實上是在 5 月 31 日刊出。該報副標題為「民主機關誌」，這裡的民主當然不是西方慣用的字彙及其內涵。在馬克思的字典中，「民主」意謂普勞階級。這是一份由共產黨人經營的報紙，主編為馬克思，編輯群包括恩格斯、韋爾特、歐耳夫等人。

《新萊茵報》的編輯群中，其靈魂人物當數馬克思，其次為恩格斯，大部分的社論都出於恩格斯的手筆，馬、恩兩人總計為該報撰稿多達兩百七十七篇。該報也報導柏林、巴黎、布拉格和維也納起義與暴動的消息。

作為主編的馬克思還兼任該報財務總管，他對報社的方針、大政、決策拍板定調，成為主控報紙編輯與發行的獨裁者，而恩格斯居然稱：「我們所有的人都衷心歡悅地接受他的獨裁」。

馬克思對該報的專橫獨斷使這份報紙在財政上日陷困厄。尤其是該報對象徵德國統一的法蘭克福國民議會的非難蔑視，使出身中

產階級的讀者大為不悅。恩格斯斥責國民議會懦弱無能的一篇文章，使該報一半的訂閱者退報抗議 (Padover 268)。

在財源日益枯竭的情況下，馬克思不得不在該年八月與九月前往維也納和柏林募款，也只得 1950 塔勒，為波蘭民主人士舉債認捐的，其中還包括 500 塔勒是分期付款購買印刷機之用。《新萊茵報》發行量只有五千份，每份才售價 1 葛羅申 5 分尼而已，因之入不敷出。至 1848 年十一月任職半年主編的馬克思連一文錢的薪水也拿不到。

一開始該報便攻擊普魯士政府的顢頇專制，對官派曼因茲的指揮官解除民兵武裝，尤其抨擊不遺餘力。另外，攻擊柏林的國會和法蘭克福的國民議會也聲色俱厲。要之，馬克思對代議制度向來缺乏好感，包括作為代議制之始的英國古典議會制度，也提不起他研究的興趣。由於該報這樣激烈反政府的立場，其受警察的注意、窺伺、檢查也不足為怪。檢察官曾一度下令警員進入報社搜索，沒收一些詆譭官府的文稿、證物。

對於官府這種變相的報紙審查制，馬克思又撰文大加抨擊，只是有異於六年前爭取新聞自由的論調。他這次以共產黨人的身分，把攻擊的矛頭不但指向官署對新聞自由的壓制，還公然倡導推翻舊社會秩序的必要。他不再以講理的哲學思辨來評論普魯士的專政，而簡直是以戰鬥的口吻痛責官員的專橫暴政，而鼓吹反抗和叛亂的必要性。

只因當年柏林和其餘德國城市到處浮動不安，普魯士政權懍於局勢可能一發而不可收拾，所以對馬克思和《新萊茵報》，暫時不敢採取鎮壓或過激的手段。在 1848 年 9 月 25 日科倫發生暴動，官方宣布戒嚴，把《新萊茵報》關閉兩週，直到 10 月 12 日才復刊。其

後政府覺得情勢可資控制，而漸居上風，遂於十月初發令拘捕恩格斯等三名編輯，害得三人逃離科倫以避免被捕。十一月初馬克思也被法庭傳訊。當年十一月底前馬克思已出庭兩次，被控三項罪狀，包括侮辱檢察官、諷刺少壯軍人和鼓勵人民抵制納稅，最終變成「侮辱」與「叛國」兩大罪行。

審判原訂 12 月 20 日進行，後來延宕到 1849 年 2 月 7 日。在支持者與同情者簇擁之下，馬克思在法庭上慷慨陳詞自我辯護，尤其陳述報紙的使命在為百姓請命，沒有必要為個別的檢察官及憲警的言行而做人身攻擊。馬克思認為新聞的首急之務在「顛覆現存政治制度的所有基礎」，等於在法庭的辯護詞中公然鼓吹革命。這番慷慨激昂的辯說，贏得法院滿堂彩，掌聲此起彼落，散布法庭的每一角落。次日有關馬氏犯「叛國」罪審判中，也由於陪審團中不少自由主義分子的同情協助，終於使法庭判決馬氏和該報經理寇夫 (Hermann Korff) 無罪。

不過馬克思與柏林當局的纏鬥方興未艾。前者無意修改其激烈言論，後者則處處找碴來防阻自由的觀念傳布。柏林當局早已要求萊茵省總督把馬克思驅逐出境，都因總督投鼠忌器怕引起激進分子搗亂，所以儘量把驅逐令壓下，而不即刻執行。不料 1849 年 5 月 10 日馬克思對普魯士國王及其王朝（霍恩措連王室）的嘲諷，包括抨擊國王的失信、惡行等罪過，正觸怒普國中央與地方當局。之前科倫城市府官員已利用馬克思出外募款時，起草一份要驅逐馬克思的官方命令。該命令中指摘馬克思反政府，並企圖建立社會主義共和國，以及濫用科倫城允許其居留的善意，必須在二十四小時期限內離開科倫。

原本是 5 月 11 日發出的驅逐令，居然在五天後由警察局長親

自送到馬克思在科倫的住所。其時馬氏外出未歸。接到驅逐令的馬氏只好結束報社業務，摒擋行裝黯然離去。行前向友人借了 300 塔勒作為排字工人、職員的遣散費。至此《新萊茵報》一共花掉馬克思 7000 塔勒的金錢。這是身無長物、手邊拮据如馬克思者一筆鉅大的財富。為此他在數年之後仍負債累累，直到恩格斯財政狀況改善，予以年金的接濟，馬氏才稍能透一口氣。

《新萊茵報》最後一期用紅色的排字，刊載了詩人傅萊立希拉特 (Ferdinand Freiligrath) 向讀者告別的悲壯短詩，也刊出馬克思對當局及其敵人的指摘和警告，他寫道：

我們是殘酷無情，我們不要求你們謹慎客套，當我們有利的時機來臨之時，我們對你們不會隱藏要進行恐怖的報復，可是〔你們〕皇家的恐怖分子，就是上帝恩寵與法律的恐怖分子，是殘酷的、目中無人的，在行動中粗鄙庸俗的，在理論中膽怯、偽裝的和騙人的。要之，在行動與理論當中都是名譽掃地的。

《新萊茵報》的結束，也標誌著馬克思作為一位戰鬥性極強的報人生涯之結束。不但馬克思必須被迫離開鄉土，所有參與該報之編輯、經理都被定罪而驅散，連恩格斯也因去國被通緝。5 月 19 日馬克思一家離開科倫，又變成身貧如洗的難民，家中的傢俱也賤賣出去。馬克思珍藏的四百冊書籍暫寄友人處，十二年後才取回，但好幾冊珍本業已失蹤（馬克思致恩格斯函 1860.12.12）。

馬氏一家大小經過法蘭克福，住在魏德邁家裡，燕妮典當家中的銀器，這套陪嫁的寶貝先後當過幾次，也贖回幾次。典當銀器的錢是當旅途盤纏之用。他們先返特利爾探視燕妮的母親和小蓮所照

顧的三個孩子。在法蘭克福馬克思和恩格斯搞革命的雄心迄未稍戢。反之，還跑到南德與共黨分子串連，盼望鼓動反政府的暴亂，結果大失所望。五月底兩個倡導暴動的青年志士（馬克思當時 31 歲，恩格斯 29 歲），在賓言 (Bingen) 城遭黑森省警察逮捕，帶往丹姆斯塔，再送往法蘭克福，卻未定罪而釋放。這是馬克思作為活躍的革命者一連串造反活動的終止。

1849 年六月初，馬、恩分手各奔前程。恩格斯到凱塞老騰 (Kaiserlautern) 去參加革命軍起義，兵敗為皇軍所包圍，幸而脫困遁走瑞士，然後前往倫敦。他軍事才略出眾，雖是敗軍之將，仍被馬克思和其他黨人美稱為「將軍」(Der General)。作為典型的德國人，亦即典型的軍國主義影響下的子嗣，他對這個暱稱頗為喜愛。

馬克思則前往巴黎，躲避法國警察的偵伺，化名藍波士 (Ramboz)。他仍與昔日共黨同志來往，並深信法京為革命火山口，隨時有暴動的熱漿湧出，但這種自信與樂觀不久證明是幻想，因為該年六月巴黎的騷動很快便被平息。不僅如此，當德國境內的幾次武裝暴動遭到鎮壓之後，反抗已近尾聲。匈牙利的起義為俄軍所擊碎，在義大利，法國的軍隊正在重建教皇失掉的權威 (McLellan 1973: 224)。當時的巴黎不再為戰亂所禍，而是爆發了可怕的霍亂。這一流行病造成墳場屍滿為患，但馬克思一點擔憂都沒有，他的太太還說他「自信而振奮」。

但這時燕妮卻生病了，她留在特利爾的娘家，與其寡母同住，但發現母親性情大變。這也難怪，曾經是貴族遺孀的母親，經歷丈夫的逝世、女兒的生病、女婿的不務正業，到處流亡，老人家如何能夠忍受這多重的打擊?燕妮也發現故鄉人情世事都變得更為糟糕，這使她既憂心又傷神，特別是掛念身在疾疫猖獗的巴黎之丈夫是否

安然無恙？

　　1849 年 7 月 7 日燕妮終於帶著三個小孩與女傭小蓮前往巴黎與馬克思團聚。他們全家擠在理爾路 45 號一間窄小的公寓中。這時燕妮又懷孕了。馬克思家身無長物，家中幾無隔宿之糧，而又人人容易生病。當急需錢財使用時，馬克思便走訪當鋪，典當少數值錢的東西。最後再也沒有東西可以典當，只好寫信向友人告貸。7 月 13 日在給魏德邁的求救信上坦言他太太的最後一件銀飾已走進當鋪，而其他友人的援助尚未抵達。另一友人拉沙勒 (Ferdinand Lassalle, 1825～1864) 在萊茵地區替馬克思募集到 200 塔勒，相當於 430 法郎，在七月底寄達馬克思手裡。不過這種公開募款的消息不脛而走，傳到巴黎時，馬克思暴跳如雷，他寫信向拉沙勒抗議，又在致另一友人的信上說：「〔我〕再貧困無錢也比公開向人求乞為佳」。

　　真是禍不單行，法國警察已探知馬克思在巴黎的下落，7 月 19 日下令驅逐他及妻女離開法京，下放到布列登的莫比罕 (Morbihan) 鎮，這是臭名昭彰不適生活的流放地。友人在得悉此一流放命令後，勸他全家前往倫敦。此時馬克思也無意對流放令進行上訴。在與身處洛桑的恩格斯通訊後，決定移居英國。8 月 24 日馬克思離開巴黎前往倫敦，11 月 10 日恩格斯也經由熱內瓦搭輪船往地中海而到英京與馬克思家相會。

　　他們本來以為在倫敦的居留是短暫的，因為他們期待歐陸政府壓制革命終必失敗，而可以大搖大擺返回故鄉從事共產主義理想的宣揚與建立，豈知 1848 年與 1849 年的歐洲大陸也爆發經濟大蕭條。這種經濟的不景氣，不但未造成歐陸的騷動，反而使政局穩定下來，革命的希望也告消失。

　　此後馬克思的餘年居然被迫在倫敦度過一共三十四年之久。在這個資本主義最大的首都，馬克思成為失根的浮萍，也是與寄居地的典章制度完全疏離的異鄉人。除了有一次需要申請旅外的護照，否則他再也不跟英國當局有所往來，更甭談申請英國國籍（晚年曾試申請一次，但終告失敗）。

　　在抵達倫敦時，馬克思身無分文，也不知何去何從，連英語都說不出一個完整的句子。由於沒有住所，暫時寄居在一位 23 歲的記者布林德 (Karl Blind, 1826～1907) 經營的咖啡店中。他已精疲力盡，不消一週的時間便感染某種霍亂。令他更擔心的是暫時留在巴黎的燕妮和三個小孩，他們已經接到巴黎警局的驅逐令，隨時得要離開。

第十章 倫敦流亡的貧困

第一節 居無定所、幾度搬遷

懷有七個月身孕的燕妮終於在 1849 年 9 月 17 日帶著三個身心俱疲的小孩和女傭，抵達倫敦。在泰晤士河碼頭歡迎他們一家人的不是馬克思，而是詩人韋爾特，因為卡爾正罹病在床。韋爾特把這個疲弱的一家大小安置在曼徹斯特廣場邊一間稍有傢俱布置的小房間。馬克思家在此勉強擠住了數天，然後移往徹爾西 (Chelsea) 安德遜街 4 號一間小公寓。在這裡馬克思家過了兩年艱苦的日子。燕妮事後回憶這是一生中最痛苦的兩年，不只貧窮、憂患、病痛接踵而至，而且人口增加，嗷嗷待哺。

原因是在抵達倫敦七週之後，燕妮生下第四胎嬰兒，是一個男孩。取名漢利希，亦即嬰兒祖父的名字，不過馬克思卻在戶籍署登記其新生兒子為 Henry Edward Guy Marx ❶ ，暱稱 Guido ，意思是「小狐狸」。在給魏德邁的信上，馬克思得意地寫「我太太為世界增添了一個新公民」。這是馬克思夫婦的第二個男孩。由於請不起乳母，燕妮親自以母乳餵食這個誕生於英國的第一個兒子。此舉造成燕妮乳房痛楚和背部疼痛。但因為貧窮，嬰兒體質不佳，自誕生之日，每夜睡不了三、四個小時，後來也早逝了。

這個由三個大人和四個小孩組成的貧困家庭擠在一間窄小、髒亂的小房間，度過倫敦冬霧瀰漫的寒季，又要受房東的壓榨與隨時

❶ 小孩誕生之日適逢英國紀念 1605 年搞火藥造反被處死的陰謀家 Guy Fawkes 之行刑日，故取名 Guy。

掃地出門的威脅，就不難想像其生活的艱難悽慘。整個冬季他們付出高達 250 塔勒的房租，這是一大筆錢，也是英國房東對外國難民剝削的天價。不久馬克思儲蓄用罄，全家遂被掃地出門。燕妮對被趕出租屋的慘痛經驗，在給友人的信上，描述歷歷。某日只因房東索取 5 英鎊的積欠房租，而馬克思剛好手頭不方便，一時拿不出這筆款項。於是兇悍的女房東竟請來警員威脅要取走所有的床褥、毛毯、衣物等值錢的東西，連小孩的玩具與嬰兒的搖籃也不放過，俾作為所欠房租的抵押品。

這時前來協助的友人不幸碰傷流血而躺在地板上，讓馬克思家大小驚急一團。當另一友人拿出 5 英鎊要代償馬克思家所欠的租金時，附近麵包店、肉店、牛奶店的老闆也聞風趕來討債。燕妮只好把睡床賣掉，償還這些小額的債款。這樣一件因房租遲付而引發的騷動，居然使鄰居兩百至三百人冒著雨雪前來圍觀，這使馬克思一家顏面盡失，真是情何以堪！馬克思一家所受資本主義體制之迫害真是刻骨銘心！

馬克思後來搬到曼徹斯特廣場附近一間專門收容德國遊民的旅館寄住，但每週要付 5 鎊半租金，令燕妮非常痛惜。後來再遷往索荷區狄恩 (Dean) 街 24 號，是兩個小房間構成的套房。在這個破落的寓所中一家住了六年之久。當時他們居住條件的差勁比起倫敦的貧民來還算略勝一籌，這是馬克思在其著作《資本論》一書中所述西方資本主義制度下受貧病煎熬、受資本剝削最殘酷的英國貧民之慘狀。

在索荷區馬克思家總算找到一個小窩，而讓孩子們得以學習英語，儘管在家中大家仍講德語。在這裡馬克思夫婦也逐漸熟悉英國人的風俗民情，而慢慢能夠欣賞英國令人愉悅的一面。作為世界資

本主義的核心，英國霸權的中樞和財政中心，倫敦全城充滿商貿企業的活力，雖沒有巴黎的浪漫嫵媚，卻自由而穩定。警察身上不懷武器，尤其叫德國的移民驚訝。儘管多疑的馬克思懷疑他的信件被官方偷拆閱讀，事實絕非如此。警察從不過問流亡者的言行，只要他們沒有違法的行動。事實上，除了普魯士的間諜之外，馬克思從未被暗中跟蹤或窺伺。他可以宣揚其共產主義的理念，撰寫喜歡的書文，而不遭干涉。當然他所作所為還是局限於德國流亡圈中的志同道合之士的活動。

　　1850年代與60年代，倫敦成為歐陸各國革命志士與流亡者造訪或居留的天堂。大部分以此為跳板，而渡洋赴美國定居，少數返回原居地終老。這二十年間馬克思在倫敦接待過不少各國革命分子，包括拉沙勒、李普克內西 (Wilhelm Liebknecht, 1826～1900) 和俄國人巴枯寧、法國人布隆克、義大利人馬志尼等。

　　倫敦街頭多的是小巧的咖啡店，這更是各國流亡人士聚會、評時論政，乃至辯論、互揭瘡疤的好去處，這也成為各國流亡者生活不可或缺的部分。加之，倫敦有好多景致迷人的公園、華麗的歌劇院、通俗與高雅兼具的音樂廳、劇場和宏大的博物館。儘管馬克思家人人體弱多病，但遇到晴朗的日子，全家會到海德公園或綠色公園 (Green Park) 去散步。有時與友人高談闊論，有時引吭高歌，不失為苦中作樂。他們也常旁聽演講，或去劇院觀戲。

　　習於英京這種逍遙閒適的生活方式，儘管家無恆財，而長期陷於貧困，馬克思全家已不再想搬到別的國度去。三位沒有中途夭折的女兒也在英國受完基本教育，而喜讀英國的文學作品。么女愛麗諾（暱稱塔絲）還一度成為莎翁劇團的臨時演員，而醉心演藝人員的生涯。

　　索荷區位於倫敦政經與文化中心，離大英博物館頗近。馬克思一有空便跑去博物館的圖書室飽覽各種書籍，特別是閱讀政治經濟學的新舊著作，成為他日常生活的最愛。1852 年開始對現實政治與時勢特感興趣的他，還利用博物館的資料為《紐約每日論壇報》撰寫評論稿。不過他寫作的時間大部分是利用孩子已入睡的夜晚。

第二節　安貧樂道與事業不順

　　在索荷區，馬克思混雜在各國流亡人士之間，大家都是貧困的異鄉人，因之惺惺相惜，產生兄弟般的情誼，這也是他喜住該區的原因之一。關於在索荷區生活的情況，可由普魯士一名喬裝難民的間諜之報告中窺知當時的情況。這名觀察仔細的德國間諜這樣報告著：

〔德國流亡共黨分子〕黨的頭目為馬克思，其副手為住曼徹斯特的恩格斯，和倫敦的傳萊立希拉特與歐耳夫、住巴黎的海涅，以及現居美國的魏德邁與克魯士 (Adolf Cluss)……其餘的人物只是普通的黨員而已。最具創意也有積極精神，可謂為該黨靈魂人物的是馬克思，所以我要多認識他俾向你〔間諜的頭目〕報告。……馬克思有適當的身高，現年 34 歲。雖值盛年其頭髮開始變成灰色。其體格孔武有力，其外觀有點像〔匈牙利的革命領袖〕施澤米〔Bertalan Szemere, 1812～1869〕，但他的皮膚黝黑，他不常刮理的頭髮和鬍鬚卻很黑，他炯炯發亮的雙眼帶有魔鬼似透視的眼神。乍看之下，他像是一位精力充沛的天才，他知識上的優越，使接觸他的人震懾。……在私生活方面，他很不規整，是一個憤世嫉俗的人，一個

不善待客的主人，他過的是吉普賽人的生活方式。他似乎不常換洗內衣褲，容易醉酒，有時整日遊蕩無所事事，但有時又日夜拼命認真工作，他作息沒有定時。常常熬夜工作，然後白天整裝睡在沙發上至黃昏才醒過來，彷彿對周遭發生的事完全無知無聞。

這名間諜對女主人倒是讚揚備至，說她是一個「受良好教育，令人心儀的女士」，已習慣於流浪的生活而安貧持家，從沒有看見她為貧病而失態。至於馬克思存活下來的三個女兒，間諜的報告是「三個漂亮的孩子，繼承了她們父親智慧的眼神」。關於馬克思隨遇而安的情況，這名觀察犀利的間諜作如下的描述：

馬克思住在倫敦最壞也最便宜的地區。他住在兩個房間的寓所裡，一間面向街道的房間是當客廳使用，其後面則為寢室。全部寓所中沒有一件值錢的傢俱。每樣設備都是破爛、修補過和搖搖欲墜的東西。每件傢俱都布滿塵埃，到處亂糟糟的。在客廳的中間擺了一個大桌子，上面覆上一塊油布，堆滿書籍、稿件、報紙、孩子的玩具、太太修補衣物的碎布、邊緣已裂開的杯子、骯髒的茶匙、刀、叉、蠟燭、墨水瓶、玻璃杯、煙斗、淡巴菇煙灰——總之，所有的家當都亂七八糟地堆積在這一個大桌子之上。

馬克思是一個老煙槍，打從學生時代開始，便染上抽煙的壞習慣，一面叼著點燃的煙斗，一面看書或寫稿，以致房間煙霧繚繞、薰味四溢、臭氣沖天。他後來還說出大話，他《資本論》的稿費還不夠他購雪茄的錢。

間諜繼續這樣報告：

訪客進入馬家常被煤煙〔冬天燃煤取暖〕與雪茄的薰味刺痛，而張不開眼睛。一開始有如進入一個暗洞而不辨方向，稍後定睛一看，才在煙霧飄飛中看出家中的布置。這裡每件東西都是髒兮兮的，每件事物都是灰塵滿布，想要找個椅子坐下來，都令人膽顫心驚。原因是椅子常是只有三個腳，只有孩子玩的或是〔燕妮〕準備食物的椅子才算是〔四腳〕完整的。訪客雖被邀請坐下，但孩子玩耍的椅子尚未清除〔玩具〕乾淨……但這一切並沒有讓馬克思及其妻子覺得不好意思。客人仍舊感受主人的盛意，也會接到主人的敬煙敬茶。愉快而富有知性的談話也就補救室內設備的不足，也使客人對於不便可以忍受。(Padover 291～293)

　　間諜在結語上說，馬克思家的這種情況，使訪客久而久之也就習以為常。客人反而更願意上門，「這是共黨頭子馬克思家庭生活的真實寫照」。以上這份間諜的報告是存在柏林官署祕密檔案中，直到1921年才被發現而大白於世。

　　在滯留倫敦的頭幾年，馬克思努力兩樁事，都是為了宣揚共產主義的理念：其一在重組共產黨聯盟，其二在籌劃發行新的報紙，重操編印新聞的舊業。但這兩者都告失敗。前者由於流亡倫敦的各國共黨分子彼此勾心鬥角，而使共產黨聯盟的組織癱瘓。後者本是馬克思在巴黎時便已籌思良久的《政治經濟學月刊》之類的黨機關誌。新刊物仍使用《新萊茵新聞》為刊名，另外加上《政治經濟評論》(Politisch-Ökonomische Revue) 之副標題。計畫中此一《評論》先以月刊方式出版，然後改為半月刊、週刊，乃至每日刊行之報紙。此一由雜誌轉變為報紙的新刊物其宗旨在激發德國流亡海外（特別是倫敦與紐約）的難民之革命意識，而達成「宣傳的旨趣」。為達此

目標必須設法向在美國的德國難民募款和爭取訂戶。

　　儘管恩格斯在 1849 年 11 月 10 日和馬克思於倫敦會合，但辦報的計畫無法順利推行。兩人雖找到印刷商願意合作出版，但資金一直無法籌集。雖是錢項不足，1850 年 3 月 6 日，《評論》第 1 期，共印兩千五百份居然出爐。該月月底出第 2 期，4 月 17 日出第 3 期，5 月 19 日第 4 期，都比預定出版的日期延遲。最後一期，亦即第 5 與第 6 期合併刊出則為 11 月 29 日。

　　《評論》的文章多為馬克思和恩格斯兩人的作品，大部分是出自於恩格斯的手筆，兩人合寫的也有幾篇，以及不署名的兩人之文章。這一辦報失敗的結果使恩格斯深信他是無法以記者或新聞從業人員的身分在倫敦謀生。另一項結果是刊行報紙或新聞對向來貧困的馬克思一家並無好處，也就是沒有帶來經濟上絲毫的改善。

　　就在最後兩期以合訂本面目出版之時，也就是宣告該《評論》月刊壽終正寢的 1850 年十一月，此時恩格斯改變向來看不起商業買賣與銅臭為伍的初衷，毅然決然離開英京返回其父所經營的曼徹斯特紗廠，投入生意場上。1852 年其父任命他為恩格斯與厄門紡織廠的經理，每年給他 100 英鎊的年金，外加工廠花紅 5%（最先四年，以後每四年增加 7.5% 至 10%）。真是上天要幫忙窮苦潦倒的馬克思一家，恩格斯事業一帆風順，其經營生意的本事，似乎比他參加歐洲大小革命的才華，更勝一籌。1864 年當他繼承其父在曼徹斯特事業的股份時（價值 10000 英鎊），他也成為公司的股東。

　　但恩格斯初進紡紗廠時，收入有限，最初寄給馬克思的錢項只是杯水車薪，緩不濟急，而且常是向公司先行支薪來匯款的。有時他還以高利貸的方式替馬克思的期票或匯票背書，好讓馬氏度過金錢難關。不管錢項是多是少，恩格斯從不婉拒或推託馬家財政的告

急要求。那些年代恩格斯白天是衣冠楚楚的經理紳士、生意能手，晚上則為衣著隨便的共黨革命家。他並非禁慾的清教徒，不時購買外國輸入名貴的酒類和品質特高的雪茄，從不錯過維多利亞時代紳士名流的高級享受。在他私人保有的馬廄中所養護訓練的良駒，其每月的開銷，多於馬克思四個禮拜寫文投稿的總收入。不管恩格斯生活多奢侈，在 1850 年代與 60 年代這二十年間，恩格斯寄給馬克思的款項，高達 4000 英鎊，是一項極大的數目。

第三節　貧賤夫婦的病痛與孩子的夭折

　　雖有恩格斯的經常濟助，馬克思一家的貧困、病痛、憂患、債主的騷擾使得體質向來不佳的大小更形受苦受難。馬克思本人脾氣本來就暴躁，對同志、黨員、債主、貸款者，乃至布爾喬亞的周遭人物之惡行惡狀痛恨有加，可能也曾經對自己的遭遇生氣怨懟。因之，陷身一連串的病痛：肝病、肺腫、皮膚發炎生膿，而且變成宿疾。身體的病痛常導致他數週乃至整整一個月無法集中精神幹活。

　　至於燕妮更是貧困的受害者。一個出身貴族的大家閨秀淪落在異鄉相夫育女，卻為貧窮折磨地抬不起頭來，其自信與驕傲的喪失，也使她的健康與精神受損。最堪憐的是貧困居然剝奪了馬克思家三個稚兒的生命。第一個悲劇發生在 1850 年 11 月 19 日，外號「小狐狸」的男孩因為肺炎而夭折，這是被馬克思當作英國反抗暴政英雄的化身，因而取名 Guy，暱稱 Guido 的寶貝兒子之早逝。

　　當時已有六個月身孕的燕妮面對么兒的夭折，整個人癱瘓昏倒，是極度的悲痛。她久久無法平撫喪子的哀痛，一直認為是「布爾喬亞貧窮的受害者」。這種哀痛延續數年，這是她第一次眼睜睜地看見

自己骨肉的死亡。為了避免燕妮睹物思情，馬克思在狄恩街附近，亦即門牌 28 號找到另一間狹窄的小公寓，全家遂於 1850 年十二月遷入新居。馬克思雖然對家庭與妻女愛護有加，但仍不脫日耳曼大男人主義的惡習，很快又忘記這椿悲劇，還在給恩格斯的信上，自稱為虎背熊腰的一家之主，並吹牛地說：在生男育女方面比起搞事業更富有「生產力」。

1851 年 3 月 28 日年紀 37 歲的燕妮產下第五個孩子，是一名女嬰，取名佛蘭齊絲卡 (Franziska)。馬克思在寫給恩格斯的信上，難掩他的失望，因為其妻產下的不是男孩而又是一個女兒。不過馬克思和其女傭小蓮的婚外情也有了結晶。也就是說當佛蘭齊絲卡誕生之時，小蓮已懷孕六個月。馬克思非婚生的兒子於 1851 年 6 月 23 日誕生。在倫敦戶籍署登記的姓名為亨利‧弗列德立克‧德穆特 (Henry Frederick Demuth, 1851～1929)，暱稱弗列第 (Freddy)。

身體衰弱，而神情幾近崩潰的燕妮好像尚不知小蓮的私生子之父親為馬克思。原因是馬克思和恩格斯私下協議讓恩格斯承擔拆爛汙的惡名，冒稱是恩格斯藍田種玉。因之小孩遂取名為弗列德立克，姓則從其母親的本姓。燕妮及女兒們似乎都未曾懷疑到馬克思幹的好事，這個祕密直到燕妮逝世之日迄未揭露 (Padover 297)。

但是另一說法則是指出燕妮對馬克思與小蓮的畸戀似有所悉，這也導致她餘年的憂悒怨懟。原因是燕妮在回憶倫敦貧困生活時，曾有下列一段話：「1851 年初夏，在我們這裡發生了一件我〔目前〕不想詳細敘述的事件，它大大地增添我們個人的憂慮和其他人的煩惱」(*Mohl und General*, S. 216)。

亨利‧弗列德立克呱呱落地之後，即刻送給倫敦哈克尼 (Hackney) 工人區一位姓路易士 (Lewis) 的計程車司機及其太太領

養。後來小蓮於馬克思逝世後，又服侍恩格斯七年，任後者的女管家。在 1890 年小蓮逝世時，將其一生辛苦累積的 95 英鎊遺產悉數贈給「弗列德立克·路易士·德穆特」。小德穆特在其母親亡故之前，也常至恩格斯家中走動，不過只能在廚房，而非客廳與其生母談話。馬克思么女愛麗諾對這位同父不同母的哥哥相當友善，她寫信給其姊勞拉，也提起此事，可以說姊妹早已知道亨利·弗列德立克是她們的半哥（half-brother，同父異母的哥哥）。

不過關於馬克思這樁私生子的故事，主要是由於小蓮死後接任的恩格斯女管家兼祕書露伊絲·考茨基－傅萊貝格 (Louise Kautsky-Freyberger) 致貝倍爾的信 (1898.9.2/4) 上提起的，說是恩格斯在臨死前才透露小弗列德立克不是恩氏的私生子，而是為防阻家庭糾紛，保護馬克思的聲譽，而由恩格斯冒名頂替的。換言之，恩格斯至臨死前才透露小弗列第之生父為馬克思。不過露伊絲這封信其可信度難令研究馬克思傳記的專家折服 (Raddatz 134〜136)。

可以說貧賤夫妻百事哀，整個馬克思家亂成一團。燕妮經常會爆發歇斯底里的哭鬧或埋怨，馬克思也不敢責怪她。因為所有這些不幸都可以說是他一手造成的，雖然也得怪周遭世界的殘酷無情。

1852 年復活節，最後生下的女兒佛蘭齊絲卡因患嚴重的支氣管炎也告夭折，就像 Guido 一樣，只活了一歲多。燕妮在信上這樣寫著：「當她死掉時，我們把她冰冷的屍體放在後房中，大家在前房（客廳）地板鋪床墊過夜，三個活著的孩子睡在我倆的身邊，我們為那個已無生命的小天使啜泣哀哭」。

雪上加霜的是殯儀館的抬棺者竟然拒絕為佛蘭齊絲卡下葬，只因為馬克思無現金可以付給他們喪葬費。於是埋葬夭折的女嬰這事遷延數日，直到一位善心的法國人慨捐 2 英鎊，才得購一具小棺

材，把喪事發落。馬克思對資本主義社會這種冷酷無情的現實真是痛徹心脾，燕妮更指出：「她〔佛蘭齊絲卡〕出世之日連一個搖籃都沒有，死的時候連一個安息之地也沒有」。

　　1852 年馬克思為了對付滲透進入共產黨聯盟的間諜，像匈牙利人布恩亞 (Bungya) 上校，以及同是流亡者的金克爾 (Geory Kinkel)，而撰寫爭論、揭發，甚而準備興訟的稿件，這就是流亡者彼此猜忌、抨擊、搞爭權奪利的把戲之惡果 (McLellan 1973: 252～257)。

　　但更不幸的災難如影隨形地降臨馬克思一家。那是 1854 年的冬天，當馬克思眼睛持續發炎，而討厭的咳嗽一直無法治癒之際，他們唯一活命的七歲兒子埃德加也患嚴重的毛病。這個集全家大小寵愛於一身，也是馬克思最鍾愛的寶貝兒子居然難逃病魔的偷襲。1855 年三月病情轉趨惡化，他患的是腸炎。這時燕妮剛又生下另一個女兒愛麗諾（Eleanor，也即么女，暱稱塔絲），本身也體弱生病，無法親自照顧患病的兒子。馬克思也病得不輕，卻日以繼夜守在兒子的床邊呵護備至。他內心在滴血，幾乎整個人都要崩潰。1855 年 4 月 6 日埃德加終於在童年短命夭折，馬克思在致恩格斯的信上這樣寫：「可憐的穆施（埃德加之暱稱）已離開人間，他在五點至六點之間安詳地睡在我的腕上」。

　　埃德加的夭折使馬克思一家長期陷於憂傷、絕望、痛苦之中。一週後馬克思寫信給恩格斯：「自從親愛的孩子死後，這個家完全虛廢和棄絕，因為他曾經是造成這個家生氣活潑的靈魂。我們無法描寫多麼地想念他。我過去曾經經歷各種各樣的不幸，但只有此時此刻我才體會什麼叫做不幸，我已覺得自己快要崩潰了」。

　　這個悲痛居然使馬克思一向烏溜溜的頭髮變成斑斑白色。想要藉哲學來解憂忘愁也辦不到，在孩子死後四個月，馬克思寫給拉沙

勒的信：

培根曾經說重要的人物對自然和世界都有很多的關連，也有對各項
事物的強烈興趣，這使他們很容易克服不幸或失落。我不屬於重要
人物的行列。我孩子的早逝曾經深沉地震碎我的心靈與頭腦，我對
這個失落的感受始終不變。

　　燕妮也持續地陷於完全喪神的狀態。為了改變悲慘的環境與氣
氛，馬克思一家又搬遷到靠近倫敦的市郊坎貝威 (Camberwell) 的一
座獨立小屋，這是德國共產黨流亡者衣曼特 (Petter Imandt) 借給他
們暫住的房子。當年九月舉家跑到曼徹斯特去訪問恩格斯，並住到
十二月才返回倫敦。

　　馬克思的餘生迄未忘懷喪子之痛。這個悲痛的震撼如夢魘一樣
揮之不去，連發生悲劇所在地索荷區也使馬克思生厭不悅，在孩子
逝世八年後的 1863 年 2 月 13 日，馬克思給恩格斯寫了一封信，信
上提及「索荷廣場附近至今仍令我十分駭怕，每當我無意間走近它
之時」。

第十一章　撰稿、苦讀、出書

第一節　文章憎命達——《論壇報》通訊員的鬱悴

在 1851 年至 1861 年前後一共十年間，馬克思在倫敦流亡的艱困生活中，唯一的微薄收入就是靠撰寫新聞稿的稿費。也就是說在這十年間他擔任了《紐約每日論壇報》(New York Daily Tribune) 的倫敦通訊員。這份被馬克思當成 19 世紀中葉美國最好的報紙，發行量高達二十萬份，算是當年美國最大，也是最具影響力的日報。該報創辦人為葛立禮 (Horaie Greeley)，曾被推舉為民主黨總統候選人，不幸被共和黨葛蘭特所擊敗，本身卻是一位開明、富有社會理念的公眾人物。其主要助手達納 (Charles Anderson Dana, 1819～1897)，曾在 1848 年十一月與馬克思在科倫結識，對馬克思發行和主編《新萊茵報》印象深刻。這位比馬氏年輕一歲的記者對當年歐陸各國革命情勢如火如荼有多篇的通訊稿在《論壇報》發表。其同情革命者的立場與馬氏相似，在通訊稿中居然這樣寫著：「歐洲 1848 年的革命不只在更換政府，主要在改變社會」。

1851 年八月，馬克思接到達納一封邀稿函，要他為《論壇報》寫稿，這正是馬氏一家陷入極度貧困之時，當然滿口答應。其實達納的邀約不只是對馬克思才華的欣賞，也完全著眼於生意。原因是 1848 與 1849 年歐陸革命的失敗，造成各國難民的大量湧入新大陸，其中人數最多的為德國的移民。單單在 1852 至 1854 年多達五十萬名的德國人抵達紐約市。他們人在美國，心繫故土。因之任何有關歐陸的新聞報導必被搶讀為快，果然《論壇報》的這一高招，使該

報發行量直線上升。

馬克思當然非常高興能夠擔任美國這樣一份受人矚目的報紙之駐歐通訊員。不過想到自己英文不靈光，如何能夠引發讀者閱讀的興趣，更不用提編輯者的賞識？於是寫信給多才多藝、英文精通的恩格斯請他設法幫助。果然這位終身的革命夥伴、來日美好生活的金主，也自稱擔任第二提琴手（禮讓馬克思為第一提琴手）的恩格斯，一聲便答應下來。就在第一年 (1851) 中撰寫十九篇有關德國情勢的文稿寄給馬克思，再由馬氏每週兩次寄到紐約，一一刊出（1851 年 10 月 25 日至 1852 年 10 月 23 日）。這些文章在 1893 年由馬克思么女愛麗諾結集刊印。她還誤認其父親就是這些文章的真正作者。幕後功臣的恩格斯從不宣揚居功，直到 1913 年人們才發現這些文章出於恩格斯的手筆。

馬克思總不能從頭到尾把恩格斯所寫的文章（儘管理念是馬氏本人的）當作自己的文章繼續發表下去。於是在 1853 年 1 月 29 日馬克思在寫給恩格斯的信上提及「昨天我冒險寄給達納生平第一篇用英文寫作的文章。只要我搞通這種〔英文〕文法，一頭栽進寫作裡，情況可能不錯」。果然這篇涉及英國銀行新規定的文章，在《論壇報》2 月 18 日刊出。

他第四篇涉及英國下議院討論〈猶太人法案〉的文章，顯示馬克思對英國猶太人所受不公正待遇之批評。這大異於他青年時代〈論猶太人問題〉中那種對祖先的傳統，也是他身上所流猶太血液反叛之狂妄。很快地，他英文寫作能力提昇到令恩格斯驚佩的地步，1853 年 6 月 1 日恩格斯去函馬克思指出：「你的英文不但良好，簡直是精彩，偶爾有些用語不夠通順，但這不過是雞蛋裡挑骨頭的說法而已」。

在其後十年間馬克思英文寫作更臻佳境。早期的文章多少還有德文的累贅繁瑣，後期的文章則簡短有力。他使用語彙相當精準，而文章的體裁益趨典雅。

當然馬克思並非是一個親自到實地去訪問，查明事件，亦即跑新聞的地方記者，而是根據別人的報導，重加整理改寫，也就是對事件加以反思、分析和評論的駐外通訊員。偶然他會到英國國會旁聽，像1854年七月所撰英國國會辯論克里米亞戰爭的動態報導，便十分生動。

政情分析的主要消息來源得靠倫敦《時報》(Times)及歐洲其他重要報紙的新聞報導。有關政治和經濟的評論則利用大英博物館閱覽室的資料。他在博物館工作的時數是上午十點至下午七點。從官方出版品中抄錄有關的統計數字，把它們穿插在其時論或通訊稿中。他把資料帶回家中整理，常為撰寫稿件工作至凌晨四點。他的文字潦草，又使用德文花體字的寫法，使懂英文的打字員也無從辨識，有勞燕妮逐字逐句解讀。有一段時期一個德國年輕的共黨分子，也是滯留在英倫的難民叫做皮佩爾(Wilhelm Pieper, 1826～1890)充任馬克思的祕書。文稿分別於每星期二和星期五寄出，當時不是靠航空郵寄，而是靠輪船傳遞。因之，從撰稿到刊出大約費時兩週，這等於輪船橫越大西洋所需的時日。

一般而言，達納非常欣賞馬克思寄出的文章，也曾經為他報導義大利愛國者馬志尼脫險安抵倫敦的獨家新聞，而大大讚賞馬克思（其實該文的作者是恩格斯）。但《論壇報》有其編輯方針與報社政策，因之編輯部常修改馬克思的通訊稿之內容與文字，俾迎合美國讀者的胃口，甚至還有把文稿棄置不用之時。多數刊出的文章會載明作者為馬克思，有時則只標明「本報倫敦通訊員」。使馬克思生氣

的是居然盜用他送出的資訊，而以「本報之報導」改頭換面而不支付馬克思應得的稿酬。 為此馬氏在 1854 年 4 月 22 日給恩格斯去信，痛罵《論壇報》編輯的無恥。

在接近十年的撰稿中，馬克思寄出三百二十一篇稿件，其中大約四分之一，也即八十四篇，居然被報社以編輯部同仁，或不署名的社論之名義，加以盜用。在 1856 年九月還退還馬克思十五篇討論「泛斯拉夫主義」的文章，原因是這一議題與該報編輯方針不合。

馬克思所獲得的稿酬最初是每篇 1 英鎊，相當於 5 美元。這是相當低的收入，不敷他及其家人生活所需。他認為至少每篇應得 3 英鎊的稿費才對。

可以這麼說，在 1853 年至 1860 年這八年間是馬克思寫作最勤奮、創作力最旺盛的幾年。他平均每年寫三十七篇文章。超過一半的文章討論的是各國外交事務，涉及的除歐洲各國之外，兼及俄國、土耳其、近東、克里米亞戰爭、印度和中國。全部三百多篇文章中有三分之一涉及英國內政、外交和經濟。大約五十篇討論經濟話題包括國際貿易和金融情況，就《論壇報》上發表的文章而言，馬克思是一名政治觀察家，而非經濟分析家。

在向達納要求加薪之後，馬克思的文章價值漲了一倍，亦即每篇獲得稿酬 2 英鎊，這種好景持續了四年。換言之，他開始每週獲得 4 英鎊的收入。但自紐約寄出的稿費並非按時和有規則，以致馬克思常要向人借貸以濟燃眉之急。加之當時兌換支票與外幣也相當不便，都使馬克思苦不堪言。

1857 年三月《論壇報》通知馬克思今後每週只肯刊載其文章一篇，而非像過去每週兩篇。馬克思家收入又告減半，不幸的是債主像惡狼一樣前來其寓所討債，而燕妮家中可以典當的東西差不多已

當光了，馬克思只好寫信向恩格斯告急。

1861 年二月當美國南方分裂主義者自組政府，擬脫離合眾國之際，《論壇報》決定暫停刊載海外通訊稿，馬克思卻獲得例外的優遇，可以繼續撰稿。只是這份優遇竟是口惠而實不至。因為此後的八個月中，馬氏的投稿沒有刊出，當然也沒有稿酬可言。該年四月美國南北戰爭爆發，達納與該報同情南方的立場相違，遂憤而辭職。至此，馬克思明白《論壇報》的靠山已崩，投稿只是浪費筆墨與郵寄費，更體認美國內戰發生，讀者哪有閒情逸致看海外的報導，只好準備收攤。

1861 年後半年《論壇報》又開始短暫刊載馬氏的文章。在 10 月 11 日至 12 月 25 日之間一共刊出八篇美國內戰對英國商貿和民情有關的通訊稿。在這一年中，馬克思有八個月沒有稿酬的收入，是他一生裡頭經濟狀況最糟糕的時刻。這一年他只收到八篇文章的稿費一共 16 英鎊，連償還債務都不夠，更不要談養家活口。1861 年十一月馬克思獲得恩格斯贈款 18 英鎊，剛好償還肉店、麵包店、牛奶店、雜貨店的賒帳。但不夠付拖欠的房租（已欠了一整年，房東威脅要把他全家丟到馬路去），也不夠付孩子學費，連冬天將至的食品都無力購備。這時他負債至少 100 英鎊。這種悲慘的情況，正如他所描述的「足以使人瘋狂」。

為補貼家用，馬克思也替維也納發行的《新聞報》(Die Presse) 撰寫通訊稿，稿費只有《論壇報》的一半，亦即每一篇文章只賺取 1 英鎊，每則報導只取 10 先令。叫馬克思生氣的是每寄出四篇文章只有一篇被採用刊出。只擔任一年通訊員的馬克思對《新聞報》的苛刻大為光火，1862 年十二月之後，不再為維也納「這群混蛋的傢伙」寄稿了。

　　1862 年《論壇報》只刊出馬克思兩篇文章。最後一文係該年 3
月 10 日刊出，也是馬克思在美國這份報紙出現的最後一文，涉及題
目為〈墨西哥的糾纏〉，係批評英、法、西班牙等國利用美國內戰，
企圖染指墨西哥。因為債臺高築，而一家大小又為病魔所困，馬克
思慨嘆搞文字遊戲和空洞理論的悲哀，悔恨不懂從商致富另覓生涯。

第二節　政治經濟學的鑽研與寫作

　　儘管生活困苦、收入微薄，馬克思好學深思的個性從他大學時
代以來從不改變。1850 年夏天之後，一向喜好哲學、政治、歷史、
社會的馬克思轉而有計畫地研究經濟學。本來他對經濟學理論，也
即所謂古典政治經濟學的留意是透過黑格爾對亞當‧斯密的詮釋，
再經由恩格斯的啟發而有較為深入的探究。在倫敦居留的期間，他
轉而鑽研當時有關政治經濟學的最近作品，特別是涉及銀行、價格、
經濟危機等理論的新作。更參考《經濟學人》一專業性的週刊，去
瞭解資本主義制度下的經濟與政治運作的實況。

　　起初馬克思對經濟學的專著不懷好感，認為這些「經濟學渣汁」
比起亞當‧斯密和李嘉圖的古典作品來顯得很差勁而令人心煩。但
後來愈讀愈有興趣，也激發他收集各種有關政治經濟學的材料，準
備以德文來撰述一本專書。他甚至寫信給法蘭克福一個叫做樂文塔
(Löwenthal) 的出版社，表示要提供介紹經濟學的德文書稿，而遭後
者的拒絕。後來同樣的嘗試都告失敗。

　　為此他向其移民美國的好友魏德邁建議在紐約設立出版公司，
俾出版一系列學術性著作。魏氏回函說時機尚未成熟，無法創設出
版社。不過數月後倒發行了德文雜誌《革命》月刊。革命月刊社後

來還出版馬克思分析精到、見解不凡的大作《路易‧波拿帕霧月十八日》(1852) 一書。該書為政治分析，而非經濟解說。

由於大英博物館和倫敦其他圖書館豐富的藏書和文獻，成為提供馬克思研究政治經濟學的活頭泉水。搞經濟學也成為馬克思後半生主要的學術興趣和志業。

大英博物館閱覽室收藏的珍貴書籍和政府文獻，不但成為嗜讀如命的馬克思精神食糧，也是他窮困災厄的庇難所。在這個廣闊形同大教堂建築的閱覽室中，馬克思忘記了家庭妻女的聒噪埋怨，也遺忘其日常生活的困頓寒酸。閱覽室的氣氛溫馨四季皆宜，因之，在致恩格斯的信上，馬克思說：「它是倫敦唯一清靜的地方」。

除了生病和痔瘡發作，馬克思很少不泡在博物館的書堆中。另外缺席的原因是他的西裝衣褲或大衣進入當鋪無錢贖回之時。不過他一踏進圖書室，每日至少在裡頭工作十小時。馬克思讀書的精勤，抄錄的認真，幾乎把他變成一位「啃書的機器，將這些咬碎的書的片段在歷史的肥田上轉化與堆成〔思想的〕另一形式」(馬克思謙虛自道，引自他致恩格斯 1857.12.18 信，Rubel 1980 Preface to the English Edition)。

由於馬克思通曉歐洲各國語文，人又絕頂聰明，閱讀速度與吸收力超人一等，所以閱讀之書文極為眾多而廣泛。更可佩者是作了大量的筆記。他不只眉批、摘要，還常作精準的評論。看了他所寫的《政治經濟學批判綱要》(簡稱《綱要》，*Grundrisse*)，以及《資本論》第四卷〈剩餘價值理論〉，便可知他抄錄之勤和批判之精，這是有史以來很少學人可以與之相比。不要說英、法、德、義、瑞士諸名家的經濟學著作他都能閱讀原典，耳熟能詳，甚至連美國佛蘭克林對紙幣討論的文章他都精讀。他認為佛氏為一位具有創意的思

想家，「為現代政治經濟學塑造基本法則」。另一名美國學者開利
(Henry Charles Carey) 討論工資的意見雖不為馬氏所認同，卻也讚賞
為「美國〔當今〕唯一重要的經濟學者」。

除了經濟學，馬克思也鑽研重要的歷史著作，像桂佐的《英國
史》、馬奇也維里的《佛羅倫斯史》、倪布爾的《古羅馬史》、狄利的
《法國史》。這些所謂布爾喬亞的著作可以補充並加強他對經濟的認
識，特別是提供他必要的資訊和歷史的觀點。是以他所強調的階級
和階級鬥爭之史觀，乃為這些布爾喬亞歷史學家的觀點，而非他獨
得之祕，非他任意創造的學說（馬克思致魏德邁函 1852.3.5）。

馬克思最具創意的研究便是利用官方的文獻，像涉及英國工業
體系的《工廠考察報告》(Reports of the Factory Inspectors)。馬氏佩
服當年那些不畏權勢的工廠調查員對廠主怎樣殘酷地剝削女工和童
工實情的反映。這些資料他不但用作撰寫文章的資料，更是《資本
論》的重要數據。那些工業化初期，女工斷臂、童工失鼻、變瞎的
慘劇，都血淋淋地記錄在官方文書中，而為馬克思所引用。

雖然馬克思一直有意寫一本有關政治經濟學的專書，但由於忙
於撰寫新聞稿賺取極為微少的稿費，以致延宕再三無法有系統的寫
下書稿。當然要覓取肯刊印其作品的出版社也是困難重重。一直遲
到 1857 年夏天，他才下定決心要撰寫他的新作《政治經濟學批判》
(Zur Kritik der Politischen Ökonomie)。在整理資料之後大約花了半年
的時間，也就是 1858 年八月至 1859 年一月才把全書寫畢。向來被
馬克思私下嘲笑的律師拉沙勒終於替他找到柏林一家出版商冬克爾
(Franz Duncker, 1822～1888) 願意出書，還比其他作者給予更高的版
稅，亦即印模紙每裁（合十六頁）給予 5.5 塔勒的報酬。全書大約
要支付 200 塔勒。冬克爾答應先付一半，大約是 97 塔勒。這是

1859 年一月之事。但出版商不久便後悔與馬克思作這樁交易。

　　這是馬克思第一本的經濟著作，篇幅不算太長，其〈獻言〉卻相當長（大約二十五頁），居然未曾出現在原著之上，遲到 1903 年才出版於馬克思主義者的雜誌《新時代》刊物上。全書討論了商品、價值理論和貨幣，但馬克思最先並沒有及時把稿件寄給出版商。據 1859 年 1 月 21 日致恩格斯的信上，馬氏解釋為當時他連郵寄的錢和保險費都沒有著落，他又怕沒有保險萬一書稿遺失無可補償，因為該書並沒有留下底稿，他要求恩格斯寄來 2 英鎊，俾能及時寄出書稿到柏林。後來出版社終於通知已收到稿件。

　　書稿寄出兩個月之後，像石沉大海未見出版消息，一向多疑的馬克思猜忌有人在搞鬼，寫了一封粗暴的信去給出版社負責人冬克爾加以責問，還怪出版商「有系統與別有用心的阻撓」。出版商回函說明遲遲未將稿件付梓的原因，並答應在去信後一週內出書和付清稿費餘款。收到冬氏信函的馬克思暫時息怒並表歉意，但三週過去不見印妥的該書的影子，也收不到剩下的稿費。於是馬克思再度失態去信嚴詞指摘並威脅要把出版社「失信」事公諸大眾。冬克爾果然在該年 6 月 11 日把馬克思這本經濟學大作印妥，也寄出 90 塔勒版稅，在存證函中，出版商聲稱今後再也不會與馬克思有任何生意上的往還，甚至連介紹人的拉沙勒也列入該出版社的拒絕往來戶。

　　企圖為《政治經濟學批判》寫續集的馬克思從此再也找不到任何一家出版社願意為他效勞。其後數年他鑽研經濟不輟，最後完成《資本論》第一卷的書稿，但事先卻沒有理想的出版社可資洽商出版事宜。

　　《政治經濟學批判》除了〈獻言〉成為一篇膾炙人口、宣示馬克思唯物史觀的精華之外，全書不算是成功之作。冬克爾一共印了

一千本，在德國卻找不到市場而滯銷。連社會主義者本來期待這是
一部鼓吹革命俾建立其理想的新秩序之曠世鉅作，不料卻是學究式
奢談經濟學範疇與原理的教科書。更令作者難堪的是德國經濟學界
雖然知道此書之出版，卻沒半篇評論介紹的文章。這正是馬克思所
言：「連一隻亂啼的雞婆批評它幾句都沒有」。本國學術界對此書之
漠視幾乎把馬克思氣昏。在自尊受損和氣憤之餘，馬克思在 1859 年
11 月 6 日寫信給拉沙勒：

你一定搞錯了，假使你以為我會因為此一作品受到德國新聞界的讚
賞……其實我期待的是攻擊或批評，而不是完全置之不理，這種漠
視對這本著作的銷路傷害頗大。〔過去〕他們在各種場合痛責我所主
張的共產主義，因之，我認為這次他們絕對不會對我共產主義的理
論基礎不理不睬。〔雖然〕專業的經濟學誌在德國俯拾皆是〔卻無一
對我的作品表示一點意見〕」。(Padover 322)

　　馬克思一直認為德國的「學閥」或「文賊」藉沉默不語對他搞
不加理會的陰謀。因為他早先出版的《哲學的貧困》和《路易‧波
拿帕霧月十八日》兩書，也在本國遭到忽視之厄運。
　　《政治經濟學批判》的失敗不只為馬克思，也為其家人帶來懊
惱。燕妮在 1859 年聖誕節寫給恩格斯的信上提及家用短缺、貧上加
貧的困境。她寫著：「德國人沉默的陰謀 (conspiration de silence) 來
對待卡爾寄望極高的著作，造成雪上加霜的處境，只有幾份不入流
的報紙雜誌之副刊偶爾討論其〈獻言〉，而不及其內容」。經此打擊，
馬克思幾乎在其後一年半之間不再執筆寫作，也就在這段困苦的日
子裡馬克思第一次感染肝炎，這種慢性疾病轉趨惡化，最終也是導
致馬克思死亡的病因之一。

第十二章　興訟、找錢、脫貧

第一節　「詆謗」案的始末

就在馬克思失意而燕妮也為病痛所折磨的年代 (1859～1860)，馬克思需要找一個讓他痛罵一頓的對象，以洩心中的怨恨。這個倒楣鬼不是別人，卻是一個德國鄉巴佬，當時在日內瓦大學教授地理學的佛格特 (Karl Vogt, 1817～1895)。此君在《瑞士商業快報》(*Shweizer Handels-Courier*) 出了一小冊題為《警告》的長文，時為 1859 年 6 月 2 日，其中有幾段，在馬克思看起來有遭詆謗之嫌。於是勾起後者的憤怒，遂在倫敦德文週刊《人民》之上，撰稿開啟筆戰，痛批佛格特，連帶也把馬克思的敵人和朋友一起捲進來痛批一番。在給波蘭歷史學家列勒維 (Joachim Lelewell, 1786～1861) 的信上，馬克思說：「有一名叫佛格特的日內瓦教授出版了一小冊子，對我的個人生活與政治生活做最惡毒的攻擊，一方面他把我當成一個不足觀的小人物看待，另一方面亂猜我做事的動機，他把我整個的過去塗汙抹黑」。

馬克思的友人多勸他息怒，不必浪費時間理會這椿瑣事。連一向讓馬克思暢所欲言放身一搏的恩格斯也勸其好友不要理睬「佛格特先生」。在盛怒中馬克思聽不下這類忠言。他居然一頭栽進耗時費錢的興訟泥沼，決定採取法律途徑來還他的「公道」，也兼「懲罰那些膽敢刊印佛格特詆謗的傲慢之徒」。

他甚至威脅倫敦《每日電訊報》(*The Daily Telegraph*)，要控告它居然刊登佛格特謾罵馬克思的「汙穢文章」。後來由於《每日電訊

報》作了某種「平衡報導」，馬克思才放它一馬，不加追究。

對柏林《國民報》(National-Zeitung) 刊載佛氏詆譭馬氏的文章一事，由於律師友人拉沙勒的勸阻，馬克思沒有訴諸行動，但卻在給恩格斯的信上痛罵好心沒有好報的拉沙勒為「無恥的野獸」、為「盛裝的猿猴」、為「猶太族的敗類」。由於佛格特在筆戰中稱馬克思為「一名微不足道、布爾喬亞的流浪漢」，所以馬克思認為對付的辦法便是在柏林法庭起訴佛氏的譭謗，而藉此法律「大行動」造成德國境內的大醜聞。換言之，就是把佛格特鬥臭鬥垮。

為此馬克思聘請了柏林一位名叫韋伯的律師起草告訴狀。先寄上 15 塔勒，並在 1860 年七月再續寄 32 塔勒的律師費，並答應會寄更多的款項給律師，卻無後續動作，顯然是恩格斯的支援不足之緣故。當年十月柏林上訴法院把馬克思的告訴駁回，認為佛格特的文章對原告的名譽無損。對法庭此一判決，馬克思悻悻然斥之為「普魯士式的笑話」。

為興訟馬克思至少花掉 100 英鎊。這筆錢主要來自恩格斯，因為該年春天恩格斯的父親逝世，使恩氏變成其父事業的繼承人與公司的股東而繼承一大筆遺產。他寄給馬克思 100 英鎊以應付各種債主的追討，很快地 100 英鎊便用罄，馬克思又向至友伸手要錢。

馬克思不但興訟對付名不見經傳的一個地理學教師，還寫了一本厚達三百頁的《佛格特先生》(Herr Vogt)，痛批後者的「無知無恥」。由於沒有任何一家刊印德文書籍的出版社願意替其出書，馬克思只好花掉 25 英鎊，自行刊印。

《佛格特先生》一書混合了文件、引言、攻訐一大堆批判他各種各樣論敵的雜文集，其中也包括不少粗鄙不文的數落。像《每日電訊報》出版人列維 (Joseph Moses Levy)，根本與馬克思無怨無仇，

只因該報刊載過佛格特的文字,於是也成為馬克思揶揄嘲諷的對象。猶太人是馬克思的同族,但一向痛恨本族傳統的馬克思,連這位發行人「猶太人的鼻子」也難逃其嘲弄。列維在馬氏的筆下,其慣聞銅臭的列維之鼻子,是最喜歡嗅聞倫敦最骯髒的糞便臭溝水的鼻子,也成為全倫敦人整年的話題云云。

只因詩人傅萊立希拉特評論《佛格特先生》一書,「充滿活力,也充滿惡意」,而遺憾馬克思引發了這場無謂的衝突。這種說法引起馬克思的不快,此後不再原諒這位直言的「肥胖的法立賽人」。兩家從此也斷絕交往。

就像馬克思至今為止所寫的書之命運一樣,《佛格特先生》的出版在德國新聞界和文化界像石沉大海似,一點波瀾都沒有,這點令燕妮心痛。馬克思假裝不再聞問德國人的反應,其實仍舊懷疑是一套企圖整他的陰謀在作崇。在 1861 年 3 月 7 日致拉沙勒的信上,他寫著:「整個德國報界對付我新作所顯示的沉默之陰謀,就像是過去的作為一樣,在實際上是奉承我,儘管這種陰謀傷害了書的銷路」。

整個佛格特事件耗費馬克思急需的財力、心力和精神,也傷害了他的健康,浪費他的才華。此書出版一年之後,馬克思還遭英國民事法庭判決的糾纏,必須補付 20 英鎊的出版費。這段期間除了為《論壇報》寫了二十多篇的稿件之外,馬克思不再有系統地撰述經濟學論文或專書。不過 1861 年在發洩心中積怒之後,終於重拾羽筆,準備撰寫《資本論》。

第二節　去荷蘭與柏林找錢

1861 年年頭馬克思一家為債主包圍追討,而燕妮又滿身病痛,

在倫敦馬克思找不到可以告貸的友人。因之，決心暫時離開英倫到荷蘭找有錢的親戚，到德國找過去的同志，尋求一點財源，俾能勉強度過寒冬。

主意既定，遂向一名流落倫敦的共產黨同志借用其護照，姓名改為彪令 (Karl Johann Bühring, 1820～1890)。在荷蘭小城查爾特波默 (Zalt-Bommel)，馬克思企圖向住在該鎮富裕的商人兼銀行家，也就是他的姨丈費立普 (Lion Philips) 弄點錢，原來這位姨丈也兼管理馬克思寡母的資產。

在給拉沙勒的信上，馬克思說：「這個傢伙〔指其姨丈〕相當精明，不過卻以我能夠寫作為榮。請在來信上大談我對抗佛格特的近著何等引人矚目，也談些我們所籌劃辦報之事等等，好讓我把你的信給姨丈大人過目，而贏得他的信任。再者千萬別在信上提及政治〔這是他最害怕之事〕」。

果然這套手法見效，姨丈慷慨解囊，馬克思在抵達荷蘭一週之後，便匯了荷幣 60 盾給燕妮。1861 年 5 月 7 日馬克思在致恩格斯的信上坦承成功地「搾取」姨丈 160 英鎊足以償付急迫的債務，而重建未來向人賒貸的信用。

為了將來還有再「搾取」的機會，馬克思不忘寫感謝函給其富裕的親戚。6 月 5 日在致姨丈信上不但感謝再三，還大大讚美其姨丈為人上人，並阿諛其表弟妹「個個具有獨立的人格，每個人都是一表人才，擁有特殊的智慧之優越性，也流露人文的素養」(Padover 330)。

表妹安東妮黛 (Antoniette Philips, 1837～1885) 當時芳齡 24 歲，嫵媚動人、機智聰明，還有一副水汪汪「危險的黑眼珠」（馬克思語）。43 歲的他儘量去討好她、追求她，而這個表妹也墜入情網似

地回報他，要求他離開後儘快來信，俾恢復「我家的寧靜」，原來她常在家人面前提起馬克思，而成為家人的笑柄，大家都在談安東妮黛對卡爾的痴戀。

馬克思在 1861 年 4 月 13 日與 7 月 17 日的兩封信上，也對其「甜蜜的小表妹」表露了愛意。不過作為一個懼內症的男人，他的這份婚外情只能含蓄而不敢太放肆。在其後四年間，馬克思常重返荷蘭這個名不見經傳的小鎮，受到姨丈、姨母一家大小的寵愛，有時停留長達兩個月之久。

1861 年一月普王威廉一世大赦政治犯，馬克思不須再冒別人的身分，可以回到十二年不見的祖國。該年 3 月 17 日，馬克思抵達柏林，住在拉沙勒家。作為一位出色的律師，也是蠻有聲望的政治家，拉沙勒給馬克思一個「特別友善的歡迎」。拉氏的熱誠除了是多年的友誼促成，主要是他野心勃勃，早已湊集 20000 塔勒要辦一份新的日報，需要馬克思擔任新日報的編輯。

馬克思如果要作為報社的編輯，其起碼的條件必須是普魯士的公民。為此他向普魯士當局申請護照和恢復國籍。柏林官署雖然發給他一本有效期一年的護照，但拒絕給已出國超過十年者公民權，這一拒絕使馬氏視大赦不過是「一個純粹的騙局、欺騙和陷阱」。

儘管拉沙勒要發行的新報，所給予編輯的待遇頗為誘人，但馬克思一開始，無論是在通訊中、還是在晤談中並沒有表示對新職的熱衷，這是由於他已住慣倫敦，已成為「大巢穴中的一隻獨居動物（隱士）」而無意他遷之緣故。

不願隨便遷徙浪遊的想法主要來自沒有安全感的燕妮，她甚至為馬克思前往柏林訪問拉沙勒而生氣。她在給恩格斯的信上還埋怨其丈夫，何以突然改變生平志節急於做「普魯士皇家的子民」。她寧

願做「倫敦身無分文的婦人，也不願做柏林編輯的太太」。馬克思的女兒們也站在其母親的一邊，反對舉家遷往柏林。

在停留柏林期間，馬克思初嘗了普魯士高級社會的豪華，分享了拉沙勒權勢的威風。他甚至前往普魯士省議會 (Landtag) 旁聽開會情景。

女伯爵哈茲費爾德 (Sophie von Hatzfeldt) 是拉沙勒的客戶兼情婦，也是一位作風大膽的「新女性」。她大馬克思十三歲，大拉沙勒二十歲，卻是風韻猶存的半老徐娘。她對馬克思示好，而使後者受寵若驚。在給其表妹的信上，馬克思描繪這名靠脂粉掩蓋其臉上皺紋的女中豪傑「充滿自然的智慧，對革命運動強烈關懷」，其「貴族的優雅逍遙遠勝過專搞女性精神者之滑稽」。

女伯爵極力說服馬克思在柏林多停留時日，陪她上劇院和芭蕾舞廳。在一次為時三小時的表演中，女主人還故意安排座位在普王包廂之旁，以侮辱王室。當燕妮後來得悉馬克思與這名「巴比倫婆娘」對坐飲宴後，醋勁大發，也更堅決反對丈夫到柏林就任編輯職。

1861 年 4 月 12 日，馬克思帶著一份惆悵，捨不得地離開了柏林。他並不急於返回妻女身邊，而繞道埃伯費爾特 (Eberfeld) 和科倫，探望 70 歲的寡母。出乎他的意外，這個接近生命終端的「老太婆」以她一向的冷靜自信，不待馬克思的要求，主動取消馬克思積欠的期票。馬克思轉往阿亨去荷蘭找其表妹表弟，於 4 月 29 日以凱旋者的心情回到倫敦的老家。這次的「外交旅行」不失為一次成功的出擊，不僅搾取姨丈的錢財，還讓母親一筆勾消他積欠多年的債款，全家為他的凱旋歡慶通宵。

第三節　革命情誼的考驗

這種歡欣鼓舞的喜事為期不久，貧窮的暴風雨再度襲擊馬克思家。因為身邊的錢一下子便用完了，在借貸無門之下，只好向恩格斯發出告急信函。

當時恩格斯也恰好鬧財務困難，原因是受到美國內戰的影響，英國棉花輸入短缺。恩格斯的棉紗廠不得不減產一半，他的薪水也縮減一大半，連付其房屋費用都嫌不夠。只好搬去同其情婦瑪麗·柏恩絲 (Mary Burns, 1823～1863) 合住，以節省開銷。在本身鬧窮之下，恩格斯自顧不暇，對馬克思一家的資助也就短少。

在 1863 年馬克思與恩格斯的友誼有一段時間瀕臨破裂的邊緣。該年 1 月 7 日恩格斯寫信告訴馬克思柏恩絲突然心臟病發而遽逝，「這可憐的女人全心全意愛著我」。馬克思在 1 月 8 日的覆函顧著談他財政上的赤字連篇，債務無力償還，只用幾行字表示對柏恩絲逝世的「驚訝與感傷。她是一位善心的、機智的和對你盡心盡力的女人」。對這幾句言不由衷而缺乏愛心關懷的字眼，恩格斯勃然大怒，他怪馬克思心不在焉，也只顧本身的利益，從不為朋友設身處地想一想。這種憤怒延誤了他的回答，直到 1 月 13 日他才寫信給馬氏：

親愛的馬克思：你當會適當理解在我不幸之際，而你卻冷然對之，造成我無法馬上給你覆函。所有我的朋友，包括那些點頭之交，在我遭逢嚴重打擊的時刻，都對我表達同情與友誼，那份情誼遠超過我敢期待的，而你卻藉著這種機會來展示你知性上的優越，算了罷！

然後恩格斯冷靜地告訴馬克思如何向借貸公司或保險公司借錢。在接到恩格斯這封信之後，精神恍惚的馬克思一時不知所措，兩個人的友誼面臨嚴峻的考驗。延到 1 月 24 日馬克思才覆函道歉，表示接到柏恩絲的死訊時全家幾乎陷於休克狀態，就像喪失最親近的人的感受。至於何以他會寫出那樣表面上給人感覺漠然不關心的信，是由於在寫那封信的該夜，他受到絕望情況的壓迫，那晚房東的仲介人、肉店的老闆紛紛出現在家門索債，家中缺煤，也無所需之食物。當時燕妮臥病在床，「在那種情況下，我只有自我解嘲才能對我有點幫助，特別令我瘋狂的是我的太太正在嘮叨我不早點把真實的情況向你報告」。

的確此時馬克思已陷入財政的窮途末路，倫敦的貸款者不肯借錢給他，德國的親戚朋友對他的呼救置之不理。他與燕妮不但貧病煎迫，也感受極度的恥辱，那一季孩子無力繳學費而輟學，她們的衣服見不得人。在求救無門的情況下，馬克思一度打算退租寓所，舉家搬到救濟院去避難。甚至大小女兒的寄居出處都考慮好，也安排小蓮去替別人幫傭。正是天無絕人之路，馬克思這一拆散家庭的計畫不必付諸實施。畢竟善心與慷慨大方的恩格斯不嫌舊怨及時伸出援手，儘管他本身經濟情況也十分險惡。

他接受了馬克思的道歉，然後繼續寫道：

你不難理解你上一次給我的信對我所造成的印象〔之深刻與失望〕。當一個人與他共處同居的女人生活了那麼多年，而這個女人突然逝世時，他會驚慌失措。當我埋葬她時，我覺得我好像在埋葬我最後一段的青春。當我接到你的來信時，她的屍體尚未入殮。我坦告你，你的信在我的腦中盤桓了整整一週，我無法忘懷。算了罷，你最近

的信總算擺平這樁〔不快〕事。我很高興，我與瑪麗〔柏恩絲的名〕總算沒有失去我們最久和最好的朋友。

就像往昔一樣的慷慨大方，恩格斯下了另一番賭注，安排友人給馬克思一紙為期四個月的期票，票面價值 100 英鎊，俾馬克思一家「從斷頭臺上獲救」。馬克思對這個「巨大而沒有期待的協助」感激涕零，對於恩格斯自我犧牲全家感戴不忘。「只要你看到我家孩子那種高興的樣子，你會感到你的善心獲得美好的報答」。

第四節　擺脫貧困、漸入佳境

1863 年年尾到 1864 年年中，馬克思得到兩筆遺產，這對向來貧困的家計不無紓緩的好處，儘管它們無法保證馬克思家獲得長久的財政穩定。1863 年 12 月 2 日馬克思從特利爾得到一封電報，指出其母親逝世。在生之日馬克思的寡母便以善於理財而著名，曾將其手頭的錢放於銀行家的妹婿，亦即費立普的銀行中，以定期存款方式生息。至其逝世之日本息有 49000 多弗羅林（德幣名稱），扣除 7800 多弗羅林的債務，還剩下 41300 多弗羅林，平均分給馬克思及其三姊妹。過去幾年費立普已先行發給馬克思 5500 多弗羅林。現在母喪後他尚可以獲得 4480 弗羅林。除此之外，其母另外準備 270 英鎊給其唯一在世的獨生子（重男輕女的觀念東西均同）。所有這些遺產加起來高達 850 英鎊，對馬克思來說簡直是天降的一筆橫財。

1864 年五月馬克思又獲得另一筆的遺產，曾經是同志兼朋友的歐耳夫以 55 歲盛年逝世，指定其遺產，包括他的藏書，絕大多數給馬克思一家。這位靠替人補習當家教勤儉為生的語文專家在曼徹斯

特逝世時遺留給馬克思 700 英鎊的現金。大約在半年間，馬克思驟然有 1550 英鎊的收入，這是他有生以來擁有的最大數目之財富。

於是全家馬上喬遷，新址為邁特蘭公園邊摩登納別墅 (Modena Villas) 1 號，是一間三層樓房，後面有一個小花園，門前則面對大公園。每間房內備有冬天取暖的壁爐，光線良好，幾乎靠牆處都有多層的書架。在這個舒適的居所馬氏全家歡愉地住了十一年至 1875 年春天，然後才又搬遷到邁特蘭公園 (Maitland Park) 路 41 號，直至 1883 年三月馬克思逝世為止。

摩登納別墅 1 號成為馬克思撰寫《資本論》和大搞第一國際 (The First International) 的大本營，應該算是後期馬克思學術與政治表演最佳的舞臺。除了全家大小沒有從病痛中獲得痊癒之外，這應該是馬克思家成員最快樂最舒適的窩。小蓮在樓下廚房為全家及其客人烹調佳餚，恩格斯提供的美酒，兩者真是相得益彰。燕妮也在後花園築了一個玻璃暖房培植幾棵珍貴罕見的花草。馬克思三個存活的女兒便倘佯在這個花園中，成為追求者獻殷勤和談情說愛的好去處。

在馬克思經濟大為改善的 1864 年，恩格斯在事業上也開始走運。先是從其去世父親手中繼承 10000 英鎊的現金，又升任其父恩格斯與厄門紡織廠的生意伙伴。他從此決心認真賺錢，俾其本身與馬克思一家脫離凍餒之苦。由於他是絕頂聰明之人，因之把部分現金投資於英國水電、路燈、瓦斯公司，年利高達 7.5%。1869 年六月他乾脆把其紡織廠股份賣給另一合夥人厄門 (Gottfried Ermen, 1812～1899)，而獲得鉅額財富。同時也解除他上班的麻煩。他在 7 月 1 日致馬克思的信上寫著：「親愛的墨兒（*Mohr*，馬克思因皮膚黝黑被家人與摯友暱稱墨兒），今天我結束了甜蜜的事業 (*doux* commerce），變成毫無拘束的自由人」，兩天後馬克思的回函這樣寫著：「親愛的腓列第，恭喜你從埃及的俘虜營中脫逃」。

在恩格斯脫產之前，已大方地為馬克思一家做好完善的安排，在仔細計算他自己的財富的同時，他寫信給馬克思，要後者夫婦詳細商量一下，然後告訴他究竟還欠別人多少債務，以及一家大小每年開銷的多寡。1868 年 11 月 29 日恩格斯主動要替馬克思家清償所有欠債，並且從此每年準備提供 350 英鎊供馬克思家花用。得到這個好消息的馬克思整個人都愣住，在回信中說：「我為你的慷慨大方駭呆了」。因為比起那位已與馬克思絕交的詩人傅萊立希拉特（任職倫敦瑞士通用銀行分行的美職）的年薪只有 200 英鎊，這個數目是很大的。

1869 年 2 月 27 日馬克思收到恩格斯交代銀行撥出的第一季年金贈款（一年分四次付款）。但對錢財向來視為糞土，又不善理家的馬氏夫婦，很快便把恩格斯的贈款用盡，於是馬克思老實不客氣地不時還向恩格斯索取額外的錢財。在獲得第二季贈款不久，馬克思才發現燕妮尚欠別人 75 英鎊的債務，於是在告急信上，馬氏寫著：「女人通常需要衛士〔護花使者的呵護〕」。恩格斯除了必須破財之外，這次不客氣地回函：「只限本次代償額外債務，下不為例」。

1870 年九月恩格斯搬到倫敦麗晶公園 (Regent's Park) 路 122 號公寓居住，目的在與馬克思朝夕見面來往。除非兩人中有一人出外渡假，否則這種每日必見面至少一次的生活習慣一直沒有打破，而維持到 1883 年三月馬克思逝世之日為止。

第十三章 《資本論》的出版

第一節 撰寫過程的一波三折與作者的病痛

　　《政治經濟學批判》一書的出版各方反應冷淡，而馬克思對佛格特興訟又告失敗，這一連串不如意的事件過後，馬克思再度鼓起勇氣，決心對政治經濟學重新研究，並自訂新書的寫作計畫。本來是打算以一系列數卷的著作來分別研討政治經濟學各大範疇、各種學說與各種理論。現在則致力於把各項觀念組織在一本鉅著中，使它成為單一但卻綜括性的經濟學作品。這冊被全家簡稱為「那本書」(*das Buch*)，也就是後來震撼學界，使馬克思名垂不朽的《資本論》(*das Kapital*) 卷一，其副標題仍舊為「政治經濟學批判」。

　　對馬克思而言，《資本論》是他既愛又恨的、絞盡腦汁的產兒。一個嬰兒只需在母體懷胎九至十個月，但馬克思卻要花費十八至二十年來構思這本鉅著。這本書是他一生中的力作，不只是他生命的加冕成就，也是他此生主要的事業、職業、志業。《資本論》的生成史無異是他知識演變的紀錄。這是他給自己定下的職責，是他存在的焦點，也是造成他崩潰的負擔，不管是他人生的目標，還是他人生的災難 (Raddatz 225)。

　　為什麼一本造成馬克思不朽的鉅著，曾經會是他沉重的負擔、夢魘或災難呢？恩格斯在該書出版的通訊中告訴馬克思：「你花費很多時間一寫再寫的這本可咒詛的書是造成你不幸的原因，只有當你把它完成之後，你才會把所有的不幸攆走，這本始終不完成的書將在身體上、心靈上、財政上把你壓迫地喘不過氣來，因之，我現在

可以理解在摔掉這個夢魘之後，你變成一個完全不同的人」（恩格斯致馬克思函 1867.4.27，參考 Raddatz 235～236）。

這本書不但體裁特異，就是出版商也與前大不相同，是漢堡的邁斯納 (Karl Otto Meissner, 1819～1902)。原來的計畫是以《資本論》為名，卻討論政治經濟學廣泛的內涵，且一次便打算分成三大卷來刊行。但他在世之日只完成第一卷的撰寫及其刊行，其他兩卷則在死後由忠心耿耿的恩格斯加以出版。馬克思逝世四分之三世紀之後，莫斯科的馬克思研究所才出版了《資本論》的第四、五和六卷，亦即馬克思龐雜的筆記的收集、整理，號稱《剩餘價值理論》。

《資本論》卷一的撰寫延續達六年之久，其間馬克思停停寫寫，其原因或為貧病的煎迫，或為精神無法集中連貫，或為他個人思考和寫作過程不順等等。在寫給恩格斯的信上，馬克思指出為了寫「那本書」常像牛馬一樣拼命苦幹。後者也成為他諮詢的對象，特別是涉及商業技術問題，或商業和技術的實務面有關的知識。

延宕《資本論》出版最大的原因還是心理的障礙。馬克思有不少的著作都未曾完成，包括《巴黎手稿》、《政治與國民經濟批判》、《工資勞動與資本》、《法蘭西階級鬥爭》，以及現在的《資本論》，因而簡直變成了一個沒法完成作品的大家。他的多數作品都是斷篇殘簡，而非完整。他留下來完整的東西都是爭論性的作品，像《神聖家族》、《德意志意識形態》、《佛格特先生》，或是煽動性的作品像《共產黨宣言》。他無法完成作品實因求好心切，是一位病狂的完美主義者，不斷挑戰自己寫好的作品，不斷修改，也就無法完成 (Künzli 281～283)。原來經過幾次出版經驗的失意之後，馬克思避免成為惡意批評中傷的目標，因為他的批評者對他或是心懷鬼胎，或是漠不關心。這種說法似乎可以被採信，至少他常藉搞科學之外

的工作（譬如對佛格特的興訟和搞國際共黨運動的串連等等），來延
宕其書的寫作與出版。

在 1864 年九月，《資本論》尚未付梓之前，馬克思捲入國際工
人聯合會的組織工作，也就是所謂的第一國際之籌劃和建立。在其
後的八年當中馬克思變成第一國際事實上的領袖、規章草擬人、催
生者和導師。第一國際主要執行機關的開會地點就是他的寓所，其
活動消耗掉馬克思相當多的時間與精力。在這裡他與政敵的爭論、
權鬥，特別是最後四年，搞得人仰馬翻，以致他被迫於 1872 年宣布
這個國際性工人組織的壽終正寢。

在撰寫《資本論》的 1860 年代初，馬克思一家陷入赤貧中，柴
米油鹽的生存問題不獲解決，如何有心思撰寫規模更大、問題更複
雜的國計民生大理論？就在 1867 年 1 月 19 日致恩格斯的信函上馬
克思說：

我的情況……愈來愈糟糕，任何一樁事都在我面前搞垮。單單麵包
店便要索取 20 英鎊的賒欠費，至於肉商、雜貨商、稅官等各種各樣
的魔鬼都在張牙舞爪。猶有進者我最近收到一封信，是房東要索取
積欠的一季房租，以及問我要不要繼續簽訂租約……我不加答覆。
昨天又來第二封信，要求我必須表態，否則其經紀人將採必要步驟
把公寓轉租給他人。真是情況危急。

當然又是好心的恩格斯及時替他輸款解困。

馬克思在經濟與心靈上的貧困所反映的弔詭與諷刺，可由他自
嘲的信上看出端倪，在他 50 歲生日前，給恩格斯的信（1868 年 4
月 30 日）上這樣寫著：

再過幾天我就是 50 歲的人了。正如同從前一個普魯士的軍官告訴過你：「我服務了〔公家機關〕二十年，至今仍舊是一名中尉」。我也可以同樣告訴你：幹了半世紀的我，仍舊是一名貧民！我母親說的多對啊！她一度說我唯一的 Karell〔馬克思荷蘭籍的母親對卡爾 Karl 發音不準而稱他為 Karell〕應當去創造資本〔而不是撰寫《資本論》〕。(Padover 344)

　　因為貧窮所引發的憔悴憂傷最容易造成慢性的疾病，這也會使病人在數週乃至數月間無法集中精神做好任何一樁事。馬克思患有經常性的頭痛和失眠，這都是心理毛病引發的。不幸的是，這種病痛隨著年紀增大愈形嚴重。他患過肺炎、肝病（其父就死於肝病，卡爾一直認為這是他家的體質遺傳與宿命）、眼耳感染、牙痛、肋膜炎、支氣管炎、痔瘡等，足以使一個缺乏鬥志的人一蹶不振。

　　除了這些重大的病症，他從肩頭到陰囊都患皮下出血和化膿的癰或癤等皮膚病。有一次，他陰囊上出現的癰發痛，在忍無可忍之下，竟以刀片把膿瘡割開流了一灘鮮血與膿水，才暫時能夠坐立。

　　當時醫藥不發達，治療這類皮膚病，或以刺絡針把化膿之處戳破，或是塗上砒霜，或包紮含有砒霜的濕布。但砒霜使用過多使人產生昏昏欲睡的副作用。有一段時間，馬克思的身軀疤痕累累。常常他連坐在椅上都痛楚萬分，當然更無法寫作了。在「那本書」全稿即將結束的前夕，馬克思寫信給恩格斯說：「我希望布爾喬亞〔的讀者〕，在他們的餘生中會銘記〔在撰寫此作時〕我正患了皮下出血的癰」。

　　馬克思在出版《資本論》的 1867 年，是他健康狀態最糟糕的一年。先是他左腰生癰，而導致無法入睡，其次是癰擴散到屁股和陰

莖（他自嘲的「繁殖中心」）之上。這些毛病在他走訪漢堡的出版商與漢諾威友人的庫格曼 (Ludwig Kugelmann, 1828～1902) 之後，才告暫時消失。但他一返回倫敦憂患再來，這些老毛病又告復發。此種皮膚的病痛搞得他痛苦萬分、食寢難安，要不是他完成著作的堅強意志在支撐其生存，他自認已走到生命的盡頭。的確，撰寫此書，正如同他告訴移居美國的友人，是「犧牲我的健康、快樂和家庭」來奮力一搏，當時求生的意志繫於《資本論》能夠早點完成。

抱著「同世界苦戰」的心情，也給「布爾喬亞一個理論上的重擊，使他們一蹶不起」這種堅強的理念，馬克思終於備極艱辛在1867年三月完成《資本論》的撰述。為了避免重蹈《政治經濟學批判》之覆轍，馬克思這次決定親自把稿件送到漢堡出版商的手上。

但囊空如洗的馬克思如何重登歐陸？尤其是他的西裝和手錶在當鋪抵押尚未贖回，而家中也缺隔宿之糧。恩格斯欣聞馬克思久盼的大作即將問世，除了去信祝賀之外，也寄去 35 英鎊的路費。

第二節　作客漢堡與漢諾威

1867 年 4 月 10 日一早，馬克思搭一艘載人也載豬的貨輪在風雨交加下橫渡英倫海峽，經過兩天艱辛但有趣的航行，於午時抵達漢堡。在與邁斯納初次見面之後，馬克思對這位出身薩克森人的出版商印象不錯，次日馬克思把他的稿件交給邁斯納。

出版商曾經建議《資本論》宜分成三卷於三年間陸續出版，馬克思滿口答應。第一卷討論過去二十年間英國普勞階級的遭遇，亦即論述資本的生產過程；第二卷為前述題目之延續；第三卷則處理十七世紀以來至該書出版時歐洲對政治經濟學研究與發展的歷史。

但由於上述種種的原因，馬克思只能出版第一卷的《資本論》，這絕非出版商的刁難，而是由於作者艱困的情況以及刻意延宕出版的藉口發揮作用的結果。

原稿印刷並沒有照出版商的初衷，而有些延遲。這與漢堡缺乏排字工和校對者有關。邁斯納要求馬克思暫留德國，最好親自校對原稿俾出版步調加速。急於見該書出版的馬克思，一聲便答應下來，也利用返回祖國的機會訪問老友庫格曼。

1867 年 4 月 16 日晚，馬克思與庫格曼重逢於漢諾威火車站，住在後者的寓所長達四週，這應該是他生涯中最愉悅的一個月。庫氏夫婦待馬克思如上賓，使馬氏有賓至如歸之感，所有的病痛也告消失。

庫格曼是一位極具盛名、醫技高超的婦產科醫生，曾與普魯士、匈牙利諸名醫相識交遊，在 1848 年他也是一名積極參與革命的共黨志士，更是第一國際活躍分子，他手頭所擁有的馬、恩兩人的著作超過這兩名左派作者本身的收藏。他對馬克思的崇拜頌讚的程度連向來喜歡別人尊重的馬克思都有點吃不消，在 4 月 24 日給恩格斯的信上指出庫格曼的熱心有時令他煩躁，「這與他作為一個醫生冷靜的客觀態度完全相違」。

庫格曼 29 歲的太太葛特露德 (Gertrud) 和 9 歲的女兒弗蘭齊絲卡對馬克思尤其奉承喜愛。前者本來擔心其丈夫要把一個憤世嫉俗、殺氣騰騰的革命者請來家裡作客。不料出現的竟是談吐優雅、衣著整潔、見解不凡的馬克思。在居留庫格曼家四週間，馬克思為主人家中每個成員各取一個別號，亦莊亦諧，而引起庫格曼家大小對他的極度好感。在他們心目中馬克思不啻為古代希臘奧林匹克神的化身。庫格曼甚至視馬克思為現代的宙斯，勸他不要把寶貴時間浪費

在瑣事如第一國際的組織之上，而應該為人類的啟蒙作出更大的貢獻。這種逆耳忠言，在六年後卻成為馬克思與庫格曼絕交的導火線，當兩人在德國卡爾士巴德 (Karlsbad) 靜養時爭論所引爆的。其實庫氏正是擊中馬克思的要害，不希望後者一再延遲《資本論》續集的撰寫與出版。

在庫格曼家作客時，馬克思不但展現給主人一家他的智慧和魅力，連這名主人的友儕同業也驚佩馬克思學問之淵博。的確，他以其特殊的文化素養 (*Kultur*) 使每個接觸他的人留下深刻的印象，原因是他談話的議題可以是音樂、藝術、科學、哲學、歷史和文學無所不包，且引經據典，極具權威性，令聽者動容。

馬克思在漢諾威居停期間曾訪問當地統計局局長，也接受歐洲人協會、鐵路局局長等之邀宴。連普魯士首相俾斯麥 (Otto von Bismarck, 1815～1898)，也就是後來統一德國的鐵血宰相，都透過漢諾威一名律師企圖爭取他為「德國人民的利益服務」（馬克思致恩格斯函 1867.4.24）。但馬克思的才華怎肯隨便出賣呢？尤其買主竟是他所嘲笑的皮斯麥（Pissmarck，英語諧音即小便汙物）。

在庫格曼家馬克思還碰見女主人的閨房密友鄧額夫人 (Madame Tenge)，一位當時芳齡 34 歲，談不上美麗，但確是有文化、教養而引人注目的貴婦。她精通英、法、義三種外文，對社會主義也相當傾心，雖然所知有限。她尤擅長文藝，彈得一手好鋼琴。在那作客的快樂日子中，馬克思常為鄧額夫人吟詩誦詞，而這位高貴的夫人則為他彈琴奏樂，兩人如魚得水大有相逢恨晚之感。不過這一羅曼史也只限於文化與浪漫主義的層次而已。

馬克思在漢諾威慶祝他 49 歲的生日後幾天，也就是 5 月 8 日他收到《資本論》的稿樣，這真是最珍貴的生日禮物。想著回到一

窮二白而且問題一籮筐的倫敦寒舍時，馬克思真捨不得離開漢諾威，但仍於 5 月 16 日出發，在漢堡與邁斯納再碰頭一次，而於 5 月 17 日啟程返回英國。

第三節　出版後反應不夠熱烈

1867 年 7 月 25 日，馬克思為他這本不朽的鉅著寫了一篇短序，說明此書為《政治經濟學批判》之延續，由 1859 年拖到 1867 年才有續集刊印，乃是由於「一再阻擾我工作進行的疾病之作祟」。但警告讀者不要因為第一章討論商品拜物教感到困難而卻步，畢竟在討論經濟時，抽象的力量可以取代顯微鏡與化學反應物，而直搗問題的核心。

在寫完〈序言〉三週後，馬克思完成最後一次的稿樣校對，遂於 1867 年 8 月 16 日寫了一封謝函給恩格斯，聲稱沒有後者的自我犧牲他不可能完成這一龐大的作品，「我以充滿感激之情擁抱你」。

這一千呼萬喚始出來的曠世鉅著，終於在 1867 年 9 月 14 日正式出爐，初版共印一千本。每本定價 3 塔勒 10 葛羅申。這是幾十年寒窗苦讀與焦思苦慮的心血結晶，但這也是馬克思有生之年正式出版的最後一本著作。馬克思此一傑作引用的專書多達一千五百本。它不只討論的經濟範疇相當多，理論相當深刻，更是一部充滿了道德熱情和個人文采的「藝術之作」（馬克思自稱）。

對該書最為折服與欣賞的讀者中，包括作者的太太。燕妮在 1867 年 10 月 5 日致瑞士友人信上引用該書第二十四章第七節馬克思所寫的幾句話：

暴力乃是每個舊社會的催生婆,蓋舊社會正懷孕著新社會之故。暴力本身就是一種經濟力量……今日尚沒有領出生證而出現在美國的各種各樣的資本,乃是昨日英國兒童的鮮血……當錢幣的一面還帶著血漬出世之際,資本卻是從頭上到腳趾淌著鮮血與汙穢。

　　燕妮告訴這名早期的革命同志,這些馬克思的名句和其背後激情,深深地感動她。的確,這本不朽的著作不但是學術精心的結晶,更是富有創意的文學作品。儘管有時採用官方文獻的工廠報告、或勞工統計、或財政資料、或經濟原理,但處處透露作者知性的光輝和諷世的警語。要之,全書的體裁、反諷、道德判斷、卓見和社會關連 (social relevance) 使此書成為世界的經典之作 。這也說明何以這部在今日世界主流派經濟學界眼中視為理論已過時的作品,卻是震撼人類,也是「改變歷史過程」的曠世名著。

　　馬克思此次學乖,絕不要像上回《政治經濟學批判》一樣,引不起德國學界的矚目。反之,書尚未出版,他已在其未來的女婿拉法格 (Paul Lafargue, 1842～1911) 伴隨下,於 9 月 13 日抵達曼徹斯特,聯合恩格斯策劃如何進行宣傳廣告,以造成未演先轟動的局面。宣傳計畫包括四項:⑴把該書寄給重要人物與出版社先睹,引發其評論興趣;⑵促成外文版的翻譯;⑶設法在左翼同路人的報刊大量引載《資本論》的名句;⑷儘量刊載評論文章於布爾喬亞的報刊雜誌之上。恩格斯與庫格曼成為整個宣傳廣告之役的兩名主力:一在曼徹斯特操盤;另一在漢諾威發動。

　　當《資本論》第二版德文原著面世時,馬克思送給達爾文一冊以示敬仰之意。達爾文謙虛地回函表示經濟學不是他所能理解的學問:「我衷心希望由於更能瞭解政治經濟學的深奧理論,而值得接受

你的大作。儘管你我研究的對象截然不同，但我相信我們兩人都真誠地希望能夠擴大知識，最終對人類的幸福有點貢獻」。

1880 年當馬克思尚在進行《資本論》第二卷的撰述計畫時，他要求達爾文答應該書續卷是要呈獻給這位演化論大師的，可是年屆 71 歲的達爾文卻禮貌地婉拒，因為馬克思的唯物論與無神論，可能會損害到達氏家族的宗教感受。

雖然動員不少人馬，也動作頻頻，但對《資本論》加以嚴肅的評論，未曾出現在英國的報紙上。甚至在馬克思有生之年還見不到此書的英譯本出版。1868 年中，恩格斯所寫的一篇書評還遭到《半月評論》的退稿，認為該文科學性太高不適合英國雜誌大眾的閱讀。

1868 年 1 月 25 日《星期六政治、文學、科學與藝術評論》曾經評及馬氏新作：「我們認為作者的觀點可能有害，不過他邏輯的可信度，修辭的鮮活，以及對枯燥無味的政治經濟學所注入的魅力，倒是不容置疑」。對這一書評，馬克思嗤之以鼻，嘆息一聲「嗚呼！」(*Ouff*!)(Padover 364)

直到 1867 年尾，只有幾份德國的雜誌或報紙曾經提到《資本論》或引用其〈序言〉的部分。馬克思甚感憤慨，加上身上各種病痛的打擊，使他灰心失志，無意再為第二卷投入心血。特別令他苦惱的是，工人階級對此一著作置若罔聞。也不想想連知識分子都嫌艱深的這部著作，怎樣能引起普勞大眾花錢購讀的興趣？這是一部厚重、昂貴、理解不易的學術鉅作呀！

馬克思與恩格斯在這段時間所給庫格曼的信，就是敦促後者抓住任何場合、任何機會引發德國學界、新聞界、文化界對此書的注意，不管評論者是善意還是惡意都在所不計，重要的是引起大家的關注，不再冷漠以待，不再搞「沉默的陰謀」。但由於馬克思對「通

俗的」輿論一向撻伐批判不遺餘力，他又拒絕庫格曼要把出書廣告
刊登於家喻戶曉的《園簇》(*Gartenlaube*) 雜誌之建議。

這種引不起德國學界注意的情形，可由馬克思在 1873 年德文第
二版的〈後言〉中得知一二。根據馬克思的說法，當時德國的經濟
遠落英法各國之後，連同德國布爾喬亞的學界，也不如英法主流派
經濟學有其原創性的經濟學著作面世。當年德國政治經濟學家只懂
學習庸俗的外國經濟學者如約翰・史徒華・穆勒之作為，「把無法調
和折衷的事物硬性加以摻雜『搓圓仔湯』，而沒有本身原創批判的能
力」(*C* I: 25)。

第四節 《資本論》遲來的勝利

馬克思逝世後，恩格斯在 1883 年與 1890 年為《資本論》第一
卷出了第三版與第四版。並在 1885 年和 1894 年，分別出梓《資本
論》第二卷與第三卷。這後面兩卷的原著手抄稿字體潦草、歪斜，
又附有頗多的註釋、圖表。其中不少統計資料或是不夠齊全，或是
計算失誤，或是繪圖不確，必須重加統計，重加繪製。這些辛苦的
整理工作，居然由正患著食道癌的恩格斯無私無懈地拼命推動。在
1894 年 4 月 11 日致馬克思女兒勞拉 (Laura Lafargue, 1845～1911)
的信上，恩格斯諷刺地說「墨兒真是一位數字天才！」「我忙於更正
他有關地租（第三卷）一書中無一不是錯誤的圖表」。

在德國馬克思的《資本論》銷路有限，不過版稅收入還算穩定，
譬如 1886 年為 2600 馬克，折合為 130 英鎊；1889 年為 43 英鎊；
1890 年為 45 英鎊；1892 年為 38 英鎊，都分給當時還活在世上的馬

氏兩位女兒勞拉和愛麗諾（至於小燕妮，就是長女在 1883 年一月謝
世）。她們都缺錢使用，尤其是勞拉及其丈夫拉法格常常像其父母一
樣向恩格斯伸手討錢。恩格斯在死前也立了遺囑，將其所有遺產之
半送給勞拉和愛麗諾兩姊妹。

隨著德國社會民主黨的壯大，作為該黨精神領袖的馬克思之聲
名遠播，他的著作才開始引起人們廣泛的注意。第一本外文譯本不
是英文版或法文版，卻是俄文版。亦即當時經濟最落後的俄羅斯之
激進分子是最早把《資本論》加以翻譯介紹的外國人。有趣的是，
書籍檢查最嚴格的沙皇政府居然視此書為對它毫無威脅，更不要說
有什麼顛覆的作用，其書報審查委員會的意見為：

儘管〔《資本論》的〕作者自稱是一個徹底的社會主義者，而全書也
充滿社會主義的色彩。但考慮此書陳述之方式幾乎不易為一般人所
接受，而是具有嚴格的數學與科學證據，故本委員會不認為有將該
書交予法庭追究之必要。(Padover 371)

俄文版譯者為經濟學家但尼爾遜 (Nicolai Frantzevich
Danielson, 1844～1918) 和自由主義者的地主羅帕丁 (German
Alexandrovich Lopatin, 1845～1918) 。係由聖彼得堡坡立亞可夫
(Nicolai Petrovich Polyakov, 1843～1905) 於 1872 年出版，在出版三
千冊中，第一個月便銷出九百冊。這對落後而受教育圈狹窄的俄國
出版界而言是一大成功。

俄國的經濟學者與知識界熱烈討論該書，並作佳評。馬克思真
是喜出望外，在德文第二版〈後言〉中還引述知名的俄國經濟學教
授之讚賞，後者說：「對一般讀者而言，主題的處理清楚易解、鮮

活……〔此書不同於〕大部分德國學者所使用艱深晦澀的文體使讀者昏頭轉向」。

在俄國的讀者群中數學生與知識分子最多，其激進分子在 1873年與 1874 年俄國大城市的暴亂中，也引述《資本論》中的重要章節作為宣傳反政府、反體制的資料。

對於他這部著作在俄國所引起的熱烈迴響，是馬克思事先未曾預想的。他一向視俄國為蠻貊落後之邦，因而瞧不起俄國的政經社會體制，如今他的書不但影響俄國的學界、思想界，更造成激進分子如列寧、托洛茨基、史達林等積極參與推翻沙皇，建立共產主義的革命行列。換言之，這種影響力之大完全超過任何人的想像與期待。

其實馬克思對自己著作的外文譯本寄望最大的是法文版，因為法國才是歐洲革命的泉源，也是歐洲知識學問的淵藪。他曾經把翻譯其著作為法文版列入第一優先 （馬克思致 Karl Büchner 函 1867.5.1）。他自信《資本論》的法文版足以破解法國人所受普魯東學說的誤導，亦即撕破小資產階級的幻想。法文版最先由翻譯費爾巴哈作品的譯者羅以 (Joseph Roy) 進行，後來中輟，改由法國社會主義者柯勒 (Charles Keller) 接手，對譯本馬克思深覺不滿，遂從頭到尾徹底修改重譯。

為了讓法文版《資本論》早日付梓，馬克思甚至向其住在阿姆斯特丹的表弟費立普 (August Philips) 要求資援，亦即平均分擔出版費 ，但後者表示無意涉及馬克思所追求革命的活動 (Nicolaievsky and Maenchen-Helfen 393)。可見一向怕惹政治是非的姨丈一家老少，對馬克思這本學術著作，視為鼓吹社會革命的宣傳文件。

1875 年十一月《資本論》法文版付梓，一萬冊很快售罄。英文翻譯版則遲遲才出現，也就是延到 1887 年才告面世。其原因為翻譯

高手之難覓。英國社會主義者辛德曼 (Henry Mayers Hyndman) 曾翻譯前面七章，被恩格斯揭發為完全失誤。最後由馬、恩的好友律師穆爾 (Samuel Moore, 1838～1911) 和報人亞威林 (Edward Aveling, 1849～1898) 合力進行，恩格斯嚴加監督才告完成。恩格斯為此在1886 年寫了英譯版〈序言〉一篇。不過該譯版仍有瑕疵，多處顯示不夠忠於原著。

　　該英文翻譯版並非基於讀眾之要求，而是出於對馬克思的愛戴與敬意而推出，在 1887 年售價為每冊 30 先令，1889 年則降為 10先令 6 便士。英譯本銷售情形不佳，版稅極為微薄。

　　《資本論》在美國比在英國有更大的銷售量。不過它在新大陸暢銷的理由卻是非常可笑。原因是紐約一名鬼靈精的出版商出了個餿主意，由於在第一卷中有部分章節之標題為〈資本的累積〉（第七部，第二十三至二十五章）。此君遂異想天開，印了大量宣傳單指稱德國博學的專家在一本厚重的著作中教人如何累積資本、賺錢致富，然後將該廣告寄給美國大小銀行的職員，於是貪圖致富捷徑的美國人趨之若鶩，人人搶購，五千冊《資本論》一上市便被搶光。馬克思如地下有知一定要啼笑皆非，因為被他視為「布爾喬亞社會最先進形式」的美國，也就是他終生攻擊最力的資本主義之大本營，居然把他捧成一個暢銷書的作家。

第十四章　第一國際和巴黎公社

第一節　第一國際的興起與運作

　　1864 年九月國際工人聯合會，也就是通稱的「第一國際」在倫敦聖馬丁堂召開的時候，馬克思尚是一位知名度不高，只能靠搞新聞謀生的流亡客。原因是自從歐陸 1848～1849 年革命失敗之後，他在英倫定居下來，對政治十分消極，只作了為一家生活而掙扎的城市隱士。

　　即便是在倫敦，到處可見的是各國流亡之士，尤以來自德國與法國者為多，但馬克思與他們的關係相當冷漠，甚至有些還懷有敵意。就算他對地主國的政經社會制度保持好奇與興趣，但很少實際涉及英國人的政治社會活動。在英國他幾乎變成一個被孤立的來自歐陸的難民。第一國際改變了馬克思政治的冷感，也結束了他社會的孤立。

　　馬克思何以被邀請參加聖馬丁堂的第一國際成立大會，至今仍舊是一個謎。在這個歷史性的國際工人會議召開之前的一週，亦即 1864 年 9 月 28 日，他對會議的籌劃召開仍一無所知。直到其後數日一位年齡 30 歲的法國激進派青年列呂貝 (Victo Le Lubez) 請馬克思以德國工人的身分與會，馬克思不但接受邀請，也提出另一位受德國流亡者所尊重的難民，也即是裁縫師的葉卡留 (Georg Eccarius, 1818～1889)。

　　在聖馬丁堂的集會上擠滿了各國激進工人團體的代表，包括英國歐文主義與民權運動者、法國普魯東分子、布朗基分子、愛爾蘭

民族主義派、波蘭愛國主義者、義大利馬志尼信徒和德國的社會主義者。這些志趣目標性質迥異的歐洲激進派人士團聚合作，與其說是出於共同的理想或相同的意識形態，還不如說是由於失敗或流亡的共同命運，大家要找一個發洩塊壘不滿的場合與對象。在缺乏共同的目標與理想下，這群烏合之眾所組成的團體，其後只靠馬克思所提供的組織方式來把大家拴住，而得以繼續開會，勉強拖命八年之久。

成立大會召開後，必須有臨時委員會的設立，俾草擬團體的宗旨、目標、策略和組織規程。馬克思被選為委員會的一名成員。後來多次開會覺得委員會仍嫌龐大，再縮小為小組，以利實際操作。馬克思和葉卡留繼續擔任小組成員。小組開會的地點為馬克思的寓所。由於他足智多謀、胸有成竹，遂被委任起草章程、大綱的重責，也就是起草第一國際的〈成立演說〉(Inaugural Address)。從此他便一頭栽入這個國際性的工人團體，為搞國際工人團體運動而拼搏了八年，直至內部團體爭吵解散為止。

一開始馬克思便感覺這個新的國際組織會扮演重要的角色。其原因為創始會員中不乏英國有權有名的工會領袖。英國工會領袖曾在第一國際成立的前一年阻止帕爾默斯敦首相對美國宣戰，馬氏遂認為英國工會在世界普勞階級爭解放的鬥爭中有舉足輕重的地位。

在這段期間馬克思正為下身患癰疼痛不已，但仍花一週的時間擬妥〈成立演說〉和章程。1864 年 11 月 1 日小組通過這兩項文件，不久予以公布。臨時委員會也變成第一國際的中央委員會，後來改名為「一般事務執行委員會（簡稱執委會）」，即這一國際性團體的執行機關。其後八年間，馬克思幾乎很少從這個執行委員會的開會中缺席，其目的在宣傳與貫徹他的革命理念。

　　1864～1865 年執委會中包括八十二名成員，四十名為英國人、
十二名德國人、十一名法國人、九名義大利人、六名波蘭人、兩名
瑞士人、匈牙利和丹麥人各一名。大部分英國以外的歐陸人士都是
倫敦的過客或專業革命者，幾乎沒有什麼人是工人出身或仍舊在做
工維生的。執委會主要活躍分子則為定居倫敦歐陸流亡人士和英國
工會幹部。

　　一般而言，歐陸羈留倫敦的流亡人士，都成為馬克思忠實的同
志而予以堅強的支持。葉卡留一度擔任第一國際書記長和通訊員，
權勢很大，這個脾氣不佳、野心很大的共產黨分子，後來與馬克思
鬧翻，主要的原因是不懂得和地主國的工會代表好好相處。馬克思
曾經多次替葉卡留辯護，而得罪英國籍執委。1871 年馬克思終於和
葉卡留劃清界線，罵他為「流氓」，恩格斯則斥之為「敗類」、「叛
徒」。1918 年在維也納的文獻局資料中，似乎找到葉氏出賣第一國
際情報給奧地利政府的證據，但證據並非十分確鑿。

　　第一國際最大的致命傷為成員內在的鬥爭、相互猜忌、詆譭，
而各國的間諜也乘機滲透到組織核心引發大小爭吵與權鬥，馬克思
本人就被懷疑為普魯士政府收買的「報馬仔」。

第二節　馬克思的操盤

　　馬克思撰寫的〈成立演說〉是一本排印成十頁的小冊，對國際
工人聯合會的宗旨、性格有基本與一般性描述。這份文件與《共產
黨宣言》火辣辣的革命激情相差甚遠。這反映了馬克思對政治期待
的變化，也反映了他對執委會非革命性的本質之理解。

　　在其後第一國際的活動和文件撰述方面，馬克思已用務實的態

度處理政治問題，這顯示他的節制和政治務實主義。這與他年歲漸增經驗豐富、轉趨成熟有關。這也是他居住英國十四年對英國議會制度的運作有了較為充分理解的緣故。儘管社會貧富不均，階級敵對氣氛沉重，英國政府尚非專制壓迫的統治機器。反之，在英國人們獲得相當程度的個人自由，警察的暴力和知識上的迫害幾乎不存在，官方也能維持適當的守法和規矩行事。

總部設在倫敦的第一國際擁有幾項宣傳性刊物，像《工人辯護士》，後改名為《國協》(Commonwealth)，是宣傳與串連各國工人合作的機關誌，但卻因為各國代表與執委互爭該刊的編輯權，加上財政虧損連連，只發行一年便告停刊。除倫敦之外，歐陸各國尚有十七種支持該國際工運的刊物，但發行網極為狹小，刊物壽命均不長。

一開始馬克思以其高瞻遠矚、堅定信念和淵博學識成為第一國際的精神領袖和實際操盤者。這也是他一生當中唯一可以透過組織的管道而與歐洲、乃至美俄的普勞階級建立聯繫，當然他緊抓此一機會不放。更何況重返歐陸展開宣傳、啟蒙、教育，乃至顛覆反動政權的革命活動，對他都是奢望。反之，身在倫敦，偶然外出開會，他可以指揮若定，發揮影響政局的作用。在給庫格曼的信上，馬克思說：「我寧願一百倍地在此〔倫敦〕透過國際聯合會搧風點火〔也不願遷居他處〕。它對英國普勞階級的影響是直截了當，也是效果深重」。

第一國際對馬克思私人的重要性，在於讓他脫離過去孤獨的存在，擴大社交範圍，而忘記本身的貧窮與病痛。他常邀請英國工會領袖到家中餐敘暢談，其寓所也成為歐陸革命者、記者、政治家、謀略家旅遊倫敦時必須造訪之地。

在朋友歡聚時，馬克思除了談論正經事之外，有時也會說些風

涼話或笑話娛樂嘉賓。其中之一就是他所討厭的拿破崙三世的軼聞。據說巴黎流行一個笑謔，稱拿破崙三世之妻優綺妮 (Eugénie) 皇后患著一種怪病，在公眾之前情不自禁地隨意放屁，造成皇室的尷尬與狼狽。馬克思對這一軼聞的評論是，「這不算什麼，不過是一聲小噪音而已，只是一聲呢喃細語，不足為怪。不過你知道法國人一向長了一個靈敏的鼻子，連最輕微的聲息也會聞得到」 (Padover 396)。這種言談詼諧、謔而不虐的笑話，常會引起聽眾的哄堂大笑。

在第一國際活動的八年間，馬克思投入最大的心力、時間、金錢於這個國際性工人聯合組織的運作之上，無怨無悔。這種執著也是由於他深信已掌握了世界革命的機器，早晚要顛覆歐陸反動的政權。馬克思對革命也產生了新的看法，過去總認為靠著無產階級人數激增便可推翻資產階級。如今經過多年政治經濟學的潛心研究，他發現科學和技術對社會的影響，帶動工業化的步速，從而改變社會的結構。換言之，改變社會形式和制度的革新倚賴特定經濟的發展，而非憑藉魅力的革命家或空想的夢幻者之意志，可以旋轉乾坤。這就是馬克思在第一國際舌戰群英，與激進者所展開的激辯，也是導致這個國際性工人組織早晚分裂和崩潰的主要因由。

儘管普勞階級在歷史上是扮演改變世界和創造歷史的角色，但他們必須謀定而後動，適時抓穩政權，避免倉促、不成熟的盲動，一如 1871 年巴黎公社起義的失敗。

造成第一國際崩潰的另一原因，為歐陸的激進人士不滿馬克思堅持總部應設在倫敦，而非巴黎或日內瓦。他們甚至懷疑馬克思已喪失革命鬥志。其實馬克思自有他的見解，他一直認為維多利亞時代的英國已進入工業化與經濟改變的最後階段，其為一種革命不容置疑。英國的社經革命可以作為歐陸革命的範例。作為世界金融、

銀行、商貿和科技中心的倫敦，可以為資本主義體制樹立最後發展的典範，第一國際只有設總部於倫敦才能學習資本體制的成熟與轉變，進而獲致最終革命的成功。在他的心目中，英國已具社會革命的條件，所缺少者就是革命熱情，只有一般事務執委會才能夠為英國工會幹部提供這種革命熱情。

馬克思這一觀察證明為錯誤，因為英國儘管改革的聲浪很大，但社會革命的條件未備，而第一國際的執行機關也從未成功地把英國的工會成員轉化成當年法國大革命後的雅各賓極端黨人。

第三節　第一國際的分裂

1868 年，也就是第一國際創立後的第四年，這一國際性工人組織運動出現嚴重的裂痕，已為日後的分裂與崩解預作伏筆。衝突的焦點圍繞著馬克思與巴枯寧王不見王的兩雄對峙。兩人本來對革命的意義和普勞階級的角色就持對立的看法，這也是秩序與無政府理念的衝突，集體主義與個體主義理念之爭衡。馬克思強調奪權之重要，因此必須講究政治組織。反之，巴枯寧反對所有權威，不管是布爾喬亞獨裁，還是無產階級的專政，都在摧陷廓清之列，只要能使個人獲得自由，一切典章制度都應摧毀。對馬克思而言，自由誠可貴，但自由與個人主義只能存在於有組織的體系中，而共產主義乃為有組織的體系。

馬克思與巴枯寧早於 1844 年相識於巴黎，一度相互推崇，但不久便互相猜忌、嫉妒、怨恨。兩人倒是有一點是相似的：崇拜其父、痛恨其母。兩人最大的不同為馬克思生長在德法交界的萊茵地區，深受伏爾泰和盧梭自由啟蒙精神的感召，對法律制度和布爾喬亞的

規律性未曾完全棄絕。反之,巴枯寧出生於富裕的俄國地主之家,其成長的歲月深受沙皇專制暴政和封建殘酷制度的形塑,所以痛恨一切拘束個人自由的權威、官署、專政之類。

巴枯寧由於反抗本國沙皇政權而付出慘痛的代價,不但流落歐洲,還因為參加 1848～1849 年歐洲各地的造反而遭薩克森當局宣判死刑,也被奧地利政府宣判死刑,奧地利官方還把他遣送給俄國官員,遭刑求、單獨監禁,以至全部牙齒掉落,一度流放西伯利亞,而後逃脫經日本重返歐洲。1864 年第一國際成立時,馬克思在十六年分別後,首次與巴枯寧重逢。這時馬氏已改變昔日瞧不起這位激進革命者的態度,在給恩格斯的信 (1864.11.4) 上大大讚美巴氏,不但革命熱誠不變,人反而更進步、更成熟。

不過,這種激賞與同情很快便告消失。原來巴氏在逃回歐洲後先住義大利,然後前往日內瓦並大搞暴力的革命性祕密組織。在日內瓦刊行《平等》(L'Égalité) 週刊,宣傳自己的革命理念。在到處搧風點火,搞陰謀破壞、政變失敗後,仍舊想在國際性組織(像「和平與自由聯盟」、「第一國際」等)進行奪權工作。由於能言善道,極具煽動與說服力,對鼓譟群眾頗有一手,但要有計畫、有策略、有組織地搞革命工作則一點能耐也沒有。馬克思最終發現巴枯寧是一個危險人物。

向來對德國人不信任的巴枯寧,認為不管是馬克思的信徒,還是拉沙勒的信徒,都只能搞理論、搞組織、作順民而不懂追求真正的自由,一旦馬克思或拉沙勒的黨羽取得政權,他們會披上社會主義的外皮,最終卻發展為暴政專制。揆諸 1917 年遵奉馬克思學說而重其實踐的列寧,在奪權成功後所建立的共產政權及其所實施的獨裁,豈不證明巴枯寧有先見之明?

　　1868 年十月，巴枯寧在日內瓦祕密組織一個與第一國際相抗衡的「國際社會主義民主聯盟」。消息傳到倫敦時，馬克思最先斥之為「無聊」、「穢物」、「俄國的理想〔夢幻〕主義」。後來覺得事態嚴重，才敦促執委會發文譴責巴枯寧的祕密機構為「空洞與無效」。巴氏雖表面同意解散「聯盟」，卻暗中大肆擴張。在其後四年間馬克思與巴枯寧仍暗中較勁，而使第一國際更形衰弱無力。不過給國際工人聯合會最沉重打擊的，卻為普法戰爭與隨之爆發的巴黎革命。巴黎革命所誕生的短命巴黎公社，也為第一國際唱起輓歌。

第四節　普法戰爭與「國際」解體

　　1870 年七月中爆發的普法戰爭，打破了歐陸向來權力的均勢，德國也因此變成一個統一的強權，而法國卻從此一蹶不振。對於歐陸這兩大國之間竟以武力相向，曾令馬克思相當不解。最初他站在普魯士這邊，認為戰端的開啟是由於法王拿破崙三世企圖阻止德國的統一。在馬克思名著《路易‧波拿帕霧月十八日》一書中，他對這位臉上長了一個對股票市場靈敏的鼻子的政治冒險家，也是法國共和的終結者極度不滿，尤其對後者的行事作為、政治投機有精彩的分析。在給庫格曼的信上，馬克思甚至斥責路易‧拿破崙，亦即拿破崙三世為「昏庸的流氓」(1871.2.4)。

　　但在普法戰爭結束後馬克思的態度有了轉變，這時攻擊的矛頭指向統一後的德國皇帝威廉三世。這個被馬克思斥責為「老驢子」的普魯士王，被警察間諜施提伯 (Wilhelm Stieber) 與「賊頭」俾斯麥所左右簇擁。這些德國的當權派都被他指摘為「菠菜地主階級分贓集團」(*Krautjunkertum*)。

在拿破崙三世投降之前，馬克思曾撰文警告德、法工人階級保持冷靜，勿捲入德、法涉及民族主義與帝國主義之爭，因為戰爭一旦延宕，其後果必定是覬覦西歐已久的俄國沙皇漁翁得利。該文曾獲英國經濟學家——也就是馬克思所曾經指責的「庸俗學者」穆勒(J. S. Mill) 之讚賞（馬克思致恩格斯函 1870.8.8）。

1870 年九月初法國臨時政府成立，籌建第三共和之際，馬克思又為文評論德法之戰，敦促德國工人抗議俾斯麥併吞雅爾薩斯和羅林省，要工人壓迫德國政府同法國第三共和領導談和。他也奉勸法國勞工要忘記國家仇恨支持臨時政府重建家園。但馬氏的勸告毫無作用，反戰的社會主義領袖，像貝倍爾和李普克內西被關進牢獄。德國人瘋狂地慶祝戰爭的勝利和帝國統一，這是馬克思所生氣的「南德啤酒愛國主義」的囂張。

同樣的情況也發生於法國。戰敗的恥辱增強法國的民族主義與反日耳曼心態。位於倫敦的第一國際總部之執委會又被德國人所控制，巴枯寧遂逮到機會報復，散布謠言，指出第一國際為普魯士的工具，而馬克思做了俾斯麥的間諜。

隨著第一國際內部紛爭的擴大，1872 年三月連法國新共和政府也宣布第一國際為非法組織，其成員將受法庭追究囚罰。兩個月之後，英國國會辯論上攻擊第一國際。馬克思的辯護引不起英國輿論界的支持。

期間誣指馬克思為德國間諜和指摘其引經據典錯誤的人身攻擊接踵而至，搞得馬克思既要自我辯護，又要興訟反擊，忙得不可開交。

一向為馬克思倚重的葉卡留也因為美國分會鬧分裂，而執委會決議新分會成立嚴苛的條件（會員至少三分之一為支領薪資的工

人），決定辭掉總書記職位。葉氏甚而在其後幾次大會上對馬克思敵意加深，造成兩人的絕交。此樁不幸的事故，對馬克思打擊之大不難想像。不過他仍鼓起餘勇繼續掌舵，直至第一國際的海牙集會決定把執委會遷往紐約後，馬克思的實權被剝奪，歐洲分會陷入混戰狀態，而巴枯寧分子又趁機鼓譟奪權，造成第一國際在歐洲的解體。

為揭發巴枯寧分子的分裂陰謀，馬克思與恩格斯在 1873 年春夏之交先用法文寫了一本宣傳小冊，次年譯為英文與德文，題為《揭發對付國際工人聯合會的陰謀》。此書的出版，不但無澄清作用，反而益增各方對馬克思的不諒解與仇恨。

儘管大勢已去，馬克思在倫敦猶作困獸之鬥，企圖以控制第一國際的文件資料，遙控總部已遷往紐約的執委會。其結果更引起爭權奪利的美國本土分會之忿恨，結果執委會成員大量流失，而主席索爾格 (Friedrich Adolphe Sorge) 在公款用盡之後遂於 1874 年九月也告辭職。恩格斯在信上指出：「這也好，隨著你的辭職，舊的國際壽終正寢落入第二帝國手中」。

1876 年 7 月 15 日第一國際的執委會在費城舉行最後一次的會議，共有十四名代表出席，會上決議解散此一國際工人聯合組織。此事發生後兩年，馬克思在《芝加哥論壇報》訪談中指稱：「第一國際的用途已發揮殆盡，沒有保持其生命之必要……最近幾年社會主義勢力膨脹，已不需要第一國際的存在。」(*Chicago Tribune*, 1879.1.5)

第一國際雖告覆亡，但其經驗、記憶長留歐洲社會主義者與工會運動者腦中，成為後來第二國際興起的先例。第二國際是在馬克思逝世六年後 1889 年於巴黎建立的。這一新國際是由歐陸接近馬克思主義的社會民主政黨為主導的國際工人團結運動。這個第二國際仍舊成為對馬克思的想法作不同解釋者之間的爭論，究竟馬克思要

建立的社會主義是透過民主的手段在先進國度來建立，還是靠暴力、革命專政的手段在落後地區奪權？

第五節　巴黎公社的旋生旋滅

巴黎公社的遽起速亡，不但促成第一國際的解體，也粉碎了馬克思對革命的幻想。

1870 年 8 月 2 日，法皇拿破崙三世於法軍被擊敗後宣布投降，德軍長驅直入巴黎，包圍花都近郊，法國陷於群龍無首政局潰散。以歷史學家狄爾 (Adolphe Thiers, 1797～1877) 為首，總部設於凡爾賽的法國政府被迫與勝利的德國簽訂和約，答應割地賠款。但和約並未為巴黎帶來和平，反對向德國屈服的巴黎市民自組國民衛隊來對抗法國昏庸的政府。1871 年三月中旬，狄爾派遣殘餘的法軍進攻巴黎國民衛隊，但軍民並不相殘反而聯手反叛，把兩名將領殺害。巴黎一度落入激進市民之手，成為對抗本國政府的亂源。

1871 年 3 月 26 日，巴黎在國民衛隊的護衛之下，自行選出官員成立市政府，號稱巴黎公社 (The Paris Commune)。法文 "Commune" 本意為「市區」、「社群」，但經過其後的流血暴亂，此字居然與「共產主義」(communism) 混同。這一混同實和馬克思的言論著作不無關係。換言之，馬克思刻意把 "Commune" 視為他心目中的共產主義（洪鎌德 2014: 335～346）。

事實上，巴黎公社既非共產主義的落實，也不是革命性的組織，其大部分成員甚至連社會主義者都談不上，怎樣可以稱呼為共產主義者？他們只是或多或少溫和的共和信仰者與支持者而已。公社亦即市政府的執事若非甘比塔（Léon Gambetta，法國政治家，曾任總

理職)的信徒,便是自由主義分子、布朗基分子和十二名(不聽命於馬克思)第一國際的會員。巴黎公社的成員雖非工人出身,但卻代表工人階級的利益。

巴黎公社的活躍分子 (the communards) 大部分為年輕的人物,相對於法國政府成員年紀的老大成為一大對比。活躍分子對政治實際的基本知識缺乏。公社在奪取公共資財之後,並未沒收私人財產,所以其共產主義化做得很少,甚至連法國銀行都沒有接管。當其公款用盡後,只能佔領稅局,奪取公產作為財政紓困之用。

馬克思也坦承巴黎公社並非有陰謀、有計畫的革命產品,而是巴黎激進者和共和者自動自發的努力,才建立的體制。它不久便被頭腦冬烘、野心勃勃的布朗基信徒、巴枯寧支持者和普魯東分子所把持。他們完全沒有共同的理想與目標,除了對凡爾賽保守政府痛恨,和對建立的社會秩序仇視。

因之,巴黎公社的活躍分子,並非馬克思主義者,也非無政府主義者,因為他們缺乏一套治國的政治理念和策略。他們所要求的無非是把巴黎建成獨立自主的市邦,最多與法國其他省市達成一個鬆散的政治聯盟,俾每個地方的公社享有充分民主的權利、絕對的自由和享有教育、工作、投票的自由,但不必擔心有中央政府的干涉。

這種政治組織與經濟安排與馬克思的基本哲學相去甚遠,而在實際運作方面,也引不起向來習慣於中央集權的法國人的興趣。因之響應巴黎公社號召的其餘法國市邦省份不超過六個。只是激進者的熱情淹沒了溫和者的冷靜。

自始至終馬克思非常同情與支持巴黎公社的起義活動,他甚至在法軍撤離巴黎的 3 月 19 日,促成第一國際執委會要求英國工人

對巴黎公社運動表示同情與支持。他本身也為公社的建立而興奮異常，向歐美第一國際分會及友人發出數百封信函。在寫給庫格曼的信 (1871.4.12) 上，他提及「巴黎目前的起義——就算它被舊社會的豺狼、野豬和髒狗擊敗——是吾黨自〔1849 年〕六月革命以來最光輝的壯舉」。五天後第二封信上，馬氏認為公社具有震撼世界的重要性，它不只是對抗舊政權的反抗，就長期的角度觀察，乃代表著普勞對抗布爾喬亞的階級鬥爭。

不幸在這一重大歷史時刻，馬克思舊病復發，肝炎發作，好幾週連啤酒都不沾，所以對巴黎的活躍分子無法幫助，更糟的是，公社分子與馬克思通訊者寥寥可數。儘管他對公社稱頌備至，也為此撰文出書，但對公社的運作毫無助力。

狄爾的政府在 1871 年四月初派兵迫近巴黎西郊，在獲得駐紮於巴黎北方丘陵地帶的德國佔領軍同意下，準備來個奇襲。這個自封幾位「將軍」、戎裝耀眼奇特的巴黎國民衛隊，豈是訓練有素的法國軍隊（雖然敗於普軍手下）之敵手？其愚昧的作風，不成比例的實力，在抗拒六週之後便被消滅。5 月 21 日，法軍逐一攻佔公社各區，戰火薰天，血流成渠，5 月 28 日全城被俘剩下的活躍分子悉數被殺害，為公社兩個月短暫的生命劃下句點。

法軍對巴黎公社活躍分子的屠殺迫害，遠超過後者的暴行（殺死巴黎主教、燒毀公共建築等），這就造成有名的「血腥五月」（5 月 21 日至 28 日）。被殺戮的平民保守估計為兩萬人，多一點的說法為三萬六千人。其中一個工人住宅區幾被法軍夷為廢墟。在其後的迫害中，有兩萬名工人受法軍審判。馬克思夫婦聞訊悲慟不已。

有關巴黎公社之悲劇，馬克思把他自己所有涉及此一震撼法國乃至歐洲的重大革命失敗事件之文章、分析、評論結集，編為《法

蘭西內戰》(1871) 一書，此為他最成功之作，曾出過三版，單單第二版便售完八千冊，也被譯成歐洲各種語文。其重點在於強調未來社會主義的社會為一個分權的社會。對後來的列寧而言，則提供了「無產階級專政」的理念 (McLellan 1973: 400)。

第十五章　病痛與悲哀的晚年

第一節　療養、療養、再療養

1872 年第一國際於阿姆斯特丹大會宣告歐陸組織的結束之後，馬克思覺得肩上卸下重擔，「可以回到工作崗位上去」。但這種想法很快幻滅。他無論體力或心理都無法再像從前那樣隨心所欲，勤奮工作。偶然重返大英博物館閱覽室看書找資料，也只能為《資本論》第二卷的撰寫準備材料，他的創造力直線下降。他在世最後的十年竟是充滿病痛的折磨，和無望地尋求療治之方。最終嘗到人世間最大的打擊，也就是他愛妻和愛女相繼死亡的悲哀。

1873 年他一度病得相當嚴重，以致德國的友人與敵人紛傳他即將去世的謠言。《法蘭克福日報》一度報導「馬克思博士病情沉重」。他在漢諾威短期相識，而有一段情的鄧額夫人特地寫信給庫格曼，探詢馬克思亡故的消息是否真實。驚訝與憂傷的庫格曼要求恩格斯迅速詳報馬克思的健康狀況。恩格斯除指出馬克思經常患病，主要為失眠，以及由於咳嗽引發的喉炎，造成他的睡眠更少，現正接受曼徹斯特名醫昆博特 (Eduard Gumpert, 1834～1893) 治療云云。果然 1873 年 5 月 22 日至 6 月 3 日，馬克思在曼徹斯特接受昆氏的療治。

7 月 1 日，恩格斯寫信告訴庫格曼，馬克思不靠安眠藥，每夜已能安睡四至五個鐘頭，加上午睡一個半鐘頭，情況大有改善。不過疾病仍如影隨形，一直襲擊他。尤其是頭痛使他擔心會腦中風。1873 年八月因為喝莓酒不小心嗆到氣管，有咳嗽痙攣的現象，他呼吸困難幾乎懷疑自己死期已降。

　　痛苦從不曾遠離年紀漸大的馬克思，他不但頭痛、肝腫，還長期有失眠症。再多再強的安眠藥也無法解除他失眠的痛苦。11 月 24 日在么女愛麗諾陪同下到哈洛格特 (Harrogate) 療養三個月，順便去曼徹斯特走一趟，拜訪昆博特醫生，後者勸他返回歐陸奧地利境內的卡爾士巴德泡溫泉浴飲礦泉水，療效可能更佳。醫生指出馬克思身上所患的皮膚病變如癬與癤，都是肇因於飲食無度，消化不良，以及肝臟功能的失常（馬克思致恩格斯函 1870.4.14）。

　　從哈洛格特療養三週返回倫敦之後，馬克思皮膚病又起，此次膿瘡竟長在臉頰上必須開刀除去，昆博特醫生建議使用水銀液以解其痛癢。四月中旬馬克思又去藍姆士格特 (Ramsgate) 海濱渡假了三週，希望能夠解除頭痛和失眠，結果情形更糟，這是他致燕妮的信上坦承的。

　　七月中旬跑到外特島 (Isle of Wight) 靜養兩週，發現這個風景優美的渡假樂園是一個財富與宗教氣息混雜的地方。原因是富裕人家的別墅佔滿該島景致最美的地段，而貧窮的漁民則靠宗教的羈縻來忘記人間的悲苦。在該島渡假時馬克思得到他外孫查理士‧龍居 (Charles Longuet) 死亡的噩耗，這是他寵愛的長女小燕妮的第一胎孩子，連活一歲都不足，竟因瀉肚子夭折。在給女兒小燕妮的信上，馬克思除安慰這名傷心欲絕的年輕母親，要求她看在父親的面上，勇敢地接受命運的挑戰。小燕妮此時也有病在身。

　　儘管捨不得離開倫敦的家，也想到盡力安撫失子之痛的女兒，馬克思還是接受昆博特醫生的勸告，決定到歐陸溫泉勝地的卡爾士巴德靜養兩週。但要前往對革命者毫不同情的奧地利管轄地的溫泉鄉靜養，不免擔心被維也納政府攆走。不過為了去除悒悴與身上的毛病，還是決定成行。但行前手頭又緊，所以向恩格斯要求年金每

季發放的時間提前。同時為避免變成奧地利官方算帳的對象，行前申請英國公民權，雖有四名英國紳士出面保證，蘇格蘭場警署一名官員報告卻指出：

〔有關馬克思要求作為英國公民的申請案〕我必須指出他是臭名昭彰的德裔煽動家，為國際社團〔第一國際〕的頭目，也是共產主義原則的辯護士，此人對其本國及其國王不忠。

在申請國籍案被拒絕之前，馬克思與其生病的么女愛麗諾於1874 年 8 月 15 日離開倫敦，在路上避免過分疲勞，花費四天的行程，才抵達卡爾士巴德。經過化名為不具職業的「私人」(Privatier) 查理士・馬克思 (Charles Marx) 博士之後，父女住進一間高級旅館，以避免奧地利警察的騷擾，儘管所費不低。有趣的是，在療養期間，維也納的警察頭目，也姓馬克思 (Wilhelm Marx)，碰巧也在此渡假。此馬克思不理會彼馬克思，我們這位查理士・馬克思才免於警犬的吠咬。

這時庫格曼夫婦也及時前來卡爾士巴德療養，他們提早三天抵達。這位漢諾威的名醫一下子變成一隻馬克思筆下的「呻吟亂叫的野犬、咆哮誇口令人生厭的教條主義者」。其喋喋不休使馬克思失眠症加劇，尤其馬克思無法忍受庫格曼對庫格曼夫人的侮辱，遂與之公然翻臉。

根據庫格曼的女兒弗蘭齊絲卡事後追憶，馬克思和她父親的翻臉，是由於庫格曼一而再、再而三勸馬克思不要浪費寶貴時間搞政治把戲，應該集中時間與精力完成《資本論》的續集。庫格曼的逆耳忠言正擊中馬克思的要害，他自知搞第一國際的虛廢時間、精神

和帶來天怒人怨。他更生氣的是這種勸告來自少他十歲的弟子之口。

雖然在庫格曼家離開卡爾士巴德之前,對馬克思父女曾有妥協和轉圜的示好,但從此這對革命摯友、理想同道徹底分手。庫格曼女兒後來出版的回憶錄中,提及其父後半生迄未克服這份情誼破裂所滋生的痛苦。因為所決裂的人正是她父親最敬愛的好友馬克思。但他不再做任何重修舊好的嘗試,「因為他無法取消他自己的堅信」,亦即無法忘懷馬克思棄學術不顧,而捨身捲入無謂的政治紛爭。

在卡爾士巴德馬克思父女居停一個多月,9 月 21 日啟程經萊比錫訪問剛自監獄釋放的李普克內西,才經柏林、漢堡而返回倫敦。療養的效果似乎沒有預期的好,馬克思仍舊為病魔所困。因為不小心著涼支氣管發炎,加之不聽醫生吩咐,繼續大抽特抽煙斗與雪茄,這些對呼吸器官的損害更大。不過卡爾士巴德對馬克思的吸引力還是極強的,終其一生,還去過兩次。1875 年八月與 1876 年八月,馬克思第二次單獨與第三次同幺女一起到該溫泉鄉療養一段時候。

由卡爾士巴德返倫敦不久之後,馬克思在 1877 年二月初又因受寒,咳嗽不止,不得不讓醫生動刀割去小舌頭,但此手術反而助成其後不斷的喉痛。在病痛折磨下他無法寫作,只限於閱讀。讀物涉及德國民族史、俄國的經濟。馬克思在拼命自學俄文之下,居然能夠閱讀俄文的書報與專著。雖然本身病痛連連,他卻憂慮其妻燕妮健康狀況的惡化。他本有意第四次重赴卡爾士巴德療養,但得知奧地利政府這次可能會對他不利,把他驅逐出境,遂決定去波恩和柯布連茲之間的另一著名療養地諾以恩阿 (Neuenahr)。這次不但馬克思夫婦可以同行,連幺女和小蓮也相陪成行。為此恩格斯又給馬克思一張面值 101 英鎊的支票。在諾以恩阿,馬克思一家度過三週歡愉

的療養假期（8月8日至9月4日），之後赴黑森林繼續停留兩週。

可是從歐陸渡假返回倫敦之後，馬克思幾乎已喪失創造力，他不再撰寫文章或專書，卻把興趣花在研究代數、人類學等等之上，可以說自1878年至1882年他又作了大量筆記。除了科學、哲學之外，對政治也倍感興趣，購閱歐陸各國重要新聞報紙，尤其對德國發生的暗殺俾斯麥與德皇事件，他評論這種盲目的暴力，只會造成社會黨人的不利。果然俾斯麥借題發揮，由德國國會通過反社會主義法律。此一法律的頒布，連馬克思一家都受害，他們無法再重返卡爾士巴德療養。

長期的疾病與憂慮，使馬克思外觀蒼老，《芝加哥論壇報》記者在1878年12月18日訪問馬克思時，雖然對後者博聞強記大為讚賞，卻把他看成年逾70歲的老人看待，其實馬克思才剛過60歲生日後半年而已。

從1879至1881年，馬克思為尋求解除病痛的折磨，很多時間花在英國海邊療養地盤桓。

1877年9月27日致索爾格 (Friedrich Adolphe Sorge, 1828～1906) 的信上，馬克思居然預言俄羅斯早晚要爆發革命，原因是他由官方與非官方的管道得知俄國的情勢早已在暴亂即將引發的門檻上，假使上天假以年歲，說不定「我們可以活著去看到這個有趣事情的發生」(Padover 548)。

第二節　《哥達綱領》的批判

在馬克思在世最後十年間，比較令人感念的是他對德國社會民主黨的催生，也就是促成拉沙勒的信徒與愛森阿赫派人士的統一合

作。為了使當時德國兩個最強大的社會黨合併，一個史無前例的會議在哥達召開，時為 1875 年 5 月 22 日至 27 日。在會議之前的 5 月 5 日，馬克思曾對哥達大會的議題作出評論與建議，這就是有名的〈德國工人黨綱要的邊註〉一文，後來稱為〈哥達綱領批判〉。這個文件也是被後來的馬克思主義者或馬列主義者，視為「科學的共產主義」之源泉。

在對德國準備合併的兩派社會主義團體領袖所擬出的大會議題，即《哥達綱領》展開批判時，馬克思比較後者與他觀念的不同，這大部分被解釋為拉沙勒主義 (Lasslleanism) 與馬克思主義 (Marxism) 的分歧。馬克思在〈批判〉中，作出如下的對比：

《哥達綱領》：勞動是所有財富之源泉。

馬克思：勞動不是所有財富的源泉，自然恰好是使用價值的源泉……就像勞動，它剛好是自然力的展現，亦即人類勞動力的展現……。

勞動作為財富與文化的源泉，只有以社會勞動的面目出現之時，亦即在社會中，也通過社會而展現之時。

《哥達綱領》：在現代社會中，勞動的工具是資產階級的壟斷獨佔。

馬克思：在今天的社會中，勞動的工具是地主（對土地的擁有甚至是對資本的獨佔之基礎）和資本家的壟斷獨佔……。

《哥達綱領》：工人階級要求其本身的解放，最先也是只有在現代民族國家的架構下才有可能……。

馬克思：很明顯的事實是，為了使戰鬥變為可能，工人階級首先必須在其家鄉把自己組織成階級起來……但「現

代民族國家的架構」……其本身係經濟上由諸國家
構成的體系而形成的「架構」……。

《哥達綱領》：……德國工人黨奮鬥的目標在取消工資制度，及其工
資的鐵律❶……。

馬克思：如果真有工資鐵律的存在，豈不是要未來的德國工人
黨非信拉沙勒的「工資鐵律」不可？以此虛妄之物來
奢談「工資制度（嚴格說應說是『工資勞動制度』）
之取消」以及「工資鐵律之取消」，何異犯了大忌？
假使我取消的是工資勞動，自然地我也取消其規律，
不管這些規律是「鐵的」，還是「海綿」做的……。

《哥達綱領》：國家的自由基礎。

馬克思：自由國家——這是什麼東西？

工人們在把他們卑微的庶民身分之狹窄心態去掉之
後，其目標不在促成國家的自由。在日耳曼帝國中
「國家」的自由就像俄羅斯國家的自由一樣。所謂自
由云云不過是把國家對社會的凌虐徹底地翻轉過
來，使國家從屬於社會……。

問題便產生了：在共產主義社會中國家怎樣來
轉型？……

在資本主義社會與共產主義社會之間存在一個由此
一社會轉變為彼一社會的革命改變時期。與此相搭
配的是存在一個政治的過渡時期。這個過渡時期不
是其他，而是普勞階級的專政。(CW 21: 81～95)

---

❶ 所謂工資鐵律為拉沙勒的虛妄想法，亦即工資隨工人數目的多寡而低
或高。

　　德國主要的兩個勞工黨，也就是社會民主勞工黨（愛森阿赫派）與德國工人聯合總會（拉沙勒所創立），終於在 1875 年五月的哥達大會上合併為社會主義勞工黨，其後改名為德國社會民主黨（German Social Democratic Party，簡稱社民黨 SDP）。在馬克思逝世二十年之後，社民黨發展成為德國最大的政黨。因之，馬克思不僅是馬克思主義、或是所謂科學的社會主義或共產主義的理論奠基者，更是德國社民黨（後來師承社會民主理念的不限於德國，而瀰漫北歐、法國、俄國，乃至其餘世界各地）的創立者與精神領袖。在第一次世界大戰爆發之前，德國社民黨不只是在德國，也是全球最具聲勢、最有權力的社會主義政黨。

第三節　愛妻與長女的相繼死亡

　　馬克思的晚年不僅為各種病痛所折磨，還因為憂慮其妻女外孫的生病，而嚴重失眠。1881 年七月底，馬克思夫婦前往曼徹斯特接受昆博特醫師的檢驗。醫師診斷燕妮患的是肝癌絕症❷，已難治療。於是馬克思夫婦、女兒、女婿、外孫三代相偕至藍姆士格特海濱渡假村，做最後一次的家庭歡聚，連恩格斯也抽空赴會。

　　儘管馬克思延聘當時各方專家，或熟悉的家庭醫師要拯救愛妻，減低其病痛，但新的醫師面孔雖為病人帶來幾天的解憂歡悅，過些時日混熟了以後，燕妮又開始懼怕這些醫師及其療治方式。

　　雖受病痛折磨，燕妮仍不改她觀賞戲劇的嗜好，每週聽戲數次。馬克思對愛妻的沉疴並不存絲毫幻望，在 1881 年 6 月 6 日給長女

---

❷　燕妮患的不只是肝癌，後期似乎由肝癌擴散至胃，也成為胃癌，因之，指出她死於胃癌的說法，似乎也是正確的。

小燕妮的信上，他說小母親 (Mütterchen) 的病情不輕，「妳要清楚理解，她無法從這病痛中治癒，事實上她日漸消瘦變弱」。同樣的，他也在致索爾格的信 (1881.6.20) 上告訴後者，其愛妻的病是無法治好的。

這時兩位嫁給法國人的女兒及其女婿和外孫，都因為法國政府大赦政治犯，而遷回巴黎居住。一向充滿孫子笑鬧的馬克思家，頓時整個寂靜下來。原來馬克思一家在 1875 年三月便遷居至倫敦邁特蘭公園路 41 號的寓所，這是馬克思在世居住長達八年的最後一個住處。

沒有了外孫的喧鬧，為病痛所折磨的這對老夫婦益覺生活的無聊與難捱。每次聽到房外小孩的聲音，馬克思便跑到窗前審視，明知其外孫遠隔重洋，在舊大陸的另一方。在念孫心切之下，馬克思夫婦與小蓮在恩格斯 120 英鎊的資助下，1881 年 7 月 26 日離開倫敦搭車去多佛，換輪船渡海到卡萊，再轉車去巴黎，又得換車至女兒位在巴黎近郊阿仁田爾 (Argentenil) 的寓所。對一對病症沉重的老夫老婦，這趟舟車之勞，真是要命的奔波折騰。

在長女家中作客不久，便接到住在倫敦的么女病重的壞消息。其妻與小蓮不得已縮短巴黎旅程，先行返國照料。不料么女患的是厭食症，在醫師警告下，繼續進食便可擊退病魔。但坐一趟車船返回倫敦的燕妮卻從此臥床不起。隨後馬克思也趕返。現在夫婦都罹患重病，妻子躺在家中前廳病床上，而丈夫則在後房中忍受支氣管炎的煎熬。小蓮與康復的么女日夜看顧輪流服侍兩老，每人每天休息不超過一小時。有一次馬克思病得非常嚴重，長達三週無法步行至鄰室探視重病的愛妻。某日身體稍感舒暢，他鼓盡力氣走到燕妮的床邊，兩人仍像青春時代熱戀的男女互訴情愫。

　　進入肝癌與胃癌後期的燕妮，卻是以無比的堅強與勇氣面對死亡的陰影。臨終前有兩樁事令她頗感欣慰。其一為社民黨在 1881 年十月國會大選時贏到五十五萬張選票，而在國會中獲得二十四席。另外是英國人巴克斯 (Ernest Belfort Bax) 在 《現代思想的領航者》一小冊中，發表一篇頌揚馬克思的文章，雖然涉及馬克思的思想、行事和引言 「徹底的錯誤」，但馬克思夫婦卻有遲來的正義之感。1881 年 12 月 2 日，燕妮在歡笑聲中離別世界，臨終遺言最後也是以她心愛的丈夫為重，她居然以英語告訴他：「卡爾，我的生命力已經潰敗了。」("Karl, my strength is broken.") 她的斷氣不像是臨死前的掙扎，而是輕輕地逝去。她的另一項遺言是要求以簡單方式埋葬，不要有任何宗教儀式 (Raddatz 269)。

　　馬克思在給長女的信上寫著：「她〔母親未閉的〕雙眼似乎更為明亮，更為放大，更有光輝」。

　　當趕來見死者最後一面的恩格斯喊出「墨兒〔馬克思〕也已經死掉了！」他的意思是說，馬克思因喪妻悲慟至極，幾乎也像死人一樣的呆若木雞。這個評語令馬克思的女兒大為光火。不過不久之後，她必須承認這位弗德烈叔叔的話絕不是一句謊言，而是道出他對老友真性情理解的深刻。

　　在逝世前一天，燕妮曾表示「我們不是那種外向不實的人」，所以表示葬禮不需任何的宗教或其他世俗的儀式 (McLellan 1973: 448)。她的遺體在 12 月 5 日葬於海格特 (Highgate) 公墓。由於馬克思哀痛逾恆，身體又十分衰弱，加上醫師嚴禁他參與喪禮，特別是嚴酷的寒冬必定會導致本身病痛的馬克思在戶外崩潰。於是他未親身出席愛妻的告別式，也實在有夠悲哀。恩格斯在葬禮的悼辭報告燕妮的出身和生平：

燕妮不僅分享她丈夫的命運、工作和拼鬥，而且以最大的理解和最熾烈的熱誠全程參與……燕妮飽嘗流亡生活的橫逆窮困，包括流亡期間三個孩子的先後夭折……但最令她難以忍受的卻是各方對其丈夫的陰謀、責難和汙衊……不過她卻活到看見加害在其丈夫身上如雨般的讒言之煙消雲散……她也活到看見其丈夫的著作受著所有文明國家與文明語言的推崇……。

像這樣一位智慧出眾，批判性強，懂得政治的節奏，精力充沛，毅力超群，和信心十足的女性，在任何革命運動中找不到第二個人……她的犧牲貢獻只有與她生活接近的人才會知曉，我僅知從此以後我們更會懷念她勇敢與睿智的忠言……關於她為人處世我在這裡不需要多講。她的朋友知之甚詳，也終身不忘。假使世上尚有以造成別人的快樂當作為自己最大快樂之女人，那就是這位婦人。（恩格斯的悼辭全文發表於 1881 年 12 月 11 日 *L'Égalité*）

　　燕妮死後十五個月，馬克思茫然地漫遊外地，其目的在尋求療治、靜養、陽光和乾燥氣候。不幸他所碰到的都是他最痛恨的濕冷和令人窒息的陰雨。在致索爾格的信 (1881.12.15) 上，馬克思寫著：「自從上次大病一場之後，我便碰到兩樁令人癱瘓的壞事。在精神上我愛妻的逝世使我委靡不振，在身體上橫隔膜的變厚和氣管炎的刺激，造成我有氣無力」。

　　為此在醫生與恩格斯的鼓勵下，馬氏父女又到外特島渡假村一遊。這是馬克思最後一次在么女陪同下的旅行，他發現么女身心俱疲。

　　尤其醉心作為莎翁話劇的演員之夢未能成真之前，她的心理壓力更為沉重。因之，馬克思認為今後不應再讓么女扮演照顧病父的

護士之角色。他決定聽從那位「愛之適足以害之」的摯友恩格斯的勸告，到阿爾及利亞去避寒。1882 年二月中旬，他到巴黎看女兒小燕妮及四個外孫，之後搭乘火車至馬賽，改搭輪船渡海，兩天之後於 2 月 18 日抵達阿爾吉爾，在船上他失眠嚴重兩晝夜未能睡覺。

馬克思下榻在阿爾及利亞首都一間名叫維多利亞的旅館，雖有俯瞰海港的美麗景致，但時逢嚴冬，雨霧與壞天氣籠罩全市，使馬克思覺得此地比倫敦還差。因懷念亡妻，加上咳嗽激烈，失眠加劇。

後來得到阿爾及利亞最好醫師之治療，病情才轉輕，由於該城氣候變化劇烈不利支氣管炎患者，馬克思在 1882 年 5 月 2 日搭同一艘輪船返回法國。這次在醫師的勸告下，馬克思決定到蒙特卡羅去尋找陽光和乾燥而不濕熱的天氣。但不幸的是，馬克思所到之處都是壞天氣。在這個賭城馬克思住了一個月，並沒有使支氣管炎的毛病減緩。

1882 年八月，馬克思又在次女勞拉陪同下赴瑞士療養。抵達洛桑時，天正在下雨，馬克思好奇地問旅館侍應生，該地何時才下起雨來，後者的回答是兩天之前。馬克思慨嘆了一聲：「真是不可思議！」其後轉往日內瓦湖靠近韋韋以 (Vevey) 的村邊停留。這次在瑞士居停大約一個月，馬克思病情似乎改善甚多，且沿路喋喋不休，談個不停，令陪同他前往的次女勞拉頗為煩躁。回程路上父女又在巴黎市郊小燕妮家略事勾留。此時這名馬克思一生最寵愛的長女已因患腎癌奄奄一息，這是父女最後的一次會面。

1882 年十月初，馬克思回到倫敦，醫師勸他最好在英國南方海濱靜養，不要在倫敦度過秋天與寒冬。在外特島住了一個月，十一月初馬克思右胸橫隔膜附近惡化為肌肉的風濕症，他痛到必須找醫師來處理。在病痛之餘，他連報紙都看不下去，卻能夠搞算術與微

積分等數學，實在很奇怪。不過他的健康情況愈來愈差。1883 年一月初他的咳嗽迄未終止，他的喉嚨為積痰所阻塞，每天都有嘔吐現象。吞食也逐漸困難，有時在幾秒間他幾乎停止呼吸。這段期間最大的憂慮來自於長女小燕妮的病情。他也擔心自己的健康狀態惡化，無法渡海到巴黎探望沉病中的愛女。

　　1883 年 1 月 11 日燕妮‧龍居 (Jenny Longuet, 1844～1883)，馬克思的長女死在巴黎近郊寓所，享年才 39 歲，留下四個孩子與一個只有四個月大的女嬰。當噩耗傳抵英國時，愛麗諾不知如何啟口告訴老父，但馬克思很快由么女臉上的表情窺知，哀嘆一聲「我們的小燕妮過世了」 (Liebknecht, "From Reminiscences of Marx", *Karl Marx's Selected Works* (2 vols) *SW* 1: 128)。 馬克思由渡假地速返倫敦，並吩咐么女趕赴巴黎去照顧幾個喪母的小孩。小燕妮火葬在阿仁田爾墓園，參加葬禮者有法國與外地社會主義者，以及因大赦而出獄的巴黎公社積極分子。恩格斯的祭文指出，小燕妮長大於國際普勞階級運動興起的時代，而與此一運動關係密切。「雖然為人帶有幾分羞怯，但如為環境所逼，也表現知識上的沉澱和驚人的精力，令男士愧色……普勞階級，因為她的遽逝而喪失一位鬥士，不過她含悲的父親應當記住歐美千萬名工人和他一樣在誌哀……」 (*CW* 24: 460～461)。

第四節　馬克思的逝世

　　在馬克思臨終之前，不但妻女的相繼早逝對他心情的打擊重大，就是更早的前數年，在政治上，他也被孤立於德國發生的事件之外。此時恩格斯為馬克思遭逢汗巇力加辯解的大作《反杜林論》，居然差

點為社民黨所封殺 。 這個名叫杜林 (Eugen Dühring) 的瞎子兼預言家,自從 1870 年代開始便吸引柏林大批左翼知識分子與社會主義者的注意。他講解的社會主義引用的是巴貝夫、巴黎公社那群人的言行,對黑格爾、馬克思、拉沙勒毫無興趣,認為後者只會搞瑣屑、無聊、空洞的理論,無助於現實改革運動的推進。

恩格斯在 1877 年五月社會黨人出版的《前進!》,曾發表批判與攻擊杜林的文章,但不久該黨刊便拒絕再刊出恩格斯後續的批判。經過李普克內西的斡旋,後來恩格斯批駁杜林的文章才陸續地以附件出現在《前進!》雜誌上。這顯示德國社會主義者對馬、恩的理論之興趣缺缺。恩格斯後來結集出版的《歐根‧杜林的科學革命》,也就是著名的《反杜林論》,卻成為詮釋馬克思學說最有系統的權威性鉅作,其影響大於《資本論》。從馬克思替恩格斯此書所寫的〈序文〉,看出馬克思雖閱讀戰友的大作,本身已無能力提出貢獻,他的理論創造力業已耗竭 , 他驚人的頭腦已無法適當操作和發揮功能 (Raddatz 268)。

對病入膏肓的馬克思而言,長女的早逝無異他生命盡頭的最後一次重擊。他在掙扎兩個月之後,也步其愛女的後塵,離開這個災難、病痛、哀傷的世界。在他支氣管炎、喉炎的病變之外,又多了肺腫瘤的出現。這是導致他出血的原因,也是造成他的死亡之緣故。

死亡以安詳與驟降的方式突襲馬克思,那是 1883 年 3 月 14 日下午三點,當他坐在房內安樂椅上休憩之時。逝世的日子離他 5 月 5 日的生日,差不多還有兩個月,所以他勉強算是享年 65 歲。

作為社會主義最前衛的哲學家馬克思之逝世,使他的摯友恩格斯在含悲之餘發布死亡的公告。這位一生替他營造聲譽,也是分擔憂愁、供養不輟的終身夥伴與革命同志,首先發電文給龍居、索爾

格與貝倍爾夫人（其實貝氏應該早幾天已經出獄才對）。

恩格斯在 1883 年 3 月 15 日致住在紐澤西州的索爾格信上作如下的描述：

昨天下午──我認為是拜訪他最好的時刻──我一進門，全家大小都在淚流滿面，這意謂著〔馬克思向世界〕告終，我問了一下……只是流了一點血，卻造成急劇的死亡。我們忠實善良的小蓮，一向對馬克思的照顧比母親對小孩的呵護還無微不至，上樓去看了一眼，再走回來，告訴我「他〔馬克思〕正在假寐，你可以走了」。但當我們一起進入〔他的房間〕時，卻發現他在睡覺，但卻是長眠不醒。(McLellan 451)

恩格斯續寫，以當時醫學本事，應當可以再延長馬克思幾年的壽命，不過他將變成一個植物人，這不是馬克思所可忍受的。恩格斯指出，馬克思在世之日喜歡引用古希臘哲人伊壁鳩魯的話：「死亡對死的人而言不一定是不幸，但對後死者卻是不幸」。在信尾恩氏下達結論：「人類又少了一個頭顱，亦即我們時代中最偉大的一顆頭顱」。

在給李普克內西的信 (1883.3.14) 上，恩格斯這樣寫：

儘管今晚我看他四肢朝天，仰臥床上，同時在仔細盯視他的臉時，我卻無法不想到這個卓絕的心靈憑藉著他了不起的思想，如何會停止去豐富新舊大陸的普勞運動？我們今天所擁有的一切，都是他所賜與……沒有他我們今天尚坐在垃圾與髒亂之上。

在給日內瓦的貝克 (Johann Philipp Becker) 信 (1883.3.15) 上，恩

格斯寫著：

……吾黨最有力的頭腦已停止思想，我一生中所認識最強大有力的
心臟已停止跳動……你我兩人如今變成 1848 年革命以來碩果僅存
的兩名老衛兵。槍彈穿空呼嘯，同志朋友應聲而倒，但這並非我們
第一次面臨此種情況。

　　馬克思的葬禮於 1883 年 3 月 17 日星期六下午舉行，葬在海格
特公墓其愛妻燕妮墓邊。參加葬禮者不超過二十人，出現在墓園的
有馬克思么女塔絲和兩位法籍女婿拉法格與龍居。次女勞拉不克送
葬，因為她本身病得很沉重。李普克內西代表德國社民黨用德文唸
出祭文：「親愛的雖已死亡，卻也是永生的朋友，我們將按照你所指
示的道路繼續向前邁進，直到目標達成為止。這是我們在你的墓前
所發的誓言」。
　　恩格斯又以英語唸出主要的哀悼文。哀悼文的草稿與正式刊載
者略有不同，在草稿中恩格斯說：

卡爾・馬克思是歷史上極少出現的少數傑出人士之一。查爾士・達
爾文發現我們星球上有機自然的發展規律，馬克思則發現決定我們
人類歷史過程與發展的基本律……。
要之，他視科學為歷史的大槓桿，也就是其本意為革命的力量。在
這一意味下，他應用廣博的知識，特別是歷史的知識，在他所精通
的領域之上。
因為他是一位真正的革命者，就像他自稱一樣。使受薪階級從現代
資本主義體制的鍊銬中解放出來的鬥爭，是他真正的使命……。

沒有任何人為理想而奮戰卻不樹立敵人，他曾有很多的敵人。在他一生的政治生涯中之絕大部分，他成為歐洲最被痛恨和汙衊的人。但他除抹黑譭謗很少措意……在他生命的終期，他驕傲地看到從西伯利亞礦坑至歐美廠房百萬的跟隨者。他也看出他的經濟理論成為舉世社會主義無法辯駁的基礎。(*CW* 24: 463～464)

　　未曾正式刊載的恩格斯悼文的草稿，以下列幾句作出結語：「他的姓名將會在未來的世世代代傳誦不休，永遠活下去，同理他的著作將永垂不朽」(*CW* 24: 464n.)。

　　刊載的哀悼文中，則有下列一段：

最重要的是馬克思乃為一位革命家，他一生的使命，是以一種或另外的方式致力於推翻資本主義的社會……在為現代的普勞階級尋求解放。亦即最重要的讓普勞階級意識到其本身的地位、需要及其解放的條件……。(*CW* 24: 468)

第二部
觀念、思想、理論

在第二部中，作者就積五十年對馬克思學說研究的經驗，詳細剖析馬克思學說的菁華。這一部共分六章，以六大主題來處理。

首先，討論馬克思的人性觀，也就是由其一生的著作，特別是早期的觀點，把人視為勞動的動物，視為能動的主體，改變人本身，接著也改變世界之人性觀。這部分牽連的是馬克思哲學人類學的部分，其受黑格爾、費爾巴哈影響之深固然不容置疑，也是受到產業革命與法國大革命之前後，歐洲瀰漫的人本主義、啟蒙思想、理性時代、人為「經濟動物」(*homo oeconomicus*) 等等觀念的衝擊與形塑。

其次，由個人而社會，這是涉及馬克思的社會觀。一反常人的偏見，認為馬克思一味抹煞個人而力主集體的說法，這一章詳細討論他對個人主義、個體、個性的理解，以及對社會總體的看法。至於當代資本主義盛行下，介於個人與社會之間的階級扮演重大的角色，研究兩大敵對階級——普勞與布爾喬亞——之衝突與鬥爭，是理解現代社會結構所不可或缺的捷徑。是故個人、階級與社會成為馬克思社會觀的基本要素。

第三，社會絕非穩定不變，相反地社會變遷構成了歷史的遞嬗。馬克思的唯物史觀一方面強調生產力的突破生產關係，導致生產方式的改變，從而帶動社會上層建築的典章制度的變化；另一方面唯物史觀也牽連到對生產資料擁有與否的階級形成，是故馬克思強調階級的對峙與鬥爭構成社會變化的主力，也是促成歷史變遷的動力。

第四，既然馬克思的學說在解析古往今來社會的變遷與歷史的演進，則其整個重點乃是對當代社會，特別是資本主義社

會的理解。不只是理解，也企求對資本主義社會的改變、推翻。資本主義社會的經濟結構特別是資本累積、流通、擴展，成為他批判資本主義的重點。構成資本累積的主要因由，則為資本家對勞動者的剩餘價值的剝削。是故剩餘價值的剝削論，成為馬克思抨擊資本主義的著力點。但資本主義發展的內在矛盾，構成此一體制的危機重重，乃至整個體系之崩潰，這便是馬克思經濟學說之核心。

第五，在資本主義盛行的今天，國家扮演何種角色，也成為馬克思國家學說裡的主題。當然馬克思並非一開始便把國家視為階級壓迫和統治的機器，他在早期曾經呼應黑格爾對國家的禮讚，視國家為理性與自由的落實。只有到成年之後，目睹與經驗到國家對被統治者的壓迫，他才理解國家是階級統治的工具。又因為拿破崙三世的復辟，把官僚與軍隊結合成統治機器的兩大支柱，使馬克思發現在政治國家與民間社會之外，有出現獨立自主但又仰賴社會提供物力與人力的寄生蟲之可能，這是馬克思第三種或第四種的國家觀，至於他與恩格斯都期待有朝一日國家或枯萎消失，或被揚棄、取消，這便涉及國家的消亡論。

第六，對馬克思而言，政治就是階級為爭取統治權和優勢而展開的生死搏鬥。政治是階級鬥爭具體而微的表現。馬克思對政治的敵視與反對，和他本身參與革命團體爭權奪利的失敗經驗有關。當然他的政治觀，包含著革命的理念，尤其是普勞階級爭取解放的反叛、起義、革命之努力，以及革命組織、策略、路線都是他關懷的重點。政治最高的境界也就是無階級、無剝削、無異化的共產主義實現之時，以行政取代統治的理想

之落實，也是恩格斯所言，人對人的宰制，變成人對物的管理或經濟過程的規劃。

　　以上我們分成六大主題來討論馬克思學說的菁華，這六大主題是環環相扣，不能硬加分開討論的。換句話說，不管是盧卡奇還是寇士都強調馬克思學說的總體觀念，把其學說勉強分為倫理、歷史、經濟、政治、革命策略來加以討論，完全忽視馬克思理論與實踐的統一，也割裂了他思想的一致性、連貫性，這都是對馬克思著作的錯誤詮釋。但本書為了能夠有系統，而且以淺顯的方式把他複雜精深的理論作一剖析，被迫將其學說主要部分，以六章的方式來分別討論，盼望略盡介紹導引之微責。但懇切要求讀者始終不忘馬克思的人性觀、社會觀、歷史觀、經濟觀、國家觀和政治觀是其思想總體之一環，而非可以切開，更不能當成獨立自足的部分來看待。

　　當然馬克思的自由觀、法律觀、道德觀、社群觀、解放觀，都是吾人深覺興趣有味的總體說之另外一些環節。多年來本書作者致力馬克思自由觀、民主觀、倫理觀、社群觀、解放觀之鑽研，這些研究成果將以另外兩本專書之面目付梓，而作為本書馬克思學說之補充，還懇請讀者多加留意是禱（洪鎌德2000, 2014）。

第十六章　馬克思論人與人性

第一節　資本主義社會下人性的墮落

　　在十八與十九世紀之交，隨著產業革命的成功和資本主義生產方式的擴大，社會分工愈來愈精細，機械的運用也愈來愈普遍，從而迫使多餘的人力被當作相互競售的廉價商品在賤賣。當此活跳跳、生機活潑的人居然淪落為商品之際，人不但從別人那邊異化出來，也從大自然異化，更從人自己本身異化。換言之，工業化、商業化給出賣勞力的群眾帶來了分裂、疏遠、異化和剝削。

　　不錯，工業化、城市化、現代化、全球化曾經為資產階級帶來財富、權力、繁榮、奢華，但也帶來貪婪、狡詐、兇狠、狂妄。這點與勞苦大眾的貧困、折磨、苦難、疾病、怨懟同樣都是人類的墮落。社會一旦分裂為資產階級與無產階級，則當代人類不過是重複有史以來階級社會發展的老套，是人與人關係緊張的表現。造成近世階級的對峙、仇恨、衝突和鬥爭，無疑的是社會分工與私產制度在作祟。是故有異於亞當‧斯密 (Adam Smith, 1723～1790) 視分工為社會進步與複雜化的動力，馬克思認為社會分工造成人與人的異化與疏遠，更造成每個人分崩離析，只能權充社會大生產機器的一個螺絲釘，是人的自我分裂、無法統一的原因，也是人原子化、雞零狗碎化的緣故。至於私人所有權的法律制度，則無異在使資產階級藉由投機倒把與壓榨剝削而取得財富（特別是生產工具），獲得國家與法律的保障，促成資產階級財富累積愈來愈大，斂財貪心也愈來愈囂張，導致此一階級的階級屬性愈來愈鮮明，甚至與統治階級

相互奧援，沆瀣一氣。

　　針對著工業化、現代化所帶來負面影響——人的物化、商品化、拜金主義、弱肉強食等社會現象——的出現，受到浪漫主義衝擊的德國知識界企圖在文藝、哲學、人文、思想等方面有所振作，俾迎擊來自進步的歐洲近鄰之挑戰。在很大的意義上，德國的浪漫主義和觀念（唯心）哲學是對英國工業革命的反彈，也是對法國大革命後產生的恐怖政治與帝制復辟的抗議。

　　德國的浪漫主義可以至少粗略分成兩派：一派認為要遏阻人類的墮落，防止非人化的加深，人必須返璞歸真，回到原始樸素、雞犬相聞的田園社會，因為太古時代民風純樸、人際關係親密，素樸簡單的自然生活提供人們母土的慰藉、鄉里的扶持、人群的和諧以及個人的尊嚴。這種回返過去多少有點保守主義的味道。另外一派則主張改變現狀，將現實不合理、違逆人性人情的典章制度，大刀闊斧加以改革、揚棄，而另建一個符合人性的社會秩序，使人類生活在統一、富裕、自由的領域裡。因之，他們的眼光是投向未來，指望在將來重建人間樂土（洪鎌德 1984: 1～7; 2007: 250）。

　　深受德國浪漫主義洗禮的馬克思打從青年時代開始，便企圖要消滅人的自我分裂、自我異化，希望人不但成為一個完整統一的動物，亦即一個完人或整全的人 (totaler Mensch)，更成為真正的人 (eigentlicher Mensch; authentic man)。是以恢復人作為一個整全的人，成為馬克思人學的最高要求，這也就是青年馬克思所言：「對人而言，沒有比人更崇高的事物」(FS I: 497, 504; CW 3: 182, 187)。

　　馬克思在《經濟學哲學手稿》(1844) 中指出：

人，尤其是他作為一個特別的個人（正因為他的特別性質，使他成

為與別人有異的特殊個人，亦即特殊的社會動物），不過是一個總體
(*Totalität*)，理想的總體而已，是他對社會本身想像與經驗的主觀上
的存在。正如同在現實裡、在省思裡、在享樂中，他意識到社會的
存在，他是一個人類生命表述的總體。(*FS* I: 597～598; *CW* 3: 299)

　　可是被馬克思所宣稱的人的總體或整體，在人類存活於地球數
十萬年中並未落實過，這是由於有史以來人類都生活在階級社會裡，
這時人是不完整的、片段的、被扭曲的、被割裂的。只有當人類打
破階級的框架和侷限，營造一個自由的王國、一個理想的共同體，
他才能發展他的感官、精神、智慧，提昇他的能力，而把外頭的世
界重新吸納到人的本身，他才會變成多才多藝、全面發展而又復歸
統一的全人（洪鎌德 2010: 208～209, 217～218, 303～304）。馬克
思說：

人以一個無所不包的方式擁有他多才多藝的本質，因之他是一個完
整的人。他同世界所有人的關係——他的視、味、嗅、舔、觸、思、
觀、感、欲、行、愛——簡言之，他個體的所有感官，就像所有社
群性質的 (*gemeinschaftlich*) 器官一樣有客體、有對象，亦即將客體
對象攝入他自身，人對實在的佔有，也就是說他與客體之關係，是
對人實在的證實。人實在的多樣性，就表現在對人規定屬性的多樣
性，也表現在人活動的多樣性。人的有效性〔主動性〕就像人的受
害性〔被動性〕相似都是多重的、多樣的，因為即便是人所理解的
受害性〔受難〕，也是人自我享受的一種。(*FS* I: 598; *CW* 3: 300)

　　這裡年輕的馬克思強調人實為一個社會動物，人產生社會，社

會也產生人。人的活動、人的享受基本上都是社會的，如果自然還
殘留在人身當中，那就是指人的天性而言。人性就是人的社會性。
在這種瞭解下，社會是人與自然合一的表現，是人性的復歸，是人
自然主義的完成， 也是自然的人本主義之完成 (*FS* I: 596; *CW* 3:
298)。

第二節　黑格爾、費爾巴哈和馬克思人性觀的同異

　　早期的馬克思曾經受著黑格爾的影響，認為整部人類的歷史便
是人類自由史，也是人的解放史。人的特質為勞動，是勞動的動物
(*animal laborans*; *homo laborans*)。與黑格爾不同的是，馬克思認為
所有歷史的起點、社會的起點是人而非精神、國家之類，更不是普
遍的、寰宇的體系。黑格爾喜談普遍性、寰宇性，彷彿把那個龐大
的體系當作宇宙的重心。但對馬克思而言，整個宇宙的重心就是
人——具體的、真實的、個別的人。他早期思考的對象便是人、整
體的人、人的現實，亦即正面的人本主義。
　　那麼人究竟是個什麼樣的動物？只稱人是理性的動物、合群的
動物、勞動的動物夠嗎？對此，馬克思顯然受到費爾巴哈的影響。
後者視人為寰宇的動物 (*Universalwesen*)，為種類的動物
(*Gattungswesen*)， 為社群的動物 (*Gemeinwesen*)， 為客體的動物
(*gegenständliches Wesen*) (Hung Lien-te 1984: 12～18)。
　　然則，在探討人究竟是什麼樣的動物時，一個更重要的先提疑
問是：人性是什麼？馬克思在後期並不像青年時代以哲學的觀點奢
談人性，而是以政治經濟學的方法來剖析人性之常，亦即一般性，
以及人性之變，亦即特殊性。因之，他說：

要知道什麼對狗有用，就要研究狗性。這種性質並非由功利的原則
上抽繹出來。應用到人之上，凡藉功利原則來批評人的各種行動、
運動、關係等等的人，都必須討論一般的人性和歷史上各時期經過
修改過的人性。(C I: 57/n.)

　　儘管馬克思並沒有對人性之常與人性之變做過系統性的分析，
我們不妨稱人性之常為其生物學上的人性觀，而人性之變則為其歷
史過程中的人性觀（洪鎌德 2007: 252～257）。

　　在生物學上，青年馬克思視人為自然的、客體有關的、異化的、
種類的動物。這是時不分古今、地不分東西所有人類所擁有的通性。
在歷史模型中，成年的馬克思視人為社會的、歷史的、被剝削的，
或被貪婪制約的生物。換言之，人是在不同的社會和不同的時期，
受其本身自我創造 (self-creation) 之產品。

　　馬克思對人性之常和人性之變的說法同黑格爾和費爾巴哈有
異，都是建立在「真實前提」之上，這正是他與恩格斯合著的《德
意志意識形態》(1845～1846) 一稿件上所指出的：「我們出發的前提
絕非任意隨便的，也不是教條，而是真實的前提，在此前提中，任
何的抽象只存在於想像裡……我們的這個前提是可以在經驗裡得到
證實的〔那麼這個真實前提是什麼呢？〕，它們乃是真實的個人，他
們的活動，以及他們生活的物質條件……」(FS II: 16; CW 5: 31)。

　　因之，我們在討論馬克思的人性觀時，不妨先考察他怎樣看待
人與自然、人與人類 （種類）、人與社會、人與歷史等幾個主題
(Hung Lien-te 1984: 20～38)。

第三節　人與自然

　　人是自然的動物 (*Naturwesen*)，自然是人「無機的身體」(*unorganischer Körper; unorganischer Leib*)，原因是自然提供人生存所不可或缺的直接資料和手段。自然也是人活動的物質、對象和工具。人與自然的交往，無論是形體上或是精神上的接觸，都是「自然與其本身的聯繫，因為人也是自然的一部分」(*FS* II: 566; *CW* 3: 275～276)。

　　作為自然一部分的人，亦即自然的動物之人是擁有自然的力量、生命力的。因之，人乃為能動之物。這種力量存在人身上，成為他本性本能的一部分。由於人擁有軀體和感覺，他必須靠外物來滿足他本身新陳代謝的需要。因之，人也是一個有限的、受苦受難的生物。這是說滿足人類本身欲求所需的客體物存在他身體之外，而他又需要靠這些客體物的滿足才能存活。因之，這些客體物成為他基本的、必需的對象，對這些對象與客體物的攝取，成為人基本能力的展現與證實 (*FS* I: 650; *CW* 3: 336)。

　　凡是不靠外頭的對象或客體而存在的事物，對馬克思而言，是為沒有客體關連之物，亦即非物，亦即幻想的、不實之物、抽象之物。換言之，一個事物的存在必是人的感官可以感受其存在的事物。人能感受外界事物的存在，乃為感覺的動物 (*sinnliches Wesen*)。但感受也是能接受、能忍受，被動的意思，故人類除了是主動的、能動的動物之外，也是一個被動、受動、受苦受難的動物 (*FS* I: 651; *CW* 3: 337)。

　　黑格爾把自然看做精神之外的事物，是一種徹頭徹尾抽象之物。

反之,馬克思認為人在自然當中,是自然的中心,與自然應當合一。人在生存方式、意識樣式中可以表現的事物,也可以透過人類全體或透過別人而應用到自然之上。這種說法表示意識和心靈都隸屬於物質,心物的互依,也顯示人與自然的契合。

馬克思認為黑格爾把思想從自然的人那裡割開是不對的。須知思想是作為自然主體的人心靈的活動,而人是具有五官,活在社會、活在現世、活在自然裡頭的動物。由此可見青年馬克思浸淫在德國浪漫主義的思潮裡,視自然主義與人本主義是一而二、二而一的東西(洪鎌德 2014: 9～12)。

第四節 人與人類

馬克思早期的著作中一再出現費爾巴哈哲學人類學 (philosophical anthropology) 的用語,特別是種類本質 (*Gattungswesen*; species-being)、種類生活 (*Gattungsleben*; species-life)、種類活動 (*Gattungstätigkeit*; species-activity) 等等名詞。藉著這些名詞,青年馬克思企圖界定人社會的性格和社群的 (communal) 性格,也界定人生產的活動,其最終的目的,在說明未來理想社會中人如何重獲失去的自由,達到真正解放的願望。

在《經濟學哲學手稿》中,馬克思指出:

人是種類的動物,不僅是因為在實踐與理論中,他採用人類(他自己和其他事物)當成他的客體物……並且還因為他看待自己是真實的、活生生的種類〔人類〕,也是因為他看待自己是一個普遍的〔寰宇的〕動物,亦即自由的動物之緣故。(*FS* I: 566; *CW* 3: 275)

就像其他動物一樣，人要靠無機的自然存活，要靠自然的產品維持其生存。不過與動物相異的是：動物和動物的活動是合一的，動物無法從其生活中分別出來。動物就是其生存活動的全體。人卻把其生活當成他意志和意識的標的物，他擁有充滿意識的生命活動。有意識的生命活動把人從其餘動物的生命活動中直接分辨出來，就因為如此，他才是一個人類的本質，或者說由於他是人類的本質，他才是有意識的動物……他的生命成為他的客體物。(*FS* I: 567; *CW* 3: 276)

換言之，有異於其他動物，人類是一種特別的種類──靈長類，不但擁有理性，能夠思想，並藉語言和符號彼此溝通。人還能根據事先的想像，畫出藍圖，而造就其生存所必需的條件。人是唯一懂得勞動，把勞動當成展示個人才華特質的第一需要，是一個生產創造的動物。正因為人無所不知、無所不能，其活動不限於某一特定範圍，而是展示他樣樣都能精通、行行都成狀元的寰宇性動物。只有人類不受本性本能的束縛，可以自由進行各種活動，這是人有異於禽獸之處，也是人為自由的動物的意思。

人的生產活動是人類營生和繁衍之道，亦即一個生命生產另一個生命的活動。這種活動的特質是作為人類的人自由與有意識的活動。生產勞動首要的目的在滿足人的需要，俾維持其生存，因之，勞動被視為「一種人與自然共同參與的過程，在此過程中人本身發動、調節和控制人與自然之間的物質反應」(*C* I: 173)。

藉由他的運作，人勘天闢地開物成務，既改變自然又利用自然，以達厚生的目的。人改變了自然，也改變了本身，改變了人的天性。「他發展那隱晦沉睡的〔生命〕力量，強迫這些力量聽從他的方式

〔意志〕去發揮」(*ibid.*)。

人透過實踐的、生產的活動，透過對無機的自然之型塑，創造了一大堆文明與文化的典章制度。這種創造正顯示人是有意識的，也是自由發揮的種類之物。人之創造世界，改變世界，根據的就是美的原則、美的律例。人在尚未創造發明之前，早就在其腦海中便構思各種圖案、程式、藍圖。他「不僅對他使用的材料之形式有所改變，他還實現其本身的目的，使其操作方式符合規律，甚至他的意志也要配合這種規律的要求」(*C* I: 174)。

事實上，人異於禽獸之處為人自由的、有意識的、開創的、生產的勞動，這些特質的勞動合在一起就叫做實踐 (*Praxis*)。實踐使人與動物分開。實踐是人改變環境，跟著人本身也起變化的人類活動 (Petrovic 1967: 78～79)。

儘管早期經常使用費爾巴哈「種類本質」、「種類生活」等詞彙，可是到了 1845 年，馬克思終於揚棄費氏哲學人類學的玄思。他在〈費爾巴哈提綱〉第八條批判費爾巴哈把感性 (*Sinnlichkeit*) 只看成為省思的偏狹，而不知感性含有「實踐的人類感覺的活動」之意。此為馬克思指摘費氏把人的本質看作存在於個別人內心的抽象物，「當成內在的、靜默的，把諸個人自然聯繫在一起的普遍性」，亦即看作人的「種類」(*Gattung*)。也在這裡馬克思宣布「究其實際它〔人性〕乃是社會關係之總和」(*FS* II: 2～3; *CW* 5: 4)。

這一改變，使馬克思放棄以本質論 (essentialism) 方式討論人的本質、人的本性。取代這種看法是研究人在「社會關係」、「生產關係」、「階級關係」的作為。換言之，在〈費爾巴哈提綱〉之前，馬克思大談人的自然的種類本質和社群本質。由於人的本質與人的生存發生重大矛盾，再談本質，而忽略其生存的方式——勞動、社會關係、階級

關係──是違反現實，也是與積極尋覓科學（政治經濟學）來理解人與社會的成年馬克思之心願相左（洪鎌德 2014: 12～14）。

第五節　人與社會

在《德意志意識形態》一巨著中，馬克思與恩格斯強調生產了生存所需的資料是人異於動物之所在。生產是人活命的手段，可是生產不能排除社會的影響，蓋為了生產人人必須來往，這便發生社會的互動。馬、恩這樣寫著：

為生活而進行的生產含有兩層意思，其一為靠勞動去幹活；其二為人的生殖後代之新生命的製造。這種生產活動〔營生與生殖〕以兩重的關係展示出來：一方面是自然的〔開物成務、利用厚生〕，他方面是社會的──所謂的社會是它指涉勞動必然是數位個人的合作，不管是處於何種條件下，以何種的方式，或為何種的目的進行合作。(*FS* II: 30; *CW* 5: 43)

顯然，在此馬克思強調物質連繫作為社群從事生產活動的基礎之重要性，而不再像早前論述人種類的自然結合。因為他接著說：「很清楚明白的是，一開始人與人之間存有物質的連繫，這種連繫是受到他們的需要和生產方式所規定的。這種連繫幾乎是與人類出現在地球之日一樣古老。這種連繫卻不斷改變，而經常披上新的形式，而自具『歷史』。不管政治上或宗教上無聊的話題之存在，後者認為人的成群結黨是靠政治或宗教的力量」(*ibid.*)。

換句話說，並非宗教的信仰體系、教義、教規，或政治上的典

章制度、意識形態，使人類過群居集體的生活，而是人的物質連繫把人群緊緊綁在一起。所謂的物質連繫並非一成不變，它本身也受到人的需要與生產方式的規定。談到生產，馬克思說：「生產是個人通過或在特定的社會型態下對自然的佔有 (*Aneignung*)」(*Grundrisse* 9; *G* 87)。至於什麼是社會呢？馬克思在《政治經濟學批判綱要》(1857～1858) 中指出：「社會不是由諸個人所組成，而是表述了諸個人相互之間形成的關係、關連之綜合」(*Grundrisse* 176; *G* 265)。

　　換言之，只有在社會裡頭人方才能夠發展，也方才能夠表現他的能力與需要。是故馬克思說：「人所以是一個嚴格定義下的『市邦動物』(*zoon politikon*)❶，並不因為他是一個群居的動物，而是一個只有在社會中使自己個體化的動物……自外於社會孤獨的個人進行生產……是荒謬的，其荒謬的情形何異於個人們不住在一起、不相互交談而能夠發展出一套語言來」(*Grundrisse* 6; *G* 84)。

　　要之，自古以來，人人必須經營集體生活，成為社群的動物，這並非如費爾巴哈所說是由於「種類」在發生作用，人擁有種族的本質，這種種族的本質自然地把諸個人連繫在一起。反之，此時的馬克思則認為，是由於人類為追求生存、追求繁衍，不能不從事生產活動，而生產活動及其關係——生產關係——把人推向社會或社群裡，使他們過著集體、群體的生活。

　　但社會的關係、社群的關係卻非固定不變，而是隨著社會與經濟的形構 (socio-economic formation) 和歷史階段的變遷而變化。因之，社會關係乃取決於社會型態與歷史遞嬗，在《政治經濟學批判綱要》中馬克思指出：

---

❶　*zoon politikon* 是亞里士多德對人類的稱呼。過去譯為政治動物或社會動物都不甚嚴謹，應譯為住在市邦 (*polis*) 的動物或簡稱市邦動物。

這是愚昧的觀點，去把僅僅是外觀的連繫看成為內存於諸個人之間自動自發、自然的特徵，而無法與自然分開……這個連繫是諸個人的產品，它也是歷史的產品……普遍〔向各方〕發展的諸個人，他們之間的社會關係，正如同他們社群的關係，是隸屬於他們社群的控制，〔因之〕這些關係並非自然的產品，而是歷史的結果。(*Grundrisse* 79; *G* 162)

　　假使人性是在社會關係中呈現，而看作人物質條件的產品，那麼再談人性之常或一般的人性便非妥善。因之，馬克思不再言經常不變的人性、一般的人性，而改談在歷史過程中人性的變化與修正，這也就是成年馬克思在具體的、實際的歷史情況下討論具體的、真實的人群及其關係。換言之，他討論了人性的歷史變遷的兩個面向：人怎樣發展需要，以及發展滿足這些需要的能力 (LeoGrande 144)。

　　至今為止的人類歷史顯示，人的需要在量的方面不斷擴張，在質的方面不斷提高。為了滿足這種持續增大的人類需要，人也不斷改善其生產能力，從而生產能力也水漲船高，節節跟進。一部人類史可說是人的需要與能力的交互競爭和辯證發展。是故馬克思說：

正像野蠻人必須與自然搏鬥，俾滿足其需要，保持其生命與繁衍其後代，同樣，文明人必須在各種社會形構中與各種可能的生產方式下進行同樣〔謀生〕的活動。在他發展中，人的能力必然擴大，這是他需要擴大的結果，可是在此同時滿足這些〔擴大的〕需要的生產力也增長。(*C* III: 144)

　　利用人的需要與勞動生產力這兩種概念，馬克思在其後期的作

品中，描述資本主義時期市民社會真實的人（工人）的實際性格。在資本主義體制下，人的本性是被異化、被扭曲。資本主義的關係阻卻人發展他真正的能力，同時也損害人從歷史演進以來的真正需要。這何異說資本主義社會的基本矛盾為生產力與生產關係的衝突，而表現在資產階級與普勞階級之間的階級鬥爭。

　　資本主義社會的矛盾表現在資本家對工人的剝削、壓榨。剝削的出現乃由於社會分工與私產制度，它允許資本家在交易過程中搾取勞工剩餘的價值，這也是成年馬克思多談剝削而少談異化的緣由。當成一項社會事實，根植於特定的社會經濟形構，亦即資本主義的體制，要克服剝削，只有透過取消私產與化除社會分工一途，亦即訴諸普勞階級的革命來推翻資本主義。一旦私產制度和社會分工消失，那麼人將重獲自由，也真正得到解放（洪鎌德 2014: 14～17）。

第六節　人與歷史

　　馬克思對社會的看法是動態，而非靜態，因之他的社會觀同他的歷史觀是分不開的。德國著名的馬克思學專家費徹爾 (Iring Fetscher) 就指出，在討論馬克思的人性觀時，一個不容忽視，而事實上十分重要的面向，便是馬克思講究人的「歷史性」(historicity) (Fetscher 1973: 454)。事實上，馬克思就說過：「歷史〔人文史〕本身是自然史真實的部分——有關自然〔人〕發展為〔文明〕人的史實」(*FS* I: 604; *CW* 3: 303～304)。那麼人怎樣由自然人變成文明人呢？那莫非人開物成務，利用厚生，藉由勞動與生產，把無機的自然轉化成有機的組合——社會、社群。因之，馬克思接著說：「對信持社會主義的人而言，所謂世界的整部歷史，莫非是透過人的勞動

由人所創造之歷史。也莫非自然為人類演變的歷史，人終於擁有可資目擊與確證，亦即透過他本身而生成的紀錄，這就是他的生成過程 (*Entstehungsprozess*) 的紀錄」(*FS* I: 607; *CW* 3: 305)。

同樣馬克思便視近世文明發展史，特別是一部實業史，是人類展示其「本質能力」(*Wesenskräfte*) 翻開的書，也是一部可以感受得到存在的人類心理學著作 (*FS* I: 607; *CW* 3: 302)，論述實業對人類帶來的外表功利與內心創傷的實況。

顯然對馬克思而言，人所以成為人的歷史過程，是透過逆反、否定、異化，經由痛苦錘煉的歷程而回歸到人的本質。換言之，在歷史過程中，人的本質與存在由早期的合一，變成其後的分開，而展望未來的再度合一。只有當未來共產主義實現之後，本質與存在的矛盾、客體化與自我確認之矛盾、自由與必然的矛盾才可以解開，屆時歷史之謎也才可以破解 (*FS* I: 593～594; *CW* 3: 296～297)。

這種把人類的生成變化當成歷史來看待，是青年馬克思仍受到黑格爾觀念哲學與費爾巴哈哲學人類學影響下之觀點，當他進入成年時期後，已揚棄哲學的思辨方式，而宣稱至今為止的人類歷史都不是人類有意識、按照人的理想所創造的歷史。因之，只能當成人類的「前史」(*Vorgeschichte*) 來看待。根據《政治經濟學批判》(1859)的〈獻言〉，在「前史」中由於「經濟的社會形構」(*ökonomische Gesellschaftsformation*) 之有異，人類的歷史可分為亞細亞、古代奴隸、中古封建主義、目前資本主義等不同的社會發展階段。馬克思認為資產階級的社會之形構，將為人類社會的前史譜上句號而宣告前史的終結 (*SW* I: 504)。

的確，歷史是人類所創造的，但馬克思卻指出：「人類創造了他們本身的歷史，但並非按照他們所喜愛來創造，也不是在他們自己

選擇的情況下創造，而是在他們直接遭逢到的、給予的或過去承繼下來的狀況下去創造歷史」(CW 11: 103)。換言之，在前史中人類無法按照其心願、理想來創造一個富有人性、人道的歷史。要創造這種理想的歷史——有意識、有計畫、符合理性，為人們所開拓、所原創、所營構的活動及其紀錄——只有在資本主義體制被推翻，而代以社會主義以及更高階的共產主義之落實後才有可能。

不過，共產主義理想一旦落實，會不會是人類歷史的登峰造極，而不再向前向上發展，不再變遷，真正造成「歷史的終結」呢？對這點馬克思所持的看法是非常特別的。他不認為共產主義是人類的最終目的，事物最後的狀態。原因是共產主義並不是一個靜態的社會，而是變動不居的「發展形式」(Entwicklungsform)。

馬克思固然承認黑格爾之功勞在發現歷史運動與產生的原則是「否定的辯證法」(Dialektik der Negation)，但卻指摘後者用心靈、精神之生成變化來解釋歷史的遞嬗。馬克思說：

黑格爾的歷史觀……莫非是把精神和物質的對立、上帝和現世的對立之基督教與日耳曼教條，加以玄學的表述。這種對立之出現於歷史，意味少數知識菁英對抗著廣大的人群，也即對抗著當成物質的沒有精神〔無知〕的群眾。黑格爾的歷史觀預設一個「抽象的精神」，或稱「絕對精神」。這個精神的發展使人類成為或多或少意識的群眾跟著跑、跟著變化。黑格爾把經驗上可被認知、外觀上可以闡明的歷史，轉化成玄思的、內蘊祕義的歷史。於是人類的歷史變成人類「絕對精神」之歷史，因之，這種精神也就變成與真實的人群渺不可測的彼岸精神。(FS I: 766～767; CW 4: 85)

　　把黑格爾的頭足顛倒的辯證法重加扶正，馬克思不以精神為歷史探索的出發點。反之，他以活跳跳、生機活潑的真實個人及其社會與經濟的條件為人類歷史的前提與基礎，而追蹤人所生活的場域——階級社會以及造成階級社會的條件，亦即生產方式——之變遷，其結果得出「至今為止存在的社會之歷史乃為階級鬥爭史」的結論 (*FS* II: 817; *CW* 6: 482)。從而強調至今為止的人類「前史」，都是社會必須分裂為兩個相離開、相敵峙、相對抗的階級（奴隸主階級對抗奴隸階級；地主階級對抗農奴階級；資產階級對抗無產階級）。人一旦隸屬任何一個階級，便無法同時為另一對立階級之成員。其結果就是人的割裂。在今日資本主義盛行的時代，資產階級與無產階級的對抗不啻為資本與勞動的對抗，都標誌著人類的分裂、不統一。

　　號稱「歷史唯物主義」的馬克思之歷史觀，是指出引發社會改變和歷史變遷的動力來自社會的經濟基礎的變化。作為經濟基礎的生產力突破了生產關係，造成經濟力量的湧現（透過科技應用，以及管理技術突破，資本的累積、擴大、流通，使經濟力量膨脹），從而導致社會上層建築的典章制度、社會風氣、時代精神（也即所謂的意識形態）跟著變化。換言之，社會所以轉型和歷史所以變遷都是拜受生產方式的物質因素變化之賜。不僅經濟、生產、勞動等人的營生活動是物質力量，就是人群形成群眾，形成階級，尋求改變現實的活動，亦即改革或革命的實踐，也被視為是物質的力量。是故，推動歷史變遷的不是精神力量，而是物質力量。

　　依當代一位重要的馬克思主義者柯亨 (Gerald A. Cohen) 的解釋，一部人類的歷史就是人怎樣改善生產力來克服匱乏 (scarcity) 的歷史。馬克思的唯物史觀討論歷史上幾個主要階段人類生產方式的

起落，由原始，而古代，而中古，而現代，每一個取代前一階段的生產方式，都代表了人類生產力的節節上升。透過生產力的提昇來對付匱乏，才是人類自我實現 (Self-realization) 之途。但匱乏的存在卻經常挫敗人自我實現的努力。歷史進展的動力乃是克服挫敗的勇氣與堅持，也即不斷尋找有利於人自我實現更有效的方法、更佳的環境、更好的世界。在充滿匱乏的世界中，人只要存心達成自我實現，不能不使盡各種手段方法來改善生產力。當有朝一日富裕取代了匱乏（即馬克思憧憬的共產主義社會實現之日），人對改善環境、改造社會的生產力之抬高的興趣，會轉向本身的發展，清除阻卻個人發展的障礙。為何普勞階級最終要推翻資本主義制度，就是由於資本家到達後期的發展階段，只關心其公司、行號、階級的利益，而無視於個人求取自我發展、自我實現的關懷之故（Cohen 1978: 302～307 ❷；洪鎌德 2010: 42～43, 121～125; 2014: 181～190）。

此外，柯亨還指出，馬克思所理解的整部人類歷史，乃是「辯證的過程」。他把馬克思的歷史觀作出簡單的三分法：前資本主義時代、資本主義時代和後資本主義時代。在前資本主義社會中，人處於「不分別的團結」(undifferentiated unity) 之階段；在現時資本主義社會中，人處於「分別的不團結」(differentiated disunity) 之階段；在未來共產主義社會中，則將處於「分別的團結」(differentiated unity) 之階段。換言之，人類的勞動就經歷了「不分別的統一」、「分別的不統一」和「分別的統一」的三個階段 (Cohen 1974～1975: 26～27, 29, 235～261)。這三階段辯證的發展過程，與黑格爾歷史哲學三階段之變化生成完全一致（洪鎌德 1995b: 72; 2014: 20～21）。

要之，馬克思相信人的發展史是愈來愈使個人形成他的個性，

---

❷　參考作者國科會專題研究計劃成果報告 (1996c) p. 72 註十之說明。

是個人化的過程 (individuating process)，也是人解放的過程。所以他有關人的個人化演變的三個階段為「無異化－異化－異化的克服」，也是「無剝削－剝削－剝削的揚棄」，人的「倚賴－獨立－自主」。這就是說明馬克思的人性觀與歷史觀息息相關，無法分開的道理（洪鎌德 1996c: 79; 2014: 17～21）。

第七節　結論與批評

　　影響馬克思對人與人性的看法者無疑是黑格爾的觀念論，或稱唯心主義，也是費爾巴哈以人為中心的人本主義。這由馬克思的反覆使用「勞動」、「異化」、「種類」、「社群本質」、「需要」、「力量」等名詞可知。可是馬克思雖受到兩位前輩哲學家學說的衝擊，卻不是盲目接受。誠如法國哲學家波提傑利 (Emile Bottigelli) 所說：「馬克思從黑格爾那裡得到人在歷史演化中的理念，從費爾巴哈那裡取得唯物主義、具體的人和『人本主義就是自然主義』等等概念。可是他並非把兩位前輩的說法揉合，而是有他特定的看法。他用原創性的方法把這些思想的元素貫穿揚棄，儘管他使用了激發他思想的前輩哲人之語言字彙」(Bottigelli 1962: lxix)。

　　事實上，馬克思以哲學家身分首次接觸經濟問題時，大部分是受到費爾巴哈的唯物論對黑格爾哲學之批判的影響，但其後他又回歸黑格爾，利用黑格爾的歷史和社會觀，來批評費爾巴哈空洞的哲學人類學 (Mandel 1978: 154n.)。

　　儘管歐美馬克思學中傾向於指出馬克思早期與晚期的思想並無斷裂的現象，但我們仍可參酌阿圖舍的說法，就馬克思理論結構的變化對他思想加以分期 (Althusser 1977: 31ff., 35)。涉及到馬克思的

人性觀方面，我們可以說：他早期偏重於把人當作種類特質、異化的動物看待，後期則視人為社會經濟動物，為一個歷史性的、被剝削的勞動者。早期著作中的人之異化的理論，強調的是人的本質與人的存在的相悖離。這一異化概念稍後為馬克思棄置不用（或說少用），那是由於他開始批評費爾巴哈「種類」一名詞的抽象、含糊，牽連更多的自然屬性，缺少關鍵性的社會關連。要之，此時馬克思已擺脫「本質論」(essentialism)，不再奢談人的「本質」、社會的「本質」、國家的「本質」等等。這些涉及本質的推論是一種靜態的理解世界之方式，殊不知哲學本身也是變動不居的文化與歷史之一環，因之，無法為瞬息萬變的實在提供不變的基礎 (West 2)。

後期的馬克思少談異化，多談剝削、物化、「商品拜物教」。他這種改變表示他與費爾巴哈的人類學決裂，而回歸到黑格爾的歷史哲學。更重要的是成年馬克思的人性觀，是由於他掌握了政治經濟學的知識，深切瞭解人在階級社會裡的無助境況，而思考怎樣來幫忙人獲得解放。

馬克思的人論和人性觀有幾點缺陷，值得吾人加以檢討。首先馬克思雖然批判了黑格爾「糟粕」的純觀念論，卻保留後者「精華」的辯證法，亦即對辯證法無批評地全盤接受。當然黑格爾的辯證法早經費爾巴哈利用主體與客體的「翻轉」(inversion)，由神的辯證變成人的辯證。費爾巴哈把基督教的上帝和黑格爾的絕對精神轉化為人異化的意識。有了費氏這個「轉型批判法」，馬克思便可以把「翻轉」、「顛倒」、「扶正」的方法之應用，從宗教、哲學推擴到政治、社會、經濟等方面，由是精神的辯證法變成了物質的辯證法。於是人的意識、人的心靈遂與自然、社會、歷史統合起來。換言之，人與自然、心靈與物質、本質與存在都合而為一。人的歷史變成自然

歷史的一部分，這是由於自然終於發展為人類的緣故。至此馬克思企圖對物理客體（自然）進行哲學的思考，把隨機變化 (contingent) 的現象附屬於哲學辯證法之必然範圍中（後來導致恩格斯索性演繹一套《自然的辯證法》），把哲學附屬於科學，把實然同應然統一。這一切造成其跟隨者和批評者之困惑，這是馬克思人學引起的第一個困擾（洪鎌德 2007: 234～246）。

其次，由於馬克思對黑格爾辯證法深信不疑，使他在考慮人和人性時，視人的生成變化為整個變動不居的過程中的一部分，不斷地產生矛盾、否定、綜合（正、反、合）而沒有一點正面、肯定、積極 (positive) 的性質可言。這麼一來必定會把外頭的自然和內心的天性看作是人類的社會產品，有朝一日可被人類徹底掌握、完全吸納。其結果是成年的馬克思對人性的特殊性質加以忽視，而把人只當作社會關係的反映，或社會關係的結果。因為馬克思後期思索探究的現象，其潛在的實在不再是人，而是社會的緣故 (Kamenka 1972: 131)。

再其次，馬克思人性論的瑕疵，表現在從人的種類自我異化轉變到工人階級受到資產階級的剝削之上。把個人的自我異化轉變為人受到他人的剝削，是由於馬克思的理論結構從注視個人轉變到關切形成階級的眾人之故。早期談到異化的人去除異化的努力，含有個人爭自由、爭解放的道德意涵，可是後期談到被剝削的工人要掙脫身上的枷鎖時，強調的是推翻現存資本主義體制，亦即改變人的處境，以為環境的改變自然會影響人的改變。於是後期中馬克思有意無意間解除了無產階級工人的道德職責。這種說法是基於他後來的主張，主張人內心的自由與統一可以擴展到未來社會與自然的重歸合一，在未來理想的共同體中人類將由必然的領域躍進自由的領

域。但個人的自由與社群的自由卻是兩碼事，前者在強調人本身的一致（能力與表現一致，本質和存在一致），後者卻要求分歧（人人按其本性本能來發揮，社會充滿多才多藝的個人，也形成多彩多姿的蓬勃氣象）。因此，像馬克思那樣存心藉「革命性的實踐」，由人本身的自我實現轉變為社會整體的劇變，不但會使社會遭到損害，也可能造成個人的解體 (Chamberlain 316～320)。

　　儘管有上述的瑕疵與問題，馬克思涉及人的哲學、人的概念仍舊是相當博厚與精深。他視人在與自然接觸、與人群來往中為一個自我活動、自我意識、自我創造和自我解放的動物這種觀點，標誌著西方人本主義傳統中最富創意、最能引人遐思的理論。此外，他對人類經由主動、自由的勞動，以及經由批判、革命的實踐來揚棄異化與剝削的說法，至今依舊撼動人心。在此評價之下，馬克思的人本主義仍然有其研發開拓的價值（Hung Lien-te 1984: 38～41；洪鎌德 2014: 22～24）。

第十七章　馬克思論個人、階級與社會

第一節　前言：人是歷史和社會的動物

通常有一個粗淺的看法，認為社會是由眾多的個人所構成的，儘管社會中有家庭、學校、社團、職業團體、階級、商社、政黨、俱樂部，甚至國家等制度的存在。但這些中介團體，卻是由個人的參與、經營而使其具有社會機構、社會組織、社會制度等等的屬性。由是看得出個人的重要性。

人不只活在社會中，人更是活在歷史裡，可是「歷史什麼也不做，它既不佔有龐大的財富，也不進行戰鬥。〔反之，〕只有人，真實的、活生生的人在做所有這類的事情，是人在佔有〔財富〕，是人在進行〔戰爭〕，『歷史』並不是一個外在的人身，把人當成工具來實現它特殊的目的。歷史無他，不過是人追求其目標的活動」(*FS* I: 777; *CW* 4: 93)。以上是馬克思與恩格斯在《神聖家族》(1845) 中所說的話（洪鎌德 2007: 404）。

其實，這種說法，馬、恩兩人又在合撰《德意志意識形態》(1845～1846) 的長稿中提起：「人類歷史的第一個前提，當然就是活生生的人類個體之存在。換言之，第一項要建立的事實乃為這些個人們軀體方面的組織，以及他們與其餘的自然界之間的關係……所有歷史的紀錄都必須從這些〔地質學的、水文學的、氣候學的〕自然基礎出發，也應該從在歷史過程中人行動的改變出發」(*FS* II: 16; *CW* 5: 31)。

馬克思認為，人異於禽獸的所在不僅是人有意識、有宗教、會

思想、會講話，更重要的是「人在開始生產其生存資料的那刻間，他便有異於其他動物了……在生產他們生存的資料之際，人間接也生產他們物質的生活」(*ibid.*)。馬、恩認為，人如何自我界定跟人生產什麼東西、如何生產有關。這一說法相當引人遐思，其迷人之處正由於這句話的模糊性，使後人可以隨便聯想，自作解釋 (Schmitt 14)。

當馬克思指出人們透過生產而創造他們本身時，很容易使我們看成「男人和女人，各以個體的身分造就他們本身」。因之，個人的成功固然是個人的好運才能造成的榮耀，個人的失敗也被看作個人的不幸與無能造成的結果，這種說法便是資產階級個人主義的張本：認為追求個人的成就，打破個人遭逢的阻礙，讓政府管得愈少愈好，完全放任無為的政府便是好的政府。這麼一來，人的成敗好壞完全由個人負責，彷彿與社會無關。但這種說法非馬克思與恩格斯所贊同的。兩人都在考察與分析個人與社會，指出資本主義體制下，不少勞工儘管才能不低、工作勤快，收入卻很少，甚至難逃飢寒貧病的煎熬。由是可知，人儘管追求自我創造，但自我創造的結果未必是符合個人的願望和社會的期許。換言之，自我創造的原則只能應用到人類全體，而不是個別人的身上。

另外，馬、恩兩人也不認為任何個人只要自信滿滿便會人定勝天，只要勤勞工作，節儉生活，正面或積極地思考，自信信人，信仰神明，便可無往不利，大富大貴。這是道德家、牧師、醫生、心理分析師的觀點，為馬、恩兩人所不取。

因之，當兩人提及人們透過生產而創造自己時，這些人們不是你我這樣可以分辨獨立的個人。「諸個人在軀體上和心靈上各自成形各自分開，而造成彼此，但他們不製造其本身，一如布魯諾〔鮑爾〕的胡說」(*FS* II: 44; *CW* 5: 52)。

　　換句話說，人要能夠存活，要成就自己，絕非靠個人離群索居，單獨活動，如魯賓遜那樣漂流於孤島上可以辦到。反之，任何涉及人的活動，特別是生產活動，都牽連到社會上其他的人，亦即生產的特色就是帶有群體活動的社會生產，也是在社會關係中進行的生產。馬克思與恩格斯說：

生命的產生，表現在兩個方面。一方面是透過人的勞動〔俾謀生〕；另一方面靠著生殖而製造一個新鮮的血肉之軀。由是可知生命的產生包含兩層關係，其一為自然的關係〔一個生命產生另一新生命〕，另一為社會的關係。談到社會關係，我們是指數位個人的通力合作，不管這種合作是在何種狀況下進行，如何進行，為何種目的而進行。(*FS* II: 30; *CW* 5: 43)

　　這就說明不是任何一個孤獨的個人可以進行生產事宜，任何的生產，包括生產一個嬰兒，也涉及男女兩造，更何況生產人類生存所需資料，更有賴集體創造一個 「合作的方式」 (*Weise des Zusammenwirkens*; mode of cooperation)。

　　在 《政治經濟學批判綱要》（1857～1858 ，簡稱 《綱要》，*Grundrisse*） 中，馬克思又指出：「社會不是由諸個人所組成，而是表述了諸個人相互之間形成的關係、關連之綜合」(*Grundrisse* 176; *G* 265)。

　　易言之，只有在社會裡頭，人方才能夠發展，也方才能夠表現他的能力與需要。在這層意義上，我們看出馬克思是贊成在社會中、在歷史裡，人發展其 「個體性」 (individuality)。但他反對以個人來解釋社會現象，亦即反對 「個人主義」 (individualism)。原因很明

顯，他說：「人所以是一個嚴格意義下的 『市邦動物』 (*zoon politikon*)〔過去翻譯為政治動物、社會動物不甚妥切〕，並不因為他是一個群居的動物，而是因為他是一個只有在社會中使自己個體化 (individuate) 的動物……，自外於社會孤立的個人進行生產……是荒謬的，這何異於人們不住在一起，不相互交談，而能夠產生一套語言〔一樣的荒謬〕」(*Grundrisse* 6; *G* 84)。

馬克思強調，人類的發展是由個人之個性的隱晦，逐漸變成個人個性的彰顯，最明白清楚的表述為他的遺稿，經過恩格斯整理而由考茨基出版的《剩餘價值理論》第二卷（1905 年初版，英譯版本 1968, 1975 年）。

在這一著作的第九章，馬克思稱：

儘管一開始人類能力的發展是在犧牲大部分的個人，或甚至犧牲階級之下進行，可是到頭來人類打破這種〔犧牲眾人以成全人類能力發展的〕矛盾，而與個人的發展相搭配、相符合。因之，個體性更高的發展，只有在歷史過程中才能獲致，而在此歷史過程中個人卻要為人類界全體的利益做出犧牲，這就如同在動物界與植物界一樣，〔其種類之發展〕以犧牲個體來達成。蓋種類的利益只同某些個體〔的利益〕相搭配、相符合。就因為這種搭配與符合，使得這些得天獨厚的個人〔或個體〕獲得力量。(*TSV* II: 118)

這段話也顯示馬克思認為世界史乃是人類能力的發展史，它的開展、營運一直要到階級社會消失之時。這種人類全體發展的趨勢，不是個人可以隨便加入或退出，隨意促進或阻卻的。這就是所謂的不依個人的意志，不受個人之左右，「在人的意志之外不可或缺和獨

立的」社會關係 (SW 1: 503)。

　　不過隨著資本主義的消滅，人類將進入一個發展更高的階段——社會主義社會，甚至共產主義社會，屆時聯合的個人，在一個無階級、無剝削、無異化的社群中，透過社群的計畫、監控、合作，可以使個人發展為圓熟、多才多藝的個體性，而獲得人的自我實現、人的解放和真正的自由 (Lukes 1985: 256)。這也是馬克思與恩格斯在《共產黨宣言》(1848) 第二節的結語：

取代舊的資產階級社會，取代這個社會的階級和階級敵對，我們將擁有一個組合 (Assoziation)，在此組合裡每個人的自由發展成為所有人的自由發展的條件。(FS II: 843; CW 6: 506)

第二節　個人與個人主義

　　要之，馬克思對個人的看法有兩種不同的態度。一種是哲學家的態度；另一種是科學家的態度。正如同十九世紀初德法的哲學家都流行談論人性、人的開化、教育、宗教、道德等等問題，馬克思也以歷史哲學的眼光大談個人發展作為歷史發展的基礎。可是當馬克思揚棄哲學的思辨，改用科學的分析時，他不再以個人的言行思維，個人的意向、態度、信仰來解釋社會現象。反之，他視人的目的、態度、信仰是一項有待加以解釋的事物 (explanadum)，而非藉此來解釋別項事物的解釋者 (explanas)。

　　由於馬克思對意識形態的批判，因之他認為以個人的觀點來討論社會現象的個體闡述理論 (individualistic theories)，或以個體闡述

的思想方式 (individualistic modes of thought)，特別是把這種理論或思想方式擺在抽象的層次，而失掉其歷史脈絡，都是魯賓遜式 (Robinsonades) 的虛幻想法。原因是，這些天馬行空的玄思背後潛藏著人的社會關係。只有社會關係才能解釋個人的想法和作為。

顯然「人並非蹲在世界之外的抽象物」(*FS* I: 488; *CW* 3: 175)。因之，馬克思就批評費爾巴哈把宗教的本質化約為人性，而進一步把人性視為內在於個別的個人抽象物 (*Abstraktum*) 是錯誤的。「究其實際，它〔人性〕乃為社會關係之總和 (*das Ensemble der gesellschaftlichen Verhältnisse*)」(*FS* II: 3; *CW* 5: 4)。既然個人必須生活在社會，那麼尋求良好的社會 (the good society)，建構一個理想的共同體，成為馬克思與其同代哲人的美夢。認為只有在美好的社群中，一個不再是支離破碎的人、分裂的人，而是人格發展圓熟、可以向多方面求取發展的全人 (*totaler Mensch*)，亦即多才多藝的人便可出現。這種共同體與新人類的夢想，正是十九世紀上半葉德國浪漫主義的特徵，而馬克思的想法也脫離不了浪漫主義思潮的衝擊（Lukes, *ibid.*；洪鎌德 1983: 2～5; 2010: 217～218, 340～341）。

像黑格爾或黑格爾門徒把國家、社會當成主體看待，當成一個超乎個人的超人身 (superperson) 看待，以為國家或社會自具人格，有其需要，有其目標，都成為後來集體主義 (collectivism) 的張本。集體主義常要求犧牲個人的權益，以滿足國家的需求，社群的需求，成為壓制個人的自由、犧牲個人的福利之專制政權施政的手段。在本世紀當中，右派的集體主義就是法西斯主義和納粹主義，左派的集體主義就是共產主義、馬列主義和激進的社會主義。左派師承的是馬克思的教訓，因之，造成人們的錯覺，以為馬克思所主張的是集體主義。

　　須知 1840 年代馬克思與恩格斯便大力抨擊左派黑格爾門徒的意識形態，認為後者是錯誤的意識，是誤把社會當作超人身看待。可見馬、恩是反對集體主義的。然而，馬、恩對集體主義的拒斥，並沒有使他們掉入另一極端的陷阱——個人主義。儘管近世西洋的政治哲學，從霍布士、洛克、盧梭等社會契約論開始，經過邊沁的功利主義至穆勒的自由主義，都逐漸發展出一套個人主義來。

　　依個人主義的說法，我們在分析社會體系、歷史傳統、共享的社會生活之道的時候，可以由討論個人的動機、信念和行動來解釋集體的社會現象。換言之，集體性的社會生活可由組成該社群之成員，亦即個人之言行心向而得到瞭解。相反地，個人主義理論者反對用社會的脈絡來解釋個人的行為，認為此舉既抓不到重點，有時還會失誤。

　　顯然，馬克思是反對上述個人主義的說法。更何況個人主義隨資本主義體制的產生變本加厲。在這個工商發達的體制裡，個人與個人之間的關係愈趨疏遠，個人與社會的牽連益形淡薄。個人似乎逐漸地從社會脈絡中獨立出來。這種個人獨立於社會脈絡而發展的情形，乃是近世的現象，為歷史上所未曾有。在《綱要》一長稿中，馬克思說：

我們追溯歷史愈長，愈感覺個人，也就是從事生產的個人，幾乎是不獨立的，愈是需要倚靠。他總是隸屬一個較大的整體：首先以比較接近天然〔血緣〕的方式，他隸屬家庭。然後把家庭擴大為氏族，之後人隸屬於諸多氏族的對峙與合併所形成的群落社會 (*Gemeinwesen*; communal society)。只有在十八世紀出現的市民社會中，社會結合的諸種形式以外在的必要 (external necessity) 的姿態迎

擊個人，並成為個人追求私自目的之單純手段。可是產生這種情景的時代，也就是產生孤獨、零碎的個人的時代，（就一般的觀點而言）卻是至今為止〔人類〕發展最高的社會關係。嚴格言之，人類乃是「市邦動物」(*zoon politikon*)，不僅是合群的動物，更是在社會中能夠把自己個人化 (*sich vereinzeln*; individuate) 的動物。(*Grundrisse* 6; *G* 84)

第三節　個人主義與集體主義

換言之，只有在工商業發達的十八世紀之後，個人生活在市民（民間）社會中，為了追求私自的經濟利益和財富，使過去隸屬於家庭、部落、社區、社群的個人，相互當作假想敵與競爭的對象，於是過去血緣、地緣、業緣等等自然連結的關係，轉化成競爭敵對的關係。這也是在《綱要》裡，馬克思所言的：「在這個自由競爭的社會中，個人好像脫離自然的臍帶及其他連繫。須知這些臍帶、連繫在早期是造成個人隸屬某一確定的和有限的人類團體之一員」(*ibid.*)。

由是可知，所謂個人或個人主義都不是人類歷史上恆常不變的事物；反之，是在時間過程中所呈現的社會現象。這也就是每個時代、每個族群怎樣來界定本身為何種人的因由。那麼在資本主義制度下，人的本質究其實際不過是社會關係之總和，是以馬、恩說：「例如放高利貸維生的金主、資本家及其他等人並沒有喪失他們的人身 (*Personen*; persons)，但他們的人格 (*Persönlichkeit*; personality) 卻是被其一定的階級所制約與決定」(*FS* II: 79; *CW* 5: 78)。

　　換言之，放高利貸者、資本家都是特定的個人，但卻具有特別的人格特質，這些人共通的人格特質就是敢於冒險、競爭性強、賺錢的慾望特大、貪婪之心凸顯，這些都是特定社會的產物，也是特定歷史的產物。

　　儘管馬克思與恩格斯不同意社會的團體（社群）可以藉超人身的身分進行社會活動，自具意向與目標，但他們卻也認為社群成員的個人之一舉一動，也會造成該社群的變動。反過來該社群成員──諸個人──的行為，也受到該社會環境的塑造和影響。

　　儘管有人（像 Jon Elster）解釋馬克思時而贊成集體主義，時而贊成個人主義 (Elster 1985: 5)，但本人卻同意施密特 (Richard Schmitt) 的說法，馬克思對兩者都有意見：既排斥集體主義，也反對個人主義 (Schmitt 20～21)。馬克思主張的是人應擁有個性 (individuality)，這種個性的發揮是要靠真正社群 (*Gemeinwesen*) 的建立才有可能，而且個性並非限於單一的、獨特的、與群體不相容的個人特質，而是能夠使人在各種方向、各種方面得以發展的完人之特質。早在《德意志意識形態》中，馬克思與恩格斯便指出：

只有在社群 (*Gemeinschaft*) 中，每一個人才擁有資料〔手段、工具〕可以發展他各方面的才華；因之，個人的自由只有在社群中才變為可能。(*FS* II: 78; *CW* 5: 78)

　　就在這裡馬克思談到「個別的個人建立了階級，當他們與其他階級進行共同的鬥爭之時，亦即彼此敵對而又具競爭的狀態之時」(*FS* II: 77; *CW* 5: 77)。因之，我們進一步要討論人何以具有階級屬性，以及人與階級的關係。

第四節　階級社會的出現與發展

　　除了原始公社與未來共產主義的社會之外，無論是古代的奴隸社會，中古封建主義的社會，還是當前資本主義的社會，都是階級社會。由是可知人類大部分的歷史，呈現為階級的歷史，也是階級的鬥爭史。人為階級的動物，也是階級鬥爭的動物，這就十分明顯。

　　階級成為馬克思學說的中心，儘管馬、恩兩人都不曾對什麼是階級，階級有何特別的屬性，階級怎樣產生，階級怎樣分類，作一個有系統、清楚、確定的解釋。不過從他們浩瀚的著作中，我們仍舊可以理出幾個重點，來瞭解作為人與社會的中介之階級，在馬克思主義的體系中扮演何種角色。

　　首先，馬克思在大學時代致其父親的信 (1837.11.10) 上便指出，他在受到康德與費希特觀念論的滋潤之下，發現眾神並不存在天上，而是活在人間。因之他追求「存在現實中的理念」(*FS* I: 13; *CW* 1: 18)。這些活在現世的眾神無疑地隱涵著古今東西方的人類，特別是形成階級、經營群體生活的人類。顯然青年馬克思認為普勞階級的崛起是一股新興的政治勢力，它致力於人類解放的鬥爭。為了理解普勞的歷史角色，馬克思開始對現代社會的經濟結構和經濟發展進行研討。就在 1843～1844 年之際，恩格斯由於長期研讀政治經濟學，也得到同樣的結論，而將其觀感發表於《德法年鑑》(1844) 和專書《英國工人階級的條件》(1845)。正是初期資本主義社會的階級結構以及階級鬥爭構成了馬、恩唯物史觀❶的一個面向。稍後馬、

---

❶　馬克思和恩格斯的唯物史觀或稱歷史唯物主義，其另外一個重要的面向為說明社會是由經濟基礎與上層建築合構而成，經濟基礎（特別是生產方

恩把階級衝突當成歷史的推動力，逐漸擴充發展唯物史觀的理論。以致在《共產黨宣言》(1848) 中，兩人宣布「至今為止的人類社會之〔有記載的〕歷史乃是階級鬥爭史」(*FS* II: 817; *CW* 6: 482)。

其次，就在《德意志意識形態》一書中，馬、恩發現階級的存在就是資本主義社會獨一無二的特徵。在他們看起來「階級本身是從布爾喬亞誕生出來的」(*FS* II: 79; *CW* 5: 78)。不過，人類在尚未邁入現代資本主義時代之前，其階級的狀況是怎樣呢？

在中古時代，由於個別而又分開的城鎮的公民和個人們為了反對共同的敵人——地主貴族階級——而進行溝通、串連。其後通商的發達和溝通的頻繁促成中產階級的產生。他們擺脫封建勢力的羈絆，發展獨立的個性。尤其是個別城市的相互交通互換產品，也創造了有利階級出現的條件。同樣的條件和同樣的矛盾（地主與中產階級的矛盾）集合了同樣的風俗習慣，於是就有一個新興的階級——布爾喬亞——的崛起。它雖然最先分成各種派別與小單位，最終還是把所有擁有財產的階級結合吸納起來，但在同時也就創造了一個與布爾喬亞完全對立的無產階級、普勞階級。這些階級的成員，或是本無恆產，或是原有財產喪失而淪落為普勞階級。其結果是在大規模工業化起步走動的時刻，使布爾喬亞把他們的財產轉化為工商業的資本。

馬、恩認為，分開的個人所以形成階級，乃是當他們為了對抗其他的階級而進行共同的鬥爭之緣故。不然的話，諸個人彼此還是在進行敵對的競爭。階級一旦形成便以獨立的姿態來對抗其成員——諸個人——於是成員發現他們的生活條件早已被階級成分所

式）的變遷，帶動上層建築（典章制度、思想、社會風氣、時代精神）的變化，最終促成整個社會形構變動，也就造成歷史的遞嬗進化。

決定，階級不但賦予個人社會地位，也決定了諸個人的人生途程。換言之，人便被迫從屬與融化在階級裡頭。這種情況與個人屈服於社會分工是相似的。換言之，個人如要擺脫分工，只有從分工獲得的利益之法律保障——私產——加以取消才有可能。同樣個人要擺脫階級的控制，也只有取消階級的存在（再也沒有任何階級將其特別利益視為對抗統治階級之利益的時候）。但無論如何，個人一旦隸屬於階級，所有與階級有關連的理念、制度、意識形態，也把個人收編進去 (FS II: 77～78; CW 5: 76～77)。

工商業、分工、生產與交換日用品，決定了社會階級的分布和結構 (FS II: 26～27; CW 5: 40)。特別是社會分工和財產的形式導致社會階級的分化 (CW 5: 32～33, 46, 52～53)。個人既隸屬於一個階級，則私自的個人和階級的個人有何不同呢？在馬、恩看來，只有當階級出現之後，個人所遭逢的生活條件成為一種非必然的，而是偶然的特質。個人生活條件的偶然性本身就是產自於布爾喬亞。原因是布爾喬亞階級成員，亦即諸個人，為了追求金錢財富利潤，而不惜施展渾身解數，展開與別人的奔競和鬥爭，於是其生活條件隨時都有發生意外的可能，這種布爾喬亞生活不穩定，更表現在同無產階級的敵對之上 (FS II: 78～79; CW 5: 78～79)。

儘管在《共產黨宣言》中，馬、恩談到至今為止的社會都是階級社會，其實他們也知道真正的階級是在當代資本主義社會崛起之後才出現，才強化的。因為他們知道，在早期，特別是初民社會，人與人之間的分別、對立和衝突，可能多半是社會地位群體之爭，而非真正的階級鬥爭。他們說：「在歷史的早期，我們發現差不多到處都有社會複雜的安排，將社會分成不同的層級，亦即社會上下階層的多層分別……。只有至布爾喬亞的時代，社會才有明顯的特徵

顯示逐漸分裂為兩個敵對的陣營，也就是相互面對的兩大階級——布爾喬亞與普勞階級」(*FS* II: 818; *CW* 6: 482～485)。

第五節　階級屬性與類別

馬克思在《路易‧波拿帕霧月十八日》(1852) 一書中，曾對階級有比較清楚的界定，他說：

當百萬個家庭生活在生存的經濟條件下，造成他們生活型態、他們利益和他們的文化從其他的階級分開來，而且造成他們與別的階級相對敵之時，也就是他們型塑階級的時候。不過如果他們只像〔法國〕小農夫們之間的地方聯繫，而他們的利益之認同並不產生團結一致，沒有全國性的聯合，也沒有政治性的組織，則他們並不在型塑〔建造〕階級。(*CW* 11: 187)

從上面的引言可知，馬克思所指的階級牽連到人群的經濟生產形式、利益的認同和文化的表現，而全國性的聯合與政治組織，更是形成階級的一個重要因素。

至於在資本主義社會中，個人以何種的身分或面目出現在社會中呢？對此問題馬克思的回答便是《資本論》第一卷開頭的話：「在這裡〔資本主義的社會中〕諸個人是這樣被看待的，只要他們是經濟範疇的人身化，也是特殊階級關係和階級利益的具體化」 (*C* I: 20～21)。換言之，在資本主義社會中，每個人都是以經濟範疇（直接生產者、控制與擁有生產資料的有產者），或是階級關係和階級利益持有者之身分出現。這表示當代人無法拋棄階級的屬性。

此外，馬克思在《哲學的貧困》(1847) 中，為階級的存在與分類作了另一番說明。他說：

經濟條件首先把全國的民眾轉化為工人群眾，資本的宰制為這些群眾造就一個共通的情況，一個共通的利益。於是這些群眾變成了反對資本的階級。但這時尚非自為〔階級〕。只有在鬥爭中（先前我們已指出鬥爭經歷幾個階段），群眾才會團結，並把自己構成自為階級。他們所衛護的利益就變成階級利益，但階級反對〔另一〕階級的鬥爭乃為政治鬥爭。(*EX* 159～160; *CW* 6: 211)

由是知馬克思分辨了自在階級 (class-in-itself) 和自為階級 (class-for-itself)，前者只具階級的客觀屬性，只知與別的階級有分別，乃至敵對。後者則把這種分別與敵對轉變成政治組織與政治鬥爭。

在《資本論》第二卷最後一章（第五十二章）中，馬克思問什麼構成階級？他的回答是先要問三個社會階級——勞工、資產和地主階級——靠什麼收入維生。這就是說三個大的社群，其成員是由個人形成的，尤其以收入來源來規定他們隸屬何種階級。換言之，吾人可分辨出靠薪資維生的工人階級，靠利潤維生的資產階級和靠地租維生的地主階級 (*C* III: 885～886)。

基本上馬克思把資本主義社會兩個針鋒相對的階級——資產階級（布爾喬亞）和無產階級（普勞階級）——概括化、兩極化。其實他並非不瞭解除了這兩大敵對階級之外，尚有其他中間階級的存在。因為就在《資本論》第三卷的末章討論收入作為階級劃分的依據之時，馬克思說：

在英國，現代社會中論經濟結構毫無疑問是發展最高級，也可以視為古典的〔可以權充模範的〕。可是在這裡階級的層化並沒有出現在其純粹形式裡。中產和其他中間階層 (strata) 甚至處處還把〔階級的〕界限混淆（儘管鄉下沒有城市那般明顯的混淆），這不是可提供吾人分析的資料。(C III: 885)

以上的引言表示，連階級分化最明顯的工業先進之英國社會，也有中產階級和中間階層的出現。這點證明馬克思不是只看到社會兩個極端趨勢的階級之存在。同樣，在《資本論》第四卷，亦即所謂的《剩餘價值理論》第十七章中，馬克思坦承為了他初步研究的方便，不得不拋開其他的考慮。不過他也承認「社會的建構，絕非只有工人階級和工業資本家的階級而已」(TSV II: 493)。

第六節　普勞階級與階級鬥爭

在批評李嘉圖忽視中產階級的壯大時，馬克思說：「他忘記強調中產階級的數目在經常增加中，蓋中產階級是處於工人同資本家和地主之間。中產階級是靠著其收入的不斷增加以維生，他們倚靠勞動的基礎，但同時增強上層社會高層者的社會安全和權力」(TSV II: 576)。又在同書的第十九章，馬克思嘲笑被譽為「深刻思想家」的馬爾薩斯，「最大的希望……就是中產階級能夠大量增加，而工人階級則在全部人口的總數中比例下降（儘管人數不斷增加）。事實上，這就是資產階級社會的趨勢」(TSV III: 63)。

儘管中產階級的存在與坐大，卻沒有使馬克思輕忽對社會發展為兩大敵對陣營、兩種相互對抗的階級之注意，尤其他特別關懷無

產階級、普勞階級。早在青年時代，他批判黑格爾哲學的導論 (1844) 中就指出何以普勞階級可以取代黑格爾把官僚階級視為普泛的、寰宇的 (universal) 階級，他說：

一個階級必須形成，它身上繫有沉重的鎖鏈。它是在民間社會中的一個階級，卻非民間社會的階級，是一個促成所有階級融化消失的階級。它是社會的一個圈圈，卻具有普遍、寰宇的性格，蓋外頭加給它的冤枉，不是一個簡單的、特殊的冤枉，而是罪孽深重的冤枉。它構成了社會的一圈……這一社會圈最終如不打破其他種種的社會圈，不使其他的圈圈得到解放，它本身就不得解放。換言之〔必須置於死地而後生〕，這一社會圈〔之存在〕乃是人類的徹底喪失，只有當人類獲得徹底的救贖，這一社會圈才能得救，這個造成社會解散的特殊階級，乃是普勞階級。(FS I: 503～504; CW 3: 186)

除了因為普勞階級是當代資本主義社會受害最深最重，飽受冤枉虐待的人群之外，馬克思所以站在普勞階級反抗的立場，不僅是基於他的人本精神和人道主義，也由於「過去歷史運動都是為了少數人的利益所推行的少數人之運動。〔但如今〕普勞〔革命〕運動卻是自我意識、廣大多數人的獨立的運動，也是為多數人的利益而展開的運動。現代社會最低層的普勞階級無法不騷動，不出人頭地，假使官方的作威作福的上層社會不加以爆破推翻的話」 (FS II: 831; CW 6: 495)。

除了認為普勞階級人數眾多，值得同情之外，馬、恩兩人視工業時代的普勞階級具有以下幾個特徵：⑴認知論上，普勞在社會中提供一種理解社會崛起的整體之觀點 (perspective)；⑵政治上，在民

主時代中，普勞人數的增多可以產生更大的力量；⑶社會上，在資本主義生產方式下，普勞擁有結構上的主導勢力，可以改變社會；⑷歷史上，普勞的物質利益難以滿足其需要，而思社會秩序之改變 (Meister 24)。從而馬、恩支持普勞對抗布爾喬亞。

因之，馬克思與恩格斯遂號召各國的普勞階級，起來鬥爭其本國的資產階級（洪鎌德 2010: 204～207, 322～326; 2014: 36～39）。

在階級社會中，不僅有剝削，也有宰制之存在，因而引發了階級間的敵對、衝突和鬥爭，階級鬥爭是存在於擁有與不擁有生產資料的兩個重大敵對階級之間。在古代為奴隸階級與奴隸主階級之間的鬥爭；在中古則為農奴階級與地主階級的鬥爭；在現代則為資產階級與無產階級之間的鬥爭。

階級鬥爭乃為歷史進程中直接的推動力量，尤其是布爾喬亞和普勞階級之間的鬥爭成為現代社會轉型的權力槓桿。階級鬥爭穿梭階級社會經濟、政治和意識形態諸領域，而且具有各種各樣的形式。顯然階級社會任何的部分無法能夠為人們明瞭，假使我們不從階級鬥爭的觀點來加以分析的話。就連宗教、藝術、哲學、科技的發展與變化之背後也隱藏階級鬥爭的影子。不過在所有的階級鬥爭中，最明白、最直截了當的莫過於政治權力的搶奪。難怪馬克思和恩格斯要在《共產黨宣言》(1848) 中指出，「每項階級鬥爭都是政治鬥爭」(*FS* II: 828; *CW* 6: 493)。

第七節　個人、自然、社會

正如前面我們談到個人時，指出馬克思引用亞里士多德的話，強調個人不能離群索居，人是一個住在市邦中的社會動物，亦即個

人必須進行勞動與生產，而勞動與生產是人類集體的活動，也就是社會活動。「只有在社會當中人類才能呈現其個體（*sich vereinzeln*，個體化）」(*Grundrisse* 6; *G* 84)。

不過，社會是不是外在於個人而又對個人產生脅迫、強制的一股力量呢？馬克思在《經濟學哲學手稿》中稱，「正由於社會產生了作為人的〔個〕人，社會也是由人產生的。無論就內容與存在形式而言，〔生產〕活動和享樂都是社會的：社會活動與社會享樂。自然呈現給人類的面向完全表現在社會人之上……社會乃為人與自然完全的結合，也是自然的真正復活，乃是完成的人類之自然主義和自然的完成之人本主義」(*FS* I: 596; *CW* 3: 298)。在這段充滿浪漫情懷與神祕色彩的話語裡，在企圖把社會視為天人合一的場域之後，馬克思對社會和個人之關係，有比較合情合理的解釋。他說：

就算我單獨在進行科學的研究，與別人的合作無關，但我的工作仍舊是社會的，因為我是以人的身分在進行工作的緣故。不只我活動的資料──就像思想家使用語文去思維一樣──是社會的產物，我個人的存在都是社會的活動。我從我自己裡頭造成怎樣的一個人，也就是我為社會造就自己是何等的人一樣，也就是社會的意識造就我的意識。我的一般意識其實就是真實的社群本質和社會意識的一部分，是它們化成我身上一種理念的樣式……儘管今天人們把理念樣式看成實際生活的抽象……因之最要緊的是避免把「社會」再度當成有別於個人，或與個人相對立的抽象物來看待。(*FS* I: 596～597; *CW* 3: 298～299)

從上面的引言我們發現，馬克思不但不把社會與個人對立起來，

反而強調個人生活於社會當中，不該把社會當成一個抽象物來對抗個人。此外，他又把社會同自然視為一個連續體的兩個面向，彼此並不對立。社會與自然所以能夠和諧、連貫、通融，是由於人類扮演中介的作用。人是自然的產物，本身仍具自然的屬性（天性），人的存活完全依賴自然。作為自然的一部分，人的開物成務、利用厚生都與自然息息相關。但人又是社會動物，其活動是社會活動，其結合的社群也靠自然提供場域和方便。馬克思所強調的人之生產（無論是謀生幹活，還是生殖繁衍）都是自然的活動，也是社會的活動，是結合自然與社會為一體的活動 (*FS* II: 30; *CW* 5: 43)。

　　馬克思這種強調社會與自然為一體的說法，是與向來社會學家只討論社會不計及自然的主張完全不同，也就因為傳統社會學把社會當成一個自主獨立的現象加以研究，因之，不像馬克思在討論社會時，必定把生產活動、經濟過程、財貨關係等等當成主題來考察。這就造成寇士 (Karl Korsch) 認為馬克思有關社會的科學，不是社會學，而是政治經濟學（參考 Bottomore 1991: 504）。

　　馬克思討論社會，除了強調個人與社會之不可分，以及社會與自然為一體之外，還有第三個特點，那就是認為「社會的型態」(types of society) 是隨著人的勞動，也就是社會與自然之間的關係之歷史變化而改觀 (*ibid.*)。社會型態一旦改觀，人類的社會關係也跟著改變。所謂的歷史變遷之過程包括兩個方面，其一為生產力，亦即科技的進展、管理方法的改善等等；其二為分工的繁雜細密，也就是人際社會關係的變化，這也構成生產的社會關係。

　　這兩種方面的發展，在一個社會中常出現或快或慢不等的現象。由於生產力的變化比生產關係的變化來得快，於是兩者發生齟齬，社會的矛盾加劇，造成生產方式的改變，也就可以分辨出亞細亞生

產方式、原始公社、古代奴隸、中古封建和當代資本主義之不同的
生產方式，由是社會的型態也跟著改變，由奴隸社會變成封建社會，
再發展為資產社會。這就是馬克思在《政治經濟學批判》一書的〈獻
言〉中所提及的「社會經濟形構進化的階段」(*SW* 1: 504)。社會由
一個階段進化到另一個階段，都是因為生產力突破生產關係所造成
的暫時穩定（平衡）狀態，這便涉及了馬克思的唯物史觀。

第八節　社會經濟形構

　　值得注意的是，社會既然因為在歷史過程上產生不同的變遷，
而呈現不同的型態，那麼人們就不該把社會當作一個一成不變的事
物看待。在此情形下再使用「社會」(*Gesellschaft*; society) 或「社
群」(*Gemeinwesen, Gemeinschaft*; community)，似乎不若使用「社會
形構」(*Gesellschaftsformation*; social formation)，或更明確地使用「社
經 形 構」 (*ökonomische Gesellschaftsformation*; socio-economic
formation) 更能表達馬克思對變化多端的社會之理解。

　　有史以來，人類社會可以隨生產方式的不同，而分為原始公社、
奴隸、封建、資產和共產（其初階為社會主義）五種循序漸進的社
會型態（偶然馬克思又增加亞細亞的生產方式之亞細亞社會，於是
社會型態共有六種）。

　　依據馬克思的譬喻，社會可以視為兩層樓的建築，那就是包括
經濟基礎 (*ökonomische Basis*) 和意識形態的上層建築 (*ideologischer
Überbau*)。試以金字塔的圖樣來表述出來：

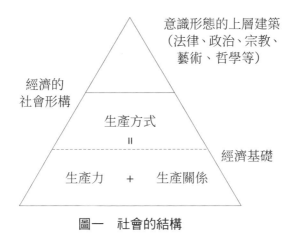

圖一　社會的結構

資料來源：Marx, 1859, 1969 *SW* 1: 503～504，由作者繪製。

　　生產力是指生產的工具、器材、資料（土地、資金、人力、原料、科技、管理方式、創新理念、資訊等）而言，目的在藉這些力量之存在而創造財貨與勞務，滿足人的需要。生產關係則牽涉到在貨品生產過程中，生產者（包括流通者、分配者、消費者在內）之間的互動關係。由於生產者分為直接生產者與間接生產者，也因為是否擁有生產資料的所有權，故在法律上生產關係也是一種財產關係。生產力和生產關係的結合顯示貨品生產的方式，是故兩者又構成了生產方式。顯然生產方式與社會形構並非一而二，二而一之物，兩者還是有所分別，亦即社會形構包涵了生產方式，此外也包括反映生產方式的上層建築。

　　生產力與生產關係之間存著一種辯證的互動。有怎樣的生產力，就會有（與之搭配、與之相符合）怎樣的生產關係存在。換言之，生產力的進展情況規定了生產關係的性質。由於生產力（通過發明、發現、技術改進、知識提昇、大規模生產方式的使用）大幅度激增，

以致與原來配套符合的生產關係陷入齟齬矛盾中。於是生產力與生產關係的衝突，導致生產方式的改變，也是造成社會動盪不安，革命爆發的原因。社會由一個生產方式變化為另外一個生產方式，就是社會結構的基礎（下層建築）發生動搖變化之時，其結果社會的基礎整個發生變化，連帶造成上層建築的變化，整個社會形構也隨之發生變化。這就是何以我們發現人類歷史上出現了五種至六種社會型態的因由（以上參考洪鎌德 1983: 151～169; 2014: 312）。

第九節　社會與社群

　　至於馬克思是不是分辨社群與社會的不同，在閱讀他的著作中，作者的感受是他對這兩個詞彙雖常混用，但仍有分別。馬克思將社會一詞當作普遍的、歷史的人群集體之通稱。他使用社群則是受到浪漫主義思潮影響下，為原始的人群集體與未來理想的共同體所給予的稱謂。換言之，通觀馬克思學說，其重點在敘述人類由原始的社群，經由階級社會，而指向未來共產主義的社群（參考洪鎌德 1996c; 2000: 386～401; 2014: 337～346）。

　　在《德意志意識形態》長稿中，馬克思說：

透過分工將個人的力量（關係）轉化為物質的力量，是無法藉由將人腦中的一般理念消除就可辦到的。反之，只有靠個人再度掌握這些物質的力量，同時也取消分工才可以。要做到這點非憑社群不為功。只有在社群裡各個個人才有資料（工具）來發展他各方面的才華。因之，只有在社群中個人的自由才能實現。在以往取代社群的各種集體生活（像國家）中，只有與統治階級條件相配合，或是身

為統治階級的成員，才能享受這種自由。至今為止，很多的個人還認為有一個虛幻不實的社群存在其身外，亦即把這個虛幻的社群當成獨立的存在，對他們產生關係。因為一些人群組成階級，而對抗其他的階級，造成被壓迫的階級誤認虛幻共同體的存在，而且此一共同體對被壓迫者還是一副新的枷鎖哩。可是在真正的社群中，諸個人通過他們的組合 (*Assoziation*) 獲得他們的自由。(*FS* II: 78; *CW* 5: 78)

馬克思認為，社群之出現緣於人的社群本質 (*Gemeinwesen*)，因之，他說：「人的真正的社群是由人性創造出來。通過對社群的創造，人產生了人類的社群。這種團體的出現可以說是人性的落實。人的本性是一種社群的性質，這不是一種反對個人的一般的、抽象的權力，而是每一個人所擁有的本性，個人本身的活動，他自己的心思和他自己的財富」(*CW* 3: 217)。

馬克思續指出，人的社群展現了人的本性，是人過著種類的生活，相互間截長補短的結果。在政治經濟學的觀點下，這種社群表現為交換和商貿的形式，是故法國經濟學家兼哲學家戴特拉西 (Destutt de Tracy, 1754～1836) 把社會當成相互交換的系列，也就是在互易有無中達到社會的統合 (*ibid.*)。

寫過《馬克思》傳記兼其學說之介紹的德國社會學家杜尼斯 (Ferdinand Tönnies, 1855～1936)，分辨社群 (*Gemeinschaft*) 與社會 (*Gesellschaft*) 之不同。前者為家庭、鄰里、友伴，含有濃厚的感情因素，也涉及人的意志；後者像社團、政黨、國家等組織，係由個人的利益與鬆散的社會關係組成。杜氏這一分辨顯然也受到馬克思觀點的影響。

第十節　結論：馬克思個人與社會觀之評析

　　在馬克思的心目中，個人和社會並非截然相反的兩個極端，而是一個連續體的兩個環節。離開個人無社會可言，離開社會也無個人可言。這種說法在反駁資產階級社會學家或政治學者，把馬克思歸類為反對個人主義而贊成集體主義，甚至視他為極權主義的先驅或擁護者。事實剛好相反，馬克思認為個人只有在社會（當然不是在資本主義的社會，而是一個無階級、無剝削、無異化的社會，或稱作社群）中，才會發展他的潛能，實現他自己的理想（自我實現）。

　　由於社會不是靜態的人群組織，而是在歷史洪流中變動不居的社會經濟形構 (socio-economic formation)，它是一大堆結構、制度、組織、運動變遷的過程 (processes)。所以馬克思討論社會，絕對不會只限於特定空間、地域、國度的某一特定人群組織。反之，把它放在世界史的天平來加以衡量。這就是說，要瞭解社會，首先要考察歷史上社會的變遷。對馬克思而言，社會的結構簡單的說可用兩層樓的比喻來解說，一方是經濟基礎的生產方式；另一方為典章制度與意識形態的上層建築。社會的穩定演進主要是這兩者的搭配適當，也即有怎樣的生產方式便有怎樣的典章制度（和意識形態）。一旦典章制度發展不若生產方式發展的迅速，而造成對生產方式的桎梏時，社會便要釀成巨變，而有暴亂、革命的發生。由於生產方式中起變化作用的生產力一直掌握在生產資料擁有者的有產階級手中，因之，有產階級與無產階級之間的社會關係，就形成社會的階級關係。這種社會關係有和諧或安定的時候，也有對峙、衝突的時候。配合前述生產力突破生產關係，社會階級也由敵對而變成鬥爭。

是故馬克思視社會的變遷，在於社會本身矛盾的爆發，亦即趨向兩極極端的兩個主要階級進入決鬥的時刻。整部歷史便是階級關係和階級鬥爭的紀錄。

　　馬克思的社會觀遂建立在階級的形成、發展，階級意識的塑造，階級之間的鬥爭，無產階級怎樣在成功的革命之後消滅有產階級，以及階級消除後，新的社會之形成、組織等等分析的基礎上。這裡有實然面歷史的、經驗的分析，也有應然面必然的、理想的、期待的未來之預測。正因為由實然躍升到應然，把事實轉化為理想，成為一種「大躍進」，使馬克思的信徒與非馬或反馬的資產階級人士發生重大的爭執。當然這也涉及馬克思主義究竟是「科學的社會主義」，還是另一種新式的烏托邦的空想之爭論（洪鎌德 2010：第十八、十九章）。

　　要之，以階級為核心的社會分析，如以工業化初期之英、法、荷、北美為例，確實存在著資產階級對無產階級的嚴重剝削與壓榨的現象，而使社會兩極化。不過衡諸工業或壟斷性資本主義之轉變為金融財政的資本主義，乃至跨國商貿的世界性資本主義，甚至號稱後期資本主義的出現，階級兩極化的現象已有所減緩。加上中產階級的崛起，工會、政黨聲勢的增大，國家角色的改變，科技與管理知識的運用，造成現代工人階級意識的薄弱，從而馬克思寄望普勞階級發動社會革命來推翻資產階級的呼號逐漸喪失吸引力。而在先進資本主義國家間爆發的是殖民主義、帝國主義、新帝國主義所帶來的國際競爭，乃至世界大戰。戰爭的結果促成原來為封建社會、農業社會的俄國、中國、東歐、朝鮮、越南、古巴等地人民推翻其本國的專制政權，變成遵照馬克思與列寧的教訓所建造世上少有的幾個社會主義國家。

　　顯然，馬克思的社會觀要應用於當代資本主義國家的社會關係之分析，並非容易。原因是資產階級社會充滿種族與性別歧視、貧富差距、人對自然的濫墾亂伐、破壞誤用等現象。一言以蔽之，人的異化問題轉趨嚴重。在社會主義國家則一黨專政的腐化、生產力提昇的緩慢、法制的落後、幹部的專橫、多元主義發展的困挫、社會正義的難伸，在在都無法把馬克思的社會觀，特別是它所期待的有效的經濟計畫與真正的民主參與結合成一體。不僅直接生產者的個人之組合尚未落實，就連集體經營的公社，其實驗也付出慘痛的代價，而終歸失敗。

　　要之，馬克思所強調關於社會生成發展的唯物史觀，用以分析過去人類社會的變遷，有其獨到之處，用以提示未來理想共同體和合乎人性要求的社群之建立，也有鼓舞的作用，但用以分析後冷戰時代東西半球的社會或第三世界國家的社會，便嫌粗糙簡化。在這方面，一些當代社會學的新理論，像杜赫尼、卜地峨、紀登士、哈伯瑪斯等人的學說（洪鎌德 1997；2013：第七、九、十一、十二章），似乎更能發揮闡述、解析、批判的功效。

第十八章　馬克思論歷史
——歷史唯物論的析評

第一節　歷史的創造與歷史的理解

　　馬克思在《路易‧波拿帕霧月十八日》(1852) 一書的開頭指出：「人類創造了他們本身的歷史，但並非按照他們所喜愛來創造，也不是在他們自己選擇的情況下創造，而是在他們直接遭逢到的、給予的或過去承繼下來的狀況下去創造歷史」(*CW* 11: 103)。這段話表示，人類是在本身無法自主，也即在特殊的狀況之下去進行歷史的創造（洪鎌德 1997: 225; 2007: 403; 2014: 18～19）。

　　但至今為止，人類對歷史的創造既是不符合他們的喜歡，也常違逆他們的心意，更不是出於理智的精雕細琢。因之，一部人類的歷史，還談不上是符合人性的歷史。這部人類史在馬克思心目中只算是人類的前史 (*Vorgeschichte*)（《政治經濟學批判》〈獻言〉，1859）。亦即當今資產階級社會之生產關係的敵對，將是人類最後一次的敵對，其原因為資產階級社會的子宮中正孕育解決這種敵對所需的物質條件，新的社會形構會終結人類社會的「前史」(*SW* 1: 504)。

　　那麼，馬克思怎樣來看待至今為止人類的前史呢？由於以往觀念論者、唯心主義者視歷史為神明或偉人的創造，或是人類心靈、意識、精神的展現，遂被馬克思與恩格斯斥為怪誕不經，違反科學的一派胡言。對馬、恩來說，「證實整部歷史，我們要有個前提，那就是人類活著是為了能夠『創造歷史』。為了生活人必須吃、喝、住、行、穿等等，因此，第一項歷史事實乃為製造滿足需要的材料，

也即物質生活的生產。這一個歷史動作遂成為所有歷史的基礎。這是自古至今天天必須進行的動作，俾人類的生活得以維持」(*FS* II: 28～29; *CW* 5: 41～42)。換言之，「全部人類歷史的首要前提，無疑為活生生的個人的存在……所有歷史的記載必須從這個自然基礎出發；也必須從歷史過程中人通過活動而修改這一自然基礎出發」（*FS* II: 16; *CW* 5: 31；洪鎌德 1997: 226; 2007: 404）。

正因為是人的生活決定人的意識，因之，撇開活生生的、感官上、經驗上可以感知的人，而泛論道德、宗教、形上學、人的各種意識，對馬、恩而言是無稽之談。這類意識形態的本身沒有實質也沒有歷史可言，只造成獨立存在的假象。因之，歷史的起步就是活生生的個人及其確實的生活過程。一旦將這種活生生的個人生活歷程加以描述，歷史就不再是僵死的事實之彙編，也不再是唯心主義者幻想的主體所虛構的活動 (*FS* II: 23; *CW* 5: 37)。

馬克思和恩格斯在《神聖家族》(1844～1845) 一書中，曾經說：「歷史什麼也不做，它既不佔有龐大的財富，也不進行戰爭。〔反之〕只有人，真實的、活生生的人在做所有這類的事情，是人在佔有〔財富〕，是人在進行〔戰爭〕。『歷史』並不是一個外在的人身，把人當成工具來實現它特殊的目的。歷史無他，不過是人追求其目標的活動」(*FS* I: 777; *CW* 4: 93)。

在 1846 年底致俄國作家安念可夫 (Pavel V. Annenkov, 1812～1887) 的信上，馬克思提到社會史，他寫道：「社會史乃為人群個人發展的歷史，不管他們對此歷史是否有所意識。他們之間的物質關係是他們真實關係的基礎。這些物質關係乃為必然的形式，在其中他們物質的和個人的活動才能落實」(*SC* 35)。

馬、恩兩人又指出：「歷史不過是分開的代代相傳，每代使用前

代留下來的物質、資財、生產力。因之，一方面是在完全變異的情況下繼續原有的傳統活動；另一方面則使完全變化的活動來修改古老的情況」(*FS* II: 42; *CW* 5: 50)。

顯然，馬克思與恩格斯為了「安頓我們曾經有的良心」，而批判黑格爾及其門徒的錯誤意識，合撰《德意志意識形態》(1845～1846)。此時他們已將發現的唯物史觀 (*materielle Geschichtsauffassung*; materialist conception of history) 有系統地表述出來。晚年的恩格斯認為，唯物史觀是馬克思一生中兩個偉大的發明與發現之一（另一為「剩餘價值理論」）。但對馬克思而言，此一歷史觀並非他獨得之祕，而是恩格斯在同一時刻也已「獨立地」達到相同的結論（*SW* 1: 504～505；洪鎌德 2007: 404～405）。

第二節　唯物史觀的理念泉源

一般的說法，認為唯物史觀為以經濟的眼光來看待社會的變遷與歷史的遞嬗，有時還把它看成為經濟決定論，或把歷史歸結為經濟的化約論。馬克思本人只使用唯物史觀，或有時使用「生產的物質條件」(the materialist conditions of production) 等詞語。他不願意使用歷史唯物主義或歷史唯物論的原因之一，應該是認為這種歷史觀只是瞭解歷史、接近歷史的方法或途徑，而非系統性的歷史哲學 (McLellan 1971: 123)。歷史唯物主義 (historical materialism) 是俄國馬克思主義之父朴列哈諾夫 (Georgi V. Plekhanov, 1856～1918) 所宣稱，而為後來正統的馬克思主義者信守不渝的稱呼與教條。

恩格斯認為，馬克思的唯物史觀是由三個因素構成的：德國的觀念論、法國的社會主義和英國古典的政經學說。德國觀念論的肇

始者康德，醉心於建立一個自由與和平的社會；費希特視人類的歷
史為理性發展史；黑格爾認為歷史乃為抽象原則——文化、宗教、
哲學——的衝突與發展。黑格爾進一步指出，歷史是精神或意識由
主體轉變為客體，最後達到自知之明的絕對狀態的辯證過程，也是
精神追求自由的正反合歷程。造成歷史變遷的動力乃為萬事萬物內
在的矛盾，特別是否定、對立的勢力之拼鬥，亦即為本質與存在之
間矛盾的爆發與調解。萬事萬物在其本身都有自我毀滅和自我生成
的種子，促成其汰舊更新而轉變為另一新的狀態、新的形貌。黑格
爾這個辯證發展的觀念被馬克思視為進步的動力，也是整套黑格爾
哲學的精華。只是馬克思不贊成歷史的變遷是精神、心靈、意識、
理念的變動❶。反之，對馬克思而言，歷史是一部人類開天闢地、
征服自然、利用厚生的奮鬥史。是故，馬克思揚棄了黑格爾觀念論
的精神（洪鎌德 1988: 63～72; 1995b: 65～74）。

　　在法國，巴貝也夫 (Gracchus Babeuf, 1760～1797) 曾企圖藉革
命性的苦迭打（*coup détat*，政變）來建立共產主義，卻告失敗而被
判死刑。不過社會主義的理念卻因為傅立葉 (Charles Fourier, 1772～
1837) 和聖西蒙 (Claude Henri Saint-Simon, 1760～1825) 的鼓吹，而
使十九世紀初德國激進的青年，包括馬克思和恩格斯在內，為之執
迷嚮往。

---

❶　馬、恩批評黑格爾的歷史觀不過是基督教和德意志教條的「思辨性表述」
　　(speculative expression)。這種教條乃建立在「精神與物質的對立，上帝和
　　世界的對立之上。歷史上，在人類世界找得到的這種對立，便是以主動精
　　神為名目的少數菁英來對抗精神很少的群眾，或被視為物質的其餘人群」
　　(*FS* I: 766; *CW* 4: 85)。

至於英國工業化初期的資本主義，更是馬克思研究與抨擊的對象，而自亞當‧斯密和李嘉圖以來的政治經濟學，首先吸引恩格斯的注意，其後構成馬克思後半生研讀和批判的主要素材。原來斯密的《各國財富性質與原因之探究》（《原富》或譯《國富論》）所主張的就是政府放任不管的資本主義 (laissez-faire capitalism)，而李嘉圖的價值理論，後來成為馬克思一個階級剝削另一個階級說法的張本，也是他所以宣稱「至今為止人類社會的歷史為階級鬥爭史」(FS II: 817; CW 6: 482) 的由來。由是可知構成馬克思唯物史觀的因素，不只有德國觀念論的哲學，也不只是法國社會主義的傳統，更有英國古典政治經濟學。

第三節　唯物史觀的要義

除了青年時代的馬克思與恩格斯分別在《德意志意識形態》和《神聖家族》兩書中表明他們對所謂唯物史觀的看法之外，一般而言，有關馬克思對此一史觀最簡賅精要的解釋，莫過於他在《政治經濟學批判》〈獻言〉(1859) 上所提及的那段話。他首先指出，在他批判黑格爾法哲學的導言上，他得到的結論是：法律關係和國家形式既無法從法律或國家本身來理解，也無法從人心的發展來解釋。因為法政的根基在於人群生活的物質條件，也就是黑格爾所說的市民社會（民間社會），但要解析市民社會就要靠政治經濟學。因之，在學習過程中馬克思終於找到貫穿他研究的主軸，這就是他的唯物史觀。他說：

在人群生活的社會生產裡，人群進入特定的〔生產〕關係。這是他

們的意志不可或缺，而又不受意志牽制〔不以人的意志而轉移〕的關係。這種生產關係與物質生產力一定階段的發展相搭配。這些生產關係的總和構成社會的經濟基礎，這就是真實的基礎，其上面矗立著法律的和政治的上層建築，以及與此相配稱的社會意識形式。物質生活的生產方式制約一般社會的、政治的和知識的生產過程。並非人群的意識決定他們的存有；剛好相反，他們的社會存有決定了他們的意識。在發展的某一階段上，社會的物質生產力與現存的而又彼此協作的生產關係——生產關係的法律表述為財產關係——發生衝突。就生產力發展的形式來說，這些現存的生產關係，變成〔阻礙進展的〕桎梏。於是社會革命爆發的時刻到來。隨著經濟基礎的變動，整個上層建築或多或少地快速變動。在考慮這一變動之時，應該分辨生產的經濟條件的改變……與法律、政治、宗教、美學或哲學——一言以蔽之，意識形態的變動……我們不能以這一時期意識的改變，來判斷這個改變的時期；相反地，這一意識只有從物質生活的矛盾，從社會生產力與生產關係的衝突中加以判斷。在所有生產力還有空間可資發展之前，社會秩序是不會毀滅的。生產關係的存在之物質條件在舊社會的子宮內尚未懷胎成熟之前，嶄新的、更高的生產關係無從出現……粗略劃分，可得亞細亞、古代、封建與現代資產階級的生產方式，這些是社會的經濟形構進展的時期。(*SW* 1: 504)

那麼這種下層建築或稱社會的經濟結構制約上層建築（意識形態、典章制度、國家型態與社會意識）的另一意涵為，「生產條件〔資料〕擁有者同直接生產者的直接關係——這種關係經常對應某一特定階段的勞動方式和社會生產力之發展情況——透露著整個社

會結構最隱密的基礎,也透露著主權與臣屬〔不獨立〕的政治形式。簡言之,也顯示相稱〔搭配〕的國家形式」(*C* III: 791)。換言之,上下層建築的關係就是有產者與無產者之間的關係,也是統治者與被統治者之間的關係。

除了馬克思這一重要宣示之外,恩格斯也在他所著《反杜林論》(1882)前面三章所改編的《從空想的社會主義到科學的社會主義》一小冊中,提起唯物史觀:

唯物史觀是從這一主張出發:維持人生活的日用品生產以及產品的交換,乃是社會結構的基礎。每個出現在歷史上的社會當中,財富怎樣分配,社會怎樣分裂為階級或階層,完全取決於生產什麼,如何生產,以及產品如何分配。以這個觀點來分析,社會變遷和政治革命最後的原因,不在人的頭腦裡,也不在人群對永恆真理與公義的高瞻遠矚,而是由於生產方式與交換方式的改變,這些改變的因由,無法在每個時代的哲學裡,而必須在每個時代的經濟學裡去尋找。(*CW* 24: 306)

另外,恩格斯更簡要地把唯物史觀作如下的描述:

歷史唯物主義標明歷史發展的看法,它尋找重大歷史事件最後的原因和重大的推力為社會的經濟發展,為生產與交易形式的改變,為社會最終分化為明顯的階級,為階級彼此之間的鬥爭。(Shaw 1991: 234)

生產力指的是生產手段,包括工具、機器、設備、工廠等等,

也包括人力（技術、知識、經驗、管理技術等等）。生產關係則為生產力和人力加以結合的關係。它可以分成兩大類型：一方面是技術的關係，也就是使生產過程得以進行的工作關係；另一方面為經濟控制的關係（在法律上稱作財產關係），這種控制關係是決定對生產力的擁有以及對產品支配的權力。這兩種關係的對照，一方為物質生產（包括財貨與勞務的生產）的勞動關係，另一方為勞動關係所呈現的法律關係，也是社會與經濟活動的外殼。馬克思批評很多政治經濟學家把這兩種不同的關係混為一談。經濟結構之所以有所不同，乃肇因於主控其社會生產關係的歧異。於是馬克思說：「不論生產擁有何種的社會形式，工人以及生產手段始終都是這種生產形式的因素……〔可是〕它們〔工人與生產手段〕怎樣結合的樣式，卻使社會結構從其他的社會結構分別出來，這就是造成不同的經濟時期的因由」(*C* II: 36～37)。

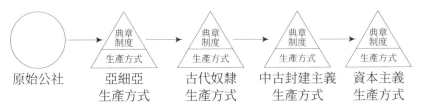

圖一　唯物史觀所牽涉的生產方式的變動

資料來源：馬、恩《德意志意識形態》(1845～1846) 及馬克思《政治經濟學批判》〈獻言〉，由本書作者自行設計。

第四節　由技術面轉向社會面——階級社會及其變遷

在〈費爾巴哈與古典德國哲學的終結〉一文中，恩格斯曾經提起十九世紀前歐洲歷史動力的考察，非常複雜而不易釐清，不過他所處的時代由於大規模工業的崛起，則可以把人際關係簡化為階級關係與階級鬥爭，從而能夠對歷史之謎加以破解。譬如在 1815 年之後歐洲有一段和平的時期出現，英國成為地主階級與有產階級（布爾喬亞）間的爭霸局面。同樣的情勢也發生在法國。自 1830 年代開始，在英、法工人（也即普勞）階級崛起成為競爭權勢的第三股力量。「條件已變到那樣的簡單，以至於人們必須閉上眼睛才會故意看不到這幾個大型的階級間的廝殺，才看不到他們利益的鬥爭是造成現代歷史的驅力，至少〔這事發生〕在〔歐洲〕最進步的兩個國家境內」(*SW* 3: 368)。

那麼階級怎樣出現呢？其出現的早期恰好是大量封建土地的財產由於政治因素而形成，也就是封建地主靠武力而擁有大片土地，再把私產加以合法化，就造成了地主階級。同樣也是因武力、暴力而形成布爾喬亞與普勞階級。可是後面這兩大階級的出現，一般而言表面上強調其產生與發展是經由純粹的經濟原因。「很清楚的事實是，地主階級和布爾喬亞之鬥爭，並不亞於布爾喬亞與普勞階級之爭，其主要的目的在競取階級的利益，至於政治權力便成為一個簡單的手段。布爾喬亞和普勞階級雙方的崛起都是經濟條件轉變的結果，更精確地說，是生產方式改變的結果。從基爾特（同業公會）手工轉變為製造業，再由製造業改變為利用蒸汽與機械的大規模的工業，這些轉變都造成兩大階級的發展。在某一階段上，由布爾喬

亞（藉分工和一個廠房裡小工人的結合）所造成的嶄新的生產力（以及由生產力的發展所造成交換的條件與要件），變成和歷史上傳承下來，受到法律保障的現存生產秩序無法相容，這就是說，與基爾特的特權和其眾多的個人之特權、地方之特權不相容⋯⋯布爾喬亞所代表的生產力反叛了封建地主與基爾特主人所代表的生產力，其結果乃眾所知悉：在英國封建的枷鎖慢慢被打破，在法國則一舉而被打破，在德國這一〔反叛〕過程尚未結束。」（*SW* 3: 368～369）

從上面大篇引用的文字中，不難理解恩格斯和馬克思所以把階級的出現和階級間的鬥爭引進到歷史的變遷之上，甚至又解釋為歷史變遷的動力、驅力，就知道他們兩位的唯物史觀，不僅強調生產力與生產關係的衝突，或生產方式與上層建築發展的矛盾，更是由純粹經濟或技術面的變化，轉到應用生產力、科技、經濟的人群，以及人群的鬥爭方面。從而可知，唯物史觀另一重大的說詞（*Grundaussagen*）為階級分別、階級對立與階級鬥爭（Hofmann 59ff.）。

不僅現代史是一部階級歷史和階級鬥爭史，就是「至今為止〔有記載〕的歷史都是階級鬥爭史」（*CW* 6: 482）。這包括自由人與奴隸、貴族與平民、地主與農奴、基爾特師傅與學徒之間的階級鬥爭。換言之，壓迫者與被壓迫者常是處於經常的對抗當中。他們繼續不斷的鬥爭方式或公開或隱晦，但鬥爭的結果卻造成社會整體革命性的重建，或爭執雙方同歸於盡。明確地說，在古代羅馬，有貴胄、騎士、庶民間的鬥爭；在中古有封建主、附庸、師傅、學徒、農奴等等間的鬥爭。在當代資產階級社會中，階級的劃分更為明顯，社會整體或多或少分裂成兩個敵對陣營，兩個相互面對的大階級：布爾喬亞與普勞階級（*ibid.*, 485）。

馬克思與恩格斯這種歷史觀，可圖示為下面一幅簡圖：

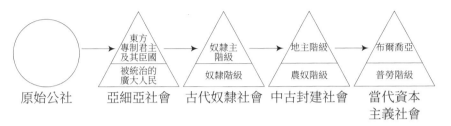

圖二　唯物史觀所牽涉之階級對立與階級鬥爭

資料來源：馬、恩《共產黨宣言》(1848) 與馬克思《政治經濟學批判》〈獻
　　　　言〉，由本書作者自行設計。

第五節　唯物史觀中物質或唯物主義的意涵

　　馬克思與恩格斯的唯物史觀所牽涉的唯物，或者說歷史唯物論，
又名歷史唯物主義所牽涉的物質論，究竟何所指，有什麼意涵，成
為馬克思主義者，或非馬派學者討論的焦點。

　　一般而言，馬克思所主張的唯物主義是一種辯證的唯物主義，
以別於機械性的唯物主義❷。唯物主義是有關物質的生成、變化、

---

❷　所謂機械的唯物主義也是形上學的物質主義，是十八世紀粗糙的唯物主
　　義，也是十九世紀初，像費爾巴哈的人本主義。以感知 (Anschauung) 來
　　理解世界，而不知以批判和革命的實踐，來改造世界。反之，建立現代科
　　學基礎上新發現的知識，視天體、自然和有機的生物非一成不變，而靠辯
　　證的運動律而生成變化。這種學說除了有關思想及思想的規則、有關邏輯
　　與辯證法之外，不需更高的哲學（自然哲學）加以指引，這就是機械的唯
　　物主義 (AD 33～34)。

運動的學說，它強調：「世界實在的一體存在於物質性 (*Materialität*)，這不是由一些空洞的詞彙可以證明的，而是由哲學與自然科學辛苦的發展來加以證明的」(*AD* 55)。廣義的唯物主義涵括所有的實在，包括人的實在都是物質的。但馬克思主義的傳統卻採用一種並非那麼廣義的唯物主義，而是一種比較「弱的」或稱「無法化約」(non-reductive) 的物質主義。所謂無法化約是說物質的存在是最先也是最首要的，人們不應像唯心主義者那樣把物質化約為精神或還原為精神。究其實，馬克思的物質主義應該可以視為實在主義 (realism)。依據恩格斯的說法，物質乃是材料的總體，從整體加以抽象化就得到物質的概念：就像運動不過是所有感覺得到運動形式的總和。不管是物質還是運動，都是人們根據共通的特性，把事物加以掌握理解的精要詞彙 (Engels, 1995: 503)。

恩格斯又界定物質為人類思想物 (*Gedankenschöpfung*) 和抽象的東西 (*ibid.*, 503)，而非感官可以捕捉的東西 (*ibid.*, 519)。由上述可知，恩格斯視物質為佔有空間、可被認定、甚至反覆被認定的東西。另一方面，馬克思雖未曾明確界定何謂物質，未曾提及物質或心靈的問題。整個西洋哲學傳統中強調心靈、精神的那部分學說，都指出心靈為「神經的要素」，為人類的「舵手」，為「理智之光」之類。馬克思不贊成這個觀點，不過他並未完全抹煞心靈的存在，反之，有時也會強調心靈創新求變的特質。特別是心靈必須藉人的行動來證實其「實在性」(reality)。人類都能夠擁有「投射的意識」(projective consciousness)，在尚未著手進行改變外邊世界之前，心中早有定見，早有高瞻遠矚的本領，這些都是人類異於動物的種類特質。是以一部人類「工業史……乃為人類本質能力的公開書，也是人類心理學五種感官的顯露〔之紀錄〕」(*FS* I: 602; *CW* 3: 302)。

　　與意識相對立的為物質，物質乃是獨立於意識之外，不以人的意志而轉移的客體性事物的總和，也即哲學上的範疇。是故物質與意識（心靈、精神）是一對孿生的哲學範疇，強調物質是首要的，也是原始的，而意識為次要的、衍生的，這種主張就是唯物主義。

　　從馬克思所撰述的〈費爾巴哈提綱〉十一條，我們知道他所強調的是「實踐的物質主義」(practical materialism)。這種物質主義或物質觀是限在社會界的範圍內（儘管也包括作為社會人的科學家所進行的自然科學的拓展）。因之，馬克思所談的「物質」，多少牽連到「社會實踐」（Bhaskar 1991a: 372；洪鎌德 2007: 413～414）。

　　那麼馬克思唯物史觀的哲學意涵是什麼呢？我們可以概括指出下列幾點（採用 Bhaskar 之觀點，*ibid.*, 369）：

　　⑴在人類的社會生活中，否認理念有其獨立自主的存在，也不認為理念具有首要、優先的地位 (primacy)；

　　⑵在方法學方面堅持對具體而微的歷史進行徹底的研究，反對抽象的、冥思的哲學省察；

　　⑶社會生活的生產與再生產的中心觀念為人類的實踐；

　　⑷強調勞動在人類歷史中的重要性，因為勞動牽連到自然的轉變和社會關係的中介；

　　⑸強調自然對人的重要作用：早期馬克思聲稱天人合一，自然主義與人本主義合一；中年馬克思談人對自然的反抗與宰制；晚年馬克思相信人與自然處於不對等的關係，人仰賴自然，但自然卻本質上獨立於人之外（洪鎌德 2007: 414）。

第六節　辯證法和歷史的辯證發展

　　馬克思和恩格斯的唯物史觀，或稱唯物主義，屬於辯證的唯物主義。由於強調辯證法在社會形構變化上所起的作用，使馬、恩的唯物主義和兩人的史觀有異於其他的物質主義和史觀。

　　如眾所知，馬克思辯證的觀點得自黑格爾，而黑格爾正反合三階段的變化步驟又得自費希特。原來黑格爾強調整部歷史是神的自傳，他的學說無異為神藉由宇宙的創造歷程而達成自知自明，證實神存在的神諭論 (*Theodizee*)。主張泛神論，也即整個宇宙為神明所主宰所統攝的黑格爾，並不認為神明乃具有人樣、人形，或其他物體形狀的超自然事物，而是一種精神。這就是他何以視神明為「世界精神」(*Weltgeist*) 的原因。世界精神本來懵懂無知，也沒有意識，就算是有些意識，也只是主觀意識。只有當世界精神創造了宇宙之後，才發現祂所創造的世界是一個與祂相異的客體，是祂精神的外化、異化。於是這個外在於精神的世界和自然，成為精神另一對立外在的東西，亦即祂的客體意識。神明通過對客體意識的認知，而向上攀爬，這一提昇，便是神達到自我認知、自我意識的境界。這時世界精神乃發展至巔峰，而為絕對意識，也即絕對精神（洪鎌德 1988: 63～72; 1995: 65～74; 2007: 415）。

　　馬克思批評黑格爾這個辯證法，是精神的辯證法，是使用理念的抽象來進行辯證的演繹。換言之，馬克思贊成黑格爾的辯證法，並將其視為黑格爾學說的精華；但反對辯證的主體為精神、為神明。因之，馬克思主張以物質的自我運動來取代精神或概念的自我運動。而這個自我運動的過程，也就是正反合的辯證過程。

　　就其本質而言，辯證的過程乃是一種符合理性的過程，也是一種必然的過程。辯證法本身就構成事物變化生成的動力，亦即具有動因性 (*Kausalität*)。天下事事物物在其本身便含有隨時必會轉化的因素，這就是事物本身所包涵的兩種因素：正面與負面。負面也即對立面，是隨時都會冒出來，而改變事物現狀的潛在力量。事實上，事物在這一瞬間所呈現的外貌、樣式，乃是正面與負面搏鬥所呈現的暫時性平衡。這個平衡狀態在下一瞬間必然發生變化。易言之，事物所含正負兩個對立面的相互傾軋、相互鬥爭、相互否定 (*negieren*)，是造成天下萬事萬物無法靜定、無法一成不變；反之，卻是不斷花樣翻新，變幻莫測之主因。

　　不僅自然界要經歷這種由事物本身的矛盾、否定而產生的變化，就是人事界的社會和歷史也要依照辯證法的原則而變遷。馬克思主義所以有異於黑格爾學說之處，就是以具體的、現實的社會與政治的辯證過程，來取代抽象的、虛幻的精神、心靈、意識的辯證過程。

　　辯證過程的追蹤就是實在的掌握 (*Erfassung der Realität*)。這種實在變遷的掌握有賴科學的方法才能獲致。從而可知探討實在變遷並加掌握的科學方法本身也必然是辯證的。辯證的科學方法不僅探討過去，更可以預測未來，是故黑格爾的哲學含有預先測知未來命運的因素 (*Elemente der Prädestinationslehre*)。馬克思學說有關共產主義必然降臨的神聖規定，便是建立在這種辯證法的必然演變之上 (Theimer 44)。

　　要之，黑格爾的辯證法主要在將觀念中隱含於事物內在的、尚未外露的部分彰顯出來，或是把觀念中有所缺陷、不足之處予以彌補匡正。有異於反省（思）或分析的方法，辯證法不以概念的規定因素之歧異進行分析；反之，是以體系的相互關連而掌握概念的形

式。換言之，不以某一概念構成因素之不同，而指出該概念之特質；反倒是視構成概念的因素之前後變化，而決定該概念瞬間的正面，以及下一瞬間的負面，然後透過否定的否定而揚棄 (aufheben) 前一概念的不當，上升到該概念新的樣式。

由於馬克思的辯證法牽涉到他所受黑格爾的影響，也牽涉到馬克思主義是否為科學的問題。因之，一般將辯證法分成三種來看待：⑴認識論的辯證法，把辯證法當成方法，特別是科學的方法；⑵本體論的辯證法，是涉及實在整體變化的規律或原則；⑶關係的辯證法，是指歷史的變遷，也即階級與階級的關係之變化，以及生產方式與意識形態的關係之變化而言 (Bhaskar 1991b: 143)。

馬克思對黑格爾辯證法的批判與修正可分三個時期：

⑴批判黑格爾「神祕化」邏輯時期：包括《黑格爾法律哲學批判》(1843)、《經濟學哲學手稿》(1844)、《神聖家族》(1844～1845)、《德意志意識形態》(1845～1846)。

⑵批判黑格爾思辨哲學的時期：從《哲學的貧困》(1847) 以後，馬克思大力批評黑格爾唯心哲學的內涵，兼及其辯證邏輯。

⑶重新估計黑格爾的辯證法：自從撰寫長稿《政治經濟學批判綱要》（簡稱《綱要》，Grundrisse）之後，對黑格爾再評估，顯示馬克思放棄早期的猛攻狠批，而多少肯定黑格爾辯證法的正面價值 (Bhaskar 1991b: 144)。在《資本論》第二版 (1873) 的〈後言〉中，馬克思指出：

在黑格爾手中辯證法受到神祕化的傷害，雖是如此，無法不承認他是第一位以廣泛的和有意識的方式來表述運動的普遍形態。他〔的毛病是〕把辯證法雙腿朝天倒立著，因之，必須把它翻轉過來，俾

發現其包含在神祕外殼中合理的內核。(*C* I: 29)

第七節　結論與評估

　　馬克思的唯物史觀的確是一套嶄新的、饒富創意的歷史理解方式。有異於唯心主義者或英雄崇拜者所倡說的心靈或偉人創造歷史，他一直強調是人類在創造歷史。不過人類創造歷史並非按其意願心向隨意創造，而是在前人傳承下來既有的條件下進行歷史的改寫。

　　根據馬克思的史觀，活生生的個人從事勞動生產、開物成務、利用厚生，就是其創造歷史的起點。但歷史的辯證發展卻由於生產方式的不同而造成經濟基礎的變化，由於經濟基礎改變，而促成上層建築的變遷。歷史的動力必須在生產力與生產關係的矛盾中去尋找。歷史的發展必然受到辯證運動的規則所指引。從而不僅過去歷史的變遷有軌跡可循，未來的發展亦無法跳脫此一辯證法則。這種鑑往知來，視歷史為貫穿過去、現在與未來，而可資投射預測的說法正是柏波爾 (Karl Popper, 1902～1995) 批評馬克思的史觀為歷史趨勢主義 (historicism) 的原因 (Popper, 1962: 255～258)。

　　事實上，唯物史觀中，下層建築（「物質生活條件的生產方式」，也包括生產關係與階級關係）制約上層建築（「社會的、政治的、知識的過程」）的說法也早受到質疑與批評，以致馬克思在《資本論》第一卷第一章中，便提起有人聲稱上層建築受到經濟決定只適用於資本主義社會；反之，古代社會受到政治的制約，而中古社會則受到天主教的制約。對這種說法馬克思不以為然。他說：「中古時代〔的人〕不能只靠天主教而活，正如同古代〔的人〕不能靠政治存

活，人們怎樣獲取生活的方式便解釋〔何以在古代〕政治和〔中古〕天主教扮演主要角色之因由」（*C* I: 86n.）。換言之，馬克思仍堅持其下層建築決定上層建築的說法。

在致友人信上，恩格斯強調經濟「最終的優勢」或「在最後的情況下仍起主導作用」（恩格斯致 Schmidt 函 1890.10.27, *SC* 401）。在另一場合，恩格斯乾脆明言，他與馬克思都不是視經濟為唯一的決定因素，「如果有人扭曲它而主張經濟因素是唯一的決定性因素，他就把那個說法轉化成無意義、抽象和荒謬的說詞」（恩格斯致 Bloch 函 1890.9.21～22, *SC* 349）。

由是可知馬克思與恩格斯儘管主張「在最後的情況下」，經濟成為社會變遷的主導力量，但不排除上層建築對下層建築也會發生影響，造成整個社會的改變。

歷史唯物主義比較引起爭論的是：生產力除了包括生產資料之外，當然以人的勞動力（勞心、勞力）為主；但人的心智、觀念中符合理性原則的科學思維，究竟隸屬下層建築，還是上層建築？在馬、恩那裡，這應該是屬於經濟基礎的生產力，但很多學者卻把它看作上層建築意識形態的一部分。

再說，很多學者認為，生產關係對生產力發展的動力與方向有很大的作用，像資本主義制度下的生產關係才能把生產力激發到史無前例的高峰。這種說法並不違逆馬克思的唯物史觀，因為他說就是這種的生產關係才能促成生產力的發展，只是他強調最終還是生產力的發展比生產關係的發展快一步，以致現存生產關係變成現存生產力的桎梏。為了排除桎梏，社會爆發革命，造成新的生產關係。要之，馬克思賦予生產力一個「解釋上的優先」（explanatory primacy）。社會形構的轉型不以生產關係來解釋，而以生產力之改

變作為解釋的因由。

依據馬克思的說法，經濟結構對政治與社會結構的決定與影響是直接的，對社會意識諸形式的影響則是間接的。一個時代中主要的、支配的觀念為統治者的觀念，而法律不過是對現存社會秩序的確認、辯護、正當化。法律只為了避免陷於投機取巧和受到個人偏好私心的濫用，而取得表面上的獨立。其實法律的設立只為現存的經濟結構，特別是生產關係提供服務而已，它無單獨存在、自立自為的可能。

至於把唯物史觀牽扯到階級分析，也是馬克思主義歷史理解的獨特之處。在馬克思最重要的《政治經濟學批判》〈獻言〉(1859)上，儘管討論了生產力、生產關係、生產方式，甚至五種生產方式的遞嬗演變，但對階級在歷史上的作用，則沒有扼要的敘述。可以理解的是，在生產的社會組織（社會形構）中，人們同生產力以及生產關係都有牽連，每個人也有其特殊的位置 (position)。個人的經濟位置必須從其所處的現存生產關係上去理解。每個人一旦發現他經濟上的位置與別人相同，因之，發展出共同的利益觀，於是階級的意識逐漸形成。在資本主義社會中，因為勞動力的購買或出賣，而決定一個人究竟隸屬資產階級或是普勞階級。除此之外，對生產資料的擁有與否，也決定個人究竟是一位資產階級的成員，還是普勞階級的成員（洪鎌德 2007: 420）。

個人階級的位置會影響他的世界觀、人生觀，正如同馬克思在《路易‧波拿帕霧月十八日》中所說的，階級在社經基礎上創造一個「分別的和特殊形成的整個上層建築，上層建築含有感受、幻想、思想方式和人生觀」(CW 11: 128)。不同的社會地位和物質利益使人群分成不同的階級，相互對立，相互敵視，乃至相互衝突，相互鬥

爭。階級的成敗取決於它與生產力之關係。一個階級如果有能力保留現存的生產關係或創造新的生產關係,俾適應改變中的生產力,它便擁有優勢,擁有稱霸的條件。馬克思遂認定,普勞階級的優勢或稱霸為歷史潮流的趨勢,是無可阻擋的,其興起正如資本主義初期資產階級的崛起一樣,都為歷史事實。

唯物史觀認為階級統治為必然和無可避免,其目的在強迫直接生產者的生產力超越於生存水平之上,因之,無爭執就無進步,此乃文明發展的規律。資本主義所帶來的生產力的提昇,最終又必然消滅階級統治慣例與歷史上的辯詞,最後階級鬥爭和統治都告消失。這是普勞革命成功後階級歷史的終結,也是人類歷史的終結。

馬克思的階級鬥爭觀,受到當代學者的批評。或謂人類的鬥爭並不限於階級之間,而是發生在國家之間、族群之間,甚至兩性之間。或認為社會的紛擾、衝突,是由於「文化導向」的緣故,是在文化導向下,個人各顯神通,以其不同的能力,不平等的社會地位,爭取社會規範的控制權。換言之,認為社會鬥爭產生於社會的場域和文化的場域,而非經濟的場域(洪鎌德 1997: 35; 2007: 421)。

有人則批評馬克思只留意到金錢、股票、信用、存款等有形的資本,以及對此有形資本的擁有與否,來分別社會階級的隸屬,而忘記除了有形資本之外,尚有無形的資本,或稱象徵性的資本(包括社會地位、人脈、威望、權力、知識、生活型態、文化品味等等)(*ibid.*, 61, 74, 75, 77)。

英國社會學家紀登士 (Anthony Giddens) 認為,馬克思賦予階級與階級鬥爭這兩個名詞太沉重的負擔,也即太誇大這兩個名詞在人類社會發展史上的重要角色。階級成為社會結構的主要原則,只出現在資本主義時代,而不見於古代的奴隸社會或中古的封建社會。

因之，過度仰賴階級的分析和批判，來解釋社會體系的變遷，便犯著階級化約論的毛病。另一方面把歷史的變化歸因於生產方式的改變，也是一種經濟因素的化約論 (*ibid.*, 190)。他又認為馬克思的歷史理論在經驗的層次上是錯誤的。在歷史上根本沒有什麼生產力發展的一般趨勢、一般規則可尋，當然更不必說生產力與生產關係的辯證發展。認為社會有發展其歷史來適應某些變化之要求的說法，是把社會當生物體看待，犯著方法學上不當譬喻的弊端 (*ibid.*, 196)。

其次，紀登士批評馬克思忽視國家的角色，亦即輕視政治的力量，而高估經濟的力量，因此不無經濟決定論的傾向。反之，紀氏認為歷史是隨意的（隨機的、機遇的），有各種發展的可能性，不當採取唯物主義單元的看法，而宜採用多元主義的觀點 (*ibid.*, 200)。紀登士對歷史唯物論的當代批評，使我們對馬克思的歷史觀有進一步的認識、理解和省察（洪鎌德 1998b: 179～201）。

在理解和評估馬克思的唯物史觀之後，吾人將進一步討論馬克思對經濟的看法。

第十九章　馬克思的經濟學說

第一節　馬克思經濟理論與資產階級經濟學說相左

　　引起馬克思對經濟學的興趣應該歸功於恩格斯早熟的慧見。在《德法年鑑》上恩格斯的作品〈國民經濟學批判大綱〉，引發了馬克思對古典經濟學的注意。從此也注定 26 歲以後馬克思以批判資產階級的經濟學理論，和攻擊資本主義制度作為他後半生知識生涯和革命實踐的標的 (Wolfson 105)。

　　馬克思有關經濟的學說和理論，都與他的哲學和歷史觀緊密結合在一起 (Theimer 19)。換言之，他不但在早期的手稿中以哲學的觀點，也以黑格爾的辯證法來討論經濟現象和經濟發展，而把經濟結構作一個歷史演變的分析，其後期著作的《政治經濟學批判綱要》（簡稱《綱要》，1857～1858）和《資本論》第一卷更是對商品拜物教、勞動力與資本的辯證轉換，以及歷史上各階段生產方式的變化做出哲學的考察和歷史的回顧。這是他經濟學說有異於古典政治經濟學，更有別於當代資產階級經濟學說主流思潮之所在。

　　馬克思的經濟理論與資產階級經濟學說相左的地方，還不僅牽涉到哲學省思、辯證發展與歷史考察，主要在於不認為經濟制度，特別是資本主義的經濟制度是一成不變、永恆存在與發展的經濟機制；相反地，馬克思認為，資本主義必因內在矛盾的激化，經歷對立面的生成與否定，而達到最終的揚棄。資本主義的基本矛盾為「社會的生產與個人的佔有之間的矛盾」（Theimer, *ibid.*；洪鎌德 1977: 10～16; 2007: 334～343）。也為此原因，馬克思致力分析當代資本

主義制度下經濟的運作，而批判資產階級經濟學說的謬誤，最後得出資本主義經濟制度的自我毀滅之結論，並且預測取代這種現存政經體制的嶄新社會秩序——社會主義乃至共產主義——的必然降臨。

此外，有異於主流派經濟學說，馬克思強調勞動人和生產者，特別是所謂直接生產者 (*direkter Produzent*) 從事自由、有意識和創造性的活動——生產活動——是個人自我實現的初步，也是人類經由必然的領域躍升至自由領域的階梯。在這一意味下，經濟只是人類謀生與繁衍的手段，而非致富（不管是求取個人、階級或整個國家的富裕）的捷徑。

古典經濟學說不但重視貨物、商品、勞務的生產，更講究貨物、商品、勞務的交易和消費，以及個人收入所得的分配。馬克思的經濟學說則集中在商品、勞力、資本等的生產和流通，對消費問題和收入分配問題很少有系統地加以分析和評論。

更有異於古典經濟學說，強調生產的三大要素——資本、土地、人力——馬克思特別重視勞力對生產提供的貢獻，甚至把資本當成早前和過去勞力的凝聚，亦即把資本等同為「凝結的勞力」(*aufgespeicherte Arbeit*; congealed labour)。這點與李嘉圖在三種生產因素中獨尊資本正好相反。

第二節　價值與價格

馬克思認為，一個物品可以轉變成以貨易貨或是兌換成貨幣的商品（可以自由買賣、相互交易、兌換），是基於該物品含有價值。價值固然包含使用價值與交換價值兩種，但最重要的一點就是何以

某一物品會成為人們追求而願意用他物或金錢來加以交換的可欲對象，乃是由於該物品既能夠滿足人們的需要（也即有用性），也是由於該物品的產生是靠著人力才完成和出現的。

例如，空氣對人類而言，非常有用有價值，能夠滿足我們呼吸的需要。但在大庭廣眾前，空氣像是取之不盡用之不竭的自由財，所以就不能視為一種商品。但在礦坑中，或是潛入海底時，人們所需要的氧氣筒，就變成人工製造，帶有人力標記的稀有或珍貴的東西，由是氧氣筒中的空氣就變成可資買賣的商品了。

因之，馬克思說：「我們如果暫時不考慮商品的有用性，那麼商品剩下來共同的特質，便是人力所生產的產品」（*C* I: 44）。換言之，商品具有價值乃是因為抽象的人的價值（勞動力）存在於該商品裡頭的緣故。馬氏說：「想像的價格形式可能潛藏著直接或間接的真實的價值關係。例如，未開發的土地價格不含價值，這是土地上沒有人類勞力的痕跡之故」（*C* I: 115）。

馬克思這樣主張勞動價值理論，並不是說他認為工人對其勞動的產品擁有權利，而是認為價值後來被別人剝奪，而造成所謂剝削或壓榨的現象，而這正是資本主義所以能夠出現與運作的緣由（Robinson 36～39）。

一個商品既然是由於人力的參與和加入才有價值，那麼人力成為規定商品的主要因素。不過人的勞力隨著每個人的勤惰精拙而有不同的表現，那麼勞力如何能夠一概而論呢？為此馬克思提出「社會必要勞動時間」，作為某一商品訂立價值的標準。所謂社會必要勞動時間，是依某一社會在某一經濟發展階段上的生產能力，為製造某一商品平均花費的時數。如果資本的生產力愈高，與之搭配的勞動力也愈大，從而勞動的時數降低，則該商品（例如電腦）的價值

也相對減少。

馬克思以製造西裝外套和織造亞麻布為例，說明存在於外套與亞麻布之間的價值的不同。這兩項商品彼此交換價值的比例，便要看生產外套平均所需時數（社會必要勞動時間）與織布平均所需時數的比例。

一個商品的價格，當然是由其價值所反映出來，不過價值不能完全左右價格的訂定，商品的訂價還受到市場供需率的規定❶。

不但貨物或勞務有其價值與價格，就是人力（勞心與勞力）也有其價值與價格。勞動力適當訂價的標準乃為其平均效率，亦即工人在進行正常數量的工作時，其平均技巧所能生產的成績。

在製造外套與織布時，「活生生的」勞動力必須結合資本，亦即原料、機器、設備等等，才能有成品的生產。馬克思稱資本設施和原料為「過去的勞動力」(past labor)。這些都在生產過程中逐漸消耗用盡。製造外套和織造亞麻布都需要棉紗當原料。但棉紗的價值卻由早前生產的棉花、紡紗機和勞力等等來決定。事實上，這一構成外套與亞麻布原料的棉紗主要仍為先前勞動力的使用，才會製成棉紗。因之，資本云云，莫非過去勞動的結晶，亦即「凝結的勞動力」，俾為現在的生產服務。馬克思遂認為兩種商品（外套與亞麻布）相對的價值，就表現在生產這兩種商品的現存活生生的勞力，加上過去使用過的勞力（生產棉紗）之總和 (*C* I: 218～219)。

儘管產品價值取決於生產它社會必要的勞動時間，但如果沒有需求，該商品雖有人工的投入，也不具任何價值。商品（貨物）價

---

❶ 關於商品價值變成商品價格的「轉型問題」(transformation problem)，成為英國劍橋經濟學派本世紀上葉引發的學術爭議，在 1970 年初才有定論。參考洪鎌德 1988: 156～157; 1995: 158～159。

值和商品價格並非等同，而商品價值是由社會必要的工作時間來規定的。一般而言，商品價格是在該商品價值的上下間擺動，這是因為市場的存在和供需律發生作用的結果。馬克思說：「不同的商品價格無論用什麼方式來訂定，或彼此如何相互規定，價值律〔生產商品的費用〕永遠主宰著商品的運動〔流通、買賣〕。假使商品生產所需時間加長，其價格便升高，當其他情況保持不變之時」(C I: 208)。

當作商品的勞力之具有價值，也如同其他商品一樣，以造成勞力之出現所花費的時間來決定。換言之，造成一個勞動力如需數十年（假定為二十年），以及該勞動力可以使用的年限（假定為四十年），包括由新手來接替（再生產、繁衍）的年限，加起來總平均便是某一時期中的某一社會、行業的勞力價值。

儘管表面上出賣勞力的工人都是自由自主，可以隨意接受或拒絕僱傭而出賣勞力，但工人卻面對就業市場的競爭，因之其工資也受供需律及其他因素的影響。一般而言，勞力的價格（工資）應當是足夠或超過工人的養育、訓練、維持溫飽的開銷。否則工人生存受威脅，工作不力，便無法生產所需產品。勞動力一旦式微乃至消失，整個經濟便要停擺。因之，就長期而言，勞力的價格必須至少在維持其生存所必要的水平，才能保證勞力的供應與不虞匱乏 (C I: 189～190)。

第三節　剝削理論

受到自然法學說 (Naturrechtslehre) 的影響，馬克思相信勞力不但創造了價值，還創造超過維持勞力費用的多餘價值，這便是他著名的剩餘價值 (Mehrwert) 論。依據恩格斯的說法，馬克思最具創意

的兩大貢獻為階級鬥爭作為歷史變遷動力的創見，以及剩餘價值論。

　　由於勞力能夠創造超過勞力本身的維持與使用費用的多餘價值，因之，馬克思遂認為工人的勞動有一部分（可能是大部分，也可能是小部分）並沒有得到僱主的報償。例如一個每天做十小時工的勞動者，他整天勞動所得並非十小時生產出來產品的價值，而是只獲得相當於做七小時的結果，那就意味僱主把他三個工時的價值加以佔取、壓榨、剝削。這個被僱主或資本家所竊取的價值，就叫做剩餘價值。

　　站在僱主或資本家的立場，他在付出工人一定的薪資，以及原料費用、機器折損等等開銷之外，所獲取的就是利潤。這個利潤也相等於工人所創造出來的剩餘價值。易言之，資本所以能夠形成，表面上是出自資本家的利潤，究其實卻是工人被剝削的剩餘價值。追求利潤、擴大利潤、累積資本就成為資本家從事生產事業，經營事業最終的目的。在這一意義下，資本主義的經濟不再「創造〔滿足〕需要，而在製造利潤」。

　　儘管馬克思對資本家剝削工人的剩餘價值，不願做道德上的評價，但剝削兩字卻隱涵道德譴責的意味。對馬克思而言，任何使用薪資勞動，造成僱主得利，都是一種剝削，這與平常吾人對剝削一詞的看法稍有不同。我們日常的用法認為資本家或僱主儘管付出最低薪資，卻要求工人做出最大的貢獻，便是剝削。反之，只要僱主付出極高的工資，而不要求工人拼命勞作，便不算剝削。這不是馬克思使用剝削的原意。在馬克思看來，即使是付出高薪資的資本主義企業，只要有一部分（哪怕是極小部分）的剩餘價值落入僱主手中，便被認為是剝削（Theimer 161；洪鎌德 2010: 296～300）。

　　馬克思既然批評資本家對工人剩餘價值的剝削，他是否像其他

社會主義者（特別是烏托邦社會主義者）那樣主張工人擁有「全部
勞動成果的權利」(*Recht auf den vollen Arbeitsertrag*) 呢？答案是否
定的。這個直到 19 世紀下半葉仍舊發生作用的社會主義綱領追求之
目標，在馬克思眼中是無法實現的空想。原因是每種國民經濟
(*Volkswirtschaft*) 都必須形成資本、累積資本。因之，生產成果的一
部分必須再投資，才能使生產機器更新與擴大，是故這部分的成果
不能讓工人把它消費掉。只是將生產成果的部分加以累積與再投資，
變成資本家私人經營的特權，而非生產者多數的協議與主張，這是
馬克思對資本主義無法苟同認可的所在。

　　由是可知，剩餘價值和利潤為國民經濟活動中資本的形成，披
上一件私人的外衣。這種個人佔取眾人勞動（多餘的）成果，而又
藉政治與法律來正當化剝削的行徑，便是馬克思嚴厲抨擊的資本主
義經濟秩序，以及建立在這種經濟秩序之上的意識形態（政治、法
律、宗教、道德、哲學等都替資本家的利益在辯護）。

　　對僱主而言，工資是生產成本的一部分。將產品全部賣出的總
收入，扣掉包括工資、原料、機器折舊等成本之外的剩下部分，便
成為他的所得，亦即他的利潤。資本家不可能把他的總收入扣除原
料費用、機器折舊率等開銷，再除以工作的時數，而得出工人應得
十個工時的薪資，而非僅僅是七個工時的薪資。有異於資本家的算
法，馬克思就是從資本家把貨品銷售的總收入扣除資本財（原料、
機器、租金等等）的應用，而得出剩餘價值來。

　　易言之，馬克思把資本分成固定資本與變動資本。固定資本就
是在生產過程中耗完的原料和機器（可能不會一次耗盡，而是長期
使用才會耗盡），亦即把原料轉化成產品，而增加其使用價值的那部
分資本。只有耗盡或折損的固定資本部分才會把價值轉加於產品之

上。變動資本是活生生的勞力,亦即當作在市場(就業市場)上可資買賣的商品之勞力。這部分的變動資本不斷產生和增加貨物的價值,而且可以說是造成產品有價值的最大原因。換言之,變動資本的勞力所創造的價值,大於維持它本身存在與操作所需的開銷。

剩餘價值率為剩餘價值與工資的比率。例如工人每天必須工作十小時,而他才獲得相當於七個工時的工資,則其剩餘價值比率為:R = S/V = 3/7 = 42.86%。R = 剩餘價值率;S = 剩餘價值;V = 勞力的價值,亦即工資。這也是工人被僱主剝削的比率,亦即其工作成果一百個百分點中有將近 43% 被僱主所剝奪。

第四節　利潤率的降低趨勢

馬克思預言資本主義必然會走向崩潰滅亡,其主要原因為資本主義體制本身矛盾重重。除了前述基本矛盾(社會集體的生產對抗個人單獨的產品佔取)之外,另一項資本主義致命的矛盾為利潤率的逐漸下降。資本主義制度所以能夠出現、維持和發展,在於這種體制不斷的擴充、壯大,亦即資本家可以無限制、無窮地追求利潤,而累積其資本,使資本主義茁長繁榮。一旦利潤的追求遭遇瓶頸,甚至阻絕,那麼資本的發展與擴大便被阻止,甚至扼殺,這就是資本主義體制為其本身埋下自我毀滅的種籽。

為何資本家追求利潤之後,必然因為利潤率的普遍下降,而導致竭澤而漁,甚至殺雞取卵?這就要解釋馬克思所言的利潤率下降、利潤趨小的說法。

首先馬克思提出剩餘價值的辯證看法,認為天下萬事萬物的發展都逃不過辯證運動律的規範,亦即資本家是靠搾取剩餘價值而起

家的，但由於資本的形成完全操在資本家私人手中，其資本累積發展到某一階段便要進入負成長的時期，亦即生產本身的對立面。換言之，資本主義的體制本身的矛盾，促成資本主義經由否定而發展到揚棄階段。揚棄資本主義的將是另一種生產方式和經濟秩序，亦即新的社會經濟形構 (socio-economic formation)。這個新的社會經濟形構就是社會主義的新體制，其最終的發展則為共產主義的新社會。

新舊社會體制的不同為資本主義體制下乃私人在形成資本和累積資本。因之，資本的形成變作「生產條件」(Bedingung der Produktion)。換言之，為了賺錢和累積資本，資本家才從事生產工作。在資本主義體制下，資本家一旦發現無利可圖，就不會去再投資與再生產。反之，社會主義體制下的資本累積完全控制在公家手中，先考慮滿足大眾的需要，才去從事經濟計畫，有了整套的經濟計畫才考慮動用多少資金投入生產行列。亦即資本的形成只是為了滿足人民的需要，而進行的再生產、再投資而已。

資本家考慮的不只是利潤，也包括產品的銷售。這是何以在資本主義體制下，眾人的需要能夠與資本家的牟利掛鉤的原因。但利潤追求的體系並無法順利地發揮其功能。對於某一商品的需要並不一定為生產這類商品的資本家自動帶來利潤。這就涉及馬克思所提到的景氣循環與景氣危機的問題。

其次，馬克思強調，資本是由固定資本與變動資本兩者合成的，這就是「資本高度的有機組成」(höhere organische Zusammensetzung des Kapitals)。隨著固定資本的機器設備周全，勞力的生產效率也提高，這點是馬克思讚揚亞當‧斯密慧見之處 (C I: 681)。換言之，馬克思同意亞當‧斯密的看法，認為分工、技術改善和土地生產力的提高，促成工人生產力一起高升。不過最終勞動生產力的大小，還

是依靠固定資本的增加,以及固定資本 (物力) 與變動資本 (人力) 的比例所形成的「律則」。

在形成與累積資本的過程中,固定資本 (C) 與變動資本 (V) 的比率 (C/V>1) 是不斷在增加。不過發展到某一階段,由於構成固定資本的主要來源是資本家對工人剩餘價值的搾取,一旦資本家愈來愈多使用機器 (乃至自動機),愈來愈少使用人力,那麼人力的減用,就造成剩餘價值的短少,亦即新的固定資本越來越小。

使用前面的公式可知,剩餘價值率也就是利潤率為 S/(C+V)。此時必因 C 值的大增 (愈來愈多使用機器),和 V 值的遞減 (減少人力),而造成其比率的減少,這就是資本家利潤遞減律的說詞。

馬克思認為資本的有機組合的增高、增強或增大 (也即 C+V 的組合愈來愈大),就使剩餘價值的搾取越來越小,從而說明資本家的利潤只有變小,而不可能變大。但事實卻與馬克思這種說法相反。這應當怎樣來解釋呢?於是馬克思主義者仍堅持就長期而言,利潤率必然趨向低微,但短期間卻有可能利潤率不降反升,其原因約為五端 (Freedman 87):

⑴資本家對工人的剝削加強,賺取更多剩餘價值;

⑵將工資壓制在維持勞力的開銷 (工人生存所必需) 水平之下;

⑶減少固定資本 (機器、廠房、原料費用、管理費用等) 的開銷;

⑷人口相對膨脹,不虞勞力匱乏;以及

⑸進行外貿,在國外投資,利用外國廉價勞力與便宜原料生產高價產品。

第五節　資本主義的危機

　　依據馬克思的說法，資本家扮演了形成資本和累積資本的角色。對資本主義的成長與發展而言，資本家必須繼續行使擴大資本的職能。換言之，是外頭的勢力不斷驅迫資本家去經營事業和累積財富。可是資本家能夠始終不渝，不受限制去累積資本嗎？前述利潤率的下降就說明短期間資本家尚有擴充業務，改善營業規模的可能，但長期而言，一旦無利可圖，資本家的角色與職能就會逐漸褪失，甚至被消滅。這就是資本主義種種矛盾和重重危機的所在。

　　資本主義諸多危機之一為消費大眾需求的減少，亦即消費能力的降低，這是由於消費者沒有購買力。何以消費者沒有購買力呢？這是因為經過幾輪資本累積之後，財富集中在少數資本家手中，於是一般民眾的購買力遂告下降。

　　顯然資本主義體制內矛盾重重，像日常生活必需品經常有生產過多，或是消費過少的現象，其結果便把剩餘價值降低，這就指明資本累積不可能無限度繼續推行下去。為了使剩餘價值增大就要緊縮生產因素的開銷，特別是壓低工資，其結果造成工人無力消費。因之，消費能力的降低一方面是生產過程中勞力產出的剩餘價值被剝削，他方面是產品價格的哄抬，造成物價上漲，工人無購買力去購買消費品。

　　表面上產品生產過多，造成滯銷，事實上則是生產力的發展造成利潤率的降低，「這是一項規則，它在某一〔發展〕點上，以敵對的立場來對待這種〔資本主義〕的生產方式，目的在擊敗階段性的危機」（*C* III: 303）。

易言之，馬克思的說法認為，資本家有能力擴充或有必要收縮其營業規模，主要是受到資本家能否剝削剩餘價值來決定。生產的漲縮取決於利潤不致降到某一水平以下。是故投資「並非取決於生產與社會需要的關係，亦即不受在社會中發展的人群需要的左右，而是仰仗資本家對利潤的追求」(*C* II: 591～611)。

不僅資本家的利潤率或稱獲利率終究要下降，而造成資本主義的危機。另一項嚴重威脅資本主義體制存亡興廢的危機，是工人報酬（工資）的節節下降。這就是馬克思著名的工人貧窮論(*Verelendungstheorie*)。這種情勢的產生是由於資本家利潤的降低，迫使資本家加速資本的累積，但資本的累積反過頭來加速利潤率的下降。此外，資本的累積也促進資本的集中，於是大富淪為中富，中富淪為小富，小富淪為工人，工人淪為貧民。只剩愈來愈少的大資本家可以在這種割喉式的拼命競爭下，踐踏別人的頭肩，勉強存活下來。

工人在重重剝削和相互競爭之下，不免要削減工資來維持工作，於是形成「工業後備軍」。這些陷入貧困的工業後備軍有朝一日會淪為失業後備軍。在求生無門、求死不得之際鋌而走險，於是大堆工人成為「革命後備軍」，以推翻資本主義體制為其職志。這就要被迫參與到無產階級革命的陣營，準備為埋葬資本主義的戰役作最後一搏。

資本主義的歷史是一部危機深重的歷史。經濟危機的爆發乃是資本主義內在矛盾的展現。資本集中於少數人，使大規模的公司僥倖存活，但小公司、小工廠、小商號被迫以投機、超貸、偽造信用而企圖苟延殘喘，但最終仍將被大公司合併吃掉。

當應用現存資本而有所產出時，並不保證產品在市場上能夠暢

銷。萬一產品在市場滯銷，那麼資本的部分便成為不能發揮作用的呆資 (idle capital)。由於純粹利潤是由投入生產的與停滯不用的兩種資本合致產生的，那麼資本家為了杜絕競爭敵手的營業活動，會保留停滯不用的資本，俾保護已投入的現有資本。於是資本家與資本家之間遂展開拼死拼活的競爭，也就是你死我活的鬥爭，停滯不用的資本之存在，證明資本主義內在矛盾與危機是無法克服的。更何況在每一危機之後，必須有新的均衡恢復，要恢復新的均衡便要「屠殺資本的價值」，也就是把固定資本作大量的減值。

激烈而急迫的危機，會造成急速的減值、營業停滯和再生產過程的崩潰。由於失業而造成工資低落，有助剩餘價值的增大，這樣一來資本家似乎逃過一劫，可以賺取利潤再投人生產行列，可是新一輪的生產活動又再度累積資本，產生更便宜的商品。但這種再生產導致資本的減值，亦即造成固定資本與變動資本相對情形下的減值，於是景氣循環與景氣危機便首尾相咬，如影隨形輪番演出。

馬克思曾經批評古典經濟學家對景氣循環的說詞。像薩伊 (Jean Baptiste Say, 1767～1832) 認為，人們所以生產某一商品完全是著眼於產品的出賣或消費，只有出賣其掌握中的產品，他才有能力購買其他的產品。因之，對薩伊而言，生產的產品一定會找到買客，不可能有生產過多之虞。馬克思認為薩伊這條經濟律只能應用於以物易物的社會，而無法適用於使用貨幣的經濟體系中。原因是在後者（金融社會）裡頭，人們是為著賺錢而生產，錢則由銀行借出，也供再投資之用。如金錢不供借貸，也不再投資，則經濟的停滯馬上出現。

在再生產的過程中，資本家以新的資本替代舊的、用完的資本，不過他此刻是認為新資本的利潤率與舊資本的利潤率為相同的。事

實上則不一定相同，一旦產品的價格低於生產成本，那麼投入再生產的資本便要大打折扣。既然利潤消失，資本家再投資的興趣缺缺，於是手頭上或銀行裡頭存放的錢，便成為呆資——不再活用的資本。這時將存款用於購買黃金或償付利息，對公司而言是一大損失，對整個經濟而言為停滯不前。

因此，資本主義的貨幣制度，亦即貨幣經濟，常造成景氣低迷現象。不景氣的經濟就表現在大量貨品的滯銷或銀行存放的金額過高。換言之，貨幣不僅是交換的媒介，也是商品獨立的形式。貨幣雖然不直接造成經濟危機，但卻使經濟危機成為可能。要之，在市場形成之前的以物易物的社會中，因為經濟沒有採用價格制度，因此危機也不發生。

在資本主義社會中，貨幣的典型使用表現出兩種方式。第一、表現使用價值的商品可以把商品（以 C 為代表）轉換成貨幣（以 M 為代表），亦即 C-M；第二、把貨幣當作購物給付的工具，亦即把貨幣轉化為商品 M-C。

在資本的再生產過程中，可以說是商品的轉化，由商品變成貨幣再由貨幣購買其他的商品。因之，可得 C-M-C 的公式。在此公式中，商品的販賣與原料的購買是分開的兩樁事體，不像以物易物的直接交換經濟中，賣與買是同一件事。既然在市場經濟 C-M-C 轉化過程中，買與賣是兩樁不同的事體，則危機可能就發生在這裡，因為第一個變換是資本轉化為貨幣，第二個轉換是貨幣轉換成資本。在轉換過程中有些資本可以轉換成貨幣，另外一部分則由貨幣轉換為資本。資本財與商品之藉由貨幣而相互轉換，以及貨幣之轉換為資本財，是因為分工而變成可能，而且其間的轉換並未經事先協調好，而是隨意、偶然的。由是，複雜的分工所形成的市場經濟，便

提供危機滋生的環境。何以造成這種情況呢？

　　馬克思以製造布料為例，說明當作給付工具的貨幣可能造成危機的理由。在製造布料的過程中，參與生產的植棉者、紡紗者、織布者等等，他們都靠銀行的信貸參與生產，期待布匹製造完畢交給消費者之後取得價款，償還借貸。這麼多人所形成的信貸網絡中只要有一個環節失誤，亦即買賣的鏈子上有任何一個缺口，便有爆發危機之虞。

　　馬克思批評他同代的經濟學家視危機只為貨幣引發的現象，而不知貨幣的危機只是資本主義危機的一種。其他更重大的危機，將造成資本主義的崩潰。

第六節　資本主義的崩潰

　　前面已提過，資本家為追求利潤而生產，而非為享用產品而生產。很明顯的，他不是為了使用價值，卻是為了交換價值，為累積他的財富而進行生產。資本家這種累積財富的企圖，只能保障他「暫時的存活」(transitory existence) 而已。誠如馬克思所說：「他〔資本家〕在瘋狂地造成價值擴大的情況下，無情地驅迫人群為生產而生產。這樣一來他就迫使社會生產力發展，造成物質條件，形成更高社會型態的真實基礎。〔未來的〕社會將是每個個人都能充分與自由發展的社會，這成為〔未來的〕主導原則」(*C* I: 649)。

　　對於這種盲目擴張，不斷追求利潤的作法，資本家不是無知。他身處江湖無法自拔，因為他是資本主義體制大機器中的一個零件，完全是受「外頭壓迫性律則」(external coercive laws) 的支配。亦即為了保有他的資本，只有藉擴充資本來達成。他若不進行漸進式的

累積,是無法保有其原有資本的。「去累積,也就是去征服社會財富的世界,去增加受其剝削的人類數目,因之,也擴大資本家直接或間接的影響力」(*ibid.*)。

每個資本家都貪婪野心,企圖增大其財富,擴張其影響力,因之大力生產。資本主義的生產「不僅創造一個愉悅的世界」,滿足人們消費的慾望,而且也打開投機之門,形成信貸制度,造成「暴富的千種手段」。當信貸的源泉成為企業的必需品時,奢侈浪費也成為資本主義制度的表徵。因之,有異於守財奴靠勤儉起家,不肯浪費一絲一毫的財產,資本家「搾取別人的勞力,並以強迫工人放棄其生活享受」來供資本家揮霍 (*C* I: 651)。

在資本累積過程中,勞工可能會短缺,因之工資有可能暫時提昇,工人階級的待遇與生活情況也有可能短期間改善。工人生活程度升高,並不會像馬爾薩斯所預言的工人人口增加,因為人類為理性動物,會計較和規劃其生涯,也會安排其家庭的大小。

可是資本累積的過程最終必然大量使用機器以取代人力,於是資本家對勞動力的需求減低。工人就業的總數可能增加,不過工人數目與全部資本的增加比例卻下降。於是就業變動愈來愈激烈。隨著固定資本(物力)對變動資本(人力)比率的高升,社會上多餘的人力,亦即失業人口會愈來愈多,其結果「失業的工業後備軍大增,他們期待下一波的工業擴大」,有重新投入生產行列的機會。人口過剩的經濟功能是為工業的擴大提供前提。

馬克思研究的結果顯示,資本主義經濟呈現十年左右的景氣循環,在此循環中資本得以經常形成,也會對失業者加以吸納,再形成另一波的工人後備軍。資產階級的經濟學者把景氣循環看作與信貸的鬆緊有關,他們只見到問題的表象,而不知景氣循環為資本家

累積財富的必然結果。

　　資產階級的經濟學家認為工資的低落是由於人口的增加，馬克思反對這種說法，原因是景氣循環只有十年便翻轉一次，但要製造和養育一個工人至少需花十八年的時間。因之，工資的低落不可能是由於人口增加。反之，資本主義體制不可能永遠吸收不斷成長中的勞動力。

　　工人追求自保，乃組工會。可是當工人進行協調、團結、組織的時候，資本家乃引用「神聖的」供需律，強迫國家介入勞資紛爭中，進一步抑制工會的活動。馬克思稱低工資乃為資本主義生產方式的必然結果，而非拉沙勒 (Ferdinand Lassalle, 1825～1864) 的「工資鐵律」，或馬爾薩斯的人口論所說明的。假使拉沙勒和馬爾薩斯的律則是自然法的律則，那麼改變生產的社會關係，並不能改變這種律則，社會改革或革命便毫無意義。

　　資本累積的結果是財富的集中。財富集中於愈來愈少的大資本家手中原因有二：⑴可供集中的社會現存財富（例如現金、存款、股票等有價證券）數量大增；⑵資本家與資本家之間的競爭加劇。不僅競爭力和規模的優勢有利於財富集中，就是合併、兼併也使財富集中於少數人。於是壟斷的資本主義終告出現。

　　壟斷資本家減少對勞力的需求。一旦資本主義進入壟斷的階段，資本主義的危機就要爆發，原因是屆時工人飽受欺凌、壓迫、羞辱、奴役，而不得不反抗、抗爭、批鬥。

　　資本主義無法繼續引用勞力，應用變動的資本，這說明「資本主義並非發展生產力和創造財富的一個絕對形式」(C III: 309)。這亦即說明資本主義的內在矛盾，和它同本身的衝突。易言之，長期的資本累積原來是求取利潤，但隨著利潤率的降低，愈擴大營業規

模，愈無利可圖。特別是想以機器取代人工，造成資本階級與工人階級反目，彼此的社會關係轉趨緊張、敵對，最後爆發階級鬥爭，「俾消解這些〔社會〕關係」(C III: 310)。

馬克思在《資本論》第一卷的尾端，這麼寫著：

剝削是由於資本主義本身內在的律則發揮而告完成，也是由於資本集中而告完成。一位資本家是在殺害多位資本家之後才能成就其本身。在資本集中，亦即多數資本家被少數資本家沒收財產之同時，發生著種種的社會變化，這包括營業規模擴大、勞動過程的合作形式〔分工愈形精細〕、有意識的科技應用、土壤有效培植，〔特殊的〕勞動工具轉變為共用的勞動工具，在世界市場的網絡上，結合社會化的勞力和各民族的生產資料，使其更符合經濟使用的原則。要之，亦即資本主義管理取得國際的性格。

隨著竊取和獨佔〔社會〕轉變之好處的大資本家數目的遞減，〔工人〕群眾的受苦、壓迫、奴役、屈辱、剝削也水漲船高。不過也因為這種情況，工人階級的反抗增長。工人階級為數目不斷增大的階級，也是由資本主義生產過程中變成有紀律、團結、有組織的階級。資本的壟斷對其生產方式不啻為桎梏，這種生產方式使獨佔資本能夠激發、成長，但也促使其衰微。生產資料的集中和勞動的社會化，終於抵達一個不歸點，使它們與資本主義體制的外殼不相容。這一外殼遂被爆破。資本家私人財產的喪鐘敲響，剝削者終被剝削。(C I: 836～837)

以上便是馬克思認為資本主義終將崩潰消亡的崩潰理論 (*Zusammenbruchstheorie*)。

第七節　馬克思經濟思想的評論

　　馬克思的經濟學說是建立在他的價值（特別是剩餘價值）理論之上。關於商品的價值理論，有主張只要人力施加於產品，便會使產品產生價值，這種客觀的價值論是從洛克、亞當・斯密至馬克思一路相承的說法。另外有所謂主觀價值論，是以人類對產品需求的心理期望解釋的，這便是邊際效用學派以心理學解釋人的經濟行為之學說。更有強調「價值中立」的經濟學說，認為價值屬於心理學的範圍，不該由經濟學家去研究。經濟學家只需關心可資測量，可用數學表達的價格即可，無需探討價格之後抽象、玄思的價值。

　　價值論一般都受到資產階級主流派經濟思潮的排斥。原因是價值如何可以從「社會必要勞動時間」來規定呢？再說，「社會必要勞動時間」造成的價值也變成界線不明，流動性很大的事物。馬克思在世之日，這一勞動價值幾乎等於工人維持生存最起碼的要求。但這種簡單的計算法卻無法成為今日分工複雜、生活程度提高的社會計算勞動時數的基礎 (Theimer 160)。

　　柏波爾 (Karl R. Popper, 1902～1995) 認為，馬克思的整個價值理論都是多餘的。例如我們只要假定在一個自由勞動市場中供給大於需求，那麼藉由供需律的運作，便知道工資要壓低，工人收入短少，而漸趨貧窮，不必再去考察勞動究竟帶來多少價值 (Popper, 1966, II: 165)。

　　再說剩餘價值該怎樣來計算呢？是否照馬克思那樣，把產品出賣的總價扣除變動資本與固定資本，剩下的資本家之利潤，便等於資本家向工人搾取的剩餘價值呢？還是應該把資本家忍受暫時不消

費的那部分資金,以及他投入生產的擘劃,外加苦心經營的心力之部分,當成他利潤的因素,從而縮小剩餘價值的範圍?當恩格斯高呼馬克思在剩餘價值中發現「資本主義生產方式的祕密」時,他似乎太抬舉了他終生的戰友與革命夥伴,誇大了後者的貢獻。

此外,馬克思強調資產階級與工人階級為爭取剩餘價值大打出手,似無甚新義,因為就經濟學的觀點來說,這不過是資本形成與即刻消費之間的決鬥。

不過資本家對剩餘價值的私人搾取,卻在兩方面引起學者研究的興趣。其一為社會學方面,另一為政治學方面。在社會學方面,我們不難知道資本家佔取剩餘價值和累積財富,使他滋生比他人更大的權力、更高的地位。儘管民主政治與法權觀念的申張,企圖限制資本家這種優勢,但有錢便有權,幾乎是普遍的現象。在政治方面,則顯示資本家趨向守成、保守和維護現存政治現實,以及造成工人不滿、急進、亟思改革現狀,甚至使用暴力改變既存秩序的革命心態之對立。這正說明經濟與政治的掛鉤。這也說明經濟的衝突常要靠政治鬥爭來表述、反映、解決。

不僅資本主義的經濟脫離不了政治,因之政治經濟形成一體,就是反映資本主義體制的政治經濟學也成為馬克思抨擊的對象。馬克思在其巨著《資本論》中,不僅批判資產階級的經濟學說與理論,更對政治經濟學的總體展開攻擊,蓋這一號稱研究社會生產關係之科學卻始終拘泥於事物,也以事物的面目出現,完全陷於「物化」(*Verdinglichung*) 的漩渦而不克自拔 (Rosdolsky 9)。顯然資本主義的危機乃至崩潰,並未被資產階級的經濟學家所體認。

馬克思對資本主義體系的危機有深刻的認識,尤其能夠理解景氣循環理論,也證明他的卓見。可惜為致力於資本主義體系危機與

崩潰學說的建立，他有關景氣循環及經濟衰退的分析，便不夠深入。《資本論》首卷討論資本主義體系的崩潰，但卷二和卷三則討論資本主義體制的各種危機理論。是不是危機必然導致崩潰，馬克思似乎沒有把其間的關係作出明確的推論。換言之，人們可能得到一個印象，誤認為資本主義的總崩潰可以與其危機不發生關連 (Theimer 164)。

　　馬克思所談資本主義體制總崩潰的理論，不只建立在資本家利潤遞減率之上，也建立在工人收入的工資遞減率之上。批評馬克思工資遞減率的理由有數種。其一是認為由於科技的改善，工人知識與素質的抬高，造成生產力大增，工人遂能夠參與社會成果大餅的分享，因之，工資只有節節高升，沒有可能慢慢減少。其二為工人組織工會，甚至參加工人政黨，在集體協商中迫使資本家讓步，提昇工人的工作條件，包括改善待遇。其三是政府的干涉，亦即國家的社會政策乃至福利政策的實施，使得勞資摩擦與衝突減至最低程度，使一般工人的工資不降反升。其四為先進工業國家將貧窮輸往殖民地或落後國度，利用對外投資、商貿而賺取財富。因之，工業先進國的富裕（包括其國內工人收入與生活水平的抬高）是以犧牲落後地區與國度的工人獲致的。換言之，只有在資本主義發達的國家，工人才享受較高較好的待遇，其餘地區與國度的人民仍生活在低收入或飢餓貧寒的陰影下。因之，作為經濟學家，馬克思的預言落空，尤其對資本主義內在自我毀滅的說法，證明其理論的錯誤 (Heilbroner 163)。

　　李嘉圖對工資持悲觀的看法，認為由於人口不斷增加，勞力供給充沛，工資始終停留在工人維持生計的最起碼水平之上，其後拉沙勒和羅伯圖 (Johann K. Rodbertus, 1805～1875) 甚至還主張「工資

鐵律」(*das eherne Lohngesetz*)，認為工人所得的工資永遠在維持最低生活所需開銷上下擺動，科技與生產力的提昇所帶來的成果均為資本家所獨吞。有異於李嘉圖視最低工資為自然或正常狀況，拉、羅兩人主張透過社會主義的社會政策的施行，由國家介入，改善工人的待遇。馬克思反對所謂的「工資鐵律」，認為景氣好的時候，工人獲得的工資大於最低生存所需開銷。儘管工會可能替工人出面爭取較高工資，但馬克思指出，工人與資本家之間的勞動契約為個別簽訂，非透過工會進行集體訂約，故工人儘管有工會撐腰，其工資的改善仍屬有限，更何況大批「工業後備軍」的形成對工資總體產生壓低的作用。

　　十九世紀最後二十五年當中，工業國家有了重大的改變，那就是科技進步提昇經濟的發展❷。不過我們必須承認，馬克思所面臨與分析的資本主義，為工業革命後初期自由放任的資本主義，也是缺乏人性，大力剝削與壓榨工人的工業資本主義。因之，他對當時社會關係的觀察和理解，確有他獨到之處。特別是他正確地指出，工人勞動生產的結果有很大的部分落入資本家手中，使工人陷入貧困災難。這種同情社會群眾的不幸遭遇，批評少數人的貪婪自私，使馬克思的經濟理念獲得激進者的欣賞，也就不難理解（洪鎌德1999: 105～129）。

---

❷ 不僅十九世紀下葉，就是二十世紀，乃至二十一世紀全球政經社會劇變，知識科技猛進，新理論層出不窮，在在造成馬克思學說成為明日黃花。參考洪鎌德 1996a: 71～74; 2010: 374～375; 2014: 358。

第二十章　馬克思的國家學說

第一節　國家生機說與國家工具說

在西洋兩千多年悠久深長的政治思想史與國家學說中，粗略歸類，可得兩派截然不同的國家哲學。其一主張國家為一生物體，為一種大型的有機組織 (organism)，國家自具生成與發展的生命，追尋其本身最終目標 (telos) 或目的 (objective)。首創此種國家生機說的哲學大師，便是亞里士多德。他把國家的生成演變看作是滿足國民需要的極致。原來人類有生理上食色的需要，必須組織家庭來求取滿足。但除了生理需要，人還有獲得社會承認與結交友伴的社會需要，這便靠村落或城鎮等社會組織來求取滿足。人群的組織由家庭而村落，最後擴大發展為市邦 (polis)。在市邦中人成為公民，也成為一個完整和個性發揮的人，也即其倫理與政治的需要獲得滿足，人成為住在市邦的政治人（zoon politikon，市邦動物）兼社會人。是故市邦，亦即國家，變成人類追求至善、落實完人的場域。

西洋政治思想史上另一派國家學說，則稱為工具論 (instrumentalism)。那是把國家當成機器、器具、手段來看待，不認為國家本身有任何的目的可言，國家只是人群追求目的的手段，只擁有功能、職責、作用 (function)，本身不具任何最終目標。換言之，國家或是在彰顯開國者功勳、治績的輝煌，統治者功業的不朽，或是提供被統治者安全的保障、治安的維持、公道的落實等等職能。提倡國家工具說的近世大思想家，就是馬奇也維里。受他觀念影響的後人，則為主張社會契約論的幾位大家，如霍布士、洛克、盧梭

等。在主張全民意志和主權在民時，盧梭的學說不但有工具說的成分，也沾染濃厚有機說的色彩。

在很大的程度上，德國的浪漫主義強調歸真返璞的社群生活，也是傾向於國家有機說。黑格爾的國家學說雖由理念、世界精神轉化、演繹而成，卻是國家有機說淋漓盡致的發揮。青年時代馬克思的國家觀就是建立在對黑格爾政治理念的推崇及其法律哲學的批判之上（洪鎌德 1986: 138～189; 2007: 286～287; 2014: 362）。

黑格爾視國家為理性的落實和自由的極致。因之，把國家特別是立憲君主的國家看作是「理性的國家」。這點一度為青年馬克思所贊成，這應該是他尚未完全擺脫黑格爾觀念論和青年黑格爾門徒的影響之前的主張。稍後馬克思在辦報而受到普魯士政權壓制之餘，才發現黑格爾的法律哲學同普魯士政治現實有極大的差距。在不滿普魯士政制，也批判了黑格爾的政治理念之後，馬克思才發展出他自己的國家理論。

事實上，青年馬克思在 1844 年十一月，便懷有把現代國家作一番徹底考察和分析的雄心壯志。這個「現代國家研討計畫」只留下大綱 (*CW* 4: 666)，但如能實現將是一個龐大的學術工作。可是流亡與放逐的生活，以及對政治經濟的批判轉移了馬克思這個研究的焦點。1858 年，他再度表示有意致力國家的大型研究，其中《資本論》只是這個研究的初步，依次他還要研讀土地產權、工資勞動、國家、對外貿易和世界市場（馬克思致拉沙勒函 1858.4.2，*SC* 96, 97；也參考 *SW* 1: 502）。

要之，馬克思並沒有按照其心志，完成一本有關國家學說有系統的專著。反之，他有關國家學說的片言段語，分散在浩繁的著作、評論和書簡裡頭。我們粗略概括，他是由傳統的有機說轉向工具說。

與西洋傳統上頌揚國家，把國家視為人類求取安全，寄託生命
財產，實現自主與自由的社會制度相異，馬克思基本上是排斥與批
判國家的存在。他視國家為鎮壓性的權力，其作用在捍衛私產的利
益。他一反其他西洋哲人的看法，從不研究國家的合法性與正當性，
反而挑戰其存在的基礎 (raison d'étre)。但另一方面，馬克思似乎又
沒有完全違逆西洋政治思想的傳統，就像亞里士多德、馬奇也維里、
洛克、麥迪遜 (James Madison) 等人一樣，他企圖以經濟因素來解釋
政治，並把國家利益與階級利益或私產制度聯繫起來討論。在這方
面，馬克思可說是集西洋經濟學說之大成，進而批判國家、政治的
重要理論家，儘管他是政治思想史上一個「大異類」(great
dissenter)(Tucker 1969: 54～55)。另一方面，他的國家學說卻是建立
在他的政治經濟批判與唯物史觀之上，這也是與傳統西洋國家觀不
同之處 (Chiang 273～303)。

第二節 嚮往黑格爾的理性國家觀

馬克思早期的國家觀得自青年黑格爾門徒對黑格爾哲學的批
判，這也包括他把黑格爾理念的哲學拿來與國家的實狀相比照，而
看出其中的偏差與矛盾 (Barion 110)，其中費爾巴哈的影響也不可小
覷 (Hung 1985)。當然，馬克思對普魯士政權的政策與施政諸多不
滿，也促成他尋找合理的政治制度與國家組織。

1842 年七月在《萊茵報》179 號社論中，馬克思首次使用了
「現代國家」一詞，認為現代國家的出現乃是政治擺脫宗教，政治
考察與神學教條分離後世俗化的結果。現代國家的崛起有如哥白尼
的天體革命，因為它植根於人類的理性與經驗，而非立基於怪力亂

神。他說：

就在哥白尼對太陽系偉大發現的前後，國家重力律也被發現。國家
重力在其本身，之前馬奇也維里和坎帕內拉，之後霍布士、斯賓諾
沙、格拉秀斯，乃至其後的盧梭、費希特和黑格爾，開始以人的眼
光去看待國家，從理性與經驗裡頭，而非從神學中去抽繹國家的自
然法則。……最近的哲學可說是繼承了赫拉克里圖和亞里士多德〔未
完成的工作〕。(*CW* 1: 201)

　　所謂「最近的哲學」乃是指黑格爾的哲學，它不僅恢復古希臘
對理性的推崇，還增加一個總體的、普遍的、泛宇的觀點，俾與個
人的、特殊的、偶然的事項相對照。於是馬克思續說：

過去憲法學者認為國家的形成得自於人的本性，人的意志、合群性，
或是基於人的理性（非社會理性，而為個別人的理性）。但最近哲學
更為理想的和更為深刻的看法，卻是從整體或總體的觀點而來。它
視國家為一個龐大的有機體，在其中法律、道德和政治的自由必須
實現，在其中個別的公民在服從國家的法律之時，可以說完全服從
他本身的理性，服從人的理性的自然律。(*ibid.*, 202)

　　從上面兩段引用的文字，不難理解青年馬克思一度採納黑格爾
國家有機說，將國家視為理性的自由和全體國民和諧的落實。但不
久他便對黑格爾這種理想化的國家說法表示失望。因為黑格爾這套
說詞為普魯士政權掩護、美飾，但卻遭現實政治所擊碎。1842 年秋
至 1843 年春，在《萊茵報》上，馬克思以新聞工作者的身分撰寫了

二十多篇評時論政的文章，這些文章涉及在普魯士高壓統治下政治與社會的實狀。當時馬克思還擁抱黑格爾理性國家的理念，以國家是自由的體現，是理性國家，來對照與抨擊基督國家（亦即以基督教作為國教的普魯士君主國）及其非理性的專政（姜新立 1991）。

第三節　黑格爾國家學說的批判

　　1843 年春夏之交，馬克思剛燕爾新婚，閒居於其妻燕妮的娘家之際，他開始把黑格爾的《法律哲學》作仔細閱讀，然後逐條對照和批評，這便是他《黑格爾法律哲學批判》的草稿。草稿並不完整，直到 1927 年才獲得出版機會。

　　對黑格爾國家哲學的批判，標誌著馬克思政治思想的一大轉變，這個轉變的關鍵為「政治國家」一概念的引入。儘管在批判的草稿中馬克思偶然也使用「真正的國家」或「理性的國家」，但政治國家卻特別指涉政府官署，或社會中涉及公共事務的那個階層而言。在這裡馬克思有意區別國家與政治國家的不同。前者涉及統一的、有機的、融合的政治社群，後者則為黑格爾權力三分化（君主、官僚、國會）加上國家其餘的統治機器構成的。

　　基本上馬克思對黑格爾國家學說的抨擊，認為黑格爾把實在(實狀、實相)與理念的位置、關係顛倒了。並非國家的理念衍生國家的實在；反之，是國家的實在產生了國家的理念。這種頭尾易處，需要加以扶正的作法，正顯示馬克思受到費爾巴哈的影響。費氏指出不是神創造人，而是人創造神。這種把主詞與賓語對調的批判法便是費氏獨創的 「轉型批判法」 (transformative criticism)(Hung 1985: 190〜192)。

　　應用費爾巴哈的轉型批判法於黑格爾國家學說的分析，馬克思指稱黑格爾把國家中真實的成分亦即家庭和社會，轉化為「理念非實在的客觀因素」，因之，他說：

〔黑格爾把〕理念化作主體，把家庭與民間社會對待國家的真正關係視為國家內部的、想像的活動。〔其實〕家庭和民間社會乃是國家的基礎；它們是真實能動的因素，可是在〔黑格爾的〕思辨哲學裡事物總是次序顛倒。當理念變作主詞，那麼真正的主詞像民間社會、家庭、「情況、隨意」等等便化作意義走失的理念之非真實的、客體的因素〔賓詞〕了。(*CW* 3: 8)

　　此時馬克思已體認民間社會的重要。對他而言包括家庭在內的民間社會才是生氣活潑，呈現個人創造力，表述人群實質生活的所在。反之，政治國家只是一種在法律之前人人平等（實質上不平等），表面上顧念全民的福利（實質上只在保護少數統治階級的利益），一個幻想的共同體而已。他認為「家庭和民間社會才是國家真實的成分，是〔全民〕意志的真實精神之存在，亦即是國家存在的方式」(*CW* 3: 8～9)。

　　其次，馬克思揭穿黑格爾把現存國家和社會當作符合真實與理性的制度之錯誤。黑格爾曾嘗試把國家與社會、公民與私人、政治生活與民間生活之矛盾化解調和。要化解這兩者的對立和矛盾，便要靠世襲君主制度，象徵全民利益的官僚體系和代表各方勢力的議會，這三項政制的運作，才可望完成。要之，君主、官僚和議會構成了組合國家 (corporate state) 的官方成分，也是「政治國家」三個主要的權力機構。對此馬克思批評：「此處黑格爾把老百姓存在的全

體之國家同政治國家混為一談」(*ibid.*, 78)。這就涵蘊黑格爾把部分混淆為全體。

　　對馬克思而言，黑格爾把國家構造成一個抽象的單元，同社會的和歷史的勢力脫節。須知創造政治與社會的現實正是這些勢力。一開始馬克思還同意黑格爾把民間社會同國家分開，儘管他不贊成黑格爾解決社會與國家矛盾的說法。他說：

民間社會與國家是分開的，因之作為國家的公民與作為民間成員的市民也告分開。他明顯地必須在其本身基本上分裂為兩種不同的身分。以真實成員的身分他發現生活於兩種組織裡頭：其一為官僚組織，一種外在的、遙遠而又形式的，很少碰觸到他真實生活的行政組織；其二為社會組織，也就是民間社會的組織。可是他在社會組織中卻是站在國家管轄範圍之外的私人，社會組織很少碰觸政治國家。(*CW* 3: 77～78)

　　這段話在說明個人與官廳或與政府打交道的時間相當有限：或是每四、五年投一次票，或是為繳稅、申請官方文書才與官廳往來。相反地，一個民間社會的成員，每日每時都要為營生而奔波，不管是為糊口還是為養家，都得在民間社會中打拼。在這種情形下，老百姓興起天高皇帝遠的念頭也就無足詫異。

　　既然國家與民間社會分成兩截，要使個人在國家裡頭實現自由便是一種奢望。馬克思指出，黑格爾心目中的政治國家無法調解人人為謀生而在民間社會中展開的競爭與衝突，也無法提供給個人自我實現的自由。很明顯，黑格爾在討論國家時，並未一併分析組成國家的個人，從而他的哲學中存在著國家與個人的空隙，亦即存在

著政治社群與個人的落差。為了彌補這一偏差，也為了調和個人與國家的對立，黑格爾企圖藉民間社會與家庭當成中介，但這種中介方式是錯誤的、累贅的 (Avineri 17)。

第四節　國家形同宗教虛幻的共同體

1843 年底馬克思撰寫兩篇〈論猶太人問題〉，一起刊載在次年於巴黎發行的《德法年鑑》。在這兩篇表面上討論猶太人的宗教權利維護的文章中，馬克思實際上提出人的解放，俾對照鮑爾的政治解放。要達致人的解放不但金錢崇拜要消除，也就是要把貨幣制度廢止，還要讓國家消亡。

延續他對黑格爾法哲學的批判，馬克思把批判的焦點擺在政治國家抽象的本質和超驗的結構上，從而也分析人過著雙重（公民與私人）生活的後果。就算是北美「自由的國家」，其人民仍然過著市民社會中真實的生活和政治國家中虛幻比擬的生活。他這麼寫著：

凡是政治國家達到真正發展之處，個人不只在思想和意識裡，也在實際生活裡過著雙重的生活，一個天堂的生活和一個地土的生活。〔在天堂的生活裡是〕在政治社群的生活。凡生活於政治社群中的人都把自己看作是一個社群的族類。〔可是在〕民間社會的生活中，人把自己看作自私的個人，把別人當成工具，也把自己踐踏為工具，而成為外在勢力的玩物。(*CW* 3: 154)

正如霍布士把民間社會中眾人為汲汲營利，彼此鉤心鬥角，相互展開殺戮式的競爭，描寫為「每一人對抗他人的鬥爭」(*bellum omnium contra omnes*），馬克思就視這種相互殘殺拼鬥的個人為自私自利、孤絕異化的個人。他們只懂追求私利，很少顧慮公益，只在乎保護私產，漠視公產。這種為己而不為人的個體，馬克思說是「退縮到本身私人利益、私人喜怒的界限內，而脫離社群」的人 (*ibid.*, 164)。

與社會中私人角色完全相反的，是政治思想家所鼓吹的公民角色。「在政治國家中，人被當成種類〔靈長類〕看待，他是一個幻想的主權〔管轄下〕想像的成員。他已被剝除他真實個人的生活，取而代之的是一個非真實普遍一般的抽象物〔公民〕」(*ibid.*)。於是國家承認　「一個真實的人應當看作是一個抽象形式的公民」 (*ibid.*, 167)。

在政治國家中，以公民身分出現的虛擬生活，在理論上是與社群的生活相契合，也是與理想的普遍性、寰宇性相契合。這種寄身於虛無飄渺的想法與宗教遠離現實、寄望來世的心態相當神似。

宗教是孤獨、異化、無助的個人發自內心的哀鳴，企圖在幻想裡克服其現實中無從解決的災難困苦。宗教的存在正是人間缺陷的存在。國家就像宗教中的天堂一樣，反映了人間、地土，特別是民間社會的缺陷。於是馬克思這般寫著：

我們不再把宗教當成是俗世褊狹侷限的原因，而是把它視為褊狹的表現。因之我們要用俗世的侷限來解釋自由公民宗教的侷限。我們不主張人們為了放棄俗世的限制而必須克服宗教的褊狹。〔相反地〕我們主張他們一旦去掉俗世的限制，就會克服宗教的褊狹。(*ibid.*, 151)

這表示馬克思的批判不僅限於宗教，而且抨擊導致宗教枝葉繁茂的根本。

國家成員的政治生活在很大的程度上與宗教生活無異。政治生活看作宗教生活，是「因為個人生活與種類生活的雙重性，也是由於民間社會中的生活和政治生活的雙重性」。政治生活是宗教生活，是「因為人們對待國家中的政治生活，竟是一個超過真實個體性之外，自存獨立而又真實的生活之緣故」，況且宗教也成為市民社會的精神，「表達了人與人之間的分開和隔閡」(*ibid.*)。

馬克思把國家視同宗教，都是屬於虛無飄渺的抽象事物，因之，政治國家與民間社會的關係，也就類似天堂與地土的關係，神聖與俗世的關係。他寫著：

政治國家與民間社會的關係是精神的關係，這就如同天堂與地土的是精神的關係。政治國家與市民社會是針鋒相對，它〔政治國家〕籠罩著俗世的褊狹，也就是藉著對它〔政治國家〕的承認、復舊，和受到它支配宰制之承認，而克服民間社會的褊狹。(*ibid.*, 154)

如吾人所知，馬克思是從批判宗教開始，及於社會批評，然後轉向政治批判，這是由於人的政治生活在相當程度內為宗教生活的延續。為了有效批判政治國家，馬克思又轉而批判民間社會，蓋後者為前者的基礎。因之，他又再度考察政治國家和民間社會的關係。

當黑格爾把國家視為家庭和社會組織的延續發展，也是這一發展的最高階段，馬克思卻視家庭與社會為國家成立的要素。國家並沒有廢除個人的出身、社會背景、教育、職業、私產等等的不同，這些都是構成民間社會的要素。反之，國家的存在是「靠著它們〔上

述出身、背景、教育……之不同〕的存在作為先決條件。國家感覺它本身是一個政治國家，而主張它擁有普遍性、寰宇性，目的在反對這些歧異不同因素的存在」(*ibid.*, 153)。換言之，國家就是假藉反對社會存有各種各樣的區別、歧異，而謀求統一協和，代表全體普遍的利益，而取得其存在的理由和正當性。因之，「完善的政治國家就是在其本質上落實人的種類生活，而反對物質生活〔之歧異〕的國家」(*ibid.*, 154, 155)。

　　馬克思認為國家的先決條件包含個人以及其物質要素（私產）和精神要素（文化與宗教）。這些要素是人民生活的內涵，也是個人在社會中地位的總和。可是人不但是私人也是公民，隨著這兩重角色的出現有不同的要求，前者在爭權奪利，拼搏奮鬥，後者在協調和諧，團結統一。於是個人特殊的利益遂不免與國家全體普遍的利益相衝突，「這種衝突最後化約為政治國家同市民社會的分裂」(*ibid.*, 153)。

　　既然人經營雙重的生活，既然政治國家和民間社會分裂為二，那麼想藉國家來揚棄社會，或藉社會來中介個人與國家，都是錯誤的嘗試。

　　在馬克思的觀念中，要把國家與社會的差距縮短，並將其分裂、雙重性加以克服，必須著手改革和轉型市民社會，亦即把市民社會主要的要素痛加批判、改善、革除，才會奏效。由於「政治革命只把民間社會融化為其構成的要素，而不是把其要素加以革命，或將這些要素置於批判之下」(*ibid.*, 167)，因之，只有政治的解放是不夠的，必須要進行更大規模和最終關懷的人的解放。他說：

所有的解放是將人的世界和人的關係化約到人本身，一方面是民間

社會中當作成員的自私、獨立的個人,另一方面則為化約為公民、為法律上的人格。(*ibid.*, 168)

顯然,市民為活生生、有血有肉的真實個人。反之,公民則為抽象的、人造的、具有法律責任和義務之虛擬或比喻的人。

既然馬克思肯定民間社會中個人為真實的人,以對照政治國家中虛擬的公民,那麼作為民間社會成員的個人要怎樣才不致成為外頭勢力(貪婪、專橫、宰制)的玩物呢?亦即人怎樣達成其完全的解放呢?馬克思的答案是:

〔只有〕當真實、個體的人在他本身中重新融入抽象公民〔的美德〕,同時個別的人在其日常生活中,在其特殊的操作中,在其獨特的情境下,變成一個種類之物〔真正的靈長類〕。只有當人承認與組織他「特殊的力量」(*forces propres*)為一種社會力量之時,而不再從其本身中把社會勢力分開出來,不再將這種社會勢力當成政治權力的形式顯現出來之時,只有這樣人的解放才稱完成。(*CW* 3: 168)

從上面的分析,可知此時的馬克思是把國家看成外在於人身,但卻又支配人的行為之異化的社會力量。它與社會迥異與分離,它雖是人群的創造物、人造品,卻自具生命、自求發展,置創造者的人類不顧,有時甚至反噬一口,轉過頭來凌虐創造者的人類。只有把異化的社會力量重加規整和約束,融入人的自身,人的解放才有希望(洪鎌德 2007: 294~298; 2014: 369~373)。

第五節　人的解放和普勞階級的歷史角色

　　1843 年底與 1844 年元月，甫抵巴黎辦報不久的馬克思又寫了一篇〈黑格爾法哲學批判導論〉，也於《德法年鑑》一、二期合訂本刊出。在此文中馬克思綜括他對黑格爾國家學說的考察，顯示他進入其知識發展的另一階段：由宗教、哲學、政治而走向革命理論。

　　在此文中馬克思首先把民間社會精神元素的宗教拿來批評，套用他的話，「宗教的批判是所有批判的基礎」(*CW* 3: 175)。接著他說，「對天堂的批判轉為對地土的批判，宗教的批判轉為法律的批判，神學的批判轉為政治的批判」(*ibid.*, 176)。

　　為了批判政治，特別是當代日耳曼的政治現實，馬克思認為德國人應該把哲學與現實作一個對照。十九世紀初，德國諸種思潮中以黑格爾的哲學最為卓越和深刻，因為後者有關國家的理論，「最為連貫、豐富，也是最終的陳述建構」。因之，對黑格爾哲學的批判，「既是對現代國家的批評性分析，也是對牽連到它的〔政治〕現實的評析」(*ibid.*, 181)。

　　可是黑格爾思辨的法律哲學太過深奧，抽象地處理國家，使黑格爾忽略了真實的人之探討。黑格爾在搞哲學的抽象化與假設說詞之際，使他對德國政治現實的性格，欠缺理解，且有偏頗的析述。為了有效批判黑格爾的法哲學與國家學說，馬克思引進「實踐」(*Praxis*)一詞，因為實踐會導致德國走上革命之途，最終「將使〔德國〕躋入現代國家行列，並且提昇至人類的巔峰。這些都是現代國家在不久之後，便要達致的狀態」(*ibid.*, 182)。

　　馬克思認為，激進的、根本的理論將與革命的實踐掛鉤。他說：

批判的武器自然不能取代武器的批判，物質的力量有待〔另外的〕物質力量來加以推翻。不過理論可以變成物質的力量，當它掌握群眾之時。理論可以掌握群眾，當它展示人本與人性 (ad hominem) 之時。它能夠展示人本與人性之時，也就是它變成激進之際。激進的意思就是能掌握事物的根本。對人而言，其根本就是人本身。(ibid., 182)

至於德國理論激進的跡象，由其「宗教的正面揚棄」一點可以看出。至此我們可以瞭解，馬克思何以把宗教的批判和人的普遍解放連繫在一起：

宗教的批判停止在這種教誨之上：對人而言再也沒有比人更高的事物的存在。因之，宗教的批評也停止在範疇性命令：把所有造成人為卑賤、奴役、棄絕和可厭之物的〔人際〕關係徹底推翻。(CW 3: 182)

對馬克思而言，人的普遍解放無異為人「普遍自我實現」，也就是激進的社會革命。這是人群變天的基本需要。但是這種社會革命卻無法出現在德國，因為它缺乏消極上的壓迫階級和積極上的革命階級。為此馬克思說：

在每一場合，重大〔革命〕的角色扮演的機會總是溜走，每一階級當它要與其上頭的階級展開鬥爭之際，又捲入與其下面階級發生衝突。於是王公在對抗君王，官僚在對抗貴族，布爾喬亞在對抗所有的其他人，而普勞階級已開始對抗布爾喬亞。(ibid., 185～186)

假使情況確是如此，「那麼德國人解放的可能性在哪裡？」於是馬克思在尋找一個受害最深、人數最多、革命意識最堅強的革命性階級，「這一階級具有普遍受害的普遍性格，它無法請求特殊的補正，因為對其造成的傷害不是特殊的錯誤，而是普遍性的錯誤」。

這一階層「如果不能同時解放社會其餘各階層，它就無法解放其本身。易言之，人必須徹底的遺失才能徹底的尋回。這個造成社會全部解體的特別階層乃是普勞階級」(ibid.)。

在馬克思的心目中，普勞階級將宣布廢除「至今為止現存世界的秩序」，並要求對「私有財產的否定」。他續說：

當哲學在普勞階級當中找到它物質的武器時，則不啻為普勞階級在哲學中找到其精神武器。當思想的閃電剛好打中人群創意的土壤之瞬間，德國人解放而為人類的時刻便告降臨。(ibid., 187)

馬克思終於把他對宗教的批判改變為對政治的批判，也就是從宗教的政治解放邁向人的真正解放，從理論的、批判性的活動走向實踐的、革命的活動。他在德國工人（普勞）階級中找到普遍階級。這點同黑格爾在官僚體系找到普遍階級是大異其趣。至此，馬克思已完成對黑格爾國家學說的批判。事實上，透過他的批判工作，馬克思從黑格爾哲學的陰影下擺脫出來 (Miliband 1965: 279)。

第六節　現代國家、普勞階級和社會革命

馬克思對現代國家，特別是對普魯士王國的批評反映在他對一度曾經是戰友的路格 (Arnold Ruge) 文章的批駁。1844 年路格在巴

黎出版的《前進！》刊物上，撰文提及西利西亞失業紡織工人的暴動，主張在現存政制下組織政黨進行社會改革。

在反對路格的改良主張中，馬克思不但猛厲抨擊路格對現代國家、社會改革和德國工人階級現狀的缺乏理解，還繼續論述他本人早先有關政治國家與民間社會分裂的說法。他論證政治國家無法療治民間社會的病痛，「就算眾多政黨的存在，每個政黨都把矛頭指向執政黨，認為它是罪惡的根源，就算是激進的和革命性的政治人物，也不在國家的本質中尋覓罪惡的根本，而只斤斤計較用何種國家形式取代目前的國家形式」(*CW* 3: 197)。

在文尾馬克思指出，在「政治的架構」中處理社會的毛病是不妥善的，因為連最激進和富有革命精神的法國工人階級在其首次造反中，也已認清導致所有罪惡的因由為「意志和暴力手段；企圖推翻國家的特殊形式〔君主變為共和〕」(*ibid.*, 204)。換言之，對馬克思而言，社會的毛病無法單靠政治行動一項便可療治，蓋政治行動不過是改朝換代，國家形式和政制的改變而已。

由是可知馬克思並不認為國家和社會組織之間有明顯的不同，原因是國家乃是社會的組織。在這裡他似乎把國家和政治國家混為一談，因為他在緊接著的論述中，把社會的組織和公共行政當作國家的政治範圍來看待。他說：

只要國家承認社會弊端的存在，就看出弊端的原因如果不是由於自然法，亦即人的力量無法左右的勢力，便是仰賴國家的私人生活〔造成的〕，或是不仰賴國家之行政的錯失〔所引起〕。(*ibid.*, 197)

正如馬克思所指出的，每個國家都在尋找社會弊病的原因，認

為毛病出在「行政機關有意或無意的過錯，因之其補救之道便是行政〔改善〕的措施。為什麼會這樣？嚴格而言是因為行政乃國家組織性活動的緣故」(*ibid.*, 198)。與此相關的，馬克思談到作為現代國家基礎的政治與經濟生活，以及這兩者之間的矛盾：

存在於行政的目的與善意之一端，和促成其實現的手段與可行性之另一端之間有重大矛盾。這個矛盾的清除只有當國家本身消亡之後才能辦到，原因是國家的存在完全建立在此矛盾上……國家乃建立在公共和私自生活的矛盾，亦即普遍利益和私人利益的矛盾上。是故行政限制於形式的與否定的活動中，原因是民間生活與勞動開始之處，正是行政權力告終的所在。誠然，在面對民間社會反社會性質所滋生的結果，像私人所有權、商貿、工業和各階層市民間的相互剝掠，亦即在面對這些〔社會營生、競爭、互爭雄長、交相爭利、攘利恐後等〕結果之時，行政的無力、挫折成為其自然法則。民間社會的雞零狗碎、原子化、卑賤、奴役，正是現代國家賴以建立的自然基礎，這正如〔古時〕奴隸的民間社會成為古代國家矗立的自然基礎一般。(*ibid.*)

　　這段話看出，馬克思一開始便視古代或現代國家的產生是出於社會各種勢力交互爭執衝突，特別是階級利益的較勁。在相持不下的情況下，須要國家來調解、擺平。這無異是國家產生的衝突論之一。
　　現代國家陷入進退維谷之中，如果它要消除其行政的無能，就首先要消除公民追求自利、競爭、衝突的私人生活，但國家如果取消了公民的私人生活，則國家本身的存在便喪失基礎，而導致國家

的消亡，因為它的存在正是由於公民私自利益的衝突與矛盾的結果。

對馬克思而言，政治國家乃是社會結構，「能動的、有意識的，以及官方的表述」。國家愈強盛，亦即變成更具政治色彩的公家組織，它愈無法理解社會弊病的一般緣由，而更不會把弊端的根源尋找到「立國的原則」之上。「看不到立國原則的缺陷，法國大革命的英雄們誤把社會弊病的源泉當成為政治的罪惡」(*ibid.*, 199)。

認為民間社會的轉型無法靠政治行動來獲致，馬克思又回歸到普勞階級，認為它是唯一的社會勢力，「斷然地，在襲擊的、尖銳的、無拘束的和有力的情況下，宣布它對私產〔盛行的〕社會的反對」(*ibid.*, 201)。

馬克思認為西利西亞紡織工人的反抗，比起英國工人的反抗，更為大膽、深思和審慎，因之，他讚美這批德國普勞工人是「歐洲普勞階級的理論家，正如同英國普勞階級是其經濟學家，法國普勞階級是其政治家」一般 (*ibid.*, 202)。德國資產階級無能帶動政治革命，但德國的無產階級卻能夠帶動社會革命。「〔像德國〕哲學的人民只能夠在社會主義當中，發現其適得其分的實踐，因此，在無產階級當中，可以找到它〔自我〕解放的動力要素」(*ibid.*)。

馬克思一再申述政治革命與社會革命的不同。他說：「凡是消融舊社會的革命，它在某種程度上就是社會的〔革命〕。凡是推翻舊政權的革命，在某種程度上就是政治的〔革命〕」(*ibid.*, 205)。在分辨政治與社會革命的不同後，馬克思下達結論：

一般的革命——推翻既存權力和解除舊有關係——是政治的動作，可是社會主義不靠革命是實現不了。它需要這個政治動作，其需要的程度如同它需要毀滅和解體一般。可是當作組織的活動開始之時，

其適當的客體，其靈魂也一一出現──這時社會主義便可以摔掉政治的外殼。(*ibid.*, 206)

換言之，在運用政治暴力奪取政權之後，社會革命將致力全社會的改造，屆時私產廢除，分工取消，國家、政治、法律一併消亡。

在此一階段，馬克思的政治思想不再著談「理性國家」、「真實國家」、「真正民主」等等，而是一心一意談論無產階級革命完成後所要建立的社會主義，這將是他所期待之人的解放的起始。

第七節　人的異化和資產階級的國家

約在 1844 年春天，馬克思開始把他對國家的批判轉往經濟的批判。在恩格斯的影響下，馬克思狂熱地、大量地啃讀亞當‧斯密、李嘉圖、西斯蒙第等人政治經濟學的著作，並對他所處時代的資本主義進行考察和分析。研讀的初步結果，便是 1844 年號稱《經濟學哲學手稿》或所謂《巴黎手稿》的撰作。該手稿遲到 1932 年才正式出版。

在手稿中馬克思徹底討論黑格爾和費爾巴哈對人性的看法 (Hung 1984)。馬克思在此視人為生產的動物，不只自由地、有意識地、普遍性地進行生產，而且會根據「美的法則」去創造建構。他也討論當代資本主義社會中人的異化，認為異化的消除只有當私產制度取消之後才有可能。共產主義主張取消私產，不過要達到「私產的正面取消」，必須在「充分發展的人本主義」實現之後。這裡馬克思只是偶然提及國家，例如他說：「宗教、家庭、國家、法律、道德、科學、藝術等等，僅僅為特殊的生產方式，也受到生產方式一

般律則的調節。私產的正面廢除,就是人的生活的佔有,也就是所有異化的揚棄——也就是使人從宗教、家庭、國家等等回歸到人的社會存在」(*CW* 3: 297)。

值得注意的是,此時的馬克思把國家看成特定的生產方式之一,而不把它看作意識形態的上層建築,這是由於他尚未發展其唯物史觀,或說是他的唯物史觀尚未完成之緣故。這時的馬克思顯然是視國家為人類異化的產品。國家由社會產生,卻反過頭來牽制社會。國家也違反了人的社會性、社群的性質,或稱人的種類本性。因之,國家成為異化的社會力量,馬克思因而主張人由國家回歸人的本身,亦即回歸人作為社會動物的人的存在,人的社會存在。

此時馬克思的國家觀所以會改變,除了主張以人的解放來取代政治解放之外,也是由於他在閱讀亞當·斯密的著作中,對市民社會中階級的存在、對立、抗衡開始有粗淺的印象。這裡他也透露有關國家可能成為階級工具的一絲訊息,「人類奴役的總體是牽連到工人同生產的關係,而所有的奴役關係不過是這種關係的修改與結果而已」(*CW* 3: 280)。

稍後,馬克思與恩格斯合作出版的《神聖家族》(撰寫於 1844 年九月至十一月間),也透露早期馬克思對國家的看法。他反覆抨擊鮑爾對國家和「人權」的看法。在此馬克思稱:「鮑爾把國家混淆為人類,把人權混淆為人,把政治解放混淆為人的解放。這種看法使他〔鮑爾〕想到或想像某種的國家,某種國家的哲學理想」(*CW* 4: 88)。這就說明馬克思反對鮑爾 (如同黑格爾一般) 空談理想的國家。於是馬克思續稱:

現代國家對人權的承認,其無意義就同古代國家對奴隸的承認。換

言之，正如同古代國家以奴隸作為其自然基礎，現代國家以民間社會和民間社會的個人作為其自然基礎。民間社會的個人即是獨立的人，他與別人的聯繫是由於私利和不自覺的自然必須性，亦即是追求所得的勞動奴隸為滿足本身與他人的需要〔而結合、而聯繫〕。現代國家承認這個是它的自然基礎，亦即在人的自然權利中發現〔人人聯繫的因由〕。這一自然基礎並非現代國家所創造的。現代國家乃是民間社會的產物，由於它本身的發展衝破了舊政治的範圍和限制。現代國家當今在宣布民權之際，終於承認它跳脫出來的子宮〔民間社會〕及其基礎。(*ibid.*, 113)

　　因之，民間社會及其構成的要素，像追求私利的個人，才是現代國家自然的基礎。顯然現代社會中自私自利的、獨立自主的個人，也就是一批新的奴隸，是工資的奴隸。他們之間會有所關連或串連，就是基於「私人的利益」和「自然的必須」。要之，現代社會是建立在一種新的奴隸，或稱解放的奴隸基礎上所建構的社會。

　　由於強調國家與民間社會的關係，馬克思譴責那些「絕對批判」的支持者，其中之一為鮑爾。鮑爾誤會人類是「原子」，是「無關連的、自足的、無需求的，絕對充滿而被祝福的事物」(*ibid.*, 120)。馬克思說：

並非國家把民間社會中零散的原子〔人群〕結合在一起，事實上他們只有在想像裡才是一大堆的原子，在空想的天堂裡他們是一大堆的原子，但現實中卻是與原子大相逕庭。易言之，他們並非神聖的自利者，而是自私自利的人類。只有政治的迷信至今仍想像民間生活必須靠國家來組合。但在現實裡剛好相反，國家是靠民間生活整

合在一起。(*ibid.*, 121)

馬克思認為古今國家之不同，是「古代，實際上民主的國家是建立在真實的奴隸制上，而當今精神上民主的、代議的國家卻建立在解放的奴隸，布爾喬亞的社會上」(*ibid.*, 122)。現代資產階級的社會是工業的社會，是普遍性競爭的社會，是自由追求利益的社會，是無政府的社會，是自我異化自然與精神個體的社會 (*ibid.*)。

過去馬克思只分析普魯士國家，現在則開始去瞭解當代「憲政和代議國家」的法國。至此馬克思已著手進行國家經驗的、歷史的、描述的理論之建構，俾取代早先超驗的、哲學的、應然的國家理論之說法。他描述法國大革命為政治革命，資產階級所以興起乃得力於此一革命。不過此一革命卻無助於群眾的醒覺。其後資產階級的成就卻被拿破崙和波旁王朝所奪取，只有在 1830 年的革命後資產階級才取得最後的勝利。

拿破崙的上臺標誌著對抗布爾喬亞的革命恐怖最後之一役，因之要求布爾喬亞要犧牲其商務和享受。儘管他認識到現代國家的本質是建立在布爾喬亞不受限制擴張的基礎上，也是建立在私人利益自由發展的基礎上，「可是，他〔拿破崙〕卻也視國家本身具有其目的，而民間社會只是國家的金庫，是附屬於國家而本身不容有其獨立意志的。他藉長期戰爭的取代長期革命，使其恐怖統治得以延續完善……在其內政上以展開對民間社會的戰爭，把它視為國家的對手。把自己人身當成國家絕對的目標」(*ibid.*, 123)。

1830 年時，法國資產階級不再把立憲代議制的國家看作追求普遍性、一般性利益的國家，或是實現福利政策的國家。反之，卻將其視為「獨佔的權力及其特殊利益之政治承認的官方表達」(*ibid.*,

124)。

　　至此馬克思的國家觀已發展到一個新的階段，認為國家是某一特殊階級追求其特殊利益而掌握到排他的、獨佔的權力。國家便成為這種獨佔權力的官方表述，這種改變又顯示他放棄亞當・斯密的階級觀，亦即由社會異化轉向階級統治的國家觀 (Barbalet 149)。這是至今為止他的作品中所提示將資本主義的國家當作階級獨佔權力的官方表述，也就是國家為一個唯一的階級——資產階級——所支配、所主宰 (McGovern: 459)。

第八節　唯物史觀與資本主義的國家

　　馬克思與恩格斯在被迫離開巴黎，流亡布魯塞爾期間，兩人合作於 1845 年春至 1846 年四月撰成《德意志意識形態》長稿。此一長稿在兩人生前迄未出版，直到 1932 年方得面世 (Hung 1986)。

　　馬克思的唯物史觀雖醞釀於 1844 年的《巴黎手稿》，但真正成形還得數 1845/1846 的《德意志意識形態》（以下簡稱《意識形態》）長稿。對結構主義大師阿圖舍而言，《意識形態》一書標誌著馬克思認識論上的斷裂。也就是說，此書之前的馬克思是沉浸於哲學玄思，深受黑格爾哲學影響的馬克思。此書之後的馬克思則為揚棄哲學而擁護科學，以政治經濟學來理解社會與歷史的馬克思 (Althusser 1969)。

　　在這裡馬克思強調歷史乃是人類勞動與生產的紀錄，生產與交易相互影響，不過起決定作用的因素仍舊是生產。整個人類歷史的發展及其延續，也就是在一層一層不同階段上生產與交易的起伏變化。是故馬克思與恩格斯說：「在歷史中發生的種種衝突，根據我們

的看法，乃是由於生產力和交易形式之間的矛盾」(*CW* 5: 74)。

馬、恩兩人旋稱民間社會在經濟力發展到某一階段之際，必須把個人的物質交易加以統合與擁抱，也就是擁抱某一發展階段上所有的工商活動，「它〔民間社會〕必須保持其本身，在對外關係方面當成一個民族體 (nationality)，在對內方面則把本身組織為國家」(*ibid.*, 89)，其結果，「民間社會成為所有歷史真正的焦點和戲臺」(*ibid.*, 50)。它成為「所有歷史的基礎，在描述其行動之時，則以國家的面目出現」(*ibid.*, 53)。

那麼國家在這種歷史觀之下扮演何等角色？對馬克思而言，國家並非由個別人的意志，而是由生產方式產生的。他說：

因之，國家的存在並非由於主導〔支配〕的意志。反之，從個人生活的物質方式所產生的國家有了主導的意志的形式。假使國家喪失其支配，這意味著不僅意志已改變，並且也意味著物質存有和個人生活的改變，也就是因為這個緣故〔物質生產方式的改變〕才會造成〔國家〕意志的改變。(*ibid.*, 330)

換言之，任何個人或階級在行使權力時，必須要假藉國家的形式，以國家的名義來發號施令，進行統治。他們通過國家機關來表達他們主導的、支配的意志，不是隨便的、恣意的，而是在反映階級和階級之間的關係，也反映了生產方式發展的情況。

此外，在國家的結構與社會的生產之間存在著密切的關連。「社會結構與國家不斷從諸個人的生活過程中演展出來……諸個人物質地行動、生產，他們是在不隨意志而轉移的特定物質限制、假設和條件下進行勞作」(*ibid.*, 36)。

　　透過分工合作，生產力把分開的個人緊綁在一起，也造成人人相互倚賴。可是，「一國之內的分工是這樣的：首先把工商從農業操作中分開出來，因之造成城鎮和鄉村的分開，也造成他們之間的利益衝突。它的進一步發展就導致商業活動從工業操作中分開出來」(*ibid.*, 32)。在分工的不同發展階段上，財產的不同形式也逐一出現。私產和分工的結合便利了社會階級的出現，因之，階級崛起的歷史淵源同分工的發展，也同生產資料擁有的產權是分不開的。分工把人們納入相互競爭、相互鬥爭、相互敵對的階級裡頭。它意涵「分開的個人或個別的家庭之利益同彼此交往的所有個人之共同利益之間的矛盾」(*ibid.*, 46)。

　　為了使階級衝突和社會矛盾得到紓緩與和解，國家便以獨立的，甚或中立的形式出現，而聲稱代表「普遍的、一般的利益」。事實上，國家不過是「虛幻的共同體」，這類共同體最先只是立基於個人與家庭、家庭與部落、部落與其他部落連結之上，後來才成為階級連繫的基礎。至於階級不過是「在每一大堆人群中分開出來〔而形成的集體〕。在諸階級中總有一個階級突出，支配其餘的階級」(*ibid.*)。

　　以上可說是馬克思對國家出現的歷史性說明。後來恩格斯在《家庭、私產和國家的起源》(1884) 一書的敘述，則可以說把馬克思的看法作出更明確的點破。恩格斯說：

因之，國家並非由社會外頭用來壓迫社會的權力，它既不是黑格爾所言「倫理觀念的實在」，也非「理性的形象與實在」。反之，卻是社會發展到某一階段時的產物。它是一種承認，亦即承認社會已捲入無法解開的矛盾中，亦即社會已分裂成無法調解的敵對中，也是

社會無力把這種敵對驅散之時。不過為了不使這些敵對，也就是由
於經濟利益而引發衝突的諸種階級把精力完全消耗於社會鬥爭裡，
於是有一股表面上站在社會之上的勢力〔之崛起〕，它認為調解衝
突，把衝突維持在「秩序」的範圍內是有必要的。這個從社會裡出
現的，而又處在社會之上，並且逐漸從社會疏離、異化出來的力量，
便是國家。(*SW* 3: 326～327)

在《意識形態》中，馬克思與恩格斯認為，現代國家與私產是搭
配出現，也就是民間社會出現了資本主義，於是就有受資本家控制，
甚至收購的國家產生。他們說：「國家是被財產擁有者藉徵納稅金而
逐漸收買」，「國家由於國債的關係而完全陷入他們〔資產階級〕的手
中。於是國家是仰賴有產者，亦即資產階級所給予的商業貸款而告存
在，這種情形就反映在市場交易上政府債券的起落」(*ibid.*, 96)。

當代資產階級社會中，布爾喬亞有異於中古時代的地主、貴族、
僧侶層級而形成階級，布爾喬亞不再把其本身只作地方上的團結，
而是全國性組織起來，他們甚至奪取政權，披上國家的外觀（形
式），大力推動與增進其利益。「透過從共同體〔之公產〕使私產解
放出來，國家成為同民間社會分開的實體，也就是與民間社會並存，
或在民間社會之外的政治實體。為了對內與對外的目的，它〔國家〕
被迫為他們〔資產階級〕的財產和利益提供相互的保證」(*ibid.*)。

總之，在撰寫《意識形態》時，馬克思與恩格斯強調國家為資
產階級所收買，由於國家支出浩繁，財源有限，故其依賴布爾喬亞
的情況愈形嚴重。現代國家的典章制度雖是以國家名義制定，但卻
反映市民社會，特別是布爾喬亞的現實利益。是故馬克思說：

由於國家是統治階級的人們主張他們共同利益的一種形式，而他們的共同利益也是某一時期中整個市民社會的寫照。因之，其結論為所有的制度都是由國家建立，而且賦予政治的形式。(*ibid.*)

第九節　國家為階級統治的剝削工具

1847 年馬克思撰寫了《哲學的貧困》，嘲笑普魯東對政治經濟學的無知，不瞭解「所有〔封建主義〕的經濟形式及其相適應的市民關係，以及作為舊的市民社會官方表述的政治體系都隨布爾喬亞的興起而被砸碎」(*CW* 6: 175)。馬克思還嘲笑普魯東歷史知識的貧乏，不知「所有朝代的統治者都要臣屬於經濟條件，他們〔統治者〕是無從為它們〔經濟條件〕發號施令制定法律。不管是政治的還是民事的立法無非是宣布 ，或稱表達經濟關係的意志而已」 (*ibid.*, 147)。換言之，馬克思強調統治機器（包括主政者的立法機關）不過是經濟關係 ， 也就是市民社會利益分配的官方反映與官方表達而已。

馬克思對國家的這種看法最直截了當，也是最清楚明白的闡述，無過於他同恩格斯所起草的《共產黨宣言》(1848)。在這一宣言中，兩人指出：「現代國家的行政機構無非是處理全部布爾喬亞共同事務的管理委員會」(*CW* 6: 486)。政治權力也成為「僅僅是一個階級壓迫另一個階級組織性的權力」(*ibid.*, 505)。

馬克思認為，國家不僅是護衛資產階級利益或管理資產階級共同事務的機器，還是壓迫和剝削無產階級的工具，因之，視國家具有鎮壓的基本特性。在《資本論》首卷 (1867) 中，他便把國家當成

「社會集中的與組織的暴力」(*C* I: 703)。

換言之，現代國家在解決存在於階級之間的爭執。它不再只是調解雙方利益衝突，而是對被統治階級的壓迫。階級衝突愈激烈，壓制也愈深重，於是國家變得愈來愈強大。儘管國家是由社會誕生出來，卻與社會並列，甚至站在社會頭上來宰制社會。

依據桑德遜 (John Sanderson) 的分析，馬克思對國家有兩個基本的看法。第一個看法就是階級工具論；第二個看法則為社會寄生蟲論 (Sanderson 947)。

所謂階級工具論在上面提到的《共產黨宣言》中，把國家的行政機關當成資產階級共同事務管理委員會看待，已有徹底的指明。恩格斯在 1871 年致西班牙工人總會信函 (1871.2.13) 上提及：「有產階級——擁有土地的貴族和資產階級——奴役工人群眾不僅靠他們財大氣粗，不只靠資本對勞力的剝削，而且也靠國家的權力——靠軍隊、官僚、法庭」(*SC* 244)。又在致居住義大利的德國社會主義者庫諾 (Theodor Cuno) 的信 (1872.1.24) 上，恩格斯再度強調階級的敵對不只是由於社會發展的結果，而且是把國家當成主要的罪惡而有加以消滅的必要。恩格斯說：「國家無非是統治階級——地主和資本家——建立的組織，其目的在保護他們社會的特權」(*SC* 257)。

同樣的主張出現在恩格斯《從空想到科學的社會主義》(1892) 的小冊上。現代國家不過是資本主義社會的官方代表，它不管有無資產階級的託付，都會對生產的方向有所指示，靠著交通與通訊的國家財產來進行生產與分配的工作，只要靠著公家發放的薪金便可以養活大批公僕進行龐大的社會功能，而不需資本家親自去治理國家。恩格斯遂得到結論：「現代國家只是資產階級社會的組織，目的在支撐資本主義生產方式的外在條件，而防阻工人或個別資本家的

侵害」(*SW* 3: 144〜145; *CW* 24: 318〜319)。

　　恩格斯在討論日耳曼《住屋問題》(1872) 時，便指出：

國家不過是有產階級、地主和資本家組織化的集體權力，用來對抗受剝削的階級、農民和工人群眾。凡是個別的資本家……所不樂為之事，他們的國家也不為。〔因之〕假使個別的資本家埋怨房屋短缺，而表面上又無意去改善其嚴重後果，那麼集體的資本家——也就是國家——也不會想要有所動作去改善此一狀況。(*SW* 2: 347; *CW* 23: 362)

　　馬克思充分理解，並非所有的布爾喬亞都是統治階級。布爾喬亞的一部分，像是銀行家、股票市場的大戶、私人鐵道的所有權者、森林與礦場的主人等等，一言以蔽之，這些大財主或稱作「金融貴族」 (finance aristocracy) 是法國 1830 年七月革命後至 1848 年革命止，前後十八年之間，復辟的路易・菲力王朝（第二帝國）的政治操盤者，於是法國這個號稱七月革命的王朝變成剝削法國財富的股票公司，使國王路易・菲力 (1773〜1850) 成為公司的總經理 (*SW* 1: 208)。同樣的情況也發生在英國，輝格黨成為十九世紀前半英國「資產階級的貴族代議士」，於是英國的君主立憲不過是「官方統治階級與非官方統治階級之間的妥協」(Marx and Engels 1953: 353, 409)。

　　路易・拿破崙・波拿帕（即拿破崙三世，1808〜1873）擔任第二共和總統期間 (1848〜1851)，法國代議士之作為並不完全按照出身的階級而替該階級服務，馬克思看出這些代表有從其階級疏離或異化的情事發生。從而，馬克思又演繹出一種新的國家觀，也就是把國家看成完全獨立自主有異於社會的單元，但在金錢和人力方面

卻又要靠社會來提供，是即成為社會的寄生蟲（洪鎌德 2007: 312～
314; 2014: 306～308）。

第十節　國家為社會寄生蟲說

一個社會中假使敵對階級之間維持相當的對峙和平衡，則國家
有可能獲得某種程度的獨立自主性，而不必附屬於某一階級。這種
說法早在《意識形態》長稿中馬克思與恩格斯便提及，他們指出國
家可與民間社會並列，或是在民間社會之外成為分開的單位　（實
體）。一般而言，國家成為資產階級保障其財產與利益的組織形式。
可是在某些國家中，有些社會層級尚未發展成為階級，或是階級與
層級混合出現，亦即「民眾中的一部分無法對其餘的部分達致支配
的能力時」，國家獨立於社會變成可能 (*CW* 5: 90)。

恩格斯也在《家庭、私產和國家的起源》(1884) 中指出，十七
與十八世紀的歐洲絕對君主統治時期，以及拿破崙一世統治時代和
法國第二帝制時，存在於貴族階級和市民階級之間的爭執，或是存
在於資產階級和無產階級的鬥爭之間，國家偽裝成調解者，一時間
獲得某種程度的獨立。換言之，利用鬥爭雙方的相持不下，國家遂
收漁翁之利 (*SW* 3: 328～329; *CW* 26: 271)。

在對路易‧拿破崙的政權作仔細的描述和分析後，馬克思在其
四篇文章合成的論文集《法蘭西階級鬥爭》(1850, 1895) 中指出：路
易‧拿破崙的政府為「資產階級已喪失，而無產階級尚未獲取國家
統治能力之時唯一可能存在的政府形式」。他這裡也提及「國家權力
彷彿在社會之上高高飛翔」(*SW* 1: 211)。此時的路易‧拿破崙因為
獲得小農的投票支持，表面上顯得高高在上，不受資產階級或地主

階級的掣肘。不過馬克思認為法國好不容易擺脫一個階級的專制，卻又掉入一人的專制之中 (*CW* 11: 185)。

在《路易·波拿帕霧月十八日》(1852) 一書中，馬克思認為，法國的「階級鬥爭創造一種情勢和關係，使這個平庸無奇的〔拿破崙三世〕扮演了英雄的角色」(*CW* 11: 149)。在這裡馬克思強調拿破崙三世擁有五十萬的政府官吏與五十萬的軍隊，他們對維持國家獨立於任何階級之上的權力懷有切身的利害關係。換言之，在這部涉及拿破崙大帝姪兒的著作中，馬克思提供一個對國家新的看法的例子，亦即國家並非只依賴某一階級，也不是某一階級獨佔性優勢的代言人 (Duncan: 139)。

由於法國布爾喬亞的內部分裂，才會造成有利於波拿帕主義的國家從第二共和中崛起。資產階級在剝削無產階級而擴大利潤時，有其共同的利益，但不久卻因利益分配不均而使資產階級分裂成許多互相競爭的派別。他們的分裂一言以蔽之，就是對物質利益的歧異，也是意識形態的不同（偏見、幻想、堅信、迷信等）。法國的議會一方面代表全體法國資產階級的共同利益，另一方面又罩不住各種派系相互競求的特別利益。更嚴重的是，議會的紛爭造成立法機關屈服於行政機關之下。

由於統治階級內部的分裂、鬥爭，導致社會勢力相互敵對抗衡，於是政治國家與民間社會的裂痕愈來愈大，政治國家遂獲得某種程度的獨立自主，亦即國家擁有更多的自由與活動空間。馬克思說：

這個擁有龐大官僚和軍事組織的行政權力，也就是擁有擴大的和人造的國家機器，擁有五十萬名官僚和五十萬名軍隊的行政權力，卻是令人驚訝的寄生蟲，它寄生在法國社會的軀體上，就像網絡一樣

阻塞每一毛孔的排氣，連最風光的絕對君主制〔與之相比〕……也要遜色。(*CW* 11: 185)

像路易·拿破崙由第二共和的總統轉變為第二帝國的皇帝（拿破崙三世），儘管本身自認為代表所有法國人的共同利益，究其實仍舊是分裂和奪取了布爾喬亞的政治權力。但法國資產階級仍舊被迫去支持他，把他送上總統座位，後來又擁向皇帝的寶座。馬克思諷刺他（路易·拿破崙），只有此君才能拯救布爾喬亞的社會。法國政府形式不論是總統制的共和，還是復辟的帝王制，國家逐漸成為權力的制度，迫使工人階級在與它爭衡時，必須面對此一勁敵。馬克思在後期遂深信國家機器不但應由無產階級所搶奪，而在過渡時期的專政之後，無產階級最終還要打破國家機器（洪鎌德 2014: 396）。

第十一節　國家的消亡論

馬克思首次提到國家的取消，應該是對法國新聞工作者和議員吉拉丹 (Émile de Giradin) 撰作社會主義的書評 (1850)。在該書評上馬克思不認為可以靠稅制改革而使國家的功能減少，乃至去掉國家鎮壓的性格。在馬克思看來，資產階級的國家是資產階級對抗其成員中的個體、對抗被剝削的階級，相互保障的機器，但由於這種相互保障耗費愈來愈高而變得困難，因此才有像吉拉丹這樣幻想保險公司易名而讓保險顧客分享紅利的天真想法。事實上作為統治機關的強制、干涉、壓迫隨時都會出現在社會中。馬克思因此接著說：

在取消徵稅的背後隱藏著取消國家〔的理念〕。對共產黨人而言，國

家的取消有其意義，蓋當階級取消之際，一個階級壓制另一階級的組織性武力便告消失。在〔當今〕資產階級國家中對國家的取消意指把國家權力減少到像北美〔合眾國〕一樣，在那邊階級矛盾還不充分發展，每次階級發生衝突而導致剩餘的人口往西部遷徙，國家的權力在東部就減至最低程度，也就在西部不發生〔階級衝突〕。在封建國家中，國家的消除意謂封建主義的消亡，與一個布爾喬亞國家的新創立。(*CW* 10: 333～334)

在與無政府主義者的論戰中，馬克思對普魯東等人凌厲的抨擊，顯示他比無政府主義者更反對政府或國家的繼續存在 (Bloom: 114)。其實在這之前，馬克思早在《哲學的貧困》(1847) 一書中指出：工人階級必須把自己聯合起來，組織起來成為「組合」(association) 才能求取工人的解放。他接著說：

工人階級在其發展中將會以組合取代舊的民間社會，組合將排除各類階級以及它們之間的敵對，從此再也沒有所謂政治權力〔國家〕，因為政治權力嚴格來說就是民間社會中敵對的官方表述。(*CW* 6: 212)

對以上的話，恩格斯在致貝倍爾 (August Bebel) 的信 (1875.3.18) 上就指出：「無政府主義者在令我們作嘔的情形下提出什麼『人民國家』的名堂。其實馬克思早在批判普魯東的專書〔指《哲學的貧困》〕及其後的《共產黨宣言》中直接宣示：社會一旦引進社會主義的秩序，當作過渡時期制度的國家本身便要解體和消失……一旦我們可以談到自由時，國家便停止存在。我們決定在所有出現國家

之處易以社群 (*Gemeinwesen*)，這是一個良好的德文詞彙，它可以表示法文 *commune* 的意涵」(*SC* 275～276)。恩格斯還在寫給范帕田 (Phil van Patten) 的信 (1883.4.18) 中，說得更清楚：

自 1845 年以後馬克思與我持一個觀點，即在未來無產階級革命〔成功〕後，其中一項結果為號稱國家的政治組織將逐漸解體與最終消失。這一組織主要的目的在藉武裝力量來使勞動的多數人在經濟上屈服於少數的富人。一旦少數富人消失，則武裝的、鎮壓的國家暴力的存在完全沒有必要。為達到此一地步，我們認為普勞階級首先要擁有國家組織性的政治勢力，並善用它去撲滅資本主義階級的反抗，也利用它去改造社會。(*SC* 340～341)

在恩格斯所撰寫的《反杜林論》(1876～1878) 鉅著中，他對國家的消亡 (*absterben*) 作過具體而又清楚的表述，可以用來與馬克思國家的揚棄 (*aufheben*) 相對照。恩格斯說：

國家建構其本身的第一件動作就是代表社會——以社會名義擁有生產資料——這也是國家最後一次獨立的動作。由於國家對社會關係的干涉一領域一領域成為多餘，而最終消亡。對人的統治將被對事物的管理，以及生產過程的行為所取代，國家並非被「揚棄」，它是消亡了。(*CW* 25: 268)

從國家的揚棄或消亡中 （楊世雄 1995: 169, 172, 176; Draper 289～306），我們看出馬克思與恩格斯不同的觀點。另一方面，也可以說這兩位科學的社會主義的創立者懷有兩種不同的國家定義：其

一為階級社會中，國家為階級統治與剝削的機器；另一為階級消失的社會中，國家（或稱社群，或稱組合）成為社會負責的代理人 (Bloom 117)。

事實上，馬克思視資本主義消失後，共產主義出現前，存在著一個革命性改變的時期，這是政治轉型時期，政治轉型時期的「國家莫非普勞階級革命性的專政」(*CW* 24: 95)。因之，未來的國家仍有其過渡時期的存在（洪鎌德 2007: 316～319; 2014: 390～393）。

第十二節　馬克思國家觀的結論與批評

顯然馬克思關於國家的理念，關於國家與社會關係的看法，都是在他所處的十九世紀上葉發生在普魯士周遭的哲學傳統中爭論的議題，而無法以我們當代政治學或社會學的方法加以探究 (van den Bergh 6)。

我們從青年時代馬克思最初的理性國家觀，談到他成年時代工具論的國家觀，可說是進行了對他個人生命史與學術演展史的考察。在結論上我們不禁要問：馬克思究竟有幾種的國家觀呢？答案是明顯的，至少有四種：

⑴把國家視為生物體、有機體，也是實現個人自由、追求公共之善 (public goods) 的理想共同體。這種國家觀與他的社群觀（洪鎌德 1996b; 2014），特別是原始公社的社群理想相當接近，也是馬克思企圖在階級消失，國家消亡之後共產主義社會裡出現的社群。這是深受亞里士多德與黑格爾學說影響之下，青年馬克思的國家觀。

⑵國家為異化的社會力量。這也是青年馬克思在把黑格爾的理性國家和普魯士政治實際相互對照之後，一方面抨擊普魯士的專制

君主制，另一方面批判黑格爾國家學說之缺陷，而認識到政治國家的基礎為民間社會，也認識到政治生活所講究的有如宗教中天堂的虛幻飄渺。從而斷定國家是異化的民間社會，國家為疏離的社會勢力，是建立在人類分裂為私人與公民雙重身分與經營雙重生活之基礎上（Tucker 56～60；洪鎌德 2010b: 175～177, 184～186）。

　　(3)國家為階級對立、階級統治和階級剝削的工具。經過認知和研究對象以及探測方法的劇變，成年的馬克思揚棄哲學的思辨而懷抱科學的方法，以政治經濟學的反思發現唯物史觀，強調生產方式對意識形態的上層建築之制約，從而發現階級社會變遷運動的規律。由是視國家為有產階級對無產階級之敵對、統治和剝削的工具。這也成為馬克思國家觀最持久最重要的面向，有人視為馬克思成熟 (mature) 的國家理念 (Chang Sherman H. M. 58; van den Berg 20ff.)，甚至有人把它看成馬克思正統 (orthodox) 的國家觀 (Levin 433～435)。很多人錯把階級剝削機器當成馬克思唯一的國家觀。

　　(4)國家為社會寄生蟲說。這一理論在強調國家依賴社會提供人力（壯丁、官吏、統治菁英）與物力（稅賦與資源）供其揮霍。沒有社會的資援，國家的存在備受威脅，更遑論擴張與發展。國家並不代表社會中任何一階級的利益，表面上是享有高度的獨立自主，事實上國家的維持便靠社會階級之間的爭執、抗衡，而收漁翁之利。這種國家觀只出現在路易・拿破崙・波拿帕（拿破崙三世）擔任總統與稱帝期間，為時短暫，與其他的馬克思國家觀頗不一致，只能說就像第(1)項一樣，是馬克思偶然的國家學說，而非常態的、盛行的馬克思的國家觀。

　　正如前面所述，馬克思的國家觀有異於西洋傳統的國家學說之處，在於強調國家負面的功能，視當代國家為支持資本對抗勞力的

壓迫手段與剝削工具。為此緣故，馬克思藉唯物史觀來解釋人類歷史的變遷與國家形式的更迭，而預言隨著階級的廢除，國家將趨消亡或被揚棄。

以經濟事務來詮釋國家與政治現象固然不是馬克思獨創的一得之祕，倒是符合西洋傳統政治思想，像自亞里士多德、洛克、孟德斯鳩和麥迪遜以來的主張，只是馬克思予以強化，而凸顯了經濟制約政治的理論，這是馬克思唯物史觀對國家學說的重大貢獻。

不過當代國家固然是經濟利益的官方表述，多少反映階級之間的勢力，但也極力擺脫只是資產階級代言人的惡劣印象。換言之，在自由化、民主化、國際化成為舉世潮流的今天，國家無法自我封閉，必須與世界其他各國打交道，是故托克維爾所言民主化過程已逐漸征服全球。在此情形下，國家或狹義國家的政府，為維持其本身的存在和繼續發展，必須注意本國內部各階級的共同利益，也必須留意與他國之間的競爭，並維持國際政治與經濟秩序的穩定。是故，國家擺脫某一優勢（資產）階級的壟斷操控，而儘量達成獨立自主與不偏不倚的中立態度，也成為寰球政治發展的趨向（洪鎌德2011）。這一發展便非馬克思計慮所及。站在馬克思的立場，可能認為這種民主化過程只是過渡時期的現象，國家終將維護資產階級的權益，而最後被無產階級所推翻。

馬克思經歷過其本國落後專制的普魯士王國，也一度生活於追求自由和平等，而發生多次流血革命的法國。單單為了法國的動亂，馬克思先後撰述三本分析獨到、見解卓越的著作《法蘭西階級鬥爭》、《路易‧波拿帕霧月十八日》、《法蘭西內戰》，其後半生更生活於首倡君主憲政和社會改革的英國。可惜他對英國的民主政治不具信心，也就失掉深入研究的興趣。晚年的馬克思企圖對資本主義邊

緣的前資本主義社會像中國、印度和俄國進行研究，但所得的答案
卻是「東方的暴政」(oriental despotism)。因之，在經驗考察與分析
方面，馬克思除了對先進資本主義國家和其社會有深入的剖析與批
評之外，對其餘前資本主義的帝國或殖民地所知就比較有限。

　　當然，資本主義國家後來的轉型，包括俾斯麥的社會立法、各
國選舉權的開放、社會黨人的參政、工會的壯大、帝國主義的競掠
海外殖民地、民族主義的興起、殖民主義的抓狂、世界大戰的爆發、
美國「新政」裡國家扮演的主導角色等等，都不是馬克思所能預知，
更不是他參與或經歷的史實，凡此種種終於使得他國家學說的缺陷
逐一暴露。

　　更嚴重的是假借馬克思之名，而由列寧建立的歷史上第一個社
會主義國家，為掌握革命的果實，緊抓政權不放，遂使其後繼者史
達林之輩，神化其本人，也強化國家的權力，甚至與新興的法西斯
力量、納粹勢力、軍閥霸權形成極權國家的體制。左翼與右派極權
國家的出現，使馬克思的國家觀面臨另一嚴峻的挑戰。

　　要之，只討論「一般性國家」(the state-in-general)，而不對個別
國家，特別是變化激烈、歧異性特大的西方與日本資本主義國家，
作仔細的剖析與比較，是得不出正確的結論。這又將陷於教條的陷
阱中 (Frankel 3～7)。事實上，通觀馬克思的國家學說，充滿著反權
威、反教條、反官僚的氣息，這不僅是在未來共產主義社會要實現
的社群，就是在共產主義建立之前的「普勞階級之專政」，也表現這
種反極權的精神 (Miliband 293)。因之，史達林式和毛澤東式的社會
主義國家離馬克思的國家消亡論太遙遠了。

　　總之，馬克思的國家觀，或可以解釋早期工業與壟斷資本主義
時代資產階級與統治階級結合為利益共同體，用以壓榨普勞階級，

而成為名符其實的統治與剝削機器。不過在後資本主義時代，組合國家 (corporate state) 的角色與功能的變化，已無法再用階級統治工具論來解釋，這就有賴於新馬克思主義者、後馬克思主義者，乃至非馬克思主義者的新詮釋了　（洪鎌德 1995; 1996a; 2007: 319～323; 2004: 91～143; 2013: 22～31; 2014: 393～396）。

第二十一章　馬克思的政治觀

第一節　政治及其相關的議題

政治是對權力的爭取、保持和擴大。權力取得途徑是否合法、正當與其後建立的領導、公權力、官署、當局（一言以蔽之：政府）之正當性 (legitimacy) 攸關。政治當然牽涉到有效統治與支配宰制 (domination) 的問題。有支配宰制就有反支配、反宰制，這也就是涉及權力運用、制衡、反抗、革命等活動，以及國民享有自由程度的問題。是故宰制和自由又成為政治角力中人們追求的目標。

政治的演展有賴社會的架構和社會的制度，這便是階級、群落、組合、黨派、利益團體、國家，一言以蔽之，政治體系的出現。在政治體系中，我們不但發現體系的結構、功能、轉化之存在，也認識體系成員對資源分配的訴求。在訴求中滋生的合作、衝突、調解都是一連串的政治過程。由是遂有政治學者主張政治云云，莫非公眾資源之權威性的分配（Easton 56；洪鎌德 2009: 199）。

如果把政治當成是公共的權力（公權力），那麼馬克思明顯地是「非政治的」(apolitical)，原因是他基本上反對公權力，反對官署，反對國家，尤其反對這些名堂賴以成立的一大堆說詞與辯護。他把政治視同為權力，權力視同為十九世紀的權力國家 (*Machtstaat*)。權力國家對工人階級而言是一個迫害和鎮壓的機器，也是導致像馬克思這類激進革命者到處流亡、終身潦倒的統治工具。因之，從他生涯的開端，至其晚年，都在言論與文字中透露、鼓吹要藉階級鬥爭和無產階級革命來打倒權力國家。要之，他堅信社會必定會戰勝作

為社會代理人的國家 (Pranger 191～192)。

　　顯然，馬克思的政治觀代表一種對國家、對公權力的否定。與之相比，亞里士多德曾經把政治和階級連帶起來討論，這表示他最早便認識到政治的經濟基礎。不過他卻把經濟權力放置在政治穩定的考量之下，亦即以政領經的意思，這點與馬克思由經濟的消弭達致政治的消亡大為不同。要之，亞氏所追求的是藉政治來實現公共之善，馬克思卻認為只有政治消亡後，公共之善——個人正面的自由、自我的實現、生產性的社群、無異化、無剝削的公平等等可欲之物——才會一一落實。

　　假使政治討論的不僅是國家、政府、權力、權威、專制、自由、衝突、調解……等等而已，還涉及社會、社群、階級、民權、人民的參與、公共之善、公民教育、公民道德、技能、才華的提昇，那麼馬克思的政治哲學應可說是關懷這類課題，而亟思加以鋪述、剖析和評價的。阿蓮德 (Hannah Arendt) 和歐林 (Sheldon S. Wolin) 批評馬克思把政治附隸於社會，當作社會次要體系來看待，有時也把社群與社會混淆，因而指摘馬克思所視之政治的領域太狹窄，而社會的範圍太廣闊之不當 (Arendt 1958: 101ff.; Wolin 1960: 416～418)。儘管有上述的批評，馬克思有關社群或共同體的看法（洪鎌德 1996c）仍應列入其政治理論之一環。因為他所討論的共同體，或至少是至今為止的共同體中，也就是階級社會中，有產與無產階級之間的對立、敵視、鬥爭都牽涉到政治、權力，或國家主導權的爭取問題，是為政治議題。這不只牽涉到政治權力的爭取，還涉及公民成就其本身（人的自我實現）的問題，其具有政治性質與公共氛圍 (public sphere)，亦即是「眾人之事」，就十分顯明。

　　一般的印象總認為，馬克思厭談政治、藐視政治，把政治看作

人群活動的疏離或異化，以及階級鬥爭、階級統治、勞力壓榨、人性墮落等現象。此外，恩格斯強調未來共產主義的社會為無階級爭執、無壓榨、無迫害的社會，政治轉化為行政，「人統治人將轉變為人管理物或稱為生產過程的規劃」(*SW* 3: 147; *CW* 25: 268)。由於這些情況遂造成一種錯覺，以為馬、恩兩人始終反對政治。不但反對政治，甚且準備在彼等夢想建立的共產主義烏托邦中，將政治加以超越或揚棄 (*aufheben*)。

導致人們視馬克思抱持反政治的立場源於他在早期所撰〈論猶太人問題〉(1843) 一文中分辨了政治的解放與人的解放之不同。政治的解放牽連到民權的爭取、投票權的擴大、代議體制的建立、君權的限制、國家公權力濫用的節制等等，都是馬克思視為不急之務，或是表面膚淺的政治問題。與鮑爾這種政治的解放之主張相反的，是馬克思所倡「人的解放」。這是人類的「大躍進」，是「目前存在的世界秩序中最後〔也最重要〕的解放」(*FS* I: 462; *CW* 3: 155)。

至於政治怎樣才能夠消亡或揚棄呢？馬克思在《哲學的貧困》(1847) 一書尾端這樣說：「普勞階級在其發展的過程中，將以組合來取代古舊的民間社會。這種組合勢必排除階級及其敵對，從此再也沒有人們慣稱的政治權力的存在，原因是政治權力乃是民間社會敵對的官方表達」 (*CW* 6: 212)。既然民間社會與政治國家的對立化解，再也沒有官方表達的必要，那麼政治將消弭於無形。

事實上，從青年時代至晚年時代的馬克思對於政治的看法，正如同他對國家的看法一樣，歷經數度的變遷。他並不是一開始便認為政治是人群活動錯誤或罪惡的產品。反之，在早期的著述中，他對政治現象或政治問題有正面的評價，也有充滿幻想的期許。此中原因之一為：約在 1843 年左右，馬克思本人逐漸由一極端的自由主

義者蛻變為一個共產主義的同情者、支持者，甚至理論家。在這段期間，年約 23、24 歲的馬克思幾乎全心全意在搞報紙，發表時論，可以說是他討論國家學說，評騭時政最積極的時期。不過這段時期中他的政治理論欠缺系統性、一貫性，而仍深受黑格爾政治學說所影響。如眾所周知，黑格爾的政治理論構成其形上學的一部分。當時黑格爾的形上學正遭受費爾巴哈等黑格爾青年門徒嚴厲的批判。因之，馬克思在 1843 年之後的政治理論，也跟著受到費氏批評黑格爾學說的影響（Pascal 6；洪鎌德 2007: 144～152）。

　　談到政治自然不能不牽涉到人群在國土範圍內的集體生活、社群生活和公共生活，同時也牽涉到古代與近代政治的不同、公共利益與私人利益之間的關係、國家與社會的歧異等等。政治現象與人群在社會中的活動息息相關；但一般人在社會中所追逐奔競的卻是謀生或經濟活動，是以政治不僅牽連到社會中人群權力的爭取與分配，也同時涉及物質利益的爭取與分配。由是可知欲考察政治現象，除了討論集體生活權力結構的問題，更應該討論經濟權益分配的問題。馬克思的政治觀，一言以蔽之，便是由強調政治的理想面，轉而探討潛藏在政治外觀背後的經濟勢力；並且進一步討論政治與經濟的關係，亦即國家與市民社會的雙重性，以及如何建立一個合理的政治秩序之問題。

第二節　古希臘與現代政治本質的不同

　　求學時代的馬克思，就如同其他研究人文社會科學的一般德國青年學生一樣，醉心於希臘、羅馬古典文化的探索。他對古希臘哲學自始抱有極為濃厚的研究興趣。因此，青年馬克思的人生觀和宇

宙觀，便是「深深地根植於古人的制度與理想裡」(Arendt 1963: 7)。
這裡所稱的古人乃指古希臘人而言。不僅希臘的哲學文化令他醉心，
就是雅典的生活方式也令他嚮往。事實上，年輕的馬克思一度推崇
雅典的政治體制與社會結構，認為它不是烏托邦而是理想的人群結
合的模式 (Arendt 1961: 19)。馬克思對古希臘文化和哲學的熱愛、歌
頌，表現在他的博士論文之上。他的博士論文就是比較古希臘兩位
原子理論的哲人的學說之優劣（洪鎌德 1986: 105～133）。

　　古希臘城邦人群無憂無慮、逍遙自在的活動，是青年馬克思所
醉心嚮往的理想生活。因此，在馬氏早期的著作中，便頌揚這種小
國寡民的政治自由，認為將這種隨著希臘淪亡而消失的自由加以喚
醒與恢復，比從事社會改革或政治革命更具體實際，更有實現之望
(Mews 277～278)。

　　很自然地，馬克思在青年時代一談到政治時，便以古希臘城邦
生活為典範，把人群的生活分成兩個範圍，即公共範圍和私人範圍。
公共的範圍為人群真實的自由展現的場所，為「人民本身活動」，也
是表現人群「偉大的情操」、「光榮的行動」、「英雄式的決心」之所
在 (Marx and Engels 1971: 130, 221)。私人的範圍則為個人為了滿足
其口腹之慾與傳宗接代而進行的生理活動，包括滿足「食」與「色」
這類生理需要的謀生保種活動。

　　起先，馬克思似乎認為只要通過對宗教與哲學的批判，便可以
喚醒與恢復古代的政治自由。原因是一旦「來世的真理消失」，現世
的真理便可建立。可是當他在批評宗教與神學之後，進一步探究與
批判政治時，便發現事情並沒有他當初所想像的那般簡單。特別是
他認為要轉化「天堂的奴隸」（他稱當時的日耳曼人為「天堂的奴
隸」），使他們成為「天堂的摧毀者」（他比擬建立巴黎公社的法蘭西

人為「天堂的摧毀者」）是困難重重的 (*SC* 247)。換句話說，要喚醒
當代迷信宗教，對政治十分冷漠的日耳曼人，使他們奮起直追，效
法法蘭西、英格蘭諸先進民族從事政治革命或社會改革，是難如
登天。

其次，從他對政治與社會的批評中，馬克思也得到一些啟示，
而成為他早期政治思想裡頭的一項卓見。那就是說，為了「考察同
國家相關連的情境，人們太容易忽視情境的客觀本質，可是情境卻
是決定私人行動與個別權威行動的因素，而情境就像呼吸的方法一
樣，不是人們可以隨意控制的」(*CW* 1: 337)。這是 1843 年初，馬克
思為莫塞爾河流域貧苦葡萄農請命時，發表在《萊茵報》的評論。
這已隱然反映作者追究政治表層背後的勢力之決心，他已看出政治
並非人們意志的主觀表示，而是外在勢力的客觀本質，是受制於外
在客觀條件的。

現代社會是由新的條件所構成，這些條件自然也成功地改變了
現代政治的本質與面貌。是故若要改革時弊而卻訴諸復古——把古
代的政治，古代公共的利益加以恢復——必然是徒勞無功的。

現代政治的性質與地位所以產生重大的改變，實歸因於兩項重
大的發展。第一、古代的自由是建築在奴隸的操作勞動之上。奴隸
負責民生日用品的生產，他們不能討論公共事務，也被摒絕於政治
自由的門外。但現代社會雖已廢除奴隸制度，不過卻依賴廉價的勞
工——業已解放的新奴隸——來使社會富裕繁榮。所謂解放的新奴
隸是指支領工資的勞動者而言，他們是現代資產階級社會的物質基
礎，這是古代與中世紀所沒有的現象，也是促成現代社會劇烈演變，
驚人進步的主力。

第二、另一個影響深遠的發展，則為現代社會中生產力的突飛

猛進。隨著人群需要的增加，人的生產力也水漲船高，大幅提昇。這種巨大的生產力無異為「自然的能量」。這種能量一旦釋放出來，便成脫韁之馬，遠非政治力量所可控制、駕馭。馬克思說：

在不到一百年的統治之間，布爾喬亞創造了比以前幾個世代合起來還要多的大量 (massive) 和龐大的 (colossal) 生產力。(*CW* 6: 489)

由於上述勞力解放與生產力激增這兩項新發展，遂導致近世政治性質與面貌的邅變。古希臘的政治為盤踞在奴隸頭上的公共事務與自由活動；現在的政治卻變成社會各種勢力或各種階級互爭雄長，你爭我奪的競賽現象。政治也淪落為資產階級保衛與增進其特殊私利不可或缺的手段。

第三節　國家有機說與人性復歸

對於沉湎於古希臘安樂逍遙的政治理想之青年馬克思而言，現代政治追求自私自利所遵循的邏輯演展是何等的可憎可怖。原因是現代資產階級的社會以及其政治，構成人類的大退步、大墮落。早期人類民胞物與大同博愛的精神已蕩然無存。原屬普遍性、寰宇性的「種類本質」(*Gattungswesen*) 的人類，退化為當今勾心鬥角，追求一己一族之利，一集團一階級之利的褊狹畜牲。這種片面性、偏頗性的動物存在，使人為私利所宰割，為物慾所矇蔽，也即喪失人作為人的本質，殊屬遺憾（洪鎌德 2010b: 99～107, 129～136）。

要拯救人類免於沉淪墮落，似乎有賴一種學說的指點與提攜，這便是「國家有機說」（或稱國家官能說）——將國家比擬為人的整

體、有機體，把國家的成員看作人體的器官、部分。

國家有機說是建立在國家真正替其成員服務，國家有效控制社會的各種勢力的假設之上。然而，這種假設在當今的時代實為一種虛幻不實的比喻，是故國家有機說也就大打折扣，窒礙難行了。

馬克思後來由政治的解放轉而主張社會的解放，乃至全人類的解放，以及由一位熱衷民主主義的信徒轉變為共產主義的支持者，都反映了他對國家有機說的不滿。至於為何轉向共產主義來尋求人類整體的解放呢？那是由於他認為公共的自由（自由只有在公共的場合而非私人獨處時表現始有意義），只有當全體人類的自由獲致時才能實現。也只有當社會人（而非政治人）獲得完整的解放時，古希臘式的自由才能重新降臨人間。屆時人類不僅重溫古希臘的舊夢，享受逍遙自由，甚而超邁這種早期的自由。

這種全人類自由的獲致，有賴社會中內在力量的運作。換言之，亦即社會本身中的「自然力量」，在各種敵對衝突的勢力中，經由辯證的相激相盪、相輔相成而湧現。那麼什麼才是現代社會中的自然力量呢？馬克思認為是無產階級。無產階級的革命在造成共產主義，而共產主義乃是「人重新整合，人回歸其本質，人性復歸」，也是「人的自我異化 (Selbstentfremdung) 之超越」，「人回復其為社會的、合乎人性的本質」(FS I: 593; CW 3: 296)。

現代社會一方面徹底摧毀古代的自由，他方面又要創造有利的條件，俾恢復古代的自由，甚至超邁古人所不敢想像的自由。是故共產主義對馬克思而言，乃是古希臘政治生活與政治哲學之間矛盾的解決。原來古希臘的哲學展現了完滿無缺的人性觀。這種完滿無缺的人性遠比任何城邦公共生活的普遍性、一般性、全民性 (Allgemeinheit) 更為優越。

希臘政治哲學藉追求探索有關公共政治生活的知識，來提昇理論活動的層次，從而認定學術或思想研討活動遠勝於公共的政治活動，蓋後者不啻為有閒階級集體自私的表現，公民的安逸自由是建立在奴隸的操勞辛苦之上。易言之，古希臘政治哲學鼓吹人性追求自由安樂，但古希臘的政治生活卻建立在剝削部分人的自由與平等之上，這豈非政治理論與政治實踐的矛盾？這種矛盾，乃至衝突導致希臘文化、勢力的沒落，也造成古典自由的消失。

要解開古希臘理論與實踐的矛盾，要恢復政治自由，依馬克思的看法，只有建立具有人類普遍性、一般性、全民性的共產主義，亦即由人的完全解放著手。要達致人的完全解放又必須由個人私自的範圍做起，認清現代社會條件下，「真實的人乃是一個自私的人」，「當真實的個人變成了抽象的公民時，亦即在他的個別生活中，他已變成人的種類時」(*FS* I: 479; *CW* 3: 168)，自由才會降臨。這無異說，當個人化成大同或寰宇的一分子，他才會重獲自由。除非有這種完全徹底的人類解放，否則希臘人一度享有的真正自由，不可能重新返回現世。除非私人藉社會經驗普遍化、寰宇化、大同化，而個人以民胞物與的面目出現，也就是說古典哲學所揭示的人性觀復現，否則政治的利益、全民的利益始終要被私人的利益和部分的利益所控制和壓抑。

第四節　公共事務與私人活動的分別

馬克思在早期的著作中，全神貫注的是如何恢復並超邁古代政治活動的優越性。1843 年他這樣寫著：

個人的自我感覺，亦即自由，將重新在日耳曼人的心中覺醒。只有這個一度隨希臘人的逝去而煙消雲散的感覺，只有這個一度隨基督教隱遁於飄渺蒼穹的感覺重現時，才能夠再度把社會轉化為人群的共同體（社群 *Gemeinschaft*），俾達成他們最高的目的，亦即締造一個民主的國家。(*FS* I: 433; *WYM* 206; *CW* 3: 137)

在熱望為當代日耳曼建構一個「民主的國家」之同時，馬克思也譴責普魯士的君主制，乃是「可鄙的、可厭的、剝奪人性的政體」。這種政體中，只有君主是唯一的政治人物，其他的人都被摒棄於政治門外。由此可見此時的馬克思是把政治視同自由，只有普魯士君主才享有自由，是唯一的政治人物。

其他「庸俗的」日耳曼人只活在他們私人的生活範圍內，對政治漠不關心，也不被允許參與政治，因此過的是「動物性的生活」(*Tierleben*)。像這類的生活硬「把人從他大同的本質、種類的本質撕離，無異把人化作動物，使他的本性立刻與其所受制約的性格若合符契」(Marx 1970: 82)，沒有個性，沒有自主，沒有自由，這麼一來人豈不是過著畜牲的生活？是故對青年馬克思而言，完全脫離國家，不經營政治生活的人群，可謂為「私自的浪民」(*Privatpöbel*)。

顯然，政治云云，乃是如何排解由於私人利益所引起的糾紛，從而促成團體和諧合作的公共活動。是故青年馬克思在討論政治時，進一步分辨公共事務與私人活動的差異，並比較兩者的優劣。

須知人過著雙重的生活：一方面是同享團體生活，關心公共事務與公共利益；另一方面人經營私自生活，從事物質的生產與交易，並追求私人的利益。可是馬克思雖然肯定人在市民社會中追求私利，才顯示他是一個活生生的、經驗性的、實實在在的人。但他也非常

鄙視「私人的利益，蓋斤斤計較這種微不足道的私益之人，從不關心國家的存在，不受國家之類的事物所啟發、所震撼」。由是可知追求私利的人是經濟動物、社會動物；反之，追求公共利益，關心公共事務的人乃是政治動物、倫理動物。應用到日耳曼情況時，馬克思期待德國出現一位新的亞里士多德，俾指明當時的日耳曼人是「社會的動物，卻非政治的動物」(*FS* I: 433; *WYM* 260; *CW* 3: 137)。

民主為各種政府組織的形式中最注重公共事務者，也是最努力促進公共利益的政體。因之，馬克思才會在上述引句中提到社群最高的目的為締造一個「民主的國家」(洪鎌德 1995: 106～107)。

要之，早期的馬克思是一位極端民主主義者。他把民主當成「所有憲法的謎團之解釋」。這種熱烈頌揚民主的說法與他後來所倡導的共產主義有異曲同工之妙，因為他把共產主義當作歷史之謎的解答來看待。不過儘管他頌揚民主，卻認為應分辨政治上、法律上的民主，以及當作人類生存的民主之不同。在真正的民主中，「憲法、法律、國家等一旦屬於政治憲法規定的範圍內，那麼都要受人民自己決定的」。只有當一部憲法返回其真正的基礎——實際的人、實際的人民，而且成為老百姓親自建構的作品 (*FS* I: 293; *CW* 3: 29) 時，真正的民主才有實現的可能 (洪鎌德 2014: 266～269)。

換言之，現代資產階級所推行的「政治民主」，不能算是真正的民主。原因是它雖然確定公民所能扮演的角色，或者把共和國當成政治憲法唯一的政體，但是人民真實的生活並非公共生活，並不參與政治或公共事務，而是捲入私人利益奔競的漩渦而不克自拔。因此這類私人生活所牽涉的民主是玩票式的民主，是形式上或「抽象的」民主。只有當「人民為自己而活動」，結合形式與實質的自由，因而「真正地結合普遍與特殊，融合公共與私人生活」(*CW* 3: 31;

洪鎌德 1995: 98～99）時，真正的民主才告實現。

在《黑格爾法律哲學批判》一書中，馬克思指出：在古代希臘「政治部門是國中之國的唯一部門。在這唯一部門中，內涵與外表都符合人種類的本性，亦即真正的普遍性、寰宇性、大同性。由於這一部門有異於其他部門，因此它的內涵也變成形式的、特殊的」（Marx 1970: 32）。由是可知，在古代政治活動乃出現在普遍性質與公共關懷最明顯、最突出、最持久的地方。對古希臘人而言，在普遍條件下的公共生活，表現了城邦生活的特質，也是真正民主的體現（洪鎌德 1986: 109～117）。

古希臘的自由完全表現在人的政治活動中，也是表達人普遍的本質、種類的特性、最高的目的，這是真正民主的體現。反觀現代資產階級的社會人慾橫流，私利凌越公益，由此顯示古今的不同。現代社會不僅與古代社會不同，也與中古社會有異。現代社會是藉著普遍人權的名義大力推行革命，推翻中古社會的封建制度。儘管革命行動本身在於把「國家的事務化作民眾的事務，把政治國家變成一般的關懷，也即變成真實的國家」（*FS* I: 477; *WYM* 239），甚至再度把「公共事務變成每一個人的一般性事務，把政治功能化作一般性的功能」，可是近代革命澎湃激越的結果，並無法恢復政治的卓越性、優先性，而只能把「市民社會從政治中解放出來」（*ibid.*）而已。這麼一來，並非關懷公共事務的人當道；反之，卻是貪多務得自私自利的人得勢。這類貪多務得自私自利的精神一旦抬頭，市民社會也由「普遍性、一般性的內容逸脫」，也由「對人們普遍性、一般性的關懷」裡逸脫。於是人事界將出現一批新人物，也即通稱的「自然人」。自然人與政治人的不同，可由下面引述的馬克思文章中得到一個梗概：

當作市民社會一分子的人——非政治人——必定會以自然人的面目
出現。人的權利也以自然權利的名目出現。這是因為有意識的活動
集中於政治活動之故。自私自利的人是社會解體下既存的結果，是
直接確定的對象，也是自然的對象。政治革命把市民社會化解為其
個別零碎的構成分子，卻不使這些構成分子變化氣質抬高其見識，
也不把他們置於批判之下。這個革命視市民社會——人類需要、勞
動、私益、人權等等的範疇——為其根基，看成自我維持生計的先
決條件，因之，看成為自然的基礎。最終，當作市民社會一分子的
個人被認為是真正的人，即真人 (*eigentlicher Mensch*)，從而人遂與
公民分道揚鑣，私人與公民分開。私人是一個擁有血肉之軀、有感
受的、個體的，而具直接的存在；反之，政治人（公民）不過是一
個抽象的、人造的、虛幻的人，一個格言式、道德的人物。(*FS* I:
478; *WYM* 240)

　　在這裡馬克思顯然把現代人的雙重身分——自然人與政治
人——加以分辨與解說。凡生活於市民社會，奔逐爭競於私益，汲
汲於私利的人，乃為自然人、社會人、經濟人。反之，急公好義、
講求公益、熱心公務、摩頂放踵、視天下人溺己溺的人，則為政治
人、宗教人、道德人。他們是生活在國家這一範疇中，是追求公益、
自由、民主之士。不過，他們與自私自利、勾心鬥角的自然人相比，
顯得抽象而不具體，顯得虛幻而不落實，這是由於現代政治空泛、
虛矯、浮濫的結果。

第五節　政治如同宗教虛幻不實

　　巴黎流亡前後時期的馬克思在討論政治時，特別強調現代國家所扮演的角色，以及國家與社會殊途而不同歸。他還進一步把政治比擬為宗教。他說：「政治為民眾生活的宗教。」「正如宗教並不創造人，而是人創造宗教；憲法並不創造民族，而是民族創造憲法。在一定的程度下，我們不妨說民主與所有其他政體的關係不啻基督教與其他宗教之關係」(*FS* I: 293; *CW* 3: 29～30)。「至今為止政治憲法乃是宗教的範圍，亦即民眾生活的範圍，亦即一個無所不包、普遍性、寰宇性 (*Allgemeinheit*) 的天堂，這與民眾實在性、現實性 (*Wirklichkeit*) 的俗世存在剛好成為對比」(*FS* I: 295; *CW* 3: 31)。

　　政治國家從人類俗世的與現實的生活中抽離出來，乃是近代的現象。原因是中世紀時，所有涉及人的財產、商務交易、人際往還，無一不是政治的。每個私人活動的範圍都具有政治的性質，或說政治也具有私人的性質。中古的憲法乃是私有財產的憲法。因之，人群的生活與國家的生活也是合併為一體無從分開。

　　馬克思把政治比擬為人類空思妄想，去異存同的人群生活的宗教。在 1844 年發表於《德法年鑑》的兩篇論猶太人問題的文章中，又有所闡釋與發揮。根據他的看法，宗教並非導致人異化的原因，而是人異化的結果。也就是說宗教產生於人類對社會的不適應，產生於人的社會存在與其個體存在的鴻溝。人的社會存在已被剝奪，人變成了一個貧乏的、孤獨的存在。人在挫折裡為追求本性的圓滿，遂夢想一個宗教的、虛幻的世界。換言之，由於現代國家中，社會幻想取代社會實在，人們只好躲避到宗教的幻夢中尋求慰藉。因此，

馬克思接著說：

政治國家的組成分子是含有宗教的性質的。原因在於他們個體生活
與人類種類生活兩者所顯示的雙重性 (*Dualismus*)，亦即由於社會生
活與政治生活的雙重性。他們所以具有宗教的性質，乃是人把國家
中的生活——非其真實、個人的生活——當成其真實的生活看待；
他們所以具有宗教的性質，在於宗教成為市民社會的精神，也表現
了人與人的分離，表現了人從別人分離 (*Entfernung*) 出來。 (*FS* I:
468; *CW* 3: 159)

　　由於宗教的存在是一種缺陷的存在。這種缺陷的癥結只有在國
家的本質中才會找出，因此宗教變成了世界有限性、不完美性的現
象。由是可知自由公民的偏頗困惑，可由俗世的偏頗困惑中找到解
釋 (*FS* I: 457; *WYM* 222)。
　　馬克思認為要解除人類的宗教偏執，只有先從人現世的偏執的
解除著手。因此，他認為與其強調宗教的政治解放，還不如強調人
類整體的解放更切實際。所謂的政治解放，不過是藉國家這個媒體
(*Medium*) 來排除一些加諸人們身上的束縛、限制、阻礙等等。這是
一種迂迴間接的「繞道」(*Umweg*)。國家成為一個人與自由之間的
居間者、仲裁者 (*Mittler*)，成為個人轉換他「非神性」
(*Ungöttlichkeit*)，轉換他屬人的「無偏執」(*Unbefangenheit*) 的居間
者、仲裁者 (*FS* I: 459; *WYM* 224)。
　　完整的政治國家，其本質為人類的「種類生活」
(*Gattungsleben*)，有別於人個別的、分殊的、雞零狗碎的物質生活。
人的物質生活是自私自利的生活，其先決條件存在於國家範圍之外，

而出現在市民社會中,亦即表現在市民社會各種特質裡頭。「凡政治
國家真正完成的所在,人不僅在其思想中、意識裡,甚至在其實際
生活裡頭經營著雙重的生活:一方面是天堂的生活;他方面是地土
的生活。所謂天堂的生活是幻想政治的共同體,自認人為民胞物與,
大公無私 (Gemeinwesen)。所謂地土的生活是指在市民社會中的現實
生活而言。在這種生活中,人以個人的身分出現,特別是視別人為
手段,本身也淪為他人的手段,成為爾虞我詐,陌生外力踢來踢去
的皮球。政治國家與市民社會所持的關係,就其性靈上而言,無異
為天堂與地土之間的關係」。「在國家中,人自認為種類的一分子,
他真實個體的生活被剝奪了,取而代之的是不實的、虛幻的普遍性、
寰宇性、大同性」(FS I: 461; WYM 225; CW 3: 154)。

　　在這一解說下,馬克思認為宗教人與政治人實在是一而二、二
而一,幾乎是相同的。反之,政治人與社會人則完全相異。

　　1845 年馬克思曾擬了一個大綱,準備探討現代國家。其中包括
當代政治理論的基本問題 (CW 4: 666)。這個計畫就像馬克思早年許
多龐大的計畫一樣胎死腹中。就剩下的計畫大要加以觀察,不難獲
知馬氏當時政治觀的梗概。該計畫綱要包括:

　　⑴國家的起源或法國大革命。政治範圍的自滿——把它自己錯
認為古代的國家。革命者對市民社會的態度。成員的雙重性:市民
社會的成員與國家的成員;

　　⑵人權的宣布與國家的憲法。個人自由與公共權威。自由、平
等與團結。人民主權;

　　⑶國家與市民社會;

　　⑷代議國家及其特質。憲法的代議國家、民主的代議國家。

　　⑸權力的分殊。立法權與行政權;

(6)立法權與立法機構。政治俱樂部（社團）；

(7)行政權。集權與分層負責。集權與政治文明。聯邦體系與工業主義。國家行政與地方行政；

(8)司法權與法律；

(9)國民與人民；

(10)政黨；

(11)投票權；國家揚棄與市民社會揚棄之爭。

由以上所列舉的諸項目，特別是第一項，可知年屆 27 歲的馬克思仍然視政治為人們的「自滿」自欺，誤把政治當成古代城邦對普遍性的追求，對自由的追求。由此反映了他對政治的反感。鄧肯 (Graeme Duncan) 認為馬克思是近代社會理論家中最反對政治的一位。他拒絕使用政治或意識形態等詞語來解釋社會事件，也懷疑現存的政治制度可以作為改變現有社會有效的工具。在他歷史的解釋中政治技巧只扮演無足輕重的角色 (Duncan 139)。

在十九世紀反國家、反政治的思潮影響下，馬克思除了把政治看作宗教之外，也指摘政治為迷信。他說：「只有政治迷信才會相信目前的市民的生活是靠國家來凝聚的。事實剛好相反，國家是靠市民的生活來凝聚的」（*FS* I: 814; *CW* 4: 121；洪鎌德 1986: 118～123）。

在《哲學的貧困》一書的終頁，馬克思指出：「在舊社會推倒之後，是不是會有一個新的階級崛起？其登峰造極為一個新的政治權力的出現？」他的答案是斬釘截鐵的「不」字。他認為工人階級一旦獲得解放，將取代舊的市民社會而成立一個新的組合 (*Assoziation*)。該組合將排除階級及其敵對，而將「不再擁有我們平時所謂的政治權力，因為政治權力嚴格地說是市民社會敵對關係的官方表示」。屆時社會秩序將是沒有階級，也沒有階級對立的秩序，

「社會的進化將不再是政治的革命」(*CW* 6: 212)。

第六節　政治的根源在於經濟

　　1845 年與 1846 年間的《德意志意識形態》，是馬克思與恩格斯合撰的長稿，也是兩人在有生之年未見出版的一部大著作。這份文稿反映了兩人由哲學的批判轉向政治經濟學鑽研的轉捩點，也是馬克思唯物史觀首次有系統的論述。就在這一部長稿中，馬、恩兩氏把政治與其他社會制度如國家、法律、哲學、道德等歸因於人的生產活動、交易活動，亦即歸根於經濟之上。

　　首先，馬、恩認為黑格爾死後，德國思想界籠罩在一片批判聲中，無論是史特勞斯、鮑爾兄弟、費爾巴哈，或施悌納等黑格爾青年門徒無不把批評的箭頭指向宗教。甚至把當代所流行最有勢力的形上學、政治的、法律的、道德的及其他觀念統統納入宗教或神學的範疇中予以批判；易言之，把政治人、法律人、道德人一概視為宗教人來加以批判 (*FS* II: 13～14; *CW* 5: 29)。馬克思認為這種泛宗教的批判方法，無異是一種意識形態，是一種錯誤的意識。

　　為了批駁當代意識形態的泛濫，他遂提出一個新的觀點，一套新的看法，此即歷史的唯物論 （唯物史觀），以實際的、活生生的人，以及其物質的生活條件 (*materielle Lebensbedingungen*)，作為解釋歷史的先決條件 (*FS* II: 16; *CW* 5: 36)。

事實是這樣的：特定的個人，亦即以特殊方式從事生產活動的人群，進入特定的社會關係與特定的政治關係裡頭。不需假借詭祕，不需假借猜測思辨，經驗的考察證實每一個別事件都表現了社會及政治

的結構與生產息息相關。社會結構與國家不斷由特定個人的生活過程中演進出來。這些個人並非僅出現在他們或別人想像裡頭的人群，而是「實際上」、行動上能夠從事物質的生產，也是特定物質界限內，特定物質的先決條件下，不受其個人意志所左右下，能夠從事操勞、工作的那群人。(*FS* II: 21～22; *CW* 5: 36)

　　因此，人所以產生理念，產生概念，產生意識，基本上是牽連到物質的生產與物質的交易，這些構成他們活生生的語文。「在這一階段裡，人內心的各種活動，像思、想、感可以說是他們物質生產與交易的行為所流露、所反映的。同樣地，人群的政治、法律、道德、宗教、形上學等等的語文，也是由人的物質生產與交易活動所衍生的、表現的。是故政治、法律、宗教、道德，一言以蔽之，所有的意識形態並不能獨立自足。這些事物本身並不演變發展，本身不具歷史。這些制度、觀念、想法所以改變，主因在於人的改變，特別是由於人從事物質的生產與交易，而改變他們所處的實際的世界，從而也改變了他們自己的想法，以及改變想法的結果」(*FS* II: 23; *CW* 5: 37～38)。

　　至此，馬克思已把政治看作「他變項」，而把經濟（物質的生產與交易）當成「自變項」。由是可知政治源之於經濟，政治活動是受經濟活動所制約、所影響的。政治本身並不獨立自足，而是隨經濟的演變而發生變化的。

　　那麼政治是怎樣產生，怎樣出現呢？依馬克思的看法，「精神勞動與物質勞動最大的分別，就是市鄉的分別……隨著城市的降臨，公共地區 (*Gemeindewesen*) 的行政管理、警察治安、稅賦徵收必然出現，於是政治也跟著出現了」(*FS* II: 61; *CW* 5: 64)。政治鬥爭，

亦即不同階級之間的衝突，不同意識形態的爭執，或理念、利益的爭衡，都是由於生產力與交易形式的矛盾所引起的。政治鬥爭，就像歷史上各種各類的衝突爭執，歸根究底還是肇因於生產力與交易形式彼此間的格格不入、鑿枘難容所致 (*FS* II: 74; *CW* 5: 47)。

不僅政治受制於生產力與交易方式，受制於物質活動，受制於經濟活動，就是國家與法律也與財產的存廢有密切的關連。馬克思說，古代與中古的財產形式為部落財產。由於數個部落生活在市鎮裡，部落財產表面上看來無異為國家財產。個人對這類財產只擁有佔有權，後來才有私有財產的出現。至於私有財產怎樣出現呢？私有財產是與動產同時出現的。私有財產也是由於生產品不完全消費掉，而有剩餘的結果。從中古世紀產生的國家中，部落財產歷經各種階段（封建地產、團體動產、投資於製造業的資本等）的變化，包括了現代大規模工業與世界性競爭是賴的資本。現代資本無異是純粹的私產，不受公共制度或國家干涉。他說：

現代國家就與現代私有財產相當，慢慢被財產擁有人藉納稅的方式逐步收買。因之，現代國家由於國債的關係，完全落入財產擁有人的手中，其存在變成完全依賴商業貸款，這些貸款乃是由財產擁有人——亦即資產階級——貸給國家的。現代國家存在的不獨立性——依賴性——可由股票交易場所，政府債券價值的起落反映出來。資產階級由於既非「階層」(*Stand*)，而是「階級」(*Klasse*)，遂被迫全國性而非區域性地組織起來，藉此將其一般平均的利益表現出來。由於私有財產從公共團體中解放出來，國家遂在市民社會之旁與之外，另覓特殊的存在。它無非是組織的形式 (*die Form der Organisation*)，目的在為資產階級的財產與利益，對內對外提供必

要的相互保證……由於國家只是一個形式，在該形式中統治階級諸個人之共同利益得以保障，同時國家也成為某一時代、某一市民社會的縮影，因此，所有藉國家名義產生的各種制度，也獲取了政治的形式。其結果人們只得到一個幻想，幻想法律乃立基於意志〔公意〕之上，立基於一個脫離其實質基礎的自由意志之上。同樣地〔這種幻想〕把法權 (*Recht*) 化約為條律 (*Gesetz*)。(*FS* II: 92～93; *CW* 5: 89～90)

　　從上面這段引言，我們明瞭，在撰寫《德意志意識形態》一稿的馬克思，把國家當成資產階級成員保護其財產的工具，同時也是統治階級成員保障其共同利益的工具。這種觀點在 1848 年，馬、恩兩人合撰的《共產黨宣言》中，有進一步的確認。他們說，「現代國家的行政，乃是處理整個資產階級共同事務的委員會」(*FS* II: 820; *CW* 6: 486)，而「一般通稱的政治權力不過是一個階級壓迫另一個階級，組織化的權力而已」(*FS* II: 843; *CW* 6: 505)。馬克思這種把政治當作階級鬥爭的看法，在其晚年有了更為具體的解說，他在致友人薄爾特 (Friedrich Bolte) 的信上指出：「懷著貫徹其一般利益的目的，因而擁有普遍性鎮壓的暴力之階級運動，就是政治運動」(*SC* 255)。

第七節　政治是否受經濟決定？

　　政治在馬克思唯物史觀的理論架構裡，顯然不是屬於下層建築的經濟基礎，而是屬於上層建築的意識形態。換言之，是社會中人群生產與勞動產品──經濟利益和階級關係──的反映，本身無法

獨立自存。

在《資本論》第三卷 (1894) 中，馬克思指出：

直接生產者〔工人〕未付酬的剩餘勞動被榨出的特殊〔資本主義〕
經濟形態，規定了統治者與被統治者之間的關係，因為它〔經濟形
態〕是從生產本身直接產生的，也是當成決定因素對生產作出反應。
經濟共同體的整個形構便立基於此。經濟共同體是從生產本身成長
起來，同時也產生了它特殊的政治形態。經常是生產條件擁有者對
直接生產者的關係——這一關係始終呼應著勞動方式發展和社會生
產力發展的特定時期——透露著整個社會結構最內在的祕密，亦即
隱藏不露的基礎，亦即透露著主權與依賴（簡言之，相配稱的國家
形式）的祕密。(*C* III: 791)

這裡馬克思在強調有產階級和無產階級之間的關係，制約了統
治者與被統治者之間的關係，也規定了政治上主從（誰擁有主權，
誰必須俯首服從）的關係，也決定了國家究竟是君主，還是民主的
憲政形式（洪鎌德 2013: 106～107）。

這種說法容易造成人們把政治當作是經濟活動的「次要現象」
或 「附帶現象」 (epiphenomenon)，也滋生了 「經濟決定論」
(economic detertminism) 的誤會。馬克思和恩格斯在晚年極力撇清決
定論的機械性說法。對此恩格斯說：馬克思和他本人無意將經濟因
素看作 「唯一的決定因素」，這種唯一決定論是 「無意義的、抽象
的、缺乏常識的說詞」。他繼續說：

經濟的情況是基礎，但上層建築的各種因素——階級鬥爭及其結果

的政治形態，像勝利階級在戰後所建立的憲法、司法形態，特別是參與戰鬥者腦中的反思，政治、法律、哲學理論、宗教觀點，以及它們之進一步發展為教條──同樣地也會對歷史鬥爭發生影響，在很多場合裡甚至決定其特別之形式。(*SC* 394～395)

　　恩格斯雖然指出政治權力對經濟運動有反作用 (retroaction)，但經濟運動卻是最優先 (primacy)，最具決定性 (decisive)，而其他政治、法律、宗教等只是相對而非絕對的影響因素。總之，他相信經濟運動的「最終優勢」(ultimate supremacy)(*SC* 404, 405)。這點與馬克思在《綱要》(*Grundrisse*) 中的說法完全符合。馬克思說：

在社會的各種形態中，生產的一種特別的種類會宰制其他生產的種類。這種宰制的關係可以對其他的部門發生影響，並予以分上下等級。這是一種普遍的照明，它可以把各種顏色盡收懷裡，也可以把五顏六色的特殊性加以修改。這是一種特別的「以太」(ether，精神)，它可以決定各種存在物的特殊重心，這種存在物便在「以太」之下，落實為具體的事物。(*G* 106～107)

　　上面所言生產對其他種類的生產的宰制或獨佔鰲頭，具有支配的作用，當然也可以應用到政治對經濟基礎的關係。換言之，可以把政治形態和政治勢力賦予某種程度的獨立或優勢。是故「優勢」(primacy) 是一個重要而頗具創意的概念。它不僅應用於經濟分析，當然也可以應用到政治分析。換言之，經濟在「最後的分析」中固然起了最優先與決定性作用，但不排除政治也可以影響、決定、制約經濟。這種說法與馬克思反教條、反規定、反絕對理念的想法是

一致的 (Miliband 1977: 8～9)。

另一方面歐林 (Sheldon S. Wolin) 認為，馬克思的心態是對「真理追求的承諾」，亦即對科學的推崇。因為馬氏曾說他理論的成績是「多年良知探究的結果」(*SW* 1: 506)，因之，馬克思不失為一位「真理的敘述者」(truth-teller)(Wolin 1983: 80)。除此之外，馬克思求知的意向中還有把理論活動當成行動來看待，這是與青年黑格爾門徒交遊中，馬克思企圖為這批黑格爾左派門生的抨擊基督教尋找一個「政治」觀點。此時馬克思相信每個時代有其獨特與盛行的哲學思潮，代表一種支配性的「整體性的體系」。這個體系的代表人物都是一代的宗師，像柏拉圖、亞里士多德、黑格爾這些思想界中的巨匠。每個後起之思想大師都是對過去哲學體系的挑戰，乃至推翻。由是理論不再只限於沉思冥想的方式，而帶有「批判」和「毀滅」的性質。是故馬克思的思想心向方面遂有革命的和政治的面向：理論的建構在於推翻原有的哲學「秩序」和進一步改造重建 (Wolin 1983: 81)。

有異於其他哲學家把求知者視為「理論家充當觀察者」(theorist-as-spectator)，馬克思企圖把普勞階級塑造成「理論家充當行動家」(theorist-as-actor)。馬克思一生都是充滿熱情的政治行動者，他不僅參與 1848 年以後歐陸的大小革命，而他與行動關連的理論主要涉及政治，而非經濟。這點可由《路易‧波拿帕霧月十八日》(1852) 一書的寫作看出。馬克思不僅視行動是人類的作為，更視行動是思想的延伸，行動是活動的政治方式 (political mode)。

對馬克思而言，不只行動是思想的延長，他還企圖在行動中灌輸思想，灌滿理論，這就是他何以強調「革命的」、「實踐兼批判的活動」(*praktisch-kritische Tätigkeit*) 的因由。作為自我意識到必須改變全社會的行動，必須有理論、理念來支撐，才會落實行動的訴求。

在批評費爾巴哈的《提綱》第二條上，馬克思說：

人類能否抵達客觀真理的門檻的問題，並非理論的問題而是實踐的 (*praktische*) 問題。在實踐中人必須檢驗真理，那就是現實性與權力，也就是人在實踐中思想之此岸性〔*Diesseitigkeit*，現實的、非彼岸玄思的性質〕。(*FS* II: 1; *CW* 5: 4)

　　馬克思企圖把哲學政治化和現世哲學化，其前提為哲學對真理堅決的追求。考察馬克思知識的生涯，就是對真理、對行動、對理論與實踐合一等等不懈的追求與堅決的承諾，以致在他龐大的理論體系中，不乏前後矛盾，上下欠缺圓融連貫。這種不連貫或矛盾可以表現在馬克思演展的理論成果與他的政治承諾之間（Wolin 1983: 83；洪鎌德 2007: 244～246; 2010a: 16～36）。

　　換言之，1850 年代之後，馬克思發現科技的驚人進展，及其大量應用於生產過程，導致工人逐漸轉型為技術人員，但技術人員比起工人來已欠缺了階級意識和革命意識。加上壟斷與工業資本主義轉型為金融商貿的資本主義，國家自主性與獨立於階級鬥爭之外的超然特性逐漸浮現，這些都造成馬克思的社會理論和他的革命理論漸行漸遠，彼此越來越不能相容。

　　馬克思社會理論的重心，無疑地是當代資本主義社會的結構、運作、生成、轉變和趨向。結果他發現要理解資本主義現實與權力的學問不是哲學，不是古典的政治經濟學，不是空想的社會主義，而是整部人類的發展史。把資本主義當成驚人的、巨無霸的 (*stupendous*)，當成寰球性的龐大權力結構，這是他特殊的發現。探究此一具有「世界史的權力」的資本主義的誕生，不能只限於近代，

必須也得在古代史中去尋找其根源，這就迫使馬克思上窮碧落下黃泉，為挖掘資本主義生成歷史，而不惜鑽研古代史、考古人類學、民俗學等等。

對馬克思而言，資本主義不只是一種經濟制度，更是社會、文化、政治的總和，它是一種文明，資本主義的文明 (capitalist civilization)。研究資本主義的文明就要仰賴辯證法，這是馬克思對世界、對歷史觀察的特殊方法。為了瞭解資本主義的結構，有必要首先瞭解生產和交換的過程與關係，因之，他分析的是資本主義體系中技術、工具、知識、行為的形式和價值。在分析這些構成資本主義體制的元素時，他也看出資本主義全部的歷史，其在每一個歷史特質 (historicity) 過程上的表象、結構和轉變。換言之，構成當代資本主義的各種傳統，成為馬克思一一挖掘、一一解剖、一一比較的科學研究的對象。資本主義的必然崩潰，可以說是受到「已經死亡年代的傳統」——累積的矛盾——壓得它無法喘息的緣故。

第八節　革命、鬥爭、解放、危機

馬克思對社會變遷的看法，透露出他是一個對傳統的繼續具有深刻意識和體會的革命者。他一方面對傳統的繼續運作有深刻的理解，他方面對社會變遷中具有毀壞性的動力也非常清楚。要把這兩種不同的、矛盾的想法調和統一確實不易。正如同他在《哲學的貧困》中所指出，「所有能夠存在的事物……都是藉運動而存在、而存活在生產力的成長中，在生產關係的消失中，在理念的旋生旋滅中有一個繼續不斷的運動，唯一不變的事物乃是運動的抽象——不朽的死亡 (mors immortalis)」(CW 6: 163, 166)。

這種強調事物的變化、歷史的遞嬗，也包括思想的改變，都使馬克思的理論在尊重傳統之餘，強調事物（包括思想、理論、意識形態）的辯證運動。

馬克思政治的衝動 (political impulses) 在 1850 年代有了巨大的變化。在 1850 年代之前他使用的政治詞彙集中在「革命」和「普勞階級」。這些概念的型塑都是在歐陸工業化尚未徹底前展開，而他本人對經濟學的知識尚在加強的階段。這些名詞的屢屢使用表示當時馬克思對傳統政治的理解，也是受傳統政治學說的影響。

革命和普勞階級正代表一種建構性的元素，代表新秩序的開端，為古典與近代政治理論對立法者的技術和顧問者的知識之運用，這也代表自由主義興起之前，或工業化全面落實之前，充滿英雄式悲壯的反抗和行動表白，表示普勞階級藉革命來對抗其死敵的資產階級。在對抗不公不義之後，最後要解放全人類（套用馬克思之言為「全人類的總救贖」）。由於涉及全人類的解放，馬克思遂使用傳統的政治語言，包括政治教育與政治德目。他告誡工人說，「你們要準備進行十五、二十或五十年的內戰和全民鬥爭，這不只是會產生社會改變的結果，也會改變你們本身。你們要準備行使政治權力」（間接引自 Wolin 1983: 96）。

在使用革命、普勞階級、階級鬥爭、人的解放之類的政治口號時，馬克思尚未對資本主義有深刻的認識，儘管他已著手研讀政治經濟學。要之，這一切都是從法蘭西大革命以後，群眾的暴動加上工人階級在工業化初期遭遇到的貧困所激發的。

本來是要鼓吹德國普勞階級藉社會革命來推翻日耳曼的封建主義，如今馬克思發現在德國工業主義的崛起，有掃除其境內封建殘跡的作用，因之，迫使他對革命重加估計。

　　鑑於資本主義體制是世界性龐大權力機構，要推翻它、摧毀它，不能只靠德國的普勞階級，而有必要聯合世界各國的工人，展開世界範圍內的寰球鬥爭，亦即推行一個「總體革命」。

　　1850 年代之後，由於馬克思發現資本主義危機的存在，使他的政治見解有了根本上的改變。危機不代表即刻的崩潰，卻代表日積月累的社會病痛的廣化與深化，終至造成整個資本主義體系的解體。由於危機觀念的出現，馬克思對階級鬥爭有了新的看法。並非階級鬥爭不重要，而是勞動與資本的衝突已邁入一個非人身的階段，這是兩股非人身勢力 (impersonal forces) 的衝突。這種衝突源之於資本主義生產與交易的規律，其衝突甚至連當事者的資本家和工人都無法察知（馬克思喜用「在他〔人〕們的背後發生的事件」這個說法）（洪鎌德 2010b: 294～306）。

　　在《工資、勞動和資本》(1891) 一書中，馬克思認為資本家購買勞力和工人出賣勞力，不只牽涉金錢買賣的工資問題，而且展示資本家對勞動指揮和控制的權力，也是工人們「實際上所出售給資本家的不是為了金錢報酬，是他們〔工人們〕的勞動『權力』」(*SW* 1: 151)。事實上資本乃為「集中的社會勢力」(concentrated social force) (Fernbach 91)。工人階級只有藉團結合作在「知識的領導下」形成第一國際，奪取政治權力，才會戰勝資本的勢力。

　　換言之，1850 年代以後的馬克思，其代表性著作《綱要》(1857～1858) 和《資本論》第一卷 (1867)，都表現他對龐大的社會勢力的資本的驚訝。但資本主義的走向崩潰，卻是由於其本身內在矛盾所形成的發展律，亦即「資本主義生產自然的規律」(*C* I: 689)，「這些規律和趨勢帶著斬釘截鐵的必然性邁向無可避免的終站」(*C* I: 19)。

　　資本主義內在矛盾完全表現在其頻頻爆發的危機之上。危機不是一觸即發的遽變，也不是立即可見的大崩潰，而是眼前社會形構超越的一般狀況，「是對採取新的歷史形構的一種驅力」。這是從資本主義「不斷革命」的自然生成路途上發生的變化。這種變化使政治的變遷成為小巫見大巫。原因是資本主義經常性的革命（技術、制度、規模之改變）把「生產力發展的阻礙撕毀，也把需求的擴大、生產各方面的發展，和自然力和心力利用和交換的各種阻礙加以撕毀」(G 410)。

　　由於馬克思發現這種巨大的、非人身的勢力的存在，導致人們想要推翻資本主義的體制，在政治上再倚賴普勞階級的覺醒、團結、奮鬥似乎越來越難，因之，中年以後的馬克思不再強調階級鬥爭的革命力量，而更深刻地體認資本主義內在的規律 (immanent laws)，相信推翻此一體制要靠矛盾律，也就是「資本累積絕對普遍的規律」(C I: 603)。換言之，也即存在於資本主義體制本身的矛盾，必然會促成此一體制的瓦解（洪鎌德 1999: 82～83）。

　　由於資本家彼此割喉式的惡性競爭與吞併，所以無論就數目而言，還是就實質而言，資本家都在逐漸消失之中。另一方面也由於科學和技術的重大突破，財富的累積不再倚靠勞力，而更依賴機器，從而工人在生產中的「主要角色」逐漸褪隱 (G 704, 705)。可以這麼說，那些曾經在經濟舞臺上扮演主要角色的資本家和工人其實是他們經濟關係的人身化 (personifications)，隨著經濟關係的變化，這些化身一一由經濟舞臺上褪隱。

　　要之，馬克思對資本主義的經濟研究，產生一個與他原來的意向相反的結果：逐漸重視資本主義內在矛盾律造成此一經濟與社會形構的解體，從而也逐漸解除了普勞階級革命的重擔，儘管普勞的

口頭禪（例如「普勞階級的專政」）並未消失 (Wolin 1983: 106)。就是在撰寫 《路易‧波拿帕霧月十八日》 (1852) 至 《法蘭西內戰》 (1871) 之間的馬克思，特別是擬好《綱要》(1857〜1858) 草稿的中年馬克思，所注目的是這個龐大的權力體系——資本主義。他說：「這個有機體的體系本身，也就是一個總體，有其先決條件，它之發展成總體，就包含了把社會所有的因素嚴格地屈從於它本身之下，或是包含著它目前所欠缺而必須新創的機關〔將之屈從於它之下〕」(G 278)。

　　普勞階級之所以逐漸消失，可說是由於它缺乏建構新社會的能力和美德 (virtú，借用馬奇也維里的詞彙)，未來是屬於科學的操作者與技術的更新者，亦即科技專家。由是可知，在晚期馬克思發現真正的革命力量就存在於資本主義本身，也是存在於組織資本主義的自動自主的體系。他說：「現代工業有一種生產的有機體 (a productive organisation)，這是純粹客觀的，在其中工人變成生產現有物質條件的附屬品」(C I: 364)。

　　那麼何以馬克思在晚年仍舊念念不忘革命呢？依歐林的看法，革命成為一種慰藉 (solace)，是對人類古老的行動力的懷念。這點馬克思於 1867 年出版《資本論》時已有所反思。他說此一著作反映了他思想的兩個部分：其一為處理經濟關係，代表著向達爾文看齊，強調「豐富科學的基本內容」；其二為反映作者的心向，亦即對歷史在「當前運動的結果」作出「特定的〔身分的〕結論」。法國馬克思學學者呂貝爾 (Maximilien Rubel) 遂稱：「馬克思客觀的經濟關係的分析剛好否定他主觀的〔革命〕願望」(Rubel 435)。換言之，馬克思的科學研究與其政治訴求是相互矛盾的。

第九節　結論：馬克思政治觀的摘要與批評

　　馬克思的政治觀點可以濃縮為下列幾點：

　　⑴政治為人類自主精神的表現，為黑格爾所說，「最高社群的自由」(*Freiheit der höchsten Gemeinschaft*)。其歷史上的高潮厥為古希臘逍遙安樂的民主生活方式。

　　⑵古希臘的民主一方面是建立在強調人性自由自主，民胞物與，人為「種類動物」的政治哲學之上，他方面建立在統治階級對奴隸勞力的剝削之上。由是遂形成政治哲學（自由人性觀）與政治現實（人的束縛、壓榨的現實）之間的矛盾。這種矛盾導致古希臘國力的衰退與古希臘文明的衰落。

　　⑶中古時代，國家與社會是沒有分別的，「人民的生活與國家的生活是一體的，國家的主要原則是人：為受束縛變作奴隸的人」(Löwith 223)。人的每項公共範圍都與其每項私人範圍相配套。所有涉及人的財產、商務，無一不是政治的。

　　⑷及至現代，國家與社會方才分開成兩個不同的單位。國家代表人類普遍、大同的思想，是人類經營精神生活、政治生活、道德生活的所在；反之，社會成為個人追求私利、人人競爭、爾欺吾詐的場所，為人類物質生活、經濟生活、社會生活展現的場合。人遂過著「公民」與「私人」兩重身分的生活。人的兩分化，使人無法做一個「沒有矛盾，沒有異化」的人。「國家有機說」雖企圖使成員在整體中覓取安身立命的所在，卻無法使個人成為「真人」(*eigentlicher Mensch*)，成為「完人」(*totaler Mensch*)。

　　⑸現代政治，既不同於古代政治，也與中古的政治大異其趣。

現代政治面貌的遽變,一方面導因於生產力的解放,他方面淵源於
奴隸的解放。可是支領工資賴以為生的勞工,卻變成新的奴隸。人
又分裂為資產階級與勞動階級的一員,兩者互相敵視對抗。政治上,
強調人人在法律之前平等,人是自由的動物;社會上,人壓榨人,
人剝削人,造成人既不平等,也非真正享有自由。人的分裂就是源
之於人的「自我異化」。現代政治是一階級對另一階級的統治、壓
榨、暴虐,這是異化的社會勢力的爭衡,也是人的異化、墮落的
現象。

⑹現代政治有如宗教,充滿迷信、幻想、麻醉,使遭受異化的
人,被壓榨的人安於現實,不思振作,不知反抗。資產階級一旦把
政治架空、美化,遂把持國家,把它貶抑為其統治工具,而達到保
障其財產與利益的目的。

⑺政治表面上是人事之爭、宮闈之爭、黨派之爭,甚至為國家
之爭,但潛藏在這種爭執事象的背後,卻是經濟利益的衝突與階級
的鬥爭。是故,政治現象可追溯或還原於經濟因素,特別是生產與
交易形式的變動。政治為諸種意識形態(「上層建築」)之一,本身
是他變項而非自變項,因之遂受社會存在、社會基礎(「下層建築」)
所制約和左右。

⑻成年以後的馬克思因為分析了現代資本主義體制,發現它是
人類有史以來生產力發展至最大程度的社會經濟體制,也是應用科
技變成一個龐大的權力體系。由於經濟舞臺上相抗衡的是資本對抗
勞力,而不再是資本家與工人的直接硬碰;因之,變成非人身勢力
的決鬥。政治遂由普勞階級的革命讓位給資本主義體系內在矛盾的
爆發。

⑼馬克思思想中政治角色的淡化,固然是由於資產階級與普勞

階級歷史地位的衰弱，也是由於他學術客觀研究——資本主義科學的考察和他人道主義的主觀心意兩者不能契合的緣故，但他終身念茲在茲的人的解放和人的自由，卻成為他政治學說的核心。

⑽要使人類重獲古希臘式的自由，甚至超越這種自由，達成政治的理想，便要實現真正的民主。可是現代資產階級所推行的政治民主，與真正的民主尚有相當大的距離，故不免淪為「抽象式的民主」，玩票式的民主。

⑾作為現代社會自然力量的無產階級一旦覺醒，團結起來進行革命，推翻資產階級，建立一個無敵對、無壓榨、無階級的共產社會，則不啻為人類由政治的解放，邁向社會的解放，甚至人類整體和徹底的解放。這便是青年馬克思何以認為共產主義為「私有財產的正面超越」的原因，也是認為「人回復其為社會的，合乎人性的本質」的原因。總結一句，他認為政治的最終目標在消滅政治，達致「人性復歸」。

⑿刑期無刑，政治最終的目標在取消政治。一旦無壓榨、無敵對的自由平等的社會建立之後，「所有的生產事宜集中在組合化的個人 (assoziierte Individuen) 手中，公家的權力喪失了政治的性格」，於是 「每個人的自由發展，成為所有其他的人自由發展的條件」 (FS II: 846; CW 6: 505)。政治也就無為而化了。政治最終仍要達成倫理的目標。

關於馬克思政治思想的評價可以提出五組問題來加以討論：第一、政治是不是可以視為壓制、剝削、凌虐？第二、政治是不是只牽涉到國家為單位的統治關係、壓榨關係？政治是不是侷限於一階級對另一階級組織化的暴力？第三、政治只能化約為經濟，而不能還原為人的權力慾、名譽感等心理動機嗎？第四、政治只受制於經

濟，而本身不統御經濟嗎？這種經濟優先的唯物論，豈非與「政治
掛帥」(*Der Primat der Politik*; the supremacy of politics) 相左？第五、
無階級、無壓榨、無剝削的社會只有行政與生產規劃，而再也無政
治嗎？

　　首先，政治並不等於壓迫、剝削、宰制。這類有關統屬關係、
剝削關係，只能看作政治的過程 (process)，而非政治的結果
(product)，只能看作政治的手段，而非政治的目的。這點馬克思應
該比任何人看得更清楚才對，是故他說政治的最終目的在實現人的
自由，恢復人的自由，使人獲得解放。他解釋，在「自由之域」
(realm of freedom) 未達致之前，政治仍將活躍在「必然之域」(realm
of necessity) 中。

　　其次，談到壓制、剝削、宰制那類人對人迫害的現象，絕對不
限於國家之內，也絕對不限於一階級對另一階級的關係而已。就是
在家庭中，在兩性之間，在人群裡，在社會上，在國際環境內，這
類強凌弱、眾暴寡的現象俯拾可得。由是可知，政治現象不能像馬
克思那樣狹隘地界定為階級鬥爭或經濟利益的搶奪，也不能只視為
資產階級利用國家作工具，以保障其私產私利而已。

　　第三，政治是人類社會活動中最複雜的現象。其牽連的不僅有
衝突以及衝突的解決，更牽涉到權力的取得、運用、保持與擴大。
它固然可以溯源於經濟利益的爭取、分配、享用，但其發生的因由
與政治人的權力慾、名譽心、使命感等等心理因素攸關。因此，把
政治與國家的出現化約為私產的保護，生產工具的奪取，似嫌簡單。
事實上，政治之發生問題是由於人的自私、貪婪、自我不斷膨脹、
擴大 (self-infinitizing; self-aggrandizement) 所造成的惡果。這樣，醫
治這種自我心靈的衝突，應倚靠心理學或精神分析學的「自我節制」

(self-control)、自我克服 (self-conquest)，而非社會學或政治學的外
在制度的改變或政治改革 (O'Neil 463～465)。這就是說把政治只歸
因於經濟因素，而不涉及心理因素，是與馬克思「異化說」原意不
盡符合（洪鎌德 2010b: 288～291; 301～306）。

　　第四，馬克思為了促成共產主義的社會早日降臨，不惜鼓動無
產階級覺醒、團結、參與革命。這不是顯示一向反對政治，蔑視政
治的馬克思，也得運用政治力量來推翻資產階級嗎？何況「政治掛
帥」一向為從事共產革命運動者的口頭禪，可知政治仍舊是革命或
改革的推動力。經濟為主，政治為副，經濟活動主宰與制約政治活
動，在長遠的人類歷史上，以唯物論的觀點來加以解釋，固然可被
接受，在短期的革命策略運用上，則滋生各種問題，治絲益棼，莫
衷一是。

　　第五，馬克思與恩格斯都預言，國家這一統治工具最終會在人
間消失，擺在博物院當古物看待。不管未來無階級的共產社會中，
取代國家的社會組織是「組合」、「公社」、「社群」(*Gemeinschaft*)、
或什麼名目（在過渡時期為「無產階級的專政」），顯然不能不講究
長幼有序，人際關係的安排，事情緩急輕重的處理，生產、分配、
消費的計畫，合理的分工合作等等，由是「權威」、「裁決」、「安排」
等等政治上的名詞，仍將一一出現在公務的處理上。由是可知，馬
克思強調的，政治外殼的脫落，或恩格斯預言的，行政取代政治，
未必有實現之日，也許這僅是人類的一項美夢而已（洪鎌德 2014:
390～396）。

第三部
演變、影響、展望

第三部由三章構成，分別討論馬克思學說與革命實踐的貢獻、影響與未來展望，這是全書最短的一部，但卻也是最重要的一部。原因為馬克思作為歷史上重要的思想家與革命先行者，其思想云為究竟起了多大的作用，為何他被列入本哲學系列的重要人物來看待，而本書居然使用這麼多的篇幅來描寫、分析和評估，這些問題都由這一部分加以解釋。

首先，我們都知道馬克思不只是德國社會民主黨創黨者之一，也被黨尊為建黨的精神領袖。更因為其終生革命夥伴恩格斯，對社會民主運動以及第二國際的熱心推動，使社會主義在德國、歐洲，甚至全球取得一定的聲勢，社會民主所代表的開明與進步的力量，在二十世紀的歐洲政治史上扮演重大的角色。

其次，馬克思最重大的貢獻厥為馬克思主義的建立與推廣。儘管他不承認自己為馬克思主義者，但在他的革命夥伴、信黨與敵人的哄抬下，馬克思主義在十九世紀下半最後四分之一世紀浮現於歐陸和俄國，以社民黨的正統馬克思主義活躍於德國、法國、義大利，也以科學的社會主義征服俄國的知識界。及至修正主義的出現也不足撼動馬克思主義所代表的世界觀與革命策略的完整性、體系性與組織性。

只有當俄國布爾雪維克奪權勝利之後，列寧終於把馬克思主義成功地移植到封建落後和以農立國的東方社會，馬克思的學說作為共黨專政與建國原則獲得確認，於是馬克思主義與列寧主義結合為馬列主義，成為史達林合法其暴政的手段，也是藉機對抗法西斯主義與納粹主義，鼓動俄國人民反侵略反霸權的依據。

相對於蘇維埃官方的馬克思主義，1920 年代崛起於歐洲中

部、西部與南部的西方馬克思主義，試圖拋棄官方的馬克思主義教條，也企圖掙脫第三國際（共產國際）的束縛，直接訴諸馬克思人文主義、人道精神的號召，強調主體性、能動性，俾喚起西方資本主義社會中昏睡的工人們的階級意識，也對西方社會的上層建築，特別是學術、文化、思想進行嚴厲的批評。不過西方馬克思主義多為法西斯勢力所摧殘，而流亡異域，直至第二次世界大戰結束後，才重返歐陸尋求再生的機緣。

戰後世界局勢的兩極化，冷戰的醞釀升高和冷卻，便利了新馬克思主義的興起，這一結合歐美最新人文思潮與社會科學新學說的學院派馬克思主義，在 1960 年代風光一時之後，也因流派繁多，信徒與聽眾的流失，而成為驟起驟落的流行觀念。於是在 1980 年代中期為後馬克思主義與後現代主義所篡奪。

報導與分析一百五十年來馬克思主義的流變，本書作者指明馬克思本身的思想中有批判的、歷史的、革命的、自主的、主動與能動的因素，亦即俗稱批判的馬克思主義的一面；也有科學的、實證的、決定論的、宿命的、等候資本主義自動崩潰以坐享其成的因素，亦即俗稱科學的馬克思主義的另一面。這兩種馬克思主義的相激相盪，就決定了馬克思學說的命運。

但基本上，理解馬克思的著作及其生平，在致力批判資本主義的體制，也是企圖推翻這一體制。這樣，在資本主義業已轉型的今天，馬克思主義乃資本主義唯一的死敵，也是唯一的替代方案。馬克思主義的未來繫於此一學說的理論與實踐能夠提供人類解放的希望。在此一意義下，不是科學的馬克思主義，反而是空想的馬克思主義，才能為人類提供一個美好，提供一個遙不可企的烏托邦。馬克思主義要有前途，要有希望，恐怕捨掉烏托邦的追求，別無其他可言。

第二十二章　馬克思與馬克思主義

第一節　馬克思主義的出現

　　馬克思在晚年說過：「就我所知，我不是一個馬克思主義者」。他所以這麼說，並非由於謙卑或缺乏自信，無意把自己的思想和奮鬥目標凝聚成冠以其姓名的學說、學派、宗派、黨派。相反地，他所以說自己不是一位馬克思主義者是有其特殊的歷史背景的（洪鎌德 2014: 143）。原來在 1879～1880 年代，在法國的社會主義者當中，不少人反對馬克思的作風，不過他也有數位的追隨者，包括馬克思的女婿拉法格在內。於是馬克思主義者和馬克思宗派者，在當時被當作負面的、壞的字眼來看待。一位叫做卜胡西 (Paul Brousse) 的法國人，在 1882 年首次在一本爭議性的小冊中冠以《在〔第一〕國際內的馬克思主義》(*Le Marxisme dans 1'Internationale*)，算是在正式的文件上第一次出現了「馬克思主義」這個字眼。其實在爭取第一國際領導權時，巴枯寧及其黨徒早便在 1870 年代使用 *marxides, marxistes, marxisme* 等字眼，來攻擊馬克思的擁護者及其派系的思想 (O'Malley and Algozin 19～21)。

　　可以說是在這種爭論、批判的情況下，出現了馬克思主義這一新名詞。嚴格說，馬克思否認自己是一位馬克思主義者，並非他指摘自己的弟子，或支持某派以對付另一派，而是他基本上的信念：亦即勞動者追求解放的運動不應該與任何思想家的名字掛鉤，即便是該思想家如何傑出，如何偉大。如果允許其黨徒使用「馬克思主義者」或「馬克思主義」的稱呼，無異於出賣工人階級追求解放的

精神,也違背激發這種精神的理論,這就成為阿諛與虛榮的象徵。這種虛矯是馬克思最痛恨的人性弱點之一(參考 Rubel 1974: 403; 1980: Preface to the English Edition)。

另一方面馬克思拒絕承認自己是一名馬克思主義者,意謂他的思想體系尚未發展至無所不包的程度,不是一套整全包攝的世界觀。反之,馬克思與恩格斯的思想當作系統性的世界觀、歷史觀、社會觀來加以發展,是在第二國際 (1889～1914) 活動的時期,亦即恩格斯積極介入並加指導之時 (Fetscher 1991: 347)。

恩格斯最先也同意馬克思本人對此新名詞的排斥和責怪,但在馬氏死後,他有意無意間把馬克思的思想抬高到超越德國整個古典哲學之外,自成體系的新學說。換言之,在《路得維希·費爾巴哈和德國古典哲學的終結》(1888) 一書中,恩格斯把馬克思說成是德國偉大哲學體系的延續,甚至是德國古典哲學傳統的繼承人,在該書中恩格斯稱:「從黑格爾學派解散之後,有一個趨勢在發展,亦即唯一能夠產生效果的趨勢,這個趨勢本質上和馬克思的名字連在一起」(*SW* 3: 361)。另一段落裡,他大大讚賞馬克思是一位天才,「沒有他,〔他所演展的〕理論不可能像今天這樣的發展成熟,它〔這個理論〕自然要使用他的姓名」(*ibid.* 注釋)。

換句話說,馬克思主義並非馬克思本人刻意要創造的學說體系。反之,這個後來變成一套世界觀(*Weltanschauung*,甚至被誇大為科學的世界觀)、革命理論、黨國意識形態的馬克思主義,完全是由馬克思最忠實的摯友恩格斯,及其他攻擊者、反對者和信徒等輾轉發明的新體系。原來恩格斯在 1878 年受著德國社民黨領袖邀請之下,刊載了他的大作《反杜林論》首章於該黨機關誌《前進!》(後來被迫把文章改在《前進!》的附帶刊物上發表),而有系統的把馬

克思的學說鋪陳、整理，使其大眾化。雖然馬克思在生前看過此書，但他已無創造力去修改裡頭某些觀點。但此書對社會黨人的影響遠超過《資本論》第一卷，可謂是把馬克思的學說推向馬克思主義的第一步。

　　依據主張不捲入價值判斷和政治立場，而以嚴格的科學態度來研究馬克思的生平、思想與學說的法國學者呂貝爾（Maximilien Rubel，亦即倡說「馬克思學」〔marxologie〕的國際知名馬克思研究專家）的意見，馬克思主義的創造者或奠基者絕非馬克思本人，而是恩格斯。恩格斯是製造整個馬克思的崇拜和營構馬克思主義為神話的第一人，也是第一個「馬克思主義者」。難怪在他 70 歲生辰慨然說：「我的命運註定是要收穫卡爾・馬克思所播下的榮譽和光輝」（恩格斯致 Berliner Volksblatt 函 1890.12.5，MEW 22: 86）。

　　不管我們是否同意呂貝爾對恩格斯這樣激烈的批評 (O'Malley and Algozin 15～25)，在馬克思逝世之後已形成了馬克思主義。這套馬克思主義事實上包含他早期著作之哲學的共產主義，和後期作品之科學的社會主義在內（洪鎌德 2010b: 257～288）。

　　除了恩格斯以外，俄國人朴列哈諾夫 (Georgy V. Plekhanov, 1856～1918) 和恩格斯的弟子兼遺囑執行人考茨基 (Karl Kautsky, 1854～1938)，也是把馬克思的學說加以塑造的「馬克思主義者」。朴列哈諾夫在 1894 年，把馬克思主義當成「整個世界觀」來宣揚，並把辯證的唯物論 (Dialectical Materialism) 當作介紹馬克思主義的導引。考茨基則把馬克思與恩格斯的學說解釋為有關人類和歷史的進化之完整的理論，亦即包括自然與社會在內的演展理論。在此理論中自然主義的倫理觀和物質（生物學上）的世界觀佔有一席地位。

第二節　正統的馬克思主義──社會民主的理論與實踐

馬克思不只要瞭解世界，更要改變世界（在〈費爾巴哈提綱〉第十一條上，他說：「向來的哲學家只會解釋世界，關鍵之處卻在改變它」）。他死後有相當多的黨派、國際機構和政府聲稱要把他的理論付諸實行。其中包括德國社民黨、第二國際、俄國的布爾雪維克和第三國際（共產國際），都曾經試行要把馬克思主義轉化為革命的政綱。

德國社民黨首先在四項議題上企圖把馬克思的理念化為政治實踐：(1)從事工業的普勞階級被賦予重大的政治使命，俾為人類的解放效勞；(2)主張革命而非改革，認為國家必須被推翻，而非修正；(3)工人運動為革命的主力，雖然偶或與其他階級（中產階級）聯合，只是短期的合作策略，非長期的奮鬥目標；(4)政治改變的主要載體（行動者），為一個廣泛的、民主的政黨，而非人數少，進行陰謀活動的小型組織。

在 1878 至 1890 年間，因為德國政府採取反社會主義的立法，而使社民黨受到迫害。當 1890 年反社會主義法律廢除之後，在國會大選中該黨贏得五十萬的選票，獲得三十五席，成為德國主要的政黨，也受到歐洲左翼政治組織的側目與效尤。在這段期間社民黨完全採用馬克思的理念。1890 年考茨基 (Karl Kautsky) 銜命起草艾爾福 (Erfurt) 黨綱，在次年黨大會上通過。

該黨綱立基於對馬克思主義「正統的」(orthodox) 理解，強調資本主義創造愈來愈大，也愈來愈集中的公司行號，其結果造成階級鬥爭的密集加劇。在這種情況下，私產的擁有將與科技的運用愈

來愈無法配合，遂造成更大的經濟危機。世界各國的工人將會更為團結合作，爭取本身的權益，致力打倒資本主義體制的革命活動，最終在起義中將政經社會秩序徹底的改變。

這個號稱「正統的馬克思主義」，主要是由恩格斯和考茨基大力推動，而成為社民黨的新黨綱。但這一黨綱卻有其內在的矛盾：一方面要走革命路線；他方面又無法忘情社會改革的必要，遂在革命與改革的兩難上徘徊不前。

恩格斯的心思一直是實證主義的，像他在馬克思墳前所說的達爾文發現自然的發展律，馬克思發現人類歷史的發展律，以及馬克思又發現規範資本主義生產方式運動的特別律，以及在論費爾巴哈一小冊中認為人類的歷史受一般性律則的規範，在在顯示其難以忘懷實證主義的心態。

考茨基完全師承恩格斯這一幾近機械性的實證主義觀，他也相信工人們的社會主義階級意識，為人類所無法控制（獨立於人意志之外）的社會過程的必然結果。他認為人類的歷史也是自然過程之一環，社會主義乃是必然降臨人間的歷史宿命。

正統馬克思主義者的第二項特徵為，理論與實踐都牽涉到知識分子與勞動群眾的關係，只有知識分子才能夠理解社會主義的必然降臨。因之，理論家有必要把這種訊息通告群眾，亦即把階級意識灌輸給勞工。此舉造成工人階級群眾與實際政治行動的脫節。在這種情況下，普勞對其本身利益的意識也變成次要。

在這種實證主義的馬克思主義籠罩下，社民黨的政治逐漸由革命路線轉向改良路線。在 1895 年重印馬克思的《法蘭西階級鬥爭》(1851) 一書時，恩格斯居然建議取代 1848 與 1871 年的暴力革命，改以群眾黨爭取選票的和平道路，「我們這些『革命者』、『推翻派人

物』，在使用合法的手段上比非法的手段或顛覆，更為飛黃騰達」
(Tucker 1972: 421)。

恩格斯這種以合法掩護非法的策略，其本意仍在導致最終的武
力衝突，亦即演變為暴力的階級鬥爭。但他這種策略最後卻變成社
民黨長期的作法。這種作法由考茨基下面的話得到證實：「我們的職
責不在組織革命，而在為革命而組織我們本身；我們不在製造革命，
而在利用革命。」的確，這一策略奏效，在 1912 年社民黨已贏取國
會三分之一的席位，也擁有超過一百萬的黨員。不過社民黨對民主
的信心與期待，也隨著法西斯主義的崛起，受到衝擊，一旦法西斯
與納粹結束德國民主的生命，社民黨也跟著完蛋大吉，這就是只有
投票機器，而沒有積極參與政治的群眾（更不要談革命群眾）的社
民黨在納粹極權統治下，被迫害和擊碎的因由。

十九世紀下半葉歐洲經濟衰退，社民黨誤以為資本主義已瀕臨
窮途末路，是馬克思預言的兌現。豈知經濟衰歇正讓資本主義得到
重整再生的喘息機會，是資本主義由競爭轉向壟斷的轉型期。此時
由於卡特爾形成，競逐海外市場、原料、勞力與投資機會，反而造
成歐洲工人階級人數的膨脹，工資的升高，亦即列寧所稱呼的「勞
動貴族」的出現。他們開始認同其所出生的族國與文化，而放棄工
人國際主義。與此相搭配的是政府對工人民主權利的讓渡，答應他
們擁有更大的代表權，也進行社會福利立法。這種政府的讓步造成
一段時間政治的穩定與經濟的繁榮。

在社民黨分子被德國政府迫害而流亡瑞士時，其機關誌《社會
民主人士》 的主編伯恩斯坦 (Eduard Bernstein, 1850～1932) 已發現
該黨理論的激進與政策的溫和之間的矛盾，於是開始批評馬克思對
資本主義必然崩潰的盲信，認為這種信心與其說是建立在現實生活

的觀察之上，倒不如說是從抽象的哲學抽繹出的空想。一反馬克思的預言，資本主義更趨向穩定發展中，也致力於改善民眾的生活水準。擁有小商店、小攤位的人愈來愈多，工人已不再是社會最大宗的人群。沒有即刻爆發的革命，但社民黨仍在穩健中成長，特別是透過國會席數增加，工會和消費合作社的積極活動，必然最終會使資本家的利潤削減。是故藉由逐步的改善，而非倚靠經濟危機和叛亂，社民黨一定能為德國民眾引向社會主義。

伯恩斯坦對馬克思主義這種激烈的批評，被目為「修正主義」(revisionism)。社民黨批評伯氏對馬克思的學說有所誤解，亦即他不瞭解勞動價值論，因而駁斥伯恩斯坦的修正主義。

一位自波蘭移民到德國的女革命家羅莎・盧森堡 (Rosa Luxemburg, 1871～1919)，對社民黨的政綱大加批評，並藉日常的政治鬥爭，把此一黨綱激進化。她對馬克思主義的貢獻，在於以更精巧細緻的方式使其變為工人階級政治發展的理論。馬克思過分樂觀，以為經濟的不景氣會造成普勞的反抗，這一理論的弱點曾招致批評，如今社民黨卻在黨綱與政策上把這種消極性和機械性的觀點加以落實，更加之修正主義對民主的盲目追求，引起激進者如盧森堡的抨擊。

盧森堡抨擊的重點在於如何推翻資本主義。她認為改良式的政治，像工會運動、國會大選的勝利、民主權利的擴張、合作社運動等等，都無法為社會主義尋求一條落實的途徑。蓋改革政府的努力並不能腐蝕資本主義體制的根基。原因是資本主義為達成社會和諧穩定的假象，會做出某些讓步，但絕對不會交出權力。讓工人享受一點好處與放棄對國家的控制是兩碼事。

至於談到民主，正統馬克思主義者和修正主義者的錯誤，是把

它（民主）作為從社會的階級結構與階級利益抽繹出來的政治形式。在資產階級對抗封建貴族世襲的特權進行鬥爭時，民主一度產生進步的效果。當時以爭取普遍的民權為藉口，求取經濟活動的自由。可是進入到壟斷資本主義的時代，資本家面對有組織的工人階級，再談民主對資本家而言，等於剝奪其權益。政治乃反映階級的利益，民主的宣揚只有在進行權力鬥爭的階級達到平衡之際，才有可能。後來納粹的興起，不只壓制社民黨，連民主也徹底消滅，這證明盧森堡確有先見之明。

盧氏並非徹底否認工會、國會選舉、合作社運動等等改良政策的重要，只是改革路線的推行，完全要配合情況與時機的發展，要審時度勢。最重要的則是必須教育群眾做好心理準備，以迎接與資本主義最後的決戰。為此，如何激發工人行動的能力，讓他們理解所處社會的實況，並認識本身利益所在，成為當務之急。她說：

工會和國會活動的社會主義的重要性，在於為普勞階級做好準備——那是指要達成社會主義改變所需的主觀因素——俾達成實行社會主義的任務。(Luxemburg 85)

吸收俄國 1905 年的起義經驗，盧氏認為社民黨應該效法俄人的作為，把工會的經濟鬥爭與向國家進行政治挑戰熔為一爐。政治與經濟鬥爭如果不能結合成一體，就無法達成決定性的社會改變。「總罷工所顯示的政治與經濟的面向，塑造了普勞階級鬥爭一體的兩面……它們的統一，嚴格而言，乃是總罷工」(Luxemburg 241)。

在革命之火迸發時，黨的角色在於結合政治權力與工人階級所衍生出來的能量。反對考茨基由知識分子灌輸給普勞以階級意識，

盧氏主張普勞自動湧現的政治活動是革命過程的真實釀造。「俄國工人的群眾大罷工是在自動自發之下展開，這不是由於俄國普勞階級沒有『進過學校』，而是由於革命不允許任何人扮演教師的角色」(Luxemburg 245)。

　　盧氏回到馬克思的人性觀，認為人是自我活動、自我轉變的動物，是故「主觀因素」的心理準備在革命過程中非常重要，所謂準備並不是要普勞聽從專家的指揮，而是發展其本身行動的能力。

　　第一次世界大戰的爆發終結了歐洲社會民主的政治勢力，直到六十年後，此一社會民主運動才又重新崛起。這段期間工人階級及其領袖幾乎盲目地跟隨其本國政府參與國際戰爭。在歐洲介於兩次世界大戰之間，雖有少數社民黨的領袖掌權執政，但卻無法撼動資本主義的根基。

第三節　馬克思主義的發展——蘇維埃馬克思主義的崛起

　　從普勞階級的觀點來說，馬克思本人似乎把他的理論作品主要當作對政治經濟學的批判，以及對歷史的物質見解。所謂物質的意思是指物質生產進行的方式（生產的技術）和組織的方式（生產關係、交易關係、財產關係），對一個時代的政治組織與知識表現具有決定性的作用，這個觀點主要在對抗青年黑格爾門徒以主觀的和唯心的觀點，企圖以改變人的意識來改變世界。換言之，馬克思唯物史觀在對抗黑格爾青年門徒錯誤的意識形態。

　　不只對抗意識的錯誤表述，更要批判造成這種錯誤意識背後的現實政經條件。因之，古典的經濟學學說雖然是「錯誤的」，但卻忠實的反映了布爾喬亞的政經實況，也就是反映了資本主義社會的生

產方式。基本上對錯誤實況及其理論的批判可由個人來推行，但涉及當代整個複雜的政經關係時，只有整個階級徹底覺醒之後才有希望旋乾轉坤改變世界。揆諸當代各種階級裡頭，唯獨無產階級是可以對政治經濟展開批判，而本身不致遭受損害。這種批判乃是普勞階級走向解放必要跨出的第一步。

因之，馬克思反對巴枯寧和布朗基的黨徒基於「主觀因素」，便盲目發動革命，最後必終歸失敗無疑。馬克思強調只有在客觀條件已趨成熟，普勞階級的革命才有成功之望。雖然他沒有指出何謂成熟的客觀條件，因為他有時強調在現存社會中生產力在尚未發展充分之前，革命無從發動。可是在《資本論》第三卷第十三、十四章卻指出，經濟的衰歇停滯是革命爆發的良機。

在德國儘管政府壓迫，但 1875 年之後的工人運動發展迅速。在工會活動激烈的情形下，由於實際爆發革命不可能，而工人階級亟需文化教育，提昇意識，因之，一個獨特的「世界觀」逐漸形成。這就造成把馬克思主義發展為一個涵蓋一切、包攝天地的學說，以取代宗教的地位與職能。在這種情形下，朴列哈諾夫和考茨基為馬克思主義引進當時流行的、受歡迎的物質因素。於是馬克思的唯物史觀變成了歷史唯物主義或歷史唯物論。

它原來是馬克思作為求學研究的指引，如今居然應用到資本主義盛行之前，歷史上的各階段，造成這一史觀可與達爾文的自然演化並駕齊驅。達爾文對自然演進的解釋成為馬克思對社會變遷的理論。於是不只德國的工運，就是世界其他各地的普勞階級的活動，被賦予一種意識，亦即意識到工人是社會發展必然與必勝發展過程之一環，亦即他們命定扮演拯救其本身與解放全人類的角色。

作為馬克思主義者的政黨，德國的社民黨一方面聲勢愈來愈大，

但另一方面在政治上卻無力奪權，而陷於自我矛盾中。在這種情形下，這一政黨只好托庇於馬克思主義之下，將它發展為德國次級文化 (sub-culture)，亦即演繹為一套意識形態，進行教育與宣傳勞工大眾，以掩飾其政治上的無能。

比起德意志帝國來（它還有一套憲法，實施不徹底的君主立憲），在沙皇統治下的俄國（一個封建落後、農業為主、工商業剛萌芽的專制王朝），馬克思主義者推動革命的熱望與其政經與社會實況差距更大。在俄國馬克思主義已由一群知識菁英傳達給在大規模工廠操勞的工人，儘管當時工人的數目比起全國總人口來只佔極小比例。這就是列寧所鼓吹和倡建的菁英黨的理論與實際。他認為馬克思主義乃是一個廣包的世界觀與政治理論，由一個講究「黨性原則」(*partinosti*)，亦即一個絕對服從黨紀，由上向下一條鞭指揮的專業的革命黨，「新型的政黨」，向普勞階級灌輸的意識形態。這套官方的意識形態在史達林執政時，已完全沒有批判與自反而縮的作用，而致力於保障幹部政黨紀律的嚴格施行，以及對黨領導的絕對忠誠。至此作為幹部政黨的俄國共產黨與工人階級的意識的關係已倒轉過來，是幹部政黨和隸屬該政黨的知識分子來發展工人階級的意識，而非工人階級自動自發發展階級意識，然後再轉過頭來影響幹部政黨的政策。

很多馬克思的反對者與批評家都認為，馬克思所預言的普勞階級革命應當在工業發達，資本主義發展成熟的西方國家爆發才對，不該出現於封建落後，以農業為主的俄國。其實這種批評並非公道。這是把馬克思的唯物史觀看作社會變遷和發展的鐵律看待，認為歷史變化的軌跡非遵循這種必然的鐵律不可。的確，馬克思的俄國信徒中像朴列哈諾夫和孟雪維克黨人，便抱有這種機械性的看法。其

實馬克思本人曾經批評俄國作家,「把我對西歐資本主義產生的歷史素描轉化成歷史哲學的理論,以為每個人不管其所處環境如何不同,都要走這條必經之途,殊不知這種歷史哲學的理論之〔唯一〕好處就是超越歷史」(*SC* 313)。超越歷史即與歷史無關,不合乎科學精神之謂。

當然馬克思並不排除俄國不經過社會主義的階段,而抵達社會主義的可能性,也即不排除俄國有爆發社會革命的可能性,但他附了一個條件,那就是「俄國的革命變成西方普勞革命的訊號」之時 (*SW* 1: 100;洪鎌德 2014: 327～330)。

儘管俄國社會落後,但沙皇政權為了急速現代化,超過西歐各國,所以在十九世紀末大力推動工業化,其結果創造了一批人數雖少但高度集中的勞工階級。他們在經歷了過去地主與農奴的衝突之後自然戰志高昂,遂有 1905 年的革命。最後在第一次世界大戰即將結束的 1917 年二月革命和十月的布爾雪維克之奪權,主要靠城市中的工人階級的積極參與,以及農民的善意中立。

另一項對馬克思學說的攻擊,是指以馬克思為名的俄國民主的工人國家,竟轉變為官僚集體主義的獨裁國家。不過這項指摘只能對準布爾雪維克黨徒與其領導,特別是列寧與史達林。因為馬克思堅持社會主義的真正實現不是像史達林所言「一國的社會主義」,而是世界性的,亦即俄國的革命只有當「西方普勞革命的信號」才行,如果社會主義無法推廣至整個世界,而只限於當年的蘇聯、東歐、今日的中國、北韓、越南、古巴的話,獨裁、極權的弊端一時無法清除,當然民主的期待也暫時無法實現 (Callinicos 1983: 179～181)。

這個把馬克思主義扭曲,也把馬列主義濫用的意識形態,俗稱史達林主義,亦即官方的、共黨的、正統的馬克思主義。換言之,

把馬克思主義首先應用到落後地區，奪權成功的列寧，至少會因為境況的改變，準備隨時修正其主張——列寧主義，可是由史達林操縱的馬列主義（究其實為史達林主義），卻把馬克思的學說轉化成僵硬的教條，而實施官僚的國家社會主義 (bureaucratic state socialism) 或「真實存在的社會主義」(really existing socialism)。

在國家社會主義之下，馬克思主義淪落為國家的意識形態和執政的共黨的黨綱、主義，成為所有公民必須熟讀永誌勿忘的教條。大約從 1920 年代末開始，馬克思的世界觀不只成為拘束公民的思想桎梏，而且科學、藝術都被其拘束，於是出現什麼馬克思主義的語言學，馬克思主義者的宇宙觀、發生學、化學、天文學、生物學等等。只有在史達林 1953 年暴斃之後，蘇聯科學技術發展的落後才大白於世，於是史達林的繼承者不得不從自然科學中把馬克思主義教條的箝制移開，但馬列主義的陰影仍停留在人文與社會科學之中，其解放的速度比起自然科學來緩慢得多。

馬克思對批判理論的貢獻，由於變成世界觀，不但沒有增加其價值，反而大大地減損。很明顯地，馬克思是一位堅決的無神論者，不過他卻認為宗教乃是不自由的社會必然的產品。換言之，他反對將其學說貶抑為神話和宗教。因為將來的社會對他而言是直接生產者的自由組合，在這種理想的共產主義新社會中，宗教沒有存在的可能與必要。他最喜歡的座右銘就是「凡事懷疑」(de omnibus dubitandum)，因之，他如果死而有知，必定大力反對把他的學說變質為國家強迫的、黨派操縱的世界觀，或官方的意識形態。要之，馬克思主義經歷列寧、史達林及前蘇聯其他領導的改造與歪曲，已變成教條的「蘇維埃馬克思主義」。

教條的馬克思主義傳入中國變成毛澤東思想，傳入北韓變成金

日成思想，傳入越南變成胡志明思想，傳入古巴變成卡斯特羅思想，都是官方、一黨專政的意識形態。這一激進思想成為第三世界人民反殖民主義，反帝國主義，追求民族解放和國家建立的動力，由是馬克思主義一度成為落後地區激進派和左翼知識分子，倡導革命致力建國的指導原則。

第四節　西方馬克思主義

與蘇維埃馬克思主義廣包的世界觀相對抗的，是 1920 年代出現於歐洲中部與西南部的「西方馬克思主義」(Western Marxism)，簡稱西馬 。這個由早期盧卡奇 (Georg Lukács, 1885～1971)、寇士 (Karl Korsch, 1886～1961) 和葛蘭西 (Antonio Gramsci, 1891～1937) 等人開端的馬克思學說的新解釋，反對把辯證法從歷史、社會擴張到自然。反之，他們強調「主觀因素」，主張對批評及批判的開放，對上層建築的重新思考，對文化現象的留意，在在使他們與教條的、官方的、正統的蘇維埃馬克思主義不相容，這是因為他們標榜的是批判的馬克思主義。寇士首先把馬克思最津津樂道的批判應用到馬克思主義本身，而成為鮮活富有創意的新觀點 （洪鎌德 2010a：第四章）。

要之，西方馬克思主義一方面在批判資本主義，他方面則批判列寧的共產主義 （或稱蘇維埃的馬克思主義），而企圖重新掌握馬克思主義的真理。儘管上述三位西馬的奠基者只有短暫時期涉入領導群眾的革命活動，大部分時間致力於馬克思批判理論的闡釋，但他們的理念卻影響 1960 與 1970 年代西方的激進政治 (Gottlieb 110)。

寇士在《馬克思主義與哲學》(1923) 一書中，批評第二國際馬

克思主義者企圖超越階級分別與對峙，從事不偏不倚，純粹的學術研究，因為那是受到資產階級實證主義崇尚科學的影響。真正的馬克思與恩格斯的科學的社會主義，是與布爾喬亞社會的純粹科學（經濟學、歷史學、社會學）截然不同的 (Korsch 1971: 69)。將社會各種不同的科學加以分開，造成各自獨立自主，甚至把他們從革命實踐抽象出來的作法，是與馬克思唯物史觀無法相容的 (ibid., 32)。在寇士心目中，馬克思的理論是直接牽連到革命的政治實踐，而不是什麼價值中立，或不帶利害關係的純粹、空洞的「科學」理論。它是以改變社會生活為其動機，它必須融入政治實踐之中，它是以其實踐的結果受到不斷的評價。假使馬克思主義缺乏這種動機，也與實踐脫節，則將淪落為意識形態。第二國際的領導人便犯了這種錯誤，一心一意要把馬克思主義轉化為實證主義的科學，等候不可避免的資本主義的崩潰由天而降。其結果造成馬克思的批判理論脫離現實，脫離群眾，也脫離革命運動（洪鎌德 2010b: 142～159）。

　　盧卡奇則以另一觀點攻擊崇尚實證主義的科學的馬克思主義者，因為實證主義的模型所產生的是消極性、無開創性、無突破性的心態，原因是這些消極性、無創造性完全是從「物化」(Verdinglichung) 的社會現象流露出來。所謂物化是指布爾喬亞的思想家把社會的各種面向當成給予的、客觀的事物看待，忘記社會的各種典章制度、機構、組織、過程，都是人類所創造的，也是可受人類控制與修改的。不只此也，無從改變社會的挫折感也是由「合理化」的觀念所產生的，也就是只能觀察，只能考慮到社會總體的部分，而看不到社會的總體。於是社會的部分，不管是一個工廠，一個學校，還是一門科技的發展，都能儘量改善推進，使其走向合理完善之途，但整個社會卻變成愈來愈不合理。看到科技進步對生

態的破壞，對環境的汙染，終而威脅到人類的生存時，我們便不難理解，「合理化」並沒有為我們全體社會找到合理的發展路數，反而造成不合理的怪現象（洪鎌德 2010b: 62～78）。

　　盧卡奇要求把社會的實在看成人類活動的產物，它是能夠知道社會實在的主體，經過深思熟慮加以形塑的事物，亦即為主體行動的表述。把知識和實在結合為一體，也就是把理論和實踐加以統一，就是真正的階級意識的基本特徵。如果馬克思的理論不是這樣去結合理論與實踐，其結果將把工人化成為社會實況的消極的「觀察者」，從而無法改變社會實在 (ibid.)。

　　葛蘭西在 1917 年發表於《新秩序》(Ordine Nuoro) 刊物上，讚賞列寧奪權成功的〈對「資本論」的革命〉一文，顯示他對第二國際倡說的經濟決定論的反彈。換言之，列寧推翻沙皇專制的成功，表示政治意志的重要，也表示奪權組織與策略的必要。革命不是靠經濟條件成熟之後，自然而然地成熟，掉落在你的懷中，而是靠革命領袖改變現狀的堅強意志，和「主觀因素」來發揮作用的。在葛氏後來的《獄中札記》中還特別指出：經濟結構只提供「場地」(terrain)，在該場地之上政治的問題與文化的問題亟需加以決定。換句話說，經濟結構只提供某些境況與脈絡 (context)，俾政治與文化的問題獲得釐清與處理，達致解決的優先次序及方式（Gramsci 184, 410～412；洪鎌德 2010b: 188～195）。

　　作為 1930 年代法蘭克福社會研究所所長的霍克海默 (Max Horkheimer, 1895～1973) 也提出他的批判理論，成為其後法蘭克福學派的開宗文獻。他說：

社會批判的理論……其研究的對象為人群，為其全部歷史生活之道

的製造者〔人為其生活之創造者、生產者〕。向來科學視為出發點的真實情況，〔在批判理論者眼中〕不再被視為可資證實，可以遵循律例變化的資料。每一份資料並不只靠其自然生成，而是靠著人加在資料之上的權力。客體物，對其觀察認知的方式，對其提出問題的方法，以及回答的意義等等，都表示與人的活動息息相關，也反映了人對它們控制權力的大小。(Horkheimer 244)

　　換言之，凡致力改變社會的批判理論，必須是肯接受批評，不斷修正，開放而非封閉的理論，其所追求的不是學術的客觀、中立，而是帶有價值 (value laden) 的社會現實的評斷，只有藉著這種批判的理論，吾人才會發現社會何以存有不公不平，何以吾人必須打破這種不公不平（洪鎌德 2010b: 218～227）。

　　對西馬的理論家而言，以實證主義為取向的思考方式必然產生獨裁，而不可能獲致社會主義。他們也認為，任何馬克思主義者的理論，一旦與普勞階級政治發展無關，就造成把此一階級當成科學研究的「對象」看待。要之，西馬已發現科學與技術在二十世紀對人類宰制的嚴重性，以及當代心靈對科技盲目崇拜的危險。

　　原來布爾喬亞把古典哲學所禮讚的「理性」視同為「科學」，而又把原來對抗封建主義的「科學」，轉化成宰制群眾的工具。這種「科學」就是霍克海默所稱的「傳統的理論」，亦即與他倡說的「批判的理論」相反之物。這種「科學」也是馬孤哲 (Herbert Marcuse, 1898～1979) 與哈伯瑪斯 (Jürgen Habermas) 所指摘的「工具理性」或「科技理性」。這種理性講究的是行動的有效與消息的正確，而自詡為「科學的哲學」。事實上卻企圖與人群追求的目標、利益、價值、規範完全分開。其結果造成人對社會典章制度批判能力的喪失。

　　西馬的理論家不但反駁第二國際以來馬克思主義者對科學，特別是實證主義所理解的科學之盲目讚頌與仿效，也駁斥馬克思本人對工業化與經濟危機的頻頻出現有利於工人革命的階級意識塑造的說法。反之，他們致力探討資本主義體制下個人的經驗，從而發現革命的階級意識受阻卻的因由。同時，西馬亦對先進資本主義的政治結構，特別是國家的角色認真檢討，分析在先進資本主義國家中，統治階級的權力如何取得，怎樣維持，怎樣擴大。

　　葛蘭西首先發現生產方式帶來各種各樣不同的上層建築，亦即帶來各種可能的發展方式。一個國家發展的方式仰賴政治鬥爭，民族文化和重要階級的集體經驗。因之生產方式在西馬思想家眼中並非孤立的可資量化的經濟活動或經濟關係。寇士便認為經濟與意識形態、物質與意識、下層與上層建築是相互影響的，是辯證地聯繫在一起，它們彼此制約也相互決定。換言之，布爾喬亞的經濟、法律、政治，甚至文化、理念、學說，無一不與其社會實在結合成一個整體。亦即其精神結構是與其經濟結構合為一體的 (Korsch 98)。

　　這種強調總體或整體的說詞，尤其為盧卡奇所鼓吹。他甚至指出馬克思主義的正統不在經濟決定論，而在其總體說。亦即並非經濟關係決定人群的意識，因為經濟體系不可能脫離意識形態和政治而獨立自存，也不存在著經濟發展律，足以必然地改變社會的整體。經濟基礎的變化足以使上層建築的政治與文化跟著發生改變，這種情形並非常態。換言之，傳統的馬克思主義視經濟為自變數，政治、法律、哲學、宗教等為他變數，但在盧卡奇心目中，經濟也是一項他變數，並無其獨立的存在。

　　西馬理論家雖強調上層建築與經濟基礎的辯證性互動，但或多或少仍賦予生產方式以優先的地位，這也就是他們何以仍自稱為馬

克思主義者的原因。另一方面，由於仍然重視經濟體系，所以對當代資本體系下勞工的生產關係、財產關係特加留意，遂跟隨馬克思一樣仍寄望普勞階級為改變社會現狀，創造新歷史的主力。這種寄望直到 1960 年代逐漸落空，於是隨著西馬變成新馬，亦即新馬克思主義 (Neo-Marxism)，革命的主力遂由勞工轉變為學生、婦女、少數民族、弱勢團體、被迫害的族群等等（洪鎌德 1995b）。

　　西馬的理論家比馬克思更清楚看出，歷史的改變不只是經濟條件的變化，更重要的是工人階級的信念、態度和人格結構。誠如葛蘭西所說，要把資本主義終結，不只是靠被壓迫者的勞工「在經濟與政治的目標上團結一致，更重要的是他們擁有知識上和道德上的統一」(Gramsci 181～182)。他們不僅要積極參與左派政黨活動，批判現存社會不公不平，更要逐漸形成一種常識，內化社會主義的理想，擺脫資本家的羈縻、控制，不受資本主義「霸權」的制約。

　　「霸權」(hegemony) 的概念，不只是在說明資本主義的統治者利用國家機器，宣揚統治的合法性，透過老百姓的同意，而非經常使用暴力威脅，來讓被統治者俯首聽命，樂意長期做順民。這一概念同樣顯示葛蘭西對列寧菁英政黨的組織原則的反對。列寧企圖藉專業革命者來帶領群眾起義，搞革命。一旦革命完成，最終卻造成少數控制多數，使群眾陷入黨官僚的統治，甚至個人的獨裁。在這一轉變下，革命已喪失其本意（洪鎌德 2010b: 204～206）。

　　盧卡奇認為階級意識有兩種形式，其一為「現成的」階級意識，乃為工人大眾在某一時期中思想、感覺、信仰的總和。其二為「灌輸的」或「設定的」(imputed) 階級意識，也是「實在的」意識，這是在生產過程中工人在某一特殊情勢下對其命運的適當與理性的反應。原來工人在經驗到資本家的剝削和宰制時，他一方面發現自己

淪為商品，變成物化的客體，他方面瞭解自己是人類的一分子，是行動的主體。這種客體與主體的矛盾、物化與人類存在的衝突，是個人自覺的開始，也是實在的階級意識的形塑。這時工人將發現人與人之間的關係變成物與物之間的關係，也就是他們體會到本身是人，卻被當成物來看待。他們將會理解他們的物化乃是資本主義權力運作的結果。假使他們能夠克服這物化的條件，他們也可以改變整個社會。要之，在資本主義之下，人的存在和普勞階級主觀上的經驗的矛盾，將會使階級意識出現，最終導致革命的爆發，「當工人知道自己是一件商品時，他的知道變成實踐的……〔它〕會在所知的客體中產生客體結構的變化」(Lukács 169；洪鎌德 2010b: 76～78)。

　　其後霍克海默與法蘭克福學派，將精神分析的學說注入階級意識的解剖當中，企圖突破階級意識無法成形的屏障。賴希 (Wilhelm Reich) 則指明，性的壓抑造成群眾的乖順柔弱，無力反抗。賴希在1934 年撰寫的一篇題為〈何為階級意識？〉的文章中指出，為了喚醒工人的階級意識，我們首先必須要假定資本主義體制無法滿足人群基本的需要。在壓制人們需要的社會中，人類找不到快樂。因之，在資本主義的社會中到處呈現不滿足的現象。極端的、偏激的政治必須對潛在於人心的不滿搧風點火，把此不滿的星星之火轉化為階級意識的革命烈焰。這種意識不需革命領袖鼓吹以讓工人終身奉獻。反之，只需集中在平時家庭需要的滿足，包括性慾、休閒、人際關係和工作經驗等需要是否獲得滿足的考察。政治的組織在於揭發工人對工作與日常生活的不滿，以及指明其需要的滿足無法在資本主義體制下獲得即足。當人群的需要與利益真正獲得重視與處理時，他們才會自覺抵抗資本主義剝削的必要，也懂得反抗共黨官僚的壓制。

　　要之，西馬不只詮釋馬克思對剝削的概念，還把這個概念擴大與深化，甚至包括宰制與壓迫。換言之，不只是一個階級對另一階級的剝削，也涉及種族、兩性、族群之間的宰制、歧視、迫害。像少數文化受歧視，因種族的不同而受騷擾、凌虐，多數的暴力或暴力的威脅，使得二十世紀的經濟關懷也變成政治議題。在這種情況下，當代左派分子公認威權主義、性的壓抑、知識上的精英主義、文化上與心理上的宰制面向，都是阻礙階級發展其意識的主因。

　　第二次世界大戰結束後西方國家普遍性的經濟繁榮，使人群完全綁死在資本主義體制，在群眾無法拋棄其價值與需要時，當然更不可能把反映這種物質價值與需要的社會體系加以拒斥。從而人類要求解放的美夢更難成真。

　　嚴格而言，西方馬克思主義是以批判西方資本主義的體制，也同時抨擊蘇維埃馬克思主義為主的歐陸激進思潮，因此也叫歐洲的馬克思主義。又因為這一派的主張大力指陳馬克思的學說受到黑格爾哲學的重大影響，故又叫黑格爾派的馬克思主義。它不是以一個完整、系統和統一的面目出現，除了法蘭克福學派集合了一些思想家、理論家形成一個小群體之外，其餘的理論家都在不靠政黨支撐，不靠弟子捧場，不靠雜誌宣揚，單打獨鬥地思想表述。

　　在西馬名義下，分別出現佛洛依德的馬克思主義、存在主義的馬克思主義、現象學的馬克思主義、結構主義的馬克思主義、日常生活剖析的馬克思主義、新工人階級的馬克思主義等（徐崇溫 1982；洪鎌德 1988, 1995, 2010b）。

第二十三章　馬克思與當代

第一節　新馬克思主義與後馬克思主義

　　提到馬克思與當代左翼思潮的關係，就不能不首先介紹在 1960 年代末崛起於西方學院和論壇的新馬克思主義（Neo-Marxism，以下簡稱新馬）（洪鎌德 1995b）。嚴格地說，新馬與西馬並沒有什麼重大的不同，其間的分界尤其不很明顯。我們可以⑴時期、⑵地域、⑶主題與⑷方法來分辨這兩者的歧異。基本上，西馬於 1920 年代流行於中歐與南歐；以哲學、文藝、國家機器、文化霸權等上層建築為研究對象；企圖以復活與彰顯黑格爾重歷史、親批判與主辯證的方式，來重新闡釋和建構原始的馬克思學說。至於新馬則為 1960 年代秒至 1980 年代中流行於歐陸、英倫、東歐、北美、日本、印度等地的左派馬克思思潮。在更大的範圍內還包括歐共主義、拉丁美洲解放神學與北非激進的革命策略。它不僅把研究主題放在上層建築的思想、意識闡釋、文化之類的意識形態與其衍生的問題，還特別留意經濟活動、生產方式、階級結構、資本主義的世界體系、新殖民主義、新帝國主義所牽涉的剝削理論與依賴理論。在方法上，除了應用辯證法、歷史法、語言解析法之外，還特重社會科學與生態學所提供的訊息，俾進一步理解人與人之間、人與社會之間、人與自然環境之間，乃至人與其自身之間的關係（洪鎌德 1996: 9）。

　　所謂後馬克思主義（Post-Marxism，簡稱後馬），一名符號學的馬克思主義 (Semiotic Marxism)，則為 1980 年代中，由阿根廷學者拉克勞 (Ernesto Laclau) 和比利時學者穆佛 (Chantal Mouffe) 所主張

的左派學說。在兩人出版的《霸權與社會主義的策略》(1985) 一書中，他們不再強調生產方式的改變以及階級結構的變化可以決定上層建築的說法。反之，由於受到語言分析的影響，他們聲稱社會與經濟形構 (Socio-economic formation) 已為言說的形構 (discursive formation) 所取代。換言之，對他們兩人而言，世上並沒有物質利益之類的東西，只有透過言說 (discourses) 構成的牽涉到物質利益之理念（Laclau and Mouffe 69；洪鎌德 1996a: 59～64，第 4 章）。

拉克勞和穆佛不但以理念、言說取代了物質利益，還把馬克思主義核心的普勞階級的歷史使命與改造世界的特殊角色一筆勾消。他們認為社會主義實現的計畫不是建立在階級對峙與鬥爭。對兩位而言，社會不再分裂為針鋒相對的兩大階級、兩大陣營，而是社會上充斥著各種各樣的敵對、衝突、鬥爭。當代馬克思主義者所當關懷的是廣大被壓迫、被剝削的群眾，像女人、黑人、環保運動者、移民、失業者、消費大眾之類，而不必把焦點只放在工人階級。

過去馬克思要推動共產主義運動來解放人類，但對拉、穆兩位而言，社會主義者不必侈談人類的解放，而是聯合自由主義分子大搞「激進〔基進〕的民主」(radical democracy)。有異於右派民主理論者強調個人的權利，兩氏主張「創造一個新的霸權活動，這是最大量民主鬥爭的結果」(Mouffe 1988: 41)。所謂霸權活動，應是涉及民主價值的活動，也就是使民主的實踐多重化，在社會各種各樣的關係中讓民主的實踐廣化與深化，而成為制度之一環（洪鎌德 1996: 75～77, 99～119）。

第二節　女性主義與歧異的政治

當代激進的思想與運動，無論是新馬克思主義、新左派、歐共主義、解放神學、新社會運動，還是有色人種的民權運動（黑色馬克思主義）、反戰和平運動、綠色環保運動、女性主義、同性戀團體、少數民族、弱勢族群、後現代主義、文化批判、文學批評等，無一不是受到馬克思學說的影響。由是可知，馬克思的陰魂不散，不時遊走於當代的人間。

1950 年代末在資本主義的大本營，首先爆發了民權運動，特別是黑人要求與白人擁有相等的民權與自由，接著反政府、反建制 (establishments) 左翼積極分子，抗議核戰的威脅將導致敵我相互瘋狂的毀滅 (MAD)。接著在 1960 年代則為激進的知識分子與學生捲入反越戰學潮之中。

至此，新左派乃把馬克思主義注入美國政治和知識活動諸領域，讓過去對馬克思主義不感興趣的美國大眾與精英，開始注意這個產生於歐陸，征服俄國、中、韓、越的思想體系。在 1970 年代群眾反政府活動漸趨低潮，主要的原因是他們對外交、種族關係、教育、醫療保險與健保和環境的問題，意見分歧之故。

就在左翼群眾運動退潮之際，女性的解放運動接踵而至。女性主義擁護者開始質疑現代社會對女性不平對待的基本假設。她們集中在兩項事件之上，其一為豐富女性主義和馬克思主義開創性的互動，創造了社會主義的女性主義；其二為從女權運動的意涵去發現當代解放運動牽連的問題，如墮胎合法化，女同志或男同志同性戀的權利的保障，乃至少數種族文化、語言、傳統的衛護，要之，推

行「歧異的政治」(politics of difference)。

在民權、反戰和學生運動中，女性認識到她們是自有傳統以來受迫害和壓榨的一群。在追求社會公平的各種運動中，女性所遭逢的條件完全與男性不能同日而語，因為她們被排除於運動的權力與領導之外，而只能作為男性積極分子的附屬品。有異於勞工、黑人、越南人受僱主、白人、美國人的欺侮，女人的壓迫者是來自於其親密夥伴的戀人、丈夫、父親、同志，亦即更多的個人關係(personal)。因之，女性要求解放，就要倡說「個人的關係也是政治的關係」(the personal is political)。過去對工人與有色人種受壓迫的批判，擴展到對女性壓迫的批判。此外，政治將不限於官廳、工廠、辦公場所，而是凡有宰制之處，不管是公是私的場合，都是政治活動所在（洪鎌德 2010a: 296～357）。

所謂「歧異的政治」是指女人、有色人種、同性戀者、猶太人等不同受迫害的族群或團體，曾經擁有歧異的、不同的經驗與利益。因之，其推動的政治不是同質的政治，不是一致的目標，而是各盡所能、各取所好的政治活動。為此緣故，他（她）們在爭取平等與自由時，不同於馬克思主義者強調階級成分與階級立場。換言之，在他（她）們眼中，社會最後變成兩個主要的敵視和對抗的階級的說法是不正確的。事實上，人們在面對權力者與優勢者的虎視眈眈時，他們絕對不是以階級一分子的身分，而是以不同的生活經驗、文化價值、收入大小、關係好壞的群體之一分子來面對的。在此情形下，不管是女性主義者、少數民族，還是劣勢團體成員，當其企圖組織本身來對抗加在他（她）們身上的不公不平時，他（她）們不會想到馬克思的工人階級，也不會關懷列寧的先鋒政黨，而是企圖聯合各種各樣受壓迫、受欺負的人群與族群，把他（她）們凝聚

為像彩虹那樣充滿五顏六色的聯合陣線 (*ibid.*)。

但由於女性主義者，以及其他種族、弱勢團體等的積極分子彼此意見不合，觀點有異，容忍有限，其所追求的「歧異的政治」，終究無法促成其理想的實現。

第三節 資本主義的變化——壟斷資本主義的出現

十九世紀最後一、二十年間，資本主義有了重大的變化，可用「轉型的維護」(transformative maintenance) 一詞來表示，亦即資本主義隨環境的變遷而轉型，但仍舊維護資本家優勢的地位與權力。馬克思認為資本的累積將導致經濟危機，最終造成資本主義體制的崩潰。事實的發展卻證明資本主義的演進並沒有使它崩潰，而是發展為「轉型的維護」。

與資本主義這種具有堅韌的生命力，歷盡浩劫還能重生的適應力相搭配的是「階級鬥爭的移置」(displacement of class-struggle)，這是指資本與普勞兩大階級的鬥爭逐漸由其他群體（族群、國家、社會階層、兩性等）的衝突所取代。

基本上馬克思對資本主義的抨擊仍屬肯綮正確，亦即社會生產與私人擁有之間存有緊張的，甚至矛盾的關係，這表現在資本主義社會中的景氣循環、經濟衰歇、浪費、戰爭、異化、剝削之上。但無論如何，一般經濟與社會的情況並沒有發展到對整個體制產生政治挑戰的地步。這便造成馬克思後繼者，亦即馬克思主義者大力辯解的原因。

巴藍 (Paul Baran) 與史維齊 (Paul Sweezy) 的 《壟斷資本》(1966)，企圖說明馬克思所處時代的競爭激烈的資本主義，已轉變

為 20 世紀壟斷的資本主義，因之，必須以不同的觀點與理論來詮釋此一新的社會現象。儘管表面上使用的是「壟斷」，事實上討論的對象卻是「寡頭壟斷」(oligopoly)，這是表示先進資本主義國家的經濟主要部門，像運輸、能源、銀行、鋼鐵等，絕大部分為少數龐大的財團、公司所操控。這一結構性的改變，不但影響資本家與資本家之間的關係，也同樣影響資本家與工人的關係。

不但美國的經濟為大公司、大財團所主控，就是世界其他各地的經濟活動，也受到這些財團組成的跨國公司的操縱，因為它們在各國的分公司將該地的人力、原料加以組織、生產，其產品則運銷美國，或其他資本主義國家，賺取重大利潤，其結果造成第三世界經濟的呆滯或「低度發展」(underdevelopment)。

加之，早期競爭的資本主義的矛盾，為投資過多與消費過少所造成的利潤降低；現在的壟斷資本主義的毛病則為很多剩餘無法吸收。換言之，貨品製造價格降低，但出售價格提高，導致滯銷。其結果是利潤又告減少，投資降低，經濟步伐轉慢。有異於早前（1930 年代）世界性的經濟大蕭條，1970 年代以來通貨膨脹（價格上揚）居然與衰歇 (stagnation) 結合成經濟呆滯 (stagflation)。

另外像歐康納 (James O'Connor) 則指出，壟斷資本主義下出現著「雙重的勞工市場」。在主要部門（壟斷的部門）中，由於工會的運作，工人獲得較佳的待遇，包括更高的工資與良好的工作條件，但在次要部門（亦即非壟斷的工廠、公司）中，工人的報酬低，工作條件差。後者無異於早期競爭性的資本主義體制下，工人彼此競爭激烈，跳槽情況嚴重，工人剩餘價值被搾取得很厲害。

雙重勞動市場的出現，配合社會分工（種族、族群、性別等之區分）的細緻，使階級鬥爭變成族群或兩性的敵對、衝突。直至最

近為止，在美國主要勞工來自白人，也是男性，有色人種與女性常
遭排除與歧視。

第四節　國家的角色和政治化的資本主義

第二次世界大戰後，資本主義的另一個特徵，為國家對經濟生
活的大量介入。在壟斷資本主義無法吸收的剩餘，有造成社會動盪
不安之際，國家便出面加以吸收，像軍火的買賣和軍備的開銷，都
是以國家安全為藉口，便利私人財團大發戰爭財。福利措施也是慷
慨公家的財源，滿足財團的牟利，安撫百姓的埋怨，更使勞資關係
趨向和諧。

國家成為經濟活動主要的參與者和資本累積過程的組織者，這
種國家角色的改變創造出政治化的經濟，也形成政治化 (politicized)
的資本主義。在此種體制中，工人不但得到其工作的報酬，也多得
一份國家提供的「社會工資」(social wage)。這包括福利、津貼、失
業補助、醫藥照顧、職前與在職訓練、文藝娛樂獎助等等。國家更
藉研究發展，使大學的研究成就和科學發明提供給工業界應用，從
而減少廠商生產成本，提高生產力、競爭力。國家為特定民生用品
（例如汽車）提供基本措施（造橋、開路），制定信用貸款制度，監
視貨幣供應、發行，提供信貸擔保等等。於是資本家的「合理化」
與政府經濟計畫、政治鬥爭、政治決斷環環相扣，於是政治與經濟
掛鉤的密切，在現時遠勝於資本主義出現的早期。

歐康納便指出，當前先進資本主義國家正陷入資本累積困難與
政府的合法化、正當化的危機兩難中。換言之，先進資本主義國家
一方面要協助資本家繼續獲利，他方面又要讓民眾相信政府施政的

合法與公平。國家為討好百姓必須在福利方面大事開銷，於是國家
財政負擔沉重；他方面為幫助財團營利，不惜以公庫購買貴重但無
用的武器，也使國庫日形空虛，是故在落實這兩方面的政策時，財
政危機便日甚一日（洪鎌德 1995b: 166～168）。

　　哈伯瑪斯認為，由於國家對經濟的介入，以及技術發展的合理
化，「單純」的經濟危機不易爆發，從而馬克思所期待的工人起義也
會落空。至於行政的錯誤和無效率所引發的政治危機，也不會造成
全民的反抗。在此情形下，先進資本主義國家如有任何危機可言，
那就是指正當化 (legitimation) 的危機而已。正當化危機的產生便是
由於人民對整個政經社會體系的不信任，無法接受現存權力、統治、
剝削的關係。這是源之於累積和正當化無法妥協相容的矛盾。一方
面國家宣稱在維護公平與正義的原則，他方面卻對富有者和有產者
偏袒，自然引發公眾的質疑和批評，抨擊的對象及於整個體制。國
家的干涉，集體的協商和壟斷獨佔，顯示社會是靠集體和政治的勢
力形塑的，而非只靠個人的努力和不偏不倚的市場運作。

　　對社會形塑與政經運作有了認識之後，社會生活便可以政治化。
例如 1960 年代一些新價值觀念的產生，便對舊的布爾喬亞的規範產
生挑戰作用，那個年代的新社會運動，並非由個人主義抽象的權利
與相互競爭作為動機來引發的，而是肇因於機會平等的要求和參與
性的民主訴求 (Habermas 1975)。

　　新馬克思主義者近年間的分析認為，資本主義並沒有像馬克思
所預言的走向必然崩潰，它只是有危機的循環和一連串轉型的維護。
為此他們提出 「長波」 (long waves) 與 「累積的社會結構」
(socialstructure of accumulation) 兩個概念來解釋當代資本主義。所謂
的「長波」，是指一個循環為期長達五十年，包括擴張期與衰退期，

每期包含幾個長短不同的景氣循環。

曼德爾 (Ernest Mandel) 在分析資本主義的長波時指出，自 1930 年代以來技術與政治發展造成資本主義的繁榮，能源使用的更新和機器的生產剛好配合著歐洲勞工被法西斯奴役，也與美國推行新政以羈縻工人同時出現。就在歐洲工人組織被法西斯擊碎之際，美國的生產技術與剝削程度提高居然碰巧地同時發生。至於 1960 年代以來以美國為中心的世界性經濟不景氣，不過是長波中的衰歇期。經濟萎縮產生的原因有二，其一為此一經濟體制利用新生產力的本事已消耗殆盡；其二為美國勞資協商中主要勞動部門的政治權力（有組織的工會之權力）之激增 (Mandel 1978; 1980)。

經濟變化的一個長波轉化為另一個長波的過渡期就出現經濟危機。經濟危機不只是經濟蕭條而已。要消除累積的困難，只有靠「累積的社會結構」的轉化。郭敦 (David Gordon) 指出，資本的累積與支持累積的政治與社會架構，有時會陷於鑿枘難容的境界，從而引發經濟發展的長波。累積的社會結構或架構包括宗教、家庭生活、人格型態、勞動的地理分布等，這些是造成利潤和剝削成為可能的所有價值、制度和實踐 (Gordon 1982)。

第五節　世界體系和環球的資本主義

巴藍早在其大作《成長的政治經濟學》(1957) 指稱，資本主義不會侷限於一國之內，成為本國資本家與工人之間的對抗而已，它早已跨越國界造成國與國間、政治實體與另一政治實體之間的權鬥。於是華勒斯坦 (Immanuel Wallerstein) 遂提出世界體系的理論。根據他的說法，早在十六世紀時，一個新的社會型態，也就是世界體系

湧現，開始對世界經濟進行主宰。以西北歐為中心，擴張至北美、
東亞，最後及於非洲，這個資本主義的世界體系，把不同的政治實
體一一兼併在其總體之下，其特徵為：

地理幅員的擴張，勞動控制方法的改進（像償付工資、奴役、役
使），這些都發生在世界經濟不同的產品和不同的地區，以及強盛國
家機器的創造，俾它們在資本主義世界經濟中變成核心國家。
(Wallerstein 37～38)

　　歐洲西北的「核心」國家專搞農業與輸出工業製品，東歐、拉
美及其後的亞非「邊陲」國家，則提供農業原料與被奴役的勞工。
使世界體系能夠運作的關鍵乃是全世界範圍內的通商模式
(Worldwide trading pattern)。這一模式在藉國際生產與交易的分工，
把各地或各國串連起來。每個地區與國度各扮演特殊的經濟角色，
這個角色決定在該地區中勞工如何控制、產品怎樣交換，以及何人
獲取交易的利益。如此利害交結就無所謂資本主義的國度，只有世
界體系的資本主義可言（洪鎌德 1995b: 176～177）。
　　世界體系的理論對馬克思的經濟學說有兩大貢獻。其一，反駁
自由派學者指責第三世界的貧窮，是由於無法學習先進國家的科技
與制度。其實西方的發達與第三世界的落後是一體的兩面，沒有西
方的殖民主義與帝國主義，第三世界應當更富裕更繁榮。其二，粉
碎馬克思主義者誤認資本主義將使各國同質發展，而使世界同質化、
平等化，事實剛好相反，資本主義所到之處不平等也跟著出現，且
驅之不散。階級鬥爭的移置由本國而擴大至國際。工人階級並不支
持他國勞工爭自由爭平等，反而支持本國政府的侵略與霸權政策

(Gottlieb 166～167)。

　　羅斯 (Robert Ross) 與特拉赫特 (Kent Trachte) 提出「環球資本主義」(global capitalism) 的理論，在此新型的資本主義中，跨國公司的國際競爭激烈。受到運輸和通訊的新科技發展之賜，生產可以分散到國外數地進行，而不必集中於本國。由是過去勞工主要部門強大的工會失去其權勢，蓋生產在工資低廉、原料便宜、勞資關係和諧的臺、韓、泰、巴西等地進行。過去由幾個核心國家主控的世界體系，逐漸讓步給跨國或多國公司，這些公司愈來愈不屬於某一國家的監控。這種環球的資本主義不像世界體系視歐美核心國家造成第三世界的落後貧窮。反之，資本主義的新中心像雨後春筍一般，在環球各地（臺、港、韓、星）一一冒出 (Ross and Trachte 1990)。

　　上述二十世紀資本主義的演變與解釋，更加強吾人對政經關係密切的理解。原因是當今經濟發展取決於環球資本、民族國家和不同文化的人民之國際關係。在此一體系中，國家的行動對商貿、信貸、租稅、軍事、科研、發展政策等等影響重大，另一方面國家的行動也反映了本國政治勢力和正當化規範的推移。儘管國家的主要行動者（政府與民眾、資本家與勞工）其行事的動機取決於階級利益，但其行動的社會效果如何卻難決斷。馬克思可以告訴我們，19世紀競爭性資本主義的封閉體系，其行動會產生何種的結果，但現代的馬克思主義者或新馬克思主義者，卻沒有辦法對資本主義的環球化所造成的效果有合適的解釋。

　　鑑於資本主義原始的結構還繼續保留，其特徵為財富的集中，經濟危機的頻生，主要兩大敵對階級利益的針鋒相對。馬克思學說的核心為對資本主義的批判，認為資本主義挫折了人類求發展、求解放的用心與能力，也異化了人類本身的權力。吾人仍活在物質豐

富但心靈貧乏的時代，這些都是馬克思對其時代的批評，而對當代
仍有震聾發聵的作用。

第六節　半世紀以來西方資本主義發展實況

　　隨著東歐的自由化與民主化，以及前蘇聯的解體，資本主義經
濟表面上已征服全球，不少自由派分子，或拋棄社會主義的左翼分
子，開始禮讚資本主義為人類發展的必然歸趨，或視自由民主為人
類未來發展的目標，或揚言意識形態的終結，甚至「歷史的終結」。
但事實的發展顯示，自第二次世界大戰結束以來，西方資本主義正
在走下坡路，並非不斷地上升進步。

　　首先，馬克思所預言的資本主義的發展律繼續發揮作用，也就
是所謂資本的集中和累積的過程不斷在推進。自 1880 年代以來西方
最大合併與買斷 (buyout) 出現在 1990 年代，單單在 1988 年便發生
了四千件買斷案與合併案，金額高達 2450 億美元。在 1990 年代單
單藥廠的合併金額高達 10 億美元以上。

　　其次，工資降低，工時延長，福利減少。以 1989 年美國「生產
工人與非監督工人」 的收入為例，比起全球經濟危機爆發的 1973
年，每週平均收入少了 10%。 1987 年美國工人每年的工作時數比
1969 年多做了 163 小時。東方與西方資本國家的政府為協助資本家
多獲取利潤，不惜讓工人延長工時。像日本工人比英、美工人多
11% 至 13% 的工作時，比德國多了 31% 的工作時。

　　第三，收入與財富的差距益形擴大。1992 年美國居社會上層五
分之一的家庭獲得社會總收入的 51.3%。相對之下社會下層五分之
一的家庭才獲得社會總收入的 6.5%。此外美國最富裕的十分之一家

庭擁有全國 87% 的財富。就全球平均而言，收入與財富的差距更形嚴重。

第四，資本主義國家之間的競爭轉趨激烈。資本國家之間的貿易戰使新古典學派市場關係和諧的理論完全失效。美國在經濟表現差勁之餘，指責日本與歐洲的閉關或保護政策。在柯林頓主政下的美國政府抨擊日本貿易順差大增，並採保護政策來抑制其國內的失業率。一反過去日本的乖順服從，東京的政客態度轉趨強硬，不理會來自華盛頓的壓力。歐洲對美國商貿政策的反感與無力感，如同它對美國外交政策（尤其是處理南斯拉夫內戰）的不滿，也是造成美歐關係緊張的原因。

第五，失業問題嚴重，生產力降低，贏利減退。目前「經濟合作與發展組織」(OECD) 的成員國居然有三千五百萬名的失業人口，其中一千五百萬人已放棄再尋找工作，英、法失業人口超過百分率二位數，德國 1997 年一月的失業人口多達四百六十六萬，失業率高達 12.2%，為六十四年來破紀錄的新高。西班牙失業率高達 20%，東歐後共產主義國家則多達 30%。1992 年日本百貨公司首次發現年銷售量的不升反降。1993 年比起 1992 年，企業經營失敗率增加 22.7%。1994 年上半年日本十一家最大銀行獲利率與前一年相比少掉 18.3%，日本商人與經濟學家預言西元兩千年，日本社會將面臨 10% 的高失業率 (Petras and Polychroniou 99～110)。

從上述各種現象可知，資本主義儘管環球化，甚至侵入到前共產主義統轄的區域，但其敗象畢露，非短期間可以改善。在此一意義下，馬克思對資本主義病症的診斷並非逾時無效。

但自從 1990 年代初「蘇東波」變天之後，不少自由派人士紛紛妄稱東歐與蘇聯的放棄共產主義與擁抱資本主義，表示馬克思主義

的沒落。其實蘇東波的變天，主要的是國家社會主義的衰微（洪鎌德 1996a: 121～140），或稱是 「官僚集體主義」 (bureaucratic collecticism) 的落敗，無法把這一體制及其國家意識形態同馬克思主義劃上等號。剛好相反，國家社會主義或官僚集體主義是對馬克思主義的扭曲與濫用，其必然走上敗亡之途，可由其內在結構上的矛盾與外在勢力（資本主義國家和平演變的策略）的操縱看出端倪。

　　總之，在過去三十多年間廣大的變化發生在東西各國的階級結構、勞動過程、科技運用、意識形態運作，和環球經濟的權爭之中。不管是先進的歐、美、日等資本主義國家，還是東歐、拉美、舊蘇聯或非洲，穩定的支領薪資過活的勞動者，和長期大規模的投資者都只佔全人口的少數，且其數目在減縮變小。至於「後工業」的勞動人口則呈現多種的樣式：在先進資本主義國家報酬低、依靠勞動契約的勞動者其人數日增，同樣的專業人士也為數不少，高科技生產資料由報酬低的工人在生產與分配，但其保持和指揮都操在少數高薪的職員和執行者手中。在第三世界，大量自僱的勞工，以中小企業主的身分進行配銷便宜的產品，他們有時也以生產者的姿態出現。

　　資本密集和勞動密集的相互關係以及其連結，產生了資本生產與投資環球鎖鏈的新策略。資本跨過國界，亦即資本的環球化常導致選擇性的資本投資，特別是投資於廉價勞工的國度。此舉造成本國勞工的失業，工資的降低，或本國社會支付的減少。要之，環球的競爭加劇，使國內的情況亦隨之變壞。

　　以上為馬克思逝世後至今一百三十多年環球的政經、社會、文化、意識變動的大概情形。這一切說明，馬克思的觀念雖然無法直接應用到今日後資本主義時代世界局勢的分析與抨擊之上，但其追求人類解放的用意卻始終影響著未來歷史的走向。

第二十四章　馬克思與未來

第一節　兩種馬克思主義

　　從第二十二與二十三章中，我們理解馬克思逝世後，馬克思主義已為德國社會民主黨的實證主義所篡奪。這個後來走改良路線、選舉路線，和國會路線的正統馬克思主義，一名科學的社會主義，卻遭逢伯恩斯坦修正主義的挑戰。進入二十世紀之後，由於布爾雪維克奪權勝利，在俄國建立了全球號稱以馬克思的理想為立國精神的第一個社會主義，於是形成了蘇維埃的馬克思主義長達七十五年之久的統治。這個包括列寧主義、史達林主義、赫魯雪夫主義、布列希涅夫主義在內，乃是一向為國際共產主義運動尊崇為馬列主義者，也隨 1990 年蘇聯的瓦解而成為明日黃花。與蘇維埃馬克思主義相抗衡的，則為出現在歐洲的西方馬克思主義。這一主義在歷經第二次世界大戰，受到法西斯主義迫害，流亡新大陸之後，於 1960 年代達到發展的高潮。隨之在西方世界出現為新馬克思主義，以及 1980 年代中期之後盛行的後馬克思主義。至此，馬克思主義可謂派別繁多、解釋紛紜，偏離馬克思原來的教訓、精義與本質。

　　不過嚴格地說，馬克思學說的本質和精神並非完全統一，也不可以視為一體。早在西馬出現之前有些學者就發現馬克思學說中有批判的、革命的、改變現狀的成分，同時也有闡釋、改良與說明世界的成分。直到西馬倡說馬克思對人主體性、能動性的觀點之後，於是以講究主體，重視實踐，強調人對歷史創造的批判性馬克思主義更形突出。反之，講究客體經濟發展，重視社會變遷律，亦即宣

揚科學的社會主義則完全為官方的蘇維埃馬克思主義，以及中國、韓、越等第三世界的馬克思主義所承襲。要之，誠如古德納 (Alvin Gouldner, 1920～1981) 所說，馬克思本人的學說就是上述兩個（批判的與科學的）馬克思主義的起源 (Gouldner 1980)。

　　馬克思學說的最大問題為他一方面強調人是歷史的創造者，是典章制度的設計者；但另一方面又強調人所設計的政經社會制度，不依人的意志，而自具生命，自行發展，最終回過頭來束縛宰制人類。換言之，人所生活的社會，其變遷遵循著自然的規律，不以個人的意志而轉移。是故分析社會，必須使用類同自然科學那樣精密、客觀，不帶個人好惡之情的科學方法。把人的意志與社會發展截然分開之後，馬克思彷彿忘記社會結構（典章制度、運作過程）乃是人行動的結果。套用當代社會學思想家紀登士 (Anthony Giddens) 的說法，是把結構和行動截然兩分，殊不知結構乃是行動沉澱的結晶，行動受到結構的約束，但也受到結構所提供的方便才能展開（洪鎌德 1997; 2013: 305～314）。

　　顯然，馬克思的基本瑕疵在於把人類解釋為經濟人，以人的物質生活來探究人活在世上的意義。殊不知社會固然是人的物質活動所形塑的（亦即他所津津樂道的生產關係、財產關係所構成的），社會也是對自己、對別人、對外在的環境（社會和自然）的看法、想法、意願、信任來形成的。儘管主觀的心意可能受客觀經濟活動的規律的影響，但後者之能夠發揮規範作用，也是由於前者（主觀心意）肯配合、肯接受的緣故。如果沒有人主觀求變的精神，則馬克思要求個人自我轉變，要求個人由自變而改變周遭環境的主張，便完全落空（洪鎌德 2010b: 255～256; 2014: 23～24）。

　　更何況，馬克思經濟範疇中的生產方式，似乎獨立自足，自具

生命，形成社會結構，完全由外頭來主宰人的行動。這種幾近經濟決定論雖經馬克思一再否認，但也在其著作中屢次宣示：因為他強調生產方式在遵循鐵律之下，由低層次演展為高層次的情況。這些發展律界定著過去，指揮著當前，保證著未來，這些發展律是以其「鐵的必然性導向無可避免的結果」(*C* I: 8)。

不但經濟生活和社會型態的變化遵循這些鐵律在發展，馬克思還揚言：藉著對此鐵律的科學理解，也就是靠著對現代經濟的分析，我們可以瞭解與預測未來整個的社會結構。柏波爾 (Karl R. Popper, 1902～1995) 因此抨擊馬克思採歷史投射論（historicism，歷史趨勢主義）。所謂歷史投射論就是對過去歷史的發展，找出其演變軌跡中的典例、類型、律則，而將它投射至未來，以為鑑往可以知今，過去的規律可以應用到未來的預測之上 (Popper 1966: 199ff.)。

可是馬克思所謂的經濟演變的律則，像利潤率的降低、工業後備軍的出現、階級的兩極化、財產的累積與集中和景氣危機的趨向嚴重性等等，被證明為錯誤的判斷與預測 (Little 3; Gottheil 192～200)。

這種在龐雜的過去變化當中，尋找與歸納其演變的路數、傾向，俾為未來的發展方向做出預測，賦予歷史以意義的作法，固然為馬克思斥為「歷史哲學」。但馬克思對過去與現在的不滿，以及對未來的樂觀，卻使其歷史哲學沾染更多神話的色彩，尤其他對人類的解放之追求，與宗教中人靈魂拯救的末世說 (eschatology) 無多少的分別。塔克爾 (Robert C. Tucker) 遂強調馬克思學說的神話意涵。換言之，馬克思雖口口聲聲反對宗教、批判宗教，其學說中人的解放的理念無異為基督教淑世論的翻版（Tucker 1961: 23～27；洪鎌德 1983: 99～102; 2010b: 346～349, 369～372）。

　　有人批評馬克思主義不啻為世俗化的宗教。他所宣揚的生產方式的演變在於表述歷史的必然力量，亦即靠馬克思主義來理解這種必然的歷史勢力。人的生活乃是被迫的、朝一定的目標發展的一種成長，其目的在使人類自我實現，俾未來黃金時代的人類免除束縛、壓迫、異化和剝削的痛苦。馬克思主義者便是陪伴人類抵達這個美好仙境的導遊，而馬克思成為宣告來世天堂的先知 (Gottlieb 41)。

　　馬克思本身另一項錯誤，為堅持人類在不斷改善生產資料的同時，促成科技不停的進步。像他所說：「手紡織機工坊給你一個擁有地主的社會，蒸汽機工廠則給你一個工業資本家的社會」 (*CW* 6: 166)。這種說法顯示他對科技工藝的崇拜。不錯，是人類首先創造器物文明，然後社會型態才會跟著改變，這也符合馬克思所言，人類是創造自己、改變自己的動物。不過這種說法的過度強調，乃至誇大、扭曲，會造成一種錯誤的看法，認為科學技術、工藝、知識等等人類的物質力量是帶動人類進步的力量，而忘記這些工藝、技術、科學、知識等乃是人類所發明所創造的，更何況不當忘記人類的快樂、幸福、和諧、道德等建立在人際之間的感情、精神方面力量的重要。這無異說人類 IQ 的精進固然是文明進步的標誌，但除了 IQ 之外，人的 EQ 方面的成熟是建立人我和諧、大家歡樂、世界和平的不可或缺的因素。

第二節　馬克思主義實證化與科學化的弊端

　　在馬克思從青年轉入成年的比京流亡年代，由於當時自然科學有重大的突破與貢獻，加上其後達爾文和赫克爾 (Ernst Haekel, 1839～1919) 的物競天擇、優勝劣敗之天演學說和進化論盛行，整

個社會科學界也以模仿自然科學界之研究方法，企圖為社會眾生相作客觀、嚴謹、不帶價值、不偏不倚的考察與探究。於是「科學的」、「合理的」敘述和分析，成為學者相互標榜、競相追逐的治學方式。他們不以解釋表面現象為滿足，而企圖以自然科學的原理來為社會現象的變化找出概括化的通則，是以發現社會的深層結構成為學者揚名立萬的捷徑（洪鎌德 2009: 24～29）。馬克思聲稱發現資本主義隱藏的祕密，更聲稱發現了資本主義發展內存的矛盾律。

　　不要說社會科學家可以發現社會變遷的規律，就是自然科學家所發現的自然規律，也不過是歷代學者的假設、典範、趨勢等等的功能而已，他們對自然的瞭解還是相當有限。更何況自然科學家也是文化和階級的一分子，有些自然科學（心理學、人種學、體質人類學等等）其觀點也常受社會出身的影響，其研究方法也不是絕對的客觀與價值中立，特別是當自然科學的研究與實用的科技掛鉤時，其不偏不倚的科學態度，便受到相當的質疑 (Bernstein 1978; 1983)。

　　這種盲信科學萬能的實證論的馬克思主義犯了一個重大的錯誤，就是把人類與物理客體視為相同之物，不知他們之間的分辨，其結果也連同把社會科學與自然科學混為一談。自然科學所分析的物理界的研究對象，無論是天體行星，還是飛禽走獸，都不必考慮它們有無意志、有無心思、有無定見。但社會生活中的個人或集體，卻是含有思想、觀念、欲望、意向以及行動能力的活生生之人群。

　　社會生活是由人群所組成，由人群所思、所欲、所信來構成的。人類經驗了社會的生活，從生活中學習，因之也在生活過程中不斷修改他們對社會的理解與要求。像私產制度的存在，政治統轄的存在，都是在相當漫長的時間中，人群對它的接受（當然也有人不接受，而企圖加以改變）。人群雖然可以分成創造典章制度的人與接受

典章制度的人兩大類。但由於教養、社會化、習慣、傳統等的作用，這些典章制度都內化於每個人的心中，成為其人格結構不可或缺的一部分。換言之，典章制度是由於人群行動的反覆進行與人際關係的再生產（重複履行），而成為社會的結構。因之，我們的社會世界的實在（實相）是我們對業已存在的物消極的接受，或是約定俗成的默認，或是積極的參與而塑造出來的。我們把自己當成資本家或是勞動者，固然是視我們是否擁有生產資料而定，亦即是否擁有可供投資押注的私產這類客觀事實而定，但另一方面也是我們對社會角色的認定與接受（洪鎌德 1998a: 20～31）。

在這種說法下，人類的意識並不是生產方式的結果，而是生產方式的一部分。吾人的信念、欲望和價值，不能視為與影響吾人社會關係分開的決定性因素，因為我們的理念並非無端地由腦海中湧現，而是由社會產生的，也同時在塑造社會、生產社會。實證論的馬克思主義企圖把社會實在和人類的意識作一刀切，硬性加以分成兩截。殊不知社會結構乃為人類心智的產品、意識的產品。

正如我們在本書第二部所指出，馬克思所指的物質，不只是衣食住行滿足我們民生所需的物質的生產、流通、分配、消耗而已，有時也是他所說當理論掌握群眾時，亦即牽涉到群眾有意識的集體活動，是即社會勞動。這種集體勞動有時或不免為個別的行動者所理解或誤解，但就長期發展而言，介入於社會勞動的人群早晚要理解，也要控制這種集體活動。因之，當人類的理解和經驗有所改變時，那麼過去社會生活的「律則」、「趨向」、「典例」就變成了舊習慣、舊實踐的一部分。由是世上不存在什麼超越時空的規律、法則，這就是社會生活大異於自然生活之處。因之，馬克思主義不可能成為「科學」（Gottlieb 44；洪鎌德 2010b: 362～369）。

　　以具體的詞彙來說明，資本主義的發展是受著其歷史發展律的
規範。但這種規律的操作有一天要宣告失效，那是當社會行動者（特
別是普勞階級）醒覺，而改變資本主義的社會秩序之日。今日的資
本主義和昨天的資本主義不同，這不是由於規範昨天與規範今天的
資本主義之機械性規律有所不同的緣故。其不同乃是參與到資本主
義運行中的資本家、勞工、政治家、官僚、知識分子等等主觀上對
兩種資本主義經驗的不同，而在相互協商、相互讓步，或威脅利誘
下，達成轉型的共識，而加以更改的緣故。

　　一個活生生的例子，說明不存在著什麼超越時空的資本主義發
展律。像 1930 年代全球性的大蕭條爆發之後，主要的資本主義國家
都受到牽連，有大量的失業、貧窮與工廠關門、企業崩潰的產生。
但不同國家的政治人物、知識分子、勞資雙方，都各自發展不同的
策略來改變其社會。結果不同的資本主義樣式紛紛出籠，主要的是
受政府的經濟角色與勞工的政治力量的影響。這時在美國出現了「新
政」，在歐陸出現了法西斯主義，在英國則出現了自由派色彩的福利
政策。可以說沒有任何一組的發展律能夠及時預測資本主義的轉型，
尤其是美、英、歐的不同轉變。

　　馬克思唯物史觀的另一項缺失，就是無法看出重大歷史事件的
具有重大的意義。蓋重大歷史事件的意義完全是由人們所賦與、所
解釋的，而絕對不是生產方式發揮作用的結果。例如經濟改變（蕭
條）的社會意義是由主要階級的意識和政治組織、政治力量來決定
的。儘管馬克思不否認人的行為源之於其想法與願望，人不是自動
機器，人懂得藉政治鬥爭來贏取其目標，但他帶有強烈實證論的唯
物史觀，卻強調人類未來的理解與未來的願望取決於生產方式，因
為這些理解與願望為生產方式的產品。這種抽象與概括化的說明並

不足以具體指出未來改變的真面貌，而只能像馬克思所言，隨著經濟的蕭條，大規模的災難、壓迫、奴役、誣衊、剝削接踵而至，最終挑起勞工群眾的反叛，群眾在有紀律、有組織之下把資本主義體制推翻，「剝削者終被剝削」(*C* III: 763)。

這種對普勞階級揭竿而起的反叛，作為政治宣傳或者有其鼓舞作用，作為「科學」的預測，則離事實甚遠。

第三節　馬克思主義的過時失效

馬克思曾經在〈費爾巴哈題綱〉第二條強調，人類思想是否具有客觀的真理，不是一個理論的問題，而是一個實踐的問題。人必須證明真理，證明在實踐中其思想的現實與權力，也就是其思想的此岸性（在現世之內）(*CW* 5: 6)。換句話說，一向強調理論與實踐合一的馬克思，絕對不允許其理論與現實應用分家，這就是我們常聽到的，「實踐是檢驗客觀真理的標準」這句話的源頭。

但是我們如果回顧《共產黨宣言》發表至今的這一個半世紀以來，馬克思的理論固然曾經付諸實踐，成為統治俄羅斯七十五年和東歐四十五年的意識形態，但這個實踐至今卻證明徹底的失敗。加上目睹中國、北韓、越南、古巴改革開放與擁抱資本主義，則另一個實踐也證明馬克思的思想正遭受空前的嚴峻考驗。在這種情形下，謂馬克思主義業已過時，似乎並不為過，因為這種說法並不等於說馬克思主義已經完蛋、已經死亡了。換言之，不再作為革命運動的理論，馬克思主義只能算是「從資本主義轉型到社會主義的計畫」(project of transformation from capitalism to socialism) 而已 (Aronson 40～42)。

　　在過去一個半世紀中，馬克思主義確實能夠把理論與實踐結合為一體，成為改變社會、創造歷史的一大勢力，亦即造成階級的運動，形成重要的政黨（社民黨、共產黨、社會黨……），進行社會革命或國家革命，創造社會主義的國家和引發激進的運動等等。但這林林總總的實踐，難道可以稱得上階級鬥爭？稱得上威脅資本主義的鬥爭？

　　的確，馬克思主義吸收了很多的革命經驗，激發了很多的運動，也建立了不少的政權，但不論它走的是議會路線，是暴力革命路線，至今為止尚未創造過取代資本主義有效的經濟制度，或比西方自由民主更富有民主精神、草根精神的政治制度。在所有馬克思主義者，或接近馬克思社會民主理念的實驗中，要推北歐的社會主義，最能使人們在資本主義體制下過著較為穩定與符合人性的生活，但北歐的資本主義並沒有被推翻，反而更穩健地在政治與意識形態上高高在上進行優勢的統攝。

　　作為立基於理論與實踐合一的社會轉變的計畫，馬克思主義不僅在說明實在，還要為實在的改變提供理論與實踐的指導。可是一百五十年來實踐的歷史事實證明，馬克思主義所作的努力並沒有使這套意識形態、革命策略、建國藍圖，更接近其所高懸的目標——社會主義，反而離社會主義的終極理想愈來愈遠，這豈不否定了馬克思主義是真理化身的自我標榜？

　　不要說社會主義落實的希望愈來愈渺茫，愈來愈遙遠，連馬克思所要喚醒的普勞意識也嚴重縮水。今日世上普勞階級的數目只有減少而未見增多，而其追求本身、家庭利益的心思勝於作為一個階級的團結意識。因之，今天如有人對馬克思主義還忠心耿耿的話，那大概是出於個人的、身分的承諾，而很少是集體的、階級的覺悟。

換言之，把對馬克思主義的忠誠和承諾轉化為主觀的、道德的、情緒的、規範性的承諾，而非對世界歷史過程必然走向的信任和追求。馬克思本身對這個世界史的過程分析詳盡，也信心滿滿，自認為追求這一過程及其結果，必然是社會主義的實現。馬克思可以如此樂觀，如今我們卻必須有所保留。更何況世界史的過程與結果並沒有依照馬克思的想法在進行，這意味歷史趨向與革命目標愈離愈遠，這也是通稱的馬克思主義危機的出現。

把馬克思主義視為科學與行動的結合，就只有靠歷史來證明這種結合是可能還是不可能。現在一百五十年歷史的變化證明這種結合不可能。反之，如果把馬克思主義看成為經濟的分析和階級鬥爭的研究，作為一套知識體系，一個歷史的理論，其目的在鼓舞武裝暴動，推翻資本體制，那麼它知識的力量便與政治勢力不容分開，而這兩者要能夠結合在一起，就得靠對歷史的方向有信心。在這種情形下，馬克思主義的計畫乃是哲學、歷史、經濟和政治因素的統一。從此一計畫中拔掉任何一項因素，都會使馬克思主義變成四不像的東西。不幸的是，當今的歷史發展就要打破馬克思主義各種因素的結合與統一。一旦馬克思主義的實踐落空，亦即馬克思主義者的行動無法使上述各種因素保持一致連貫，則其理論便與實踐脫離，馬克思主義也失去其本質與面目。

理論與實踐無法統一，還衍生另一個問題，是否歷史能夠在沒有人類意志干涉之下產生了預先期望的改變？或者沒有理論的分析和預測，人類的意志有其廣闊的空間與非凡的能力可以改變歷史實在？換句話說，究竟是「宿命論」(fatalism)，還是「意願論」(voluntarism) 佔了上風？

從馬克思早期著作的強調主體性和理論的積極角色來觀察，意

願論是青年馬克思所重視的，但隨著年歲漸增，成熟的馬克思把重點擺在客觀的機制——資本主義的現實發展——之上。不過平情而論，馬克思雖然強調了革命的必然性和資本主義崩潰的無可避免性，他不會讓普勞階級只依靠資本主義發展律的運作，而不採取暴力行動以推翻資本主義，事實上他對這些律則的有效運用，最終還是得靠個人願意採取行動，這一點是充分被理解的 (Lobkowicz 376)。

　　把馬克思主義視為一套革命的社會轉變的計畫，可以解釋它既是一套知識體系，一個歷史理論，也是一種鼓舞群眾推翻其壓迫者、尋求解放的政治呼籲。這是指在歷史某一階段上人類有意識，也有意向的活動。它企圖統一群眾和動員群眾去改變其存活的社會秩序，為了使群眾自由地和集體地推翻其壓迫者，這套知識體系必須既能解釋世界的生成變化，又能夠激發個人採取行動，俾瞭解現狀的不公不平，同時又能指示人類未來的走向，提供解放的美景，並以現實主義的手法來追求一個真實的烏托邦之實現。要之，馬克思的計畫包含對布爾喬亞社會解剖的科學理論，也包括刺激勞工階級造反，使其創造新的烏托邦的信心、勇氣和希望。因之，馬克思主義乃是鎔鑄對歷史、社會未來的看法為一個完整的觀點，並以普勞階級之名目把其行動與科學合成一體。

　　馬克思的計畫是一個獨一無二，非常有利，也令人信服的計畫，一個能夠完整地把理論與實踐加以結合的單一計畫。它為人類提供歷史的意義、人類追求的本質、道德衝突的根源、解決問題的手段、正邪之分辨，和何種途徑個人要加以選擇等等。把社會學、經濟學、歷史哲學、倫理學、本體論、政治理論熔為一爐，最終化為革命實踐。這個完整的計畫，不能沒有預言，不能沒有神話的創造，不能沒有淑世論、終世論，不能沒有對現實的科學研究與嚴謹分析。把

馬克思主義視為科學，可以理解何以它本身包含那麼多的混亂、矛盾、前後不連貫與緊張關係。這也可以解釋何以馬克思主義最堅強有用之處，也正是它最貧弱無力之處的緣由。

作為計畫的馬克思主義卻嫌過時、陳舊。這是由於資本主義和工人階級的結構俱發生變化的緣故。由於資本主義結構的轉變，馬克思理論中心的勞動之性質也有所改變，跟著工人階級的性質和存在也發生轉變。於是下列幾個主題隨之與時代的轉變無法符合：

⑴工人階級愈來愈貧窮的說法完全落空。這是由於工會的爭取、國家的介入，和科技的發達促成生產力提昇，在大量生產與大量消費之下，工人收入改善之故。

⑵階級的結構並沒有發展為兩大敵峙階級之針鋒相對與兩極化。反之，處於資產與工人兩大階級陣營之間的各種中間階層不斷滋生擴大。

⑶勞動過程之分化與精緻化，造成從事工業的人數減少，工業從業者重要性降低，低技術需要降低和勞動者無法團結而更為零碎化，其結果造成工人對生產過程無法控制。

⑷工人勞動階級之縮小，使其在總勞動人口中只佔四分之一，從而遠離馬克思所期待的勞工成為社會革命力量主力之想法與願望。換言之，「新工人」既缺乏階級意識，也不參與階級鬥爭。

⑸工人逐漸拋棄工人的稱呼，也拒絕工人的認同。工作性質與場所的劇變重塑工人與工會的關係。現代社會複雜的居住、社會、消費、休閒關係，取代傳統的僱傭關係，造成工人身分與認同的混亂與淡化。

這些改變的累積之說法，便是認為馬克思的學說過時。這也是何以1960年代以來，西方激進的運動與團體必須以女性、少數民

族、環境，或和平為訴求的目標，而無法再以馬克思的剝削理論作為革命號召的緣由 (Aronson 56～58)。

第四節 馬克思與烏托邦

從過去的歷史和現在的實狀，我們發現馬克思的學說與事實都有很大的出入，這是不是說馬克思主義已經失時、落伍，而應該被拋棄、被遺忘呢？可是世上至少還有四分之一的人口，仍要把馬克思的教訓當作日常口誦心惟的經典來學習。還有先進資本主義社會的學院與知識分子的論壇，爭辯馬克思的思想對人類的貢獻，或是企圖不以馬克思的名義而進行激進的理論的營構。更有第三世界的思想家、教育家、理論家緊抱馬克思的大腿不放，認為他的遺言是這些新興國家擺脫帝國主義，通往民族解放的大門之鑰。

在這種情況下，認為馬克思的理論不具社會的重要性 (social relevance) 顯然是違心之論。再說儘管資本主義體制經歷了重大的變化，但當代人類在資本主義控制下，物質主義、拜金主義、功利主義越發猖獗，心為物役的現象到處充斥。在消費主義、拜物教盛行下，人類的異化、物化更為嚴重。資本主義為人類帶來物質享受，也帶來心靈空虛。在此情形下，唯一足以有效對抗資本主義物慾氾濫的中流砥柱，捨馬克思主義之外，再也沒有任何其他更有力、更有辦法的替代方案或選擇 (alternative)。是故輕視和忽視馬克思及其學說的重要性是一種短視的作法。

馬克思的學說便成為提供人類未來走向的希望之源泉，儘管它的本質不再是科學的，而是空想的，不再是事實的趨勢，而是一種新型的烏托邦。恩格斯曾比較馬克思之前與馬克思之後的社會主義，

前者為空想的社會主義，後者為科學的社會主義，他主張社會主義應由空想走向科學。但今天人類所需的社會主義不可能為恩格斯心目中科學的社會主義之馬克思主義。因之，與其強調走向科學的社會主義，我們毋寧樂意見到由科學的社會主義返歸空想的社會主義，亦即把馬克思主義當作烏托邦的理念來追求，也讓馬克思的學說為未來的世界提供烏托邦的理想（洪鎌德 2010b: 369～372）。

馬克思主義的希望既是現代的，也是前現代的 (premodern)；既是現世的，也是宗教的；既是科學的，也是預言式的。它的希望是幾種因素的混合，譬如說它擁有一個預言式和烏托邦式的觀點，主要在預言普勞階級將在工業社會中扮演重大的角色。正因為普勞階級是工業社會中人數最多、受苦最深的階級，是被踐踏排斥的階級，是在社會之外的一股力量。因之它會在大革命中奪取政權，把社會轉型為無階級、無剝削、無異化的新社會。這便是馬克思主義把希望寄託在普勞階級的原因。因為寄望於普勞階級，遂也寄望於集體行動。這個希望還根植於對資本主義的科學理解，包括理解資本主義必因危機重重而走上崩潰之途。由是理性與進步結合在一起的幻想，便是馬克思主義希望之所在。然其結果導致這一希望之落空，也是馬克思主義作為人類解放的期待之受挫（洪鎌德 2014：第 7 章）。

不只在預言資本主義的必然崩潰或被推翻方面，馬克思的未來偉景 (vision) 帶有濃厚的空想色彩，就是他企圖建立的無國家、無階級、無市場與無商品生產的未來之社群或稱共同體 (*Gemeinwesen*; community)，也是一個烏托邦。這種馬克思理想的共產主義社會中，是以克服人類的物質匱乏，而達到物質富裕的自由王國，是無剝削、無異化，不需藉法律、公道、正義來規範人類行為的完美境界。在此理想社會中，人類達到人性復歸、人格圓滿的

地步，而成為真人 (*eigentlicher Mensch*; authentic man) 與完人，亦即揚棄私人利益，而讓別人分享個人勞動成果的社會人。這種新人類的產生是否一旦新的社群建立即變為可能，實在值得商榷。其含有濃厚烏托邦與玄想的色彩也就不難理解（洪鎌德 1996c: 71～79）。

　　無論如何，不管是東方或西方的馬克思主義者，在檢討蘇東波變天以及中、韓、越共黨的改革開放，重新擁抱資本主義，大搞社會主義的商品經濟與市場經濟之後，若欲重估馬克思主義對未來的人類有所貢獻的話，那就要面對現實，認真檢討這套科學的社會主義失敗的原因，更要思考這個失敗及意涵對馬克思主義全體有多大的衝擊與意義 (Zhang Longxi 72～73)。是故從科學的社會主義挑出馬克思對未來社會的憧憬是有必要的（洪鎌德 2014: 351～358）。

　　作為貧民窟與知識分子聯合的反對聲音的馬克思主義，隨著 1968 年「巴黎五月風暴」與西方反戰示威大規模學運失敗後，似乎不再能夠扮演反對派或革命派意識形態的角色。不過作為西方批判哲學的導向，馬克思主義還是大有可為，但必須去除恩格斯、考茨基、史達林所禮讚的科學性格，不再以政治經濟學的「科學觀點」來看待馬克思的學說（Zhang Longxi, *ibid.*, 73；洪鎌德 *ibid.*）。

　　在面對整個東方共產主義失敗，而人類將跨入新世紀門檻之時，馬克思所說的話並非句句真理，無懈可擊。不過他對人類歷史結束後出現的未來烏托邦之展望，卻是振奮人心，提供美夢的希望之泉源。誠如塔克爾所言，「對我們現世而言，最大而持久的重要意義，以及極具關連的意味，是馬克思這部分的看法，也即他對烏托邦的看法。這部分我們不妨稱為他的『未來學』(futurology)」（Tucker 1968: 162；洪鎌德 2010b: 373～375; 2014: 351～355）。

　　在很大的程度裡，不僅是馬克思，就是他當代的後繼者像盧卡

奇、卜洛赫 (Ernst Bloch, 1885～1977)、馬孤哲和詹明信 (Frederic Jameson)，都模仿馬克思企圖恢復烏托邦的想法❶。要之，追求一個更為真實更富人道的社群，而非科學的、受外面規範決定制約的社會，是馬克思烏托邦思想鼓舞 21 世紀人類動力之源 （Zhang Longxi, *ibid.*, 74～75；洪鎌德 *ibid.*）。

---

❶ 卜洛赫撰有《希望的原則》(*Das Prinzip Hoffnung*, 1954)，馬孤哲則撰有《理性與革命》(1941) 和《愛慾與文明》(1955)，詹明信撰述《政治的無意識》(1981)，都是嚮往烏托邦的作品。

參考書目

馬克思著作德文原著

Marx, Karl

1843 *Rheinische Zeitung*（簡稱 *RZ*，附年月日）

1974 *Grundrisse der Kritik der politischen Ökonomie* (Rohentwurf) *1857～1858*, Berlin: Dietz（簡稱 *Grundrisse*）.

1981 *Frühe Schriften* （簡稱 *FS*）, Zwei Bände, hrsg. Hans-Joachim Lieber und Peter Furth, Darmstadt: Buchgemeinschaft.

馬克思著作英譯

Marx, Karl

1954 *Capital*, vol. I（簡稱 *C* I）, Moscow: Progress Publishers.

1956 *Capital*, vol. II（簡稱 *C* II）, Moscow: Progress Publishers.

1959 *Capital*, vol. III（簡稱 *C* III）, Moscow: Progress Publishers.

1967 *Writings of the Young Marx* （簡稱 *WYM*）, Loyd D. Easton and Kurt H. Guddat (ed.), New York: Doubleday & Co.

1968 *Theory of Surplus Value*（簡稱 *TSV*）, vol. II, Moscow: Progress Publishers, 2nd printing, 1975.

1970 *Critique of Hegel's Philosophy of Right*, Joseph O'Malley (ed.), Cambridge: Cambridge University Press.

1973 *Grundrisse, Foundations of the Critique of Political Economy* （簡稱 *G*）, trans., M. Nicolaus, Harmondsworth, Middlesex: Pelican.

1975 *Early Writings*（簡稱 *EW*）, Harmondsworth, Middlesex: Penguin Books.

馬、恩著作英譯

Marx, Karl and Frederick Engels

1953   *On Britain*, London: Lawrence and Wishart.

1955   *Selected Correspondence*（簡稱 *SC*，附頁數）, Moscow: Progress Publishers.

1968   *Selected Works*（簡稱 *SW*，附卷頁數）, New York: International Publishers.

1971   *Writings on the Paris Commune*, Hal Draper (ed.), New York: Monthly Review Press.

1975   *Collected Works*（簡稱 *CW*，附卷頁數）, Moscow: Progress Publishers.

其他外文著作與譯作

Althusser, Louis

1969   *For Marx*, London: Allen Lane, 1st ed., 1965.

1977   *For Marx*, trans., B. R. Brewster, London: NLB.

Arendt, Hannah

1958   *The Human Condition*, Garden City: Doubleday Anchor.

1961   *Between Past and Future*, New York: Viking.

1963   *On Revolution*, New York: Viking.

Aronson, Ronald

1995   *After Marxism*, New York: Guilford Press.

Avineri, Shlomo

1968   *The Social and Political Thought of Karl Marx*, Cambridge: Cambridge University Press.

Barbalet, J. M.

1983   *Marx's Construction of Social Theory*, London *et al.*: Routledge & Kegan Paul.

Barion, Jakob

1970   *Hegel und Marxistische Staatslehre*, Bonn: H. Bouvier und Co. Verlag.

Berlin, Isaih

1963　*Karl Marx: His Life and Environment*, Oxford *et al.*: Oxford University Press.

Bernstein, Richard

1978　*The Restructuring of Social and Political Theory*, Philadelphia: University of Pennsylvania Press.

1983　*Beyond Objectivism and Relativism: Science, Hermeneutics, and Praxis*, Philadelphia: University of Pennsylvania Press.

Bhaskar, Roy

1991a　"Materialism," in Bottomore (ed.), *A Dictionary of Marxist Thought, op. cit.*, pp. 369~373.

1991b　"Dialectics," in Bottomore (ed.), *A Dictionary of Marxist Thought, op. cit.*, pp. 143~150.

Bloom, Solomon F.

1946　"The 'Withering Away' of the State," *Journal of the History of Ideas*, VIII(1): 113~121.

Blumenberg, Werner

1962　*Karl Marx in Selbstzeugnissen und Dokumenten*, Reinbek bei Hamburg: Rowohlt-Verlag.

Bottigelli, Emile

1962　"Presentation," in Karl Marx, *Manuscripts de 1844*, Paris: Editions Sociales, p. lxix; English translation see Mandel, Ernest, 1971, *The Formation of the Economic Thought of Karl Marx*, New York & London: Monthly Review Press.

Bottomore, Tom (ed.)

1991　*A Dictionary of Marxist Thought*, Oxford: Blackwell, 2nd revised ed., 1st ed., 1983.

Callinicos, Alex

1983　*The Revolutionary Ideas of Marx*, London: Bookmarks.

Chamberlain, Gary L.

1963　"The Man Marx Made," *Science and Society*, 27(2): 316～320.

Chang, Sherman H. M.（張學勉）

1931　*The Marxisn Theory of the State* (dissertation), Philadelphia.

Chiang, Hsin Li（姜新立）

1995　"The Structuralist Idea of the State in Marx and Engels," *The Journal of National Chengchih University*, 71: 273～303.

Cohen, G. A.

1974～75　"Karl Marx's Dialectic of Labour," *Philosophy and Public Affairs*, 3: 235～261.

1978　*Karl Marx's Theory of History: A Defense*, Oxford: Oxford University Press.

Draper, Hal

1970　"The Death of the State in Marx and Engels," *The Socialist Register*, 281～307.

Duncan, Graeme

1982　"The Marxist Theory of the State," G. H. R. Parkinson (ed.), *Marx and Marxism*, Cambridge: Cambridge University Press, pp. 129～143.

Easton, David

1965　*A Framework for Political Analysis*, Englewood Cliffs, N.J.: McGraw-Hill.

Elster, Jon

1985　*Making Sense of Marx*, Cambridge: Cambridge University Press.

Fernbach, David (ed.)

1974　*The First International and After*, New York: Vintage.

Fetscher, Iring

1971　*Von Marx zur Sowjet-Ideologie*, Frankfurt a.M. *et al.*: Verlag Moritz

Diesterweg.

1973　"Karl Marx on Human Nature," *Social Research*, 40(3): 443〜467.

1991　"The Development of Marxism," in Tom Bottomore (ed.), 1991, *A Dictionary of Marxist Thought*, Oxford: Blackwell, 2nd revised ed., 1st ed., 1983, pp. 347〜349.

Fischer, Ernst and Franz Marek

1971　*The Essential Marx*, tran S., Anna Bostock, New York: Herder and Herder.

Frankel, Boris

1978　*Marxian Theories of the State: A Critique of Orthodoxy*, Melbourne: Arena Publications Association.

Freedman, Robert

1990　*The Marxist System: Economic, Political, and Social Perspectives*, Chatham, NJ: Chatham House Publishers.

Gramsci, Antonio

1971　*Selections from the Prison Notebooks*, New York: International Publishers.

Gordon, David, Richard Edwards, and Michael Reich

1982　*Segmented Work, Divided Workers*, Cambridge: Cambridge University Press.

Gottheil, Fred M.

1966　*Marx's Economic Predictions*, Evanston, IL: University of Illinois Press.

Gottlieb, Rogers S.

1992　*Marxism 1844〜1990: Origins, Betrayal, Rebirth*, New York & London: Routledge.

Gouldner, Alvin W.

1980　*The Two Marxisms: Contradictions and Anomalies in the Development of Theory*, New York: Seabury Press.

Habermas, Jürgen

1975　*Legitimation Crisis*, Boston: Beacon Press.

Heilbroner, Robert L.

1987 *The Worldly Philosophers: The Lives, Time, and Ideas of the Great Economic Thinkers*, New York: Simon & Schuster.

Hoffmann, Joachim

1976 *Der Marxismus*, München: Wilhelm Heyne Verlag.

Horkheimer, Max

1972 *Critical Theory*, New York: Seabury.

Hung Lien-te

1984 *The Hegelian and Feurbachian Origins of Marx's Concept of Man*, Singapore: Singapore University Press.

1985 "Feuerbach's Influence on Marx's Early Concepts of the State: A Case Study of Political Sociology," *National Taiwan University Journal of Sociology*, 18: 135～162.

Institut für Marxismus-Leninismus

1982 *Mohr und General: Erinnerungen an Marx und Engels*, Berlin: Dietz-Verlag.

Kamenka, Engene

1972 *The Ethical Foundations of Marxism*, London: Routledge and Kegan Paul.

Korsch, Karl

1971 *Marxism and Philosophy*, New York: Monthly Review.

Künzli, Arnold

1966 *Karl Marx: Eine Psychographie*, Wien, Frankfurt, Zürich-Europa-Verlag.

Laclau, Ernesto and Chantal Mouffe

1985 *Hegemony and Socialist Strategy*, London: Verso.

LeoGrande, William M.

1977 "An Investigation into the 'Young Marx' Controversy," *Science and Society*, 41(2): 129～151.

Levin, Michael

1985 "Marx and Engels on the Generalized Class State," *History of Political Thought*, 1(3): 433～453.

Little, Daniel

1986 *The Scientific Marx*, Minneapolis University Press.

Lobkowicz, Nicholas

1967 *Theory and Practice: History of a Concept from Aristotle to Marx*, Notre Dame: University of Notre Dame Press.

Löwith, Karl

1954 "Man's Self-Alienation in the Early Writings of Marx," *Social Research*, 21: 204～231.

Lukes, Steven

1985 *Marxism and Morality*, Oxford: Oxford University Press.

Luxemburg, Rosa

1971 *Selected Political Writings*, New York: Monthly Review.

Mandel, Ernest

1978 *Late Capitalism*, London: Verso.

1980 *The Second Slump*, London: Verso.

Manuel, Frank E.

1995 *A Requiem for Karl Marx*, Cambridge MA: Harvard University Press.

McGovern, Arthur F.

1970 "The Young Marx on the State," *Science and Society*, XXIV(4): 430～461.

McLellan, David

1969 *The Young Hegelians and Karl Marx*, London: Macmillan.

1970 *Marx before Marxism*, London: Macmillan.

1971 *The Thought of Karl Marx: An Introduction*, New York: Harper.

1973 *Karl Marx: His Life and Thought*, London: Macmillan.

1979 *Marxism after Marx*, London: Macmillan.

Meister, Robert

1990 *Political Identity*, Oxford: Blackwell.

Mews, Horst

1976 "On the Concept of Politics in the Early Works of Karl Marx," *Social Research*, 43(3): 277~278.

Miliband, Ralph

1965 "Marx and the State," *The Socialist Register*, 278~296.

1977 *Marxism and Politics*, Oxford: Oxford University Press.

Mouffe, Chantal

1988 "Hegemony and New Political Subjects," in C. Nelson and L. Grossberg (eds.), *Marxism and the Interpretation of Culture*, Urbana: University of Illinois Press, pp. 89~101.

Nicolaievsky, Boris and Otto Maenchen-Helfen

1973 *Karl Marx: Man and Fighter*, revised ed., Harmondsworth, Middlesex: Penguin; London: Methuen, 1936.

O'Malley, Joseph and Keith Algozin (eds.)

1981 *Rubel on Karl Marx: Five Essays*, Cambridge *et al.*: Cambridge University Press.

O'Neil, John

1963~64 "Alienation, Class Struggle and Marxian Anti-Politics," *The Review of Metaphysics*, 17(3): 462~471.

Padover, Saul K.

1978 *Karl Marx: An Intimate Biography*, New York *et al.*: McGraw-Hill.

Pascal, Roy

1943 *Karl Marx: Political Foundations*, London: Labour Monthly.

Petras, James and Chronis Polychroniou

1996 "Capitalist Transformation: The Relevance of and Challenges to Marxism," in Polychroniou, Chronis and Harry R. Tang (eds.), *Marxism Today: Essays* on *Capitalism, Socialism and Strategies for Social Change*, Westport CT: Praeger Publishers.

Petrovic, Gajo

1967 *Marx in the Mid-Twentieth Century*, Garden City, N.Y.: Doubleday.

Popper, Karl R.

1966 *Open Society and Its Enemies*, vol. II, Princeton: Princeton University Press.

Pranger, Robert J.

1968 "Marx and Political Theory," *The Review of Politics*, 30(2): 191~208.

Raddatz, Fritz J.

1978 *Karl Marx: A Political Biography*, London: Weidenfeld and Nicolson.

Ross, Robert and Kent Trachte

1990 *Global Capitalism: The New Leviathan*, Albany: State University of New York Press.

Rubel, Maximilien

1957 *Karl Marx: Essai de biographie intellectuelle*, Paris: Marcel Riviére.

1974 *Marx, Critique du marxisme*, Paris: Payot.

1980 *Karl: Life and Works*, London: Macmillan.

Robinson, Joan

1973 *Economic Philosophy*, Harmondsworth, Middlesex: Penguin, 1st ed., 1962.

Rosdosky, Roman

1977 *The Making of Marx's "Capital"*, London: Pluto, 1st ed., 1968.

Sanderson, John

1963 "Marx and Engels on the State," *The Western Political Quarterly*, XVI(4): 946~955.

Schmitt, Richard

1987 *Introduction to Marx and Engels: A Critical Reconstruction*, Boulder and London: Westview.

Shaw, William H.

1991 "Historical Materialism," in Bottomore (ed.), *A Dictionary of Marxist Thought, op. cit.*, pp. 234～239.

Theimer, Walter

1950 *Der Marxismus: Lehre-Wirkung-Kritik*, München: Francke Verlag, 1976, 7. Auflag.

Tucker, Robert C.

1968 "Marx and the End of History," *Diogenes* 64: 160～167.

1969 *The Marxian Revolutionary Idea*, New York: Norton, 2nd ed., 1970.

1972a *Philosophy and Myth in Karl Marx*, 1st ed., 1961, London: Cambridge University Press. Princeton: Princeton University Press.

1972b *The Marx-Engels Reader*, New York: Norton.

Van den Berg, Axel

1988 *The Immanent Utopia: From Marxism on the State to the State of Marxism*, Princeton N.J.: Princeton University Press.

Van den Bergh, G. van Benthem

1977 *Is a Marxist Theory of the State Possible?* The Hague: Institute of Social Studies.

Wallerstein, Immanuel

1974 *The Modern World-System*, vol. 1, New York: Academic Press.

West, Cornel

1991 *The Ethical Dimensions of Marxist Thought*, New York: Monthly Review Press.

Wolin, Sheldon S.

1960 *Politics and Vision*, Boston: Little and Brown.

1983 "On Reading Marx Politically," in J. Roland Pennock and John W. Chapman (eds.), *Marxism*, New York and London: New York University Press, pp. 79～112.

Zhang Longxi

1995　"Marxism: From Scientific to Utopian," in Magnus, Bernd and Stephen Cullenberg (eds.), *Wither Marxism of Golbal Crises in International Perspective*, New York and London: Routledge, pp. 65～77.

中文書目

洪鎌德

1972　《現代社會學導論》，臺北：臺灣商務印書館，第五版，1988。

1983　《馬克思與社會學》，臺北：遠景出版社。

1986　《傳統與反叛──青年馬克思思想的探索》，臺北：臺灣商務印書館。

1995a　〈馬克思和恩格斯對民主理論與實際的析評〉，刊：張福建、蘇文流（編），《民主理論：古典與現代》，南港：中研院社科所。

1995b　《新馬克思主義和現代社會科學》，臺北：森大圖書公司，第一版，1988。

1996a　《跨世紀的馬克思主義》，臺北：月旦出版社。

1996b　〈馬克思倫理觀的析評〉，《中山學術論叢》，14: 27～61。

1996c　《馬克思社群觀的析評》，國科會專題研究計劃成果報告。

1997a　《社會學說與政治理論──當代尖端思想之介紹》，臺北：揚智出版社。

1997b　《馬克思社會學說之析評》，臺北：揚智出版社。

1997c　《人文思想與現代社會學》，臺北：揚智出版社。

1998　《21 世紀社會學》，臺北：揚智出版社。

1999a　《從韋伯看馬克思──現代兩大思想家的對壘》，臺北：揚智出版社。

1999b　《當代政治經濟學》，臺北：揚智出版社。

2000　《人的解放──21 世紀馬克思學說新探》，臺北：揚智出版社。

2004a　《法律社會學》，臺北：揚智出版社，第一版，2001。

2004b　《當代主義》，臺北：揚智出版社。

2004c　《西方馬克思主義》，臺北：揚智出版社。

2006　《當代政治社會學》，臺北：五南圖書出版公司。

2007a　《從唯心到唯物──黑格爾哲學對馬克思主義的衝擊》，臺北：人本自

然文化事業有限公司。

2007b 《黑格爾哲學之當代詮釋》，臺北：人本自然文化事業有限公司。

2008 《社會學說與政治理論——當代尖端思想之介紹》，臺北：揚智出版社。

2009a 《人本主義與人文學科》臺北：五南圖書出版公司。

2009b 《當代社會科學導論》，臺北：五南圖書出版公司。

2010a 《西方馬克思主義的興衰》，臺北：揚智出版社。

2010b 《馬克思的思想之生成與演變——略談對運動哲學的啟示》，臺北：五南圖書出版公司。

2011 《全球化下的國際關係新論》，臺北：揚智出版社。

2013 《政治社會學》，修訂增新版，臺北：五南圖書出版公司。

2014 《個人與社會——馬克思人性論與社群觀之析評》，臺北：五南圖書出版公司。

2015 《傳統與反叛——青年馬克思思想的探索》（增訂二版），臺北：臺灣商務印書館。

2016 《黑格爾哲學新解》，臺北：五南圖書出版公司。

2018 《馬克思與時代批判》，臺北：五南圖書出版公司。

2019 《屠格涅夫作品的析賞》（二版），臺北：五南圖書出版公司。

姜新立

1991 〈青年馬克思的原初國家理念〉，《共黨問題研究》，17(8): 23～29; 18(11): 67～77。

徐崇溫

1982 《西方馬克思主義》，天津：天津人民出版社。

楊世雄

1995 〈馬克思國家理論的哲學反省〉，《國立政治大學哲學學報》，2: 163～181。

李英明

1993 《晚期馬克思主義》，臺北：揚智出版社。

高宣揚

1991 《新馬克思主義導引》，臺北：遠流出版社。

馬克思年表

1818

5 月 5 日，卡爾‧馬克思出生在普魯士萊茵省莫塞爾河畔的特利爾城。

1824

8 月 26 日，與姊妹、弟弟同日受洗為路德教徒。

1830

進入腓特烈‧威廉中學。在賽門老師引導下，閱讀特利爾城第一位社會主義者嘉爾的作品。受到校長韋田巴哈的啟迪，對歷史有所意識。

1835

中學畢業，畢業論文之一〈青年人選擇職業的省思〉透露後期發展抱負之端倪，反映作者受到校長人文主義、理想主義的影響與激發。

10 月 17 日，前往波恩大學就讀。生活放縱，不知樽節。對大學課程由過度熱衷而至冷淡乏味，開始隨性自修。加入文學團體「詩人同盟」，同學葛林後來成為馬克思揶揄的對象；哥廷根大學的詩人同志貝爾乃後來在巴黎主編革命刊物《前進！》。

1836

債臺高築，與人決鬥，遭學校監禁處分，父親漢利希決定讓卡爾轉學柏林大學。

8 月 22 日，離開波恩返回特利爾渡假，與燕妮‧馮韋斯法冷私下訂婚。燕妮父親馮韋斯法冷伯爵為啟蒙運動薰陶下熱愛法國文化的自由派知識分子，誘導卡爾熱愛文藝，接受浪漫主義的洗禮。

10 月 22 日，於普魯士首都柏林大學法學院註冊就讀。柏大在 1831 年黑格爾於校長任內逝世後，正處轉型期，其重點已由哲學移往法學與歷史科學。由於蘭克的受聘，以往講究歷史思辨的研究方法，被列舉歷史事實與證據的考據學說所取代。卡爾選修三科：邏輯、羅馬法、刑事兼普魯士法。羅馬法由黑格爾門生，歷史學派創立者薩維尼講授，強調制度的統合與歷史

的承續，雖稱保守但對馬克思的唯物史觀有所啟發。普魯士法由黑格爾另一門生，年輕的自由派學者甘斯指導，將階級鬥爭及演變前瞻的辯證概念應用於歷史過程的解析。兩位老師在馬克思的學生名簿上誌明其上課情形為「超絕地勤勞」。

1837

柏大求學第二年，參加青年黑格爾門徒的集會，加入「博士俱樂部」，與左派黑格爾門徒往來密切，特別是鮑爾、盧田貝格和柯翻。潛心鑽研法學、哲學、美學，大量摘錄，嘗試撰寫詩詞、小說、戲劇。飲食無常，操勞過度，與燕妮兩地相思，瀕臨身心崩潰。

11 月 1 日，致父親信上告知，經醫師建議到市郊史特拉羅夫小村短期療養。返柏林後故態復萌，攻讀培根、謝林、費希特作品。

11 月 10 日，書寫四千字長篇家信，為自我反省、內心剖白的重要文獻，透露青年馬克思之心路歷程與靈魂世界。

1838

5 月 10 日，父親漢利希・馬克思在特利爾逝世，享年 60 歲。

1839

歲末，開始著手撰寫博士論文，題目為〈德謨克里圖與伊壁鳩魯自然哲學的分別〉。

1841

3 月 30 日，自柏林大學取得離校證明，結束柏大九個學期的學習階段。4 月 6 日，為避免論文遭柏大當局拒絕，在鮑爾勸告下改向隸屬薩克森・威瑪公爵管轄，擁有自由傳統學風的耶拿大學郵寄提出論文申請。4 月 15 日，耶拿大學以缺席方式授與哲學博士榮譽。

4 月中旬，自柏林返回特利爾，途經科倫城，結識青年黑格爾門徒赫斯。

7 月，走訪任職波恩大學講師鮑爾，欲於波大覓一哲學教席。

費爾巴哈出版《基督教的本質》，啟發馬克思由唯心主義轉變到唯物主義。

1842

3 月 3 日，馮韋斯法冷伯爵逝世，享年 72 歲。

3 月上旬，鮑爾來信告知，因「無神論」觀點遭大學解聘，從此學院之門對馬克思關閉。

春，移居波恩。

5 月，經常為《萊茵報》撰稿。該報於當年元月創於科倫，與《科倫報》進行激烈競爭。

夏，《科倫報》編輯何米斯連續撰文批評馬克思對政府審查令的抨擊，以及對《萊茵報》主張給予猶太人平等權利的呼籲之不滿。馬克思為文強力反駁。

10 月 15 日，自柏林大學時代友人盧田貝格手中接下《萊茵報》編輯職務。《萊茵報》成為批評政府不當施政的戰鬥性機關誌。

秋，開始閱讀法國空想社會主義者，包括傅立葉、普魯東等人作品。

11 月 12 日，柏林當局命令萊茵省總督通知《萊茵報》發行人不得批評政府，編輯人員需經總督同意，馬克思代表覆函。《萊茵報》續遭嚴密審查。

1843

1 月 4 日，《萊茵報》刊載文章抨擊俄國沙皇尼古拉一世，後者怒責普魯士大使並去函普王抗議。1 月 21 日御前會議普王下令關閉《萊茵報》。3 月 18 日，《萊茵報》刊載馬克思辭職信，3 月 31 日《萊茵報》宣告停刊。

5 月 20 日，自科倫前往德累斯頓，與路格晤面，籌劃《德法年鑑》出版事宜。5 月底，移居燕妮娘家，特利爾城東方七十公里的克羅茲納赫鎮。

6 月 13 日，克鎮教會宣布馬克思與燕妮結婚消息，6 日後舉行結婚儀式，女方有母親、弟弟出席，男方家無人參與。

夏、秋，閱讀柏林大學老師甘斯所編黑格爾法律哲學綱要、馬奇也維里的《君主論》、孟德斯鳩的《法意》、盧梭的《社會契約》、法國大革命的報導分析、蘭克的日耳曼歷史學。黑格爾的政治理念與鮑爾的宗教想法成為批判的重點。

撰寫平生第一部有計畫的專著《黑格爾法律哲學批判》，評析黑格爾《法律哲學》第 261 節到 313 節，涉及國家法部分。殘缺手稿內容於 1927 年始出版。

10 月，馬克思夫婦抵達巴黎，遷入流亡德人聚居之聖日耳曼區瓦諾路 38 號，《德法年鑑》出版社位於同街 22 號處。巴黎期間（～1845 年 2 月），打

入當年科倫友人赫斯為首的流亡工人團體，對「共產黨人聯盟」、「正義者聯盟」等組織留下深刻印象，也參加法國工人激進團體的討論會，導致後來被迫離開巴黎。

1844

2 月 1 日，長女燕妮誕生。

2 月，《德法年鑑》一、二期合訂本發刊，是這份短命雜誌唯一面世的兩期，刊載馬克思去年秋、冬撰寫之〈黑格爾法哲學批判導論〉及〈論猶太人問題〉。恩格斯的文章〈國民經濟學批判大綱〉刺激馬克思對政治經濟學研究的興趣，也成為馬、恩終身友誼的起始。

3 月底，與路格絕交。

5 月 1 日，詩人海涅訪問馬克思家，幫忙急救初生不久之長女小燕妮。

7 月，與普魯東相遇。接觸專供德國流亡人士閱讀的雜誌《前進！》。

4 月～8 月，認真閱讀、批注政治經濟學著作，撰寫大量筆記、手稿，手稿於 1932 年由莫斯科馬列主義研究所以《1844 年經濟學哲學手稿》（簡稱《巴黎手稿》）名義刊布。

8 月 7 日，8 月 10 日，於《前進！》雜誌發表〈「普魯士國王與社會改革」一文的邊註〉，抨擊路格並鼓吹在普魯士搞革命的必要。普王向法施壓，要求關閉《前進！》。

8 月 28 日～9 月 6 日，恩格斯由曼徹斯特返回故鄉巴門，路經巴黎停留十天，馬、恩連日聚會，言談契闊，惺惺相惜，從此定交。

1845

1 月 25 日，法國官方下達驅逐令，限二十四小時內遷離巴黎，實際給予一週寬限。

2 月 1 日，與列士克簽訂《政治與國民經濟學批判》出版契約，書稿從未完成。啟程前往法比邊界。2 月 3 日抵達比京布魯塞爾。

2 月，與恩格斯合撰之《神聖家族》於法蘭克福出版。

4 月，恩格斯離家出走，至布魯塞爾與馬克思家比鄰而居。撰寫〈費爾巴哈題綱〉。

5 月，女傭「小蓮」抵達，協助處理家務。

夏，與恩格斯同遊倫敦、曼徹斯特，飽讀經濟學著作，製作大量筆記，成為日後《資本論》、《政治經濟學批判》等之主要參考資料。

8 月 24 日，馬、恩聯袂抵比京，組織共產黨通訊委員會比利時分會。

9 月 26 日，次女勞拉誕生。

1846

3 月 16 日晚，共產黨人集會，出席者包括德國第一位共產主義理論家兼革命家魏特鈴，以及應邀參加之俄人安念可夫。

5 月 5 日，去函邀請普魯東加入共產黨通訊委員會，遭普氏拒絕。

夏，馬、恩合撰《德意志意識形態》長稿，無法出版，1932 年方由莫斯科馬列研究所刊行。唯物史觀首度有系統的陳述，阿圖舍視其為馬克思認知論上斷裂的開始。

12 月，收到普魯東新作《貧困的哲學》及恩格斯寄自巴黎的評論。

12 月 28 日，致函俄人安念可夫，表達讀普氏新書感想，堅持不僅社會組織，就連政治意識形態也與生產力的發展相配稱，而生產力不是人群可以任意左右的。

1847

《哲學的貧困》小冊在巴黎與布魯塞爾刊行，展現馬克思批判的銳利，以及對經濟情狀、學說概括綜合的本領。

8 月，恩格斯由巴黎返比京。馬克思任新成立之「共產黨聯盟」比利時分會主席。組織「德國工人協會」，每週三舉行演講教育工人群眾，〈工資、勞動與資本〉講稿於馬克思死後由恩格斯出版。

11 月 27 日，與恩格斯會合後同抵倫敦，參加共產黨聯盟第二屆大會。

12 月 7 日，大會通過黨章，聯盟授權馬克思撰寫黨綱，以作為共產黨的宣言。

12 月 17 日，長子埃德加誕生。

1848

馬、恩合撰《共產黨宣言》小冊，以德文於倫敦出版。

2 月 22 日，巴黎爆發二月革命，法王路易·菲力被迫下臺，臨時政府成立，

第二共和宣告誕生。

3 月 3 日，遭比京警署逮捕，限二十四小時內離境。

3 月 5 日，重抵巴黎。

4 月 6 日，離開巴黎踏上返國之旅。

4 月 11 日，抵達科倫，獲居留權，國籍恢復申請則未獲准。

5 月 31 日，《新萊茵報》第一期於科倫出刊。

8、9 月，前往維也納、柏林為《新萊茵報》募款。

9 月 25 日，科倫暴動，《新萊茵報》被關閉兩週。

1849

2 月 7 日～8 日，在法庭上自我辯護，經陪審團判決無罪。

5 月 10 日～11 日，因對普王及王室的嘲諷，遭科倫當局下達驅逐令。

5 月底，馬、恩在賓言城遭逮捕，未定罪而釋放，這是馬克思作為活躍的革命者一連串造反活動的終止。

6 月初，化名藍波士前往巴黎。

7 月 13 日，寫信向魏德邁告貸求救。

8 月 24 日，離開巴黎前往倫敦。

11 月 10 日，恩格斯由熱內瓦抵倫敦與馬克思會合。

冬，暱稱「小狐狸」的次子 Guy 在倫敦誕生。

1850

3 月 6 日，馬、恩合辦共黨機關誌《評論》第一期於倫敦出刊。

11 月 19 日，愛子「小狐狸」夭折。

11 月 29 日，《評論》五、六期合刊出版後壽終正寢，恩格斯決定返回曼徹斯特投入商場。

《法蘭西階級鬥爭》出版。

1851

3 月 28 日，女兒佛蘭齊絲卡誕生。

6 月 23 日，與女傭「小蓮」有染，私生子德穆特誕生。

10 月 25 日，《紐約每日論壇報》第一次刊登馬克思寄自倫敦通訊稿，至

1862 年 3 月 10 日共計三百多篇。

1852

《路易‧波拿帕霧月十八日》由魏德邁主持的《革命》月刊出版。

復活節，女兒佛蘭齊絲卡夭折。

1855

3 月，7 歲兒子埃德加病情惡化。么女愛麗諾（塔絲）誕生。

4 月 6 日，埃德加病逝。

9 月～12 月，全家往曼徹斯特訪問恩格斯。

1857～58

撰寫《政治經濟學批判綱要》草稿。

1859

《政治經濟學批判》出版，滯銷，其膾炙人口，宣示唯物史觀精華之〈獻言〉遲於 1903 年方於《新時代》雜誌刊出。

1860

控告佛格特誹謗案失敗。

1861

至柏林、荷蘭尋找財援。

1863

1 月，馬、恩友誼一度遭受考驗。

12 月 2 日，收到自特利爾電報，母親逝世，獲遺產 850 英鎊。

1864

5 月，獲歐耳夫致贈遺產 700 英鎊。遷入邁特蘭別墅 1 號，日後第一國際經常在此集會。

9 月～11 月，應邀參加國際工人聯合會（第一國際）成立大會，起草〈成立演說〉及章程。

1867

4 月，作客漢堡與漢諾威。

9 月 14 日，《資本論》第一卷正式出版。

1868

與巴枯寧不合，第一國際分裂。

1869

2 月 27 日，收到恩格斯致贈第一季年金。

1870

7 月，普法戰爭爆發。

9 月，恩格斯遷居倫敦，馬、恩朝夕往還。

1871

3 月 26 日，巴黎公社成立。

《法蘭西內戰》出版。

1872

第一國際執委會遷往紐約，歐陸組織解體。

1873

病重，一度謠傳死訊。

1874

8 月，至卡爾士巴德療養。與庫格曼決裂。

1875

5 月，撰寫〈哥達綱領批判〉。

1876

7 月 15 日，第一國際於費城解散。

1881

12 月 2 日，妻燕妮逝世。

1883

1 月 11 日，長女小燕妮逝世。

3 月 14 日，卡爾‧馬克思於倫敦逝世，享年 65 歲。

附註：此一年表由臺大三研所碩士邱思慎先生整理簡述，茲致至深謝忱，
作者附誌。

人名索引

事物索引

柏拉圖　　　　　　　　　　　　傅佩榮　編著

在傅佩榮教授的淺顯介紹中，柏拉圖《對話錄》
之各類題旨愈發清晰，而文雅又精鍊的原文翻譯，
也讓讀者得以欣賞柏拉圖行文風格與敏銳心智，
並且跟隨柏拉圖的腳步，進入深刻的人生思辨。
本書乃作者精心力作，以最清晰淺白的文字，帶
領您進入兩千四百年前柏拉圖的世界，是掌握柏
拉圖的最佳讀本！

西洋哲學史話（上／下）　　　　鄔昆如　著

本書以編年史的形式，將西洋哲學歷史分為希臘
哲學、中世哲學、近代哲學和現代哲學四個部分，
清楚地解說每一時期的沿革發展，並選擇數個具
代表性的哲學家或思想流派來介紹。以深入淺出
的文筆，從繁榮到哲學之死，從黑暗到迎接曙光，
帶你一起找到進入西洋哲學的門徑，一窺哲學世
界的萬千風貌及深厚底蘊。

倫理學釋論　　　　　　　　　　陳特　著

本書介紹了一些很基本的倫理學說，在其中，讀
者可以看到道德對於個人和社會的各種意義與價
值，亦即人之所以要道德的各種理由。希望讀者
能透過這些學說，思索、反省道德對於人生所可
能具有的意義與價值，以及在道德的領域中，我
們的生命可能會產生什麼樣的變化，進而找到新
的人生方向與意義。

柏拉圖
傅佩榮　編著

在傅佩榮教授的淺顯介紹中，柏拉圖《對話錄》之各類題旨愈發清晰，而文雅又精鍊的原文翻譯，也讓讀者得以欣賞柏拉圖行文風格與敏銳心智，並且跟隨柏拉圖的腳步，進入深刻的人生思辨。本書乃作者精心力作，以最清晰淺白的文字，帶領您進入兩千四百年前柏拉圖的世界，是掌握柏拉圖的最佳讀本！

西洋哲學史話（上／下）
鄔昆如　著

本書以編年史的形式，將西洋哲學歷史分為希臘哲學、中世哲學、近代哲學和現代哲學四個部分，清楚地解說每一時期的沿革發展，並選擇數個具代表性的哲學家或思想流派來介紹。以深入淺出的文筆，從繁榮到哲學之死，從黑暗到迎接曙光，帶你一起找到進入西洋哲學的門徑，一窺哲學世界的萬千風貌及深厚底蘊。

倫理學釋論
陳特　著

本書介紹了一些很基本的倫理學說，在其中，讀者可以看到道德對於個人和社會的各種意義與價值，亦即人之所以要道德的各種理由。希望讀者能透過這些學說，思索、反省道德對於人生所可能具有的意義與價值，以及在道德的領域中，我們的生命可能會產生什麼樣的變化，進而找到新的人生方向與意義。

哲學概論
冀劍制　著

不同於傳統以訓練哲學專業為目標，本書作為哲學入門教科書，著重在引發學生興趣與思考。希望透過與哲學的簡單接觸，就能吸收養分，轉換成生活的智慧。本書另一項特點是廣泛介紹各種哲學議題，不偏重於任何特定主題的方式來規劃內容，並且在篇末設計了一些值得討論的問題，訓練學生的思考能力。

三民網路書店　會員
獨享好康大放送

書種最齊全
服務最迅速

超過百萬種繁、簡體書、原文書5折起

通關密碼：A8492

憑通關密碼
登入就送100元e-coupon。
(使用方式請參閱三民網路書店之公告)

生日快樂
生日當月送購書禮金200元。
(使用方式請參閱三民網路書店之公告)

好康多多
購書享3%～6%紅利積點。
消費滿350元超商取書免運費。
電子報通知優惠及新書訊息。

三民網路書店 www.sanmin.com.tw

國家圖書館出版品預行編目資料

馬克思／洪鎌德著.－－三版一刷.－－臺北市: 東大,
2020
　　面;　　公分.－－（世界哲學家叢書）

ISBN 978-957-19-3239-2 （平裝）
1. 馬克思(Marx, Karl, 1818-1883) 2. 學術思想 3. 哲
學 4. 傳記

147.57　　　　　　　　　　　　　　109017115

世界哲學家叢書

馬克思

作　　　者	洪鎌德
發 行 人	劉仲傑
出 版 者	東大圖書股份有限公司
地　　　址	臺北市復興北路 386 號 (復北門市)
	臺北市重慶南路一段 61 號 (重南門市)
電　　　話	(02)25006600
網　　　址	三民網路書店 https://www.sanmin.com.tw
出版日期	初版一刷 1997 年 10 月
	修訂二版一刷 2015 年 2 月
	三版一刷 2020 年 12 月
書籍編號	E140820
I S B N	978-957-19-3239-2

著作權所有，侵害必究
※ 本書如有缺頁、破損或裝訂錯誤，請寄回敝局更換。

東大圖書公司